Zukunftsfähige Unternehmensführung

Matthias Groß · Matthias Müller-Wiegand ·
Daniel F. Pinnow
(Hrsg.)

Zukunftsfähige Unternehmensführung

Ideen, Konzepte und Praxisbeispiele

Springer Gabler

Hrsg.
Matthias Groß
Fachbereich Wirtschaft und Recht
Rheinische Fachhochschule Köln
Köln, Deutschland

Matthias Müller-Wiegand
Fachbereich Wirtschaft und Recht
Rheinische Fachhochschule Köln
Köln, Deutschland

Daniel F. Pinnow
Ravensburg, Baden-Württemberg
Deutschland

ISBN 978-3-662-59526-8   ISBN 978-3-662-59527-5   (eBook)
https://doi.org/10.1007/978-3-662-59527-5

Die Deutsche Nationalbibliothek verzeichnet diese Publikation in der Deutschen Nationalbibliografie; detaillierte bibliografische Daten sind im Internet über http://dnb.d-nb.de abrufbar.

Springer Gabler
© Springer-Verlag GmbH Deutschland, ein Teil von Springer Nature 2019

Springer Gabler ist ein Imprint der eingetragenen Gesellschaft Springer-Verlag GmbH, DE und ist ein Teil von Springer Nature.
Die Anschrift der Gesellschaft ist: Heidelberger Platz 3, 14197 Berlin, Germany

Vorwort

Die Konturen der Geschäftswelt des 21. Jahrhunderts (Stichworte: User Innovation, plattform- und datenbasierte Geschäftsmodelle, Künstliche Intelligenz, hybride Mensch-Maschine-Interaktion, agile Organisation) lassen erwarten, dass in Zukunft nur noch sehr dynamik- und komplexitätsrobuste Unternehmen ihre Lebensfähigkeit langfristig sichern können. Das vorliegende Buch umfasst Ideen, Konzepte sowie Praxisbeispiele und bietet konkrete Ansatzpunkte, wie Führungskräfte ihre Unternehmen heute „fit" für morgen machen können. Aus dieser komplexen Aufgabenstellung ergeben sich nachfolgende Fragen:

- Wie kann Künstliche Intelligenz die Unternehmensführung unterstützen?
- Wie sehen die Geschäfts- und Organisationsmodelle von Morgen aus?
- Wie können systemische Führungskonzepte die Zukunftsfähigkeit von Unternehmen steigern?
- Wie kann individuelle bzw. organisationale Zukunftsfähigkeit gemessen werden?
- Wie kann die Agilität von Unternehmen erhöht werden?
- Welche Strukturformen der Digitalisierung sind sinnvoll?
- Wie funktioniert digitale Führung?
- Wie lassen sich integrale Management- und Reportingsysteme gestalten?
- Welches Mindset führt in die Zukunft?
- Wie verändert Virtual Reality/Augmented Reality das Lernen?
- Wie sieht die Online-Kommunikationspolitik der Zukunft aus?
- Welche Zukunftschancen bietet die Blockchaintechnologie für Unternehmen?
- Welche Kompetenzen benötigt der Supply-Chain-Manager der Zukunft?
- Wie lassen sich digitale Transformationsprozesse gestalten?

Antworten lieferte die Veranstaltungsreihe „Ideen, Konzepte und Praxisbeispiele zukunftsfähiger Unternehmensführung", die am 10.10.18 und 11.10.18 durch das Zentrum zukunftsfähiger Unternehmensführung der Rheinischen Fachhochschule Köln (RFH) anlässlich der 60 Jahrfeier organisiert wurde. Die spannenden Diskussionen mit Unternehmenspraktikern, Wissenschaftlern und Studierenden vor und während der

Impulsvorträge, Diskussionsrunden und Interaktivsessions sowie der Zuspruch von Kollegen und Studierenden beim Wissenstransfer in die Lehre haben uns (die Herausgeber) bewogen, unsere Ideen, Konzepte und Praxisbeispiele zur zukunftsfähigen Unternehmensführung zu verschriftlichen. Das vorliegende Buch fasst die identifizierten Stellschrauben für die Zukunftsfähigkeit von Unternehmen in drei Themenfeldern zusammen: 1) Future Corporate Systems, 2) Future Business Management und 3) Future Mindset & Skills. Aufgrund des interdisziplinären Charakters dieses Buchs freuen wir uns auf Leser aus unterschiedlichen Wissenschaftsdisziplinen und aus der Unternehmenspraxis. Auch Lehrende und Lernende der Wirtschafts- und Sozialwissenschaften mögen in diesem Herausgeberband Inspirationen finden.

Teil I *Future Corporate Systems* befasst sich mit zukunftsfähigen Konzepten der Unternehmensführung. Im ersten Beitrag „Synergetische Unternehmensführung – wie Mensch und Maschine gemeinsam zukunftsfähige Unternehmen gestalten können?" postuliert Prof. Dr. Groß von der RFH (Leitung Zentrum für zukunftsfähige Unternehmensführung), dass die Zukunftsfähigkeit von Unternehmen im digitalen Zeitalter nicht allein durch den Einsatz neumodischer Methoden (z. B. Design Thinking, Scrum oder Kanban) gesichert werden kann, sondern vielmehr ein umfassendes synergetisches Verständnis Menschlicher und Künstlicher Intelligenz erfordert. Ausgehend von einem wertorientierten Verständnis der Unternehmensführung betont Prof. Dr. Müller-Wiegand (Vizepräsident Wirtschaft & Recht an der RFH und Leitung Zentrum für zukunftsfähige Unternehmensführung) im zweiten Beitrag „Integrale Unternehmensführung und Zukunftsfähigkeit" die Bedeutung integraler Management- bzw. Reportingsysteme zur Bewältigung der zunehmenden Unternehmensdynamik und -komplexität. Auch der dritte Beitrag bietet eine neue Perspektive zur Führung und Organisation von Unternehmen. Mit dem „Sphären Modell systemischer Führung" legt der Führungsexperte Pinnow (Gründer der Akademie für systemische Führung) den Grundstein für einen neuen, systemischen Führungsansatz und spezifiziert darauf aufbauend die erforderlichen Eigenschaften der Führungskräfte von Morgen. Im vierten Beitrag „Nachhaltige und effiziente Unternehmensführung durch Candorship und Lean-Agile-Organisationsausrichtung" zeigt Prof. Dr. Vieweg (Leiter des Instituts für Corporate Compliance an der RFH) auf, wie Unternehmen agile Arbeitsformen mittels des Scaled Agile Framework (SAFe®) organisationsweit skalieren können. Auf der Grundlage empirischer Daten wird zudem die hohe Bedeutung von Candorship für den Aufbau von Vertrauen im Unternehmen aufgezeigt; die essenzielle Basis nachhaltiger und agiler Unternehmen. Der fünfte Beitrag „Status quo zur digitalen Führung" von Prof. Dr. Dorozalla der Hochschule Emden-Leer und Klus (Universität Münster) gibt einen Überblick über das vielzitierte Konzept Digital Leadership. Anhand von vier Führungsdimensionen: Skills, Styles, Areas for Action und Tools wird das Digital-Leadership-Konzept wissenschaftlich fundiert und gleichzeitig für die Unternehmenspraxis anwendbar gemacht. Der sechste Beitrag „Macht, Vertrauen und Verständigung in Veränderungsprozessen. Welche Rolle spielt laterale Führung?" von Giest (Lehrbeauftragter RFH und langjähriger Change Manager bei

Ford) befasst sich mit den Chancen und Risiken fehlender Weisungsbefugnis bei der Gestaltung von Veränderungsprozessen. Zahlreiche Beispiele aus der Automobilindustrie zeigen, wie Führung ohne direkte Hierarchiebeziehung in der digitalen Transformation gelebt werden kann.

Teil II *Future Business Management* liefert Antworten im Umgang mit den Herausforderungen digitaler Märkte. Im siebten Beitrag „Digitalisierung – warum redet plötzlich jeder über Nullen und Einsen" erklärt Prof. Dr. Erlenkämper (Studiengangsleiter Retail Management an der RFH) in welcher Weise die Digitalisierung Geschäftsmodelle verändert. Es wird plädiert, nicht auf Teufel komm raus digitale Möglichkeiten auszuschöpfen, sondern stets abzuwägen, ob digitale Instrumente das eigene Geschäftsmodell wirklich fördern können. Der achte Beitrag „Zukunftsfähige Kommunikationspolitik im Online-Marketing" von Prof. Dr. Barzen (Vizepräsident Medien an der RFH) bietet einen Überblick über die Kommunikationsinstrumente im zukunftsweisenden Online-Marketing. Search-Engine-Marketing (SEA), Search-Engine-Optimization (SEO), Display-Marketing, E-Mail-Marketing, Social-Media-Marketing, Content- und Influencer-Marketing sowie die heute immer wichtiger werdende Marketing-Automatisierung stehen dabei im Fokus. Der neunte Beitrag „Blockchain – Implementierung von Finanzierungsnetzwerken im Rahmen von Kryptoprojekten" von Prof. Dr. Meisner (Studiengangsleiter Betriebswirtschaftslehre an der RFH) entwickelt aus den technischen Möglichkeiten des Web 3.0 – vor allem bezogen auf die Blockchain – eine P2P-Finanzierungsidee, die kostengünstige Finanzierungen für Unternehmen mit einer attraktiven Portfolioausweitung für Anleger – auch für Kleinanleger – verknüpft. In einer Welt, die in Zukunft geprägt sein wird von Anwendungen Künstlicher Intelligenz, ist es dringend notwendig, dynamische Finanzierungsumgebungen zu schaffen und einer Vielzahl von Anlegern die Partizipation an den Wertentwicklungen zu ermöglichen.

Teil III *Future Mindset & Skills* fokussiert die Bereitschaft (Wollen und Können) von Fach- und Führungskräften bzw. Unternehmen mit Blick auf die Arbeitswelt der Zukunft. Im zehnten Beitrag „Zukunftsfähigkeit messen und gestalten mit dem Future Work Navigator" stellen Prof. Dr. Dr. Stock Homburg (Technische Universität (TU) Darmstadt und Gründerin des Work-Life-Forschungsinstituts Leap in Time) und Lukoschek von der TU Darmstadt ein Instrumentarium vor, mit dem die Zukunftsfähigkeit von Individuen und Unternehmen über vier Dimensionen (Anpassung, Gestaltung, Integration und Zukunftsorientierung) messbar gemacht werden kann. Unter Berücksichtigung internationaler Benchmarkdaten werden Handlungsempfehlungen für eine systematische Steigerung der Zukunftsfähigkeit von Individuen und Unternehmen anhand neun zentraler Stellschrauben (z. B. Arbeitsplatzgestaltung) aufzeigt. Prof. Dr. Bühler (Studiengangsleiter Digital Business Management an der RFH) und Kohne (Materna TMT GmbH) zeigen im zehnten Beitrag „Besser Lernen mit VR/AR-Anwendungen" die Chancen und Möglichkeiten von VR-Lernumgebungen für die digitale Aus- und Fortbildung im Unternehmen. Die Autoren betrachten zudem diverse Anwendungsszenarien und geben konkrete Umsetzungshinweise für die Praxis. Hierbei

werden besonders die didaktischen und technischen Umsetzungsaspekte sowie die Einbindung in existierende Blended-Learning-Konzepte betrachtet. Dass auch im digitalen
Zeitalter analoge Kompetenzen benötigt werden, verdeutlicht Prof. Dr. Fries (Studiengangsleiter Master of Business Administration und Wertorientierte Unternehmensführung an der RFH) im zwölften Beitrag „Analog statt Digital! Die Anforderungen an
den Supply-Chain-Manager der Zukunft". Basierend auf einer umfassenden Literaturrecherche wurde ein Kompetenzprofil für Supply-Chain-Manager von Morgen entwickelt, das sowohl analoge (insbesondere Verhandlungsfähigkeit) als auch digitale
(insbesondere der Umgang mit großen Datenmengen) Kompetenzen integriert. Die
hohe Bedeutung eines „Growth Mindset" von Mitarbeitern und Führungskräften für den
Unternehmenserfolg zeigen die beiden „Jungspunde" Kilb und Schönberger der studentischen Unternehmensberatung ConTogether e. V. aus Köln auf. Konkret rückt der drei-
zehnte Beitrag „Innovationskultur als zukunftsfähige Unternehmenskultur" die Sinnfrage
des arbeitsbezogenen Handelns aus Sicht der sogenannten Generation Y in den Mittelpunkt. Das entwickelte Innovationstheorem betrachtet dabei eine agile und innovative
Grundeinstellung als Ausgangsbasis für zukunftsfähige Unternehmensführung.

An dieser Stelle möchten wir die Gelegenheit nutzen und uns ganz herzlich bei Frau
Sheppard und Frau Tschech vom Springer-Gabler-Verlag für die inspirierende und ver-
trauensvolle Zusammenarbeit bedanken. Ein besonderer Dank gilt auch Herrn Schmi-
ckler, der als studentischer Mitarbeiter der Rheinischen Fachhochschule Köln wichtige
redaktionelle Aufgaben für das Buchprojekt übernommen hat.

Wir wünschen Ihnen beim Lesen und Umsetzen viel Freude.

Köln   Matthias Groß
im Mai 2019   Matthias Müller-Wiegand
                                                                                              Daniel F. Pinnow

Inhaltsverzeichnis

Teil II   Future Business Management

Teil I

Future Corporate Systems

Synergetische Unternehmensführung – Wie Mensch und Maschine gemeinsam zukunftsfähige Unternehmen gestalten können?

Matthias Groß

1.1 Einleitung

„I can't understand why people are frightened of new ideas. I'm frightened of the old ones."
(John Cage)

Trotz oder vielleicht gerade wegen der Vielzahl an New-Work-Kongressen, Digital-Leadership-Summits und Future-Readiness-Safaris, bei denen teils selbsternannte Evangelisten agile Führungsansätze sozialromantisch im Buzzwordmodus beweihräuchern, haben es zukunftsfähige Führungs- und Organisationssysteme in der Unternehmenspraxis nicht leicht. Auch wenn weitestgehend anerkannt wird, dass die Dynamik und Komplexität des heutigen Wirtschaftslebens die Leistungsfähigkeit mechanistischer Managementsysteme längst übersteigen, halten viele Unternehmen an klassischen Führungs- und Organisationsprinzipien fest. Statt einer selbstkritischen Reflexion aktueller Managementansätze setzen viele Topmanager lieber auf bunte Post-It-Klebezettelchen an Kanban-Boards, hübsch anmutende Obstkörbe in neu gestalteten Großraumbüros (natürlich Shared Desk) und Kickertische in gamifizierten Entspannungsinseln. Zudem wird durch symbolischen Aktionismus alles „agil" etikettiert, was schneller und ökonomischer werden soll; unabhängig davon, ob agile Vorgehensweisen überhaupt auf Sinnhaftigkeit überprüft wurden.

Aber warum setzen sich viele Führungskräfte nur so oberflächlich mit der Zukunftsfähigkeit ihrer Unternehmen auseinander? Die Gründe hierfür sind vielfältig: sie reichen von mangelnder Kenntnis und Umsetzungsstärke zukunftsfähiger Führungs- und

M. Groß (✉)
Fachbereich Wirtschaft und Recht, Rheinische Fachhochschule Köln (RFH),
Köln, Deutschland
E-Mail: matthias.gross@rfh-koeln.de

Organisationssysteme über macht- und statusbezogene Verlustängste bis hin zur Überzeugung, dass Vertrauen zwar gut, Kontrolle jedoch besser sei. So verdeutlichen die Ergebnisse des Future Work Navigators, einer internationalen Studie mit mehr als 2000 befragten Unternehmen, dass die Mehrheit der Führungskräfte immer noch versucht, Mitarbeiter nach der klassischen Managementlehre zu steuern (Groß und Stock-Homburg 2018). Die Ergebnisse deuten zwar auch darauf hin, dass Unternehmen verstärkt mit flexibleren Arbeits- und Organisationsstrukturen (z. B. Homeoffice und Coworking) experimentieren, die erforderliche Anpassung des Führungsverständnisses findet dabei allerdings häufig nicht statt. Umgekehrt werden bei der Implementierung neuer Formen der Führung (z. B. Selbstführung der Mitarbeiter) die notwendigen Anpassungen der Organisationsstruktur (z. B. teambasierte Netzwerkstrukturen statt bürokratische Aufbauorganisationen) nicht etabliert. Vor diesem Hintergrund wird im vorliegenden Beitrag ein theoriegeleitetes und gleichzeitig praxisorientiertes Konzept zur zukunftsfähigen Unternehmensführung entwickelt. Aus unternehmenspraktischer Sicht verfolgt der Beitrag dabei drei Ziele: 1) Das auf der Synergetik basierende Konzept dient Führungskräften als Navigationshilfe zur Gestaltung dynamik- und komplexitätsrobuster Unternehmen. 2) Der Brückenschlag zwischen Theorie und Praxis birgt das Potenzial, das Mindset von Führungskräften „fit" für das 21. Jahrhundert zu machen. 3) Zudem werden Anwendungsmöglichkeiten von KI zur Unterstützung von Führungskräften bei der synergetischen Unternehmensführung skizziert.

Aus wissenschaftlicher Sicht ist zu attestieren, dass sich bereits eine Vielzahl an theoretisch-konzeptionellen Ansätze mit dem Management von Dynamik und Komplexität befassen. Eine bedeutende Rolle nehmen hierbei systemische Führungs- und Organisationskonzepte ein (z. B. Baecker 2015; Baltaci und Balci 2017; Beer 1959, 2007; Bohórquez Arévalo und Espinosa 2015; Hazy und Prottas 2018; Lambertz 2016, 2018; Malik 2013; O´Connor 2008; Osborn und Hunt 2007; Plowman et al. 2007; Törnblom 2018; Uhl-Bien und McKelvey 2007; vgl. hierzu auch den Beitrag von Pinnow in diesem Herausgeberband). Insbesondere der Synergetik (Lehre des Zusammenwirkens) wird hohes Potenzial zur Steuerung dynamik- und komplexitätsrobuster Systeme zugeschrieben (Haken und Schiepek 2010). Auch wenn die Synergetik als Metatheorie bereits in verschiedenen Wissenschaftsdisziplinen (z. B. Psychotherapie und Beratungswissenschaft) mit phänomenspezifischem Wissen angereichert und für unterschiedliche Anwendungsgebiete operationalisiert wurde (z. B. zur Gestaltung von Therapie- und Beratungsprozessen), sind die Implikationen für die Unternehmensführung bisher unzureichend spezifiziert. Die klassische Perspektive der Betriebswirtschaftslehre, die den Fokus auf eine rein ökonomische Betrachtung der Effizienz von Unternehmen reduziert (insbesondere Gewinnmaximierung), spielt in dem Konzept der synergetischen Unternehmensführung eine eher untergeordnete Rolle. Vielmehr steht aufgrund der zunehmenden Dynamik und Komplexität die dauerhafte Sicherung der Zukunftsfähigkeit – im Sinne der Lebensfähigkeit – von Unternehmen im Mittelpunkt. Vor diesem Hintergrund scheint eine Kernerweiterung der Synergetik mit Theoriekonstrukten der modernen Unternehmensführung vielversprechend. Konkret wird in diesem Beitrag eine Verknüpfung mit 1) dem Viable System Model (VSM) als elaboriertes Organisationsmodell lebensfähiger Systeme und 2) ausgewählten agilen Methoden (z. B. Scrum, Design Thinking, Kanban) als Kristallisationspunkte selbstorganisierter Wertproduktion vorgenommen. Auf diese Weise soll der Weg für die Synergetik sowohl in die Managementlehre als auch in die Unternehmenspraxis geebnet werden. Darüber hinaus werden die generischen Prinzipien dieser Selbstorganisationstheorie erstmalig im Sinne der Unternehmensführung spezifiziert. Im Zentrum des Beitrags stehen entsprechend folgende Leitfragen:

Fragen

1. Was sind die zentralen Herausforderungen der Unternehmensführung im 21. Jahrhundert? (Abschn. 1.2)
2. Welche theoretisch-konzeptionellen Ansätze werden diesen Herausforderungen an die Unternehmensführung im 21. Jahrhundert gerecht? (Abschn. 1.3)
3. Wie lässt sich eine Brücke vom Theoriekern der Synergetik in die Unternehmenspraxis schlagen? (Abschn. 1.4)
4. Wie können Führungskräfte bei der Förderung von Selbstorganisation durch KI unterstützt werden? (Abschn. 1.4)
5. Welche Implikationen können für die Unternehmenspraxis abgeleitet werden? (Abschn. 1.5)
6. Welcher Forschungsbedarf ergibt sich? (Abschn. 1.6)

1.2 Zentrale Herausforderungen der Unternehmensführung im 21. Jahrhundert

Die Unternehmensführung steht im 21. Jahrhundert vollkommen neuen Herausforderungen gegenüber (vgl. Leitfrage 1). Neben den bekannten Phänomenen Globalisierung, demografischer Wandel, Veränderung gesellschaftlicher Bedürfnisstrukturen (z. B. Individualisierung) und hohe Marktsättigung in traditionellen Wirtschaftsbereichen, bedingen im Besonderen die Veränderungen, die aus dem digitalen Zeitalter erwachsen, ein neues Führungs- und Organisationsverständnis. Tab. 1.1 fasst die zentralen Rahmenbedingungen der Unternehmensführung im 21. Jahrhundert zusammen.

Digitale Technologien senken die Transaktions- und Entwicklungskosten für neue Produkte bzw. Dienstleistungen erheblich und fungieren als Impulsgeber für einen Paradigmenwechsel bei der Innovationsgenerierung. Während Innovationen im 20. Jahrhundert in erster Linie durch Unternehmen initiiert, koordiniert und vermarktet wurden, gewinnen im 21. Jahrhundert kollaborative und nutzerdominierte Formen der Innovationsgenerierung verstärkt an Bedeutung (Baldwin und von Hippel 2011). So öffnen Unternehmen zunehmend ihre Innovationsprozesse, um potenzielle Kunden mithilfe digitaler Medien in die Entwicklung von Produkten und Dienstleistungen einzubinden (Open Innovation durch den Einsatz von Ideenplattformen und Konfiguratoren).

Tab. 1.1 Zentrale Rahmenbedingungen der Unternehmensführung (20. versus 21. Jahrhundert)

Zentrale Rahmendbedingungen der Unternehmensführung im 20. Jahrhundert	Zentrale Rahmendbedingungen der Unternehmensführung im 21. Jahrhundert
Innovationen durch Unternehmen auf der Grundlage linearer Phasenmodelle in hierarchischen Strukturen	Innovationen durch Unternehmen, Nutzer und kollaborative Wertschöpfungsnetzwerke auf der Grundlage agiler Prozesse in teambasierten Netzwerkstrukturen
Wettbewerber aus der gleichen Branche mit bekannten Geschäftsmodellen und traditionellen Technologielösungen	Wettbewerber aus allen Branchen mit neuen Geschäftsmodellen und innovativen Technologielösungen
Bereichsspezifische Analyse von überschaubaren Datenmengen in regelmäßigen Abständen zur Ermittlung bzw. Bewertung vordefinierter Kennzahlen	Bereichsübergreifende Echtzeitanalyse großer Datenmengen zur Mustererkennung und KI zur Durchführung vordefinierter Operationen
Zentralisierte Arbeitsmodelle mit geringer bzw. mittlerer Mensch-Maschine-Interaktion und Führung durch Vorgesetzte	Dezentrale Arbeitsmodelle mit hoher Mensch-Maschine-Interaktion und Selbstführung der Mitarbeiter
Qualifizierte Fach- und Führungskräfte bewerben sich bei attraktiven Arbeitgebern	Attraktive Arbeitgeber bewerben sich bei qualifizierten Fach- und Führungskräften
Unternehmensethik als „Add on" zur Stärkung der Unternehmensreputation bzw. zur Sicherung der Compliance	Unternehmensethik als integraler Bestandteil der Wertproduktion

Darüber hinaus entwickeln Konsumenten ihre Produkte verstärkt selbst (z. B. User Innovation durch den Einsatz von 3-D-Druck-Toolkits). Diese neuen Formen der Innovationsgenerierung erfordern flexible Führungs- und Organisationssysteme. Aus diesem Grund bauen Unternehmen verstärkt Hierarchien ab und ersetzen diese durch agile und teambasierte Arbeits- und Organisationsformen.

Neben dem Paradigmenwechsel in der Innovationsgenerierung verschärfen neue Geschäftsmodelle den Innovationsdruck. Mit plattformbasierten und leicht skalierbaren Geschäftsmodellen setzten insbesondere digitale Start-ups traditionelle Marktführer unter Druck. So gewinnt beispielsweise das Online-Fahrdienst-Vermittlungsportal Uber – trotz aller juristischer Hürden – weltweit unaufhaltsam Marktanteile. Neben den digitalen Start-ups erobern auch etablierte Internetfirmen für sie neue Märkte. So erweitert der Suchmaschinenanbieter Google derzeit seine Palette an Finanzprodukten. Basierend auf der bereits existierenden IT-Infrastruktur (z. B. Google Wallet) werden neben der Zahlungsabwicklung zukünftig auch Girokonten, Kreditkarten und Konsumentenkredite angeboten. Alternative Geschäftsmodelle dieser sogenannten „New Economy" fordern traditionelle Marktteilnehmer heraus, gegenwärtige Wertbeiträge aus Kundensicht zu optimieren und gleichzeitig neue Geschäftsmodelle zu entwickeln (Ambidextrie). In diesem Spannungsfeld planen Unternehmen zunehmend mit ihrer Konkurrenz zusammenzuarbeiten, um bessere oder günstigere Wertbeiträge anbieten zu können. Strategische Allianzen und unternehmensübergreifende Zusammenarbeit erfordern allerdings ein Umdenken von rein wettbewerbsorientierten Ansätzen hin zu partnerschaftlichen Wertschöpfungsnetzwerken (z. B. bieten Uber und Flixbus gemeinsam Mobilität von Haustür zu Haustür an und treten damit in Konkurrenz mit der Deutschen Bahn).

Neben dem steigenden Innovationsdruck stellt die zunehmende Vernetzung von Unternehmen und Kunden mithilfe moderner Informations- und Kommunikationstechnologien eine bedeutende Entwicklung für die Unternehmensführung dar. So können Echtzeitanalysen großer Datenmengen Maßnahmen zur Steigerung des Umsatzes generieren (z. B. Kundensegmentierung und Produktindividualisierungen), die Qualität von Prognosen erhöhen (z. B. Budget- und Personalbedarfsplanung) und Entscheidungen in Mitarbeiterfragen unterstützen (z. B. leistungsbasierte Beförderung). Darüber hinaus führt der Einsatz von KI zu disruptiven Veränderungen in der Geschäftswelt. Erstmalig können Daten nicht nur erfasst und gespeichert, sondern auch inhaltlich interpretiert werden. Maschinelle Lernverfahren können dadurch menschliche Entscheidungen unterstützen. Auf diese Weise ergeben sich branchenübergreifend vollkommen neue Potenziale, sei es in der Steuerung vernetzter Produktion, der Individualisierung von Dienstleistungen, der medizinischen Diagnostik oder der Vergabe von Krediten. Voraussetzung zur Nutzung dieser Potenziale ist allerdings die Fähigkeit von Unternehmen, große Mengen unstrukturierter Daten multipler Quellen übersichtlich aufzubereiten, im Sinne der Unternehmensziele statistisch zu analysieren und zur evidenzbasierten Entscheidungsfindung einzusetzen.

Eng verbunden mit der Vernetzung der Wertschöpfungskette sind die Automatisierung und Dezentralisierung von Arbeit. Durch neue Technologien, insbesondere mobile Endgeräte mit Internetverbindung, erfahren viele Arbeitsplätze eine Veränderung der Mensch-Maschine-Interaktion. Viele Arbeitsbereiche – zunehmend auch kognitive Routinetätigkeiten (z. B. Buchhaltung) – werden mithilfe maschineller Lernverfahren (teil-)automatisiert. So zeigt die Studie des Zentrums für Europäische Wirtschaftsforschung, dass sowohl in der Produktion als auch in der Verwaltung von Unternehmen zunehmend Arbeitsmittel eingesetzt werden, bei denen die Technik die Arbeitsprozesse weitgehend selbstständig übernimmt (Arntz et al. 2018). Das enge Zusammenspiel zwischen Mensch und Technik wirft in Bezug auf Entscheidungsbefugnisse die Frage auf, welche Art von Steuerung in selbstorganisierten Systemen benötigt wird. Hierbei stehen Führungskräfte vor der Herausforderung, den höheren Grad an Mensch-Maschine-Interaktionen sowohl in Bezug auf ihre Mitarbeiter als auch auf ihren eigenen Arbeitsbereich erfolgreich zu bewältigen. Zudem müssen Mitarbeiter über Distanzen hinweg im Sinne der Unternehmensziele geführt und zur Selbstführung befähigt werden.

Unternehmerische Herausforderungen ergeben sich zudem aus der Entwicklung des Arbeitsmarkts. So ist in vielen Branchen ein Wandel vom Arbeitgebermarkt hin zu einem Bewerbermarkt zu beobachten (z. B. Software und Handwerk). Zum Ende des Jahres 2018 befand sich die Anzahl offener Stellen in Deutschland mit 1,46 Mio. auf Rekordniveau (Bundesagentur für Arbeit 2019). Die Entscheidungsmacht zum Abschluss eines Arbeitsverhältnisses verlagert sich entsprechend von den Unternehmen hin zu den Arbeitnehmern – insbesondere bei qualifizierten Fach- und Führungskräften. Diese Entwicklung wird durch Online-Arbeitsvermittlungsportale weiter verstärkt, die das sogenannte Gig-Working (d. h. zeitlich befristete Tätigkeiten) fördern. Durch die Nutzung von Online-Projekt- und Auftragsbörsen können vor allem Fach- und Führungskräfte selbst entscheiden, für wen sie wann und wie lange arbeiten möchten. Laut dem Arbeitsmarktreport des Deutschen Industrie- und Handelskammertages (DIHK) mit 24.000 befragten Unternehmen aus dem Jahre 2018 sehen 60 % der befragten Manager den Mangel an Fach- und Führungskräften als größtes Geschäftsrisiko (DIHK 2018). Unternehmen sind somit gefordert, sich mittels wertschätzender Führung, einer innovationsorientierten Unternehmenskultur und flexiblen Arbeits- und Organisationsformen authentisch als attraktiver Arbeitgeber zu positionieren.

Darüber hinaus müssen Unternehmen zur Steigerung ihrer Reputation ernst gemeintes Engagement für Gesellschaft und Umwelt zeigen. Viele Unternehmen betrachten ihre Verantwortung gegenüber der Gesellschaft heutzutage immer noch als „Add on" (Groß 2018). Nur selten besteht eine enge Verbindung der Nachhaltigkeitsaktivitäten mit dem Geschäftsmodell und der Wertproduktion. Seit Inkrafttreten der Corporate-Social-Responsibility-Berichtspflicht im Jahre 2017 weisen zwar immer mehr Unternehmen Zahlen, Daten und Fakten zu ihren Nachhaltigkeitsbemühungen aus; oft erwecken diese Berichte allerdings den Eindruck von „Greenwashing". Austauschbare Floskeln, wenig Transparenz bei der Kennzahlenermittlung und generische Maßnahmenkataloge lassen häufig an der Ernsthaftigkeit des Engagements zweifeln. Dabei sind die Handlungsfelder des Nachhaltigkeitsmanagements entscheidend für den unternehmerischen Erfolg – seien es Arbeitssicherheit, Mitarbeiterzufriedenheit bzw. -gesundheit, Energieeffizienz oder Mindeststandards in der Lieferkette. Nachhaltige Unternehmensführung kann nicht nur Kosten- und Ressourceneinsparungen realisieren, sondern auch soziale, dienstleistungs- bzw. produktbezogene Innovationen generieren oder sogar neue Geschäftsfelder eröffnen. Zur Nutzung dieser Potenziale müssen Unternehmen eine (Führungs-)Kultur etablieren, in der authentisches Engagement für die Mitarbeiter, die Gesellschaft und die Umwelt als relevanter Erfolgsfaktor wertgeschätzt wird.

Zukunftsfähige Unternehmen sind dynamik- und komplexitätsrobust

Zusammengefasst zeichnet sich ein immer turbulenteres Unternehmensumfeld ab, das häufig mittels des Akronyms VUCA (**V**olatilität, **U**nsicherheit, **K**omplexität und **A**mbiguität) beschrieben wird. VUCA ist dabei Dauerzustand und Bestandsbedingung moderner Unternehmensführung. Lineare und statische Modelle, die Trivialisierung, Routinisierung und Bürokratisierung von Arbeitsprozessen in den Mittelpunkt rücken, werden den VUCA-Anforderungen allerdings nicht im ausreichenden Maße gerecht. Es bedarf daher eines theoretischen Ansatzes zur Unternehmensführung, der den Zusammenhängen und Wechselwirkungen in dynamischen und komplexen Wertschöpfungsstrukturen Rechnung trägt. Im Sinne des Gesetzes der erforderlichen Varietät[1], können in der VUCA-Welt nur diejenigen Theorien und Konzepte als Bezugsrahmen zur Unternehmensführung dienen, die selbst über eine entsprechende Eigenkomplexität verfügen und die Steuerung komplexer Systeme in Phasen von Instabilität ermöglichen.

1.3 Historische Entwicklungslinien zu theoretisch-konzeptionellen Ansätzen der Unternehmensführung

In der Managementliteratur existiert eine Vielzahl theoretisch-konzeptioneller Ansätze zur Unternehmensführung. Mit Blick auf Leitfrage 2 werden nachfolgend ausgewählte Theorieansätze zur Führung und Organisation von Unternehmen überblicksartig dargestellt (vgl. Tab. 1.2) und vor dem Hintergrund der zentralen unternehmerischen Herausforderungen des 21. Jahrhunderts eingeordnet. Ziel ist es, die Erklärungsbeiträge der jeweiligen Theorien für die Lebensfähigkeit von Unternehmen herauszuarbeiten, um diese bei der Konzeptualisierung der synergetischen Unternehmensführung berücksichtigen zu können. Der Fokus liegt dabei auf der Synergetik – der elaboriertesten aller Selbstorganisationstheorien. Für einen vollständigen Überblick über theoretisch-konzeptionelle Ansätze der Führung und Organisation von Unternehmen sei der interessierte Leser an dieser Stelle unter anderem auf die Werke von Vahs (2015) und Bea und Göbel (2018) verwiesen.

Theorien zur Führung und Organisation von Unternehmen sind in der einschlägigen Literatur umso homogener beschrieben, je älter diese sind (Förster und Wendler 2012). So besteht Einigkeit darüber, dass die *arbeitswissenschaftliche Managementlehre* nach Taylor (1911) und die *Bürokratietheorie* nach Weber (1922) die Grundsteine der Managementliteratur bilden. Vor dem Hintergrund von VUCA werden diese statischen und linearen Ansätze der Unternehmensführung allerdings immer häufiger kritisch diskutiert: Die arbeitswissenschaftliche Managementlehre im tayloristischen Sinne steht durch übertriebene Fragmentierung, Spezialisierung und Routinisierung von Arbeitsprozessen in der Kritik, wodurch der Blick für die eigentlichen Kundenbedürfnisse häufig außer Sicht gerät. Die Bürokratietheorie teilt den faden Beigeschmack von Trägheit, Aufgeblähtheit und Dokumentationswahn. Darüber hinaus ist offensichtlich, dass das zugrunde liegende mechanistische Weltbild (Mensch als Maschine) in Zeiten des Fachkräftemangels keine solide Ausgangsbasis für zeitgemäße Unternehmensführung darstellen kann. Trotz dieser (berechtigten) Kritik haben die beiden klassischen Ansätze jedoch auch im digitalen Zeitalter ihre Existenzberechtigung: So müssen Geschäfts- und

---

[1]Das Gesetz der erforderlichen Varietät (auch Ashbysches Gesetz; engl. Ashby's Law genannt) entstammt der Kybernetik und besagt, dass je größer die Varietät eines Systems ist, desto mehr kann es die Varietät seiner Umwelt durch Steuerung vermindern (vgl. Ashby 1956).

Tab. 1.2 Ausgewählte theoretisch-konzeptionelle Ansätze der Unternehmensführung im Überblick

Theoretisch-konzeptioneller Ansatz	Inhaltlicher Fokus	Wirkungsmechanismus	Wirkungsbeziehung	Erklärungsbeitrag zur Unternehmensführung
Arbeitswissenschaftliche Managementlehre (seit 1910er Jahre)	Empirische Analyse von Arbeitsabläufen	Wissenschaftlich begründete Arbeitsabläufe zur Leistungssteigerung	Optimierte Arbeitsabläufe → individuelle Arbeitsleistung	Effiziente Gestaltung von Routineaufgaben und Phasen der Stabilität
Bürokratietheorie (seit 1920er Jahre)	Erklärung ökonomischer Ineffizienzen	Gestaltung einer formalen Organisation	Ausmaß der Formalisierung → Effizienz bürokratischer Organisation	Nachvollziehbare Gestaltung organisatorischen Handelns
Human-Relations-Bewegung (seit 1930er Jahre)	Entdeckung sozialer Bedürfnisse von Mitarbeitern	Verbesserung der Qualität sozialer Beziehungen	Qualität der sozialen Beziehungen → individuelle Arbeitsleistung	Entwicklung eines durch Wertschätzung geprägten sozialen Klimas
Human-Ressourcen-Ansatz (seit 1950er Jahre)	Identifikation von Maßnahmen zum Empowerment von Mitarbeitern	Steigerung des Empowerments von Mitarbeitern	Ausmaß der Partizipation → Empowerment von Mitarbeitern	Gestaltung partizipativer Strukturen zum Empowerment von Mitarbeitern
Transaktionskostentheorie (seit 1970er Jahre)	Entstehung und Zusammensetzung von Transaktionskosten	Minimierung der Transaktionskosten	Ausmaß der Spezifität bzw. Unsicherheit einer Transaktion → Wahl einer kostenminimierenden Koordinationsform	Kosteneffiziente Gestaltung von Unternehmensaktivitäten

(Fortsetzung)

Tab. 1.2 (Fortsetzung)

Theoretisch-konzeptioneller Ansatz	Inhaltlicher Fokus	Wirkungsmechanismus	Wirkungsbeziehung	Erklärungsbeitrag zur Unternehmensführung
Prinzipal-Agenten-Theorie (seit 1970er Jahre)	Entstehung und Umgang mit Informationsasymmetrien in Austauschbeziehungen	Vertragsgestaltungselemente, die Opportunismus unterbinden	Informationsasymmetrie zwischen Auftraggeber und Auftragnehmer → Wahl einer opportunismusunterbindenden Vertragsgestaltung	Vertragliche Gestaltung der Arbeitsbeziehung zwischen Unternehmen und Beschäftigten
Ressourcenbasierter Ansatz (seit 1990er Jahre)	Identifikation strategisch relevanter Ressourcen	Generierung von Wettbewerbsvorteilen durch einzigartige Ressourcen	Auf-/Ausbau strategischer Ressourcen → Unternehmenserfolg	Ausbau erfolgskritischer Ressourcen zur Lebensfähigkeit des Unternehmens
Synergetik (neu in der BWL, zuvor seit 1960er Jahren in den Naturwissenschaften)	Identifikation von Mustern zur Selbstorganisation in dynamischen und komplexen Systemen	Ermittlung generischer Prinzipien zur Förderung von Selbstorganisationsprozessen	Generische Prinzipien → Selbstorganisationsprozesse	Förderung von Selbstorganisationsprozessen in dynamik- und komplexitätsrobusten Unternehmen

Arbeitsprozesse, die automatisiert werden sollen, zunächst in ihre kleinsten Bestandteile zerlegt, standardisiert und verwaltet werden. Darüber hinaus stellt der Grundgedanke der Berechenbarkeit und der Nachvollziehbarkeit von organisationalem Handeln durch formale Strukturen einen wichtigen Ansatzpunkt für die Unternehmensführung dar – insbesondere für Phasen der Instabilität (Miebach 2007). Darüber hinaus bieten büro- kratische bzw. arbeitswissenschaftliche Ansätze bewährte Handlungsempfehlungen zum Management von Phasen der Stabilität.

Als Gegenbewegung zu den klassischen „Mensch als Maschine"-Ansätzen ist die *Human-Relations-Bewegung* einzustufen, die sich mit der empirischen Analyse von individuellen Bedürfnissen und Gruppenverhalten am Arbeitsplatz befasst. Mithilfe der sogenannte Hawthorne-Experimenten in den 1930er Jahren konnte gezeigt werden, dass soziale Beziehungen zu Kollegen von entscheidender Bedeutung für die Arbeits- zufriedenheit und somit für die Mitarbeiterleistung sind. Für die Unternehmensführung liefert die Human-Relations-Bewegung die bedeutende Erkenntnis, dass informelle Nor- men, Gruppen und Meinungsführer abseits der formalen Organisationsstruktur wichtige Gestaltungselemente darstellen. Zudem betont dieser Theorieansatz das Gleichgewicht zwischen ökonomischen und sozialen Zielen (Förster und Wendler 2012). Die Human- Relations-Bewegung bildet den Ausgangspunkt für die Entwicklung des sogenannten *Human-Ressourcen-Ansatzes*. Dieser rückt die von der Human-Relations-Bewegung vernachlässigte Arbeitsorganisation wieder zurück in den Mittelpunkt. Maßstab für die Gestaltung der Arbeit sind verschiedene Spannungsfelder: Bürokratische Effizienz ver- sus kreatives Verhalten, formelle versus informelle Beziehungen oder Kontrolle versus Autonomie. Es wird davon ausgegangen, dass die beschriebenen Spannungsverhält- nisse zu einer Verschwendung von Humanressourcen führen, wenn sie den Bedürfnissen der jeweiligen Mitarbeiter nicht ausreichend entsprechen. Dies gilt insbesondere, wenn Mitarbeiter den Eindruck haben, nicht über genügend Spielraum für die eigenen Ideen, Entscheidungen und Vorgehensweisen zu verfügen. Der Mitarbeiterwunsch zum selbst- bestimmten Arbeiten stellt in Verbindung mit der Sinnhaftigkeit der Arbeit (Purpose) eine Bestandsbedingung für die Unternehmensführung im 21. Jahrhundert dar.

Die Theoriekonstrukte der Neuen Institutionenökonomik (v. a. *Transaktions- kostentheorie* und *Prinzipal-Agenten-Theorie*) erheben den Anspruch, Vorhersagen über das individuelle Verhalten von Wirtschaftssubjekten – mit Hauptaugenmerk auf die jeweiligen Anbahnungskosten und Vertragsbeziehungen – treffen zu kön- nen. Im Speziellen analysieren diese Ansätze Institutionen aus dem Blickwinkel des methodologischen Individualismus. Als Weiterentwicklung der neoklassischen Wirtschaftstheorie („Homo oeconomicus") berücksichtigt die Neue Institutionen- ökonomik auch Koordinations- und Motivationsprobleme sowie Informations- asymmetrien bei der Interaktion von Individuen in einer arbeitsteiligen Wirtschaft. Durch die Fokussierung auf einzelne Transaktionen als Bezugseinheit schärfen die Ansätze der Neuen Institutionenökonomik den Blick für eine mögliche Gestaltung digitaler Führungs- und Organisationssysteme, die zur Beschreibung und Durch- führung wirtschaftlicher Tauschprozesse und gesellschaftlicher Aufgaben geeignet sind (z. B. Blockchain; vgl. hierzu auch den Beitrag von Meisner in diesem Herausgeberband). Trotz der dynamischen Betrachtung formaler Vertragsbeziehungen trägt die Neue Institutionenökonomik der erhöhten Dynamik und Komplexität von Unternehmen im 21. Jahrhundert nur eingeschränkt Rechnung, da sie in erster Linie extrinsische Motivationsbedürfnisse unter der Prämisse individueller Nutzenmaximierung fokussiert und intrinsische Motivationsfaktoren, soziale Normen und weitere humanbezogene Aspekte weitgehend außer Acht lässt.

Eine weitere grundlegende Denkweise der Unternehmensführung, die seit den 1990er Jahren an Bedeutung gewonnen hat, ist der *ressourcenbasierte Ansatz*. Die durch Barney (1991) geprägte Ressourcentheorie versucht die Frage zu klären, warum Unternehmen der gleichen Branche unterschiedlich erfolgreich sind. Die grundlegende Annahme besteht darin, dass Unternehmen eine Leistung derart gut gestalten müssen, dass Wettbewerber diese nicht imitieren können. Hierzu benötigen sie seltene bzw. einzigartige Ressourcen. Diese können tangibler (z. B. Patente), intangibler (z. B. Unternehmensreputation), humaner (z. B. Wissen) oder finanzieller (z. B. Liquidität) Natur sein. Allerdings führt die bloße Existenz einzigartiger Ressourcen nicht direkt zu Wettbewerbsvorteilen, sondern erst die einzigartige Kombination einzigartiger Ressourcen. Trotz der hohen Relevanz des ressourcenbasierten Ansatzes in der betriebswirtschaftlichen Forschung sind die vernachlässigte Marktperspektive und die statische Ressourcenkonfiguration mit Blick auf VUCA zu kritisieren. Vor diesem Hintergrund gewinnt die systemische Perspektive der Unternehmensführung immer stärker an Bedeutung. So ist der Begriff „systemisch" regelrecht zu einem Modewort avanciert – insbesondere bei Managementberatern, Therapeuten und Coaches. Dabei stehen sehr theoriebetonte Forschungsarbeiten mit relativ geringem Praxisbezug theorieverkürzenden Praxisveröffentlichungen gegenüber.

Die Wurzeln der Systemtheorie liegen in unterschiedlichen Wissenschaftsbereichen wie Biologie, Soziologie und Medizin. Die Systemtheorie wird häufig auch als sogenannte Metatheorie bezeichnet (d. h. Theorie, deren Forschungsgegenstand andere Theorien sind). Grundsätzlich kann zwischen zwei Varianten der Systemtheorie unterschieden werden (Malecic 2017): Control Theories und Dynamic Theories. Während Control Theories von einer Top-Down-Regulation mit vordefinierten Zielwerten ausgehen (Kybernetik 1. Ordnung), beruhen Dynamic Theories auf der Annahme einer Bottom-Up-Regulation, bei der Systeme über keine vordefinierten Zielwerte verfügen (Kybernetik 2. Ordnung). Entsprechend befassen sich die Control Theories mit Einflussfaktoren zur Systemstabilität, wohingegen die Dynamic Theorics Rahmenbedingungen zur Veränderung von Systemen (d. h. Phasen der Instabilität) in den Vordergrund rücken. Gegen Ende des 20. Jahrhunderts prägten vorwiegend kontrolltheoretische Selbstregulationstheorien den wissenschaftlichen Diskurs in den Natur- und Sozialwissenschaften. Seit Beginn des 21. Jahrhunderts finden dynamische Systemtheorien ebenfalls Einzug in die Wirtschaftswissenschaften, da diese das Potenzial bieten, Unternehmensführung in dynamischen und komplexen Unternehmensumwelten zu begründen, zu organisieren und zu gestalten.

▶ **Selbstorganisation** Dynamische Systemtheorien beschreiben Phasenübergänge von einem geordneten stabilen Zustand in einen qualitativ neuen, wiederum geordneten Zustand. Diese Phasenübergänge werden auch als Selbstorganisation bezeichnet (O´Connor 2008). Beispielhaft sind auf Unternehmensebene neue Produktions- bzw. Geschäftsprozesse anzuführen, die eigenverantwortlich durch die Mitarbeiter entwickelt wurden.

Einen wichtigen Beitrag zur Erklärung von Selbstorganisationsprozessen liefert die *Synergetik* (Haken 1982). Die sogenannte Lehre vom Zusammenwirken stellt eine mathematisch formalisierte Theorie dar, die aufgrund ihres universellen Charakters in unterschiedlichen Wissenschaftsbereichen Anwendung findet (z. B. Physik, Psychologie und Soziologie). Das Phänomen des Zusammenwirkens von Teilchen wurde in den 1960er Jahren von dem Physiker Hermann Haken anhand von Laserstrahlen entdeckt: ungeordnet fluktuierende Gasmoleküle beginnen sich unter gewissen Bedingungen „kooperativ zu verhalten" und bilden dabei ein neues Muster (Laserstrahl) (Haken 1982). Dieses neue Muster (Emergenz) wiederum „versklavt" die einzelnen Systemelemente derart, dass der qualitativ neue, geordnete Zustand stabilisiert wird. Die Synergetik befasst sich demnach mit selbstorganisierter Ordnungsbildung, wobei die zugrunde liegende Annahme in der prinzipiellen Unbestimmtheit der Zukunft besteht. Im Speziellen wird davon ausgegangen, dass sich ein System ständig neu aus aktuellen Prozessen heraus konstituiert – demnach dynamisch ist. Hierbei können Selbstorganisationsprozesse durch eine energetische Anregung angestoßen werden, bei denen neue Verhaltensmuster generiert und bewertet werden. Das neue dominierende Verhaltensmuster, das als „Gewinner" des systeminternen Abstimmungsprozesses hervorgeht, wird als Ordner bzw. Attraktor bezeichnet. Dieser Ordner bzw. Attraktor reduziert die Freiheitsgrade der Systemmitglieder und stabilisiert den neuen Ordnungszustand. Als Beispiel für die Selbstorganisation in sozialen Systemen kann das Klatschen des Publikums nach einer Theatervorstellung dienen. Schließen sich immer mehr Zuschauer einem bestimmten Rhythmus an, „versklavt" dieser Ordner die verbleibenden Zuschauer in der Art, dass ein einheitlicher Takt entsteht. Für eine ausführliche Beschreibung selbstorganisierter Ordnungsübergänge und damit verbundener Begrifflichkeiten sei der interessierte Leser an dieser Stelle auf die Ausführungen von Haken und Schiepek (2010) verwiesen. Aus Sicht der Unternehmensführung lassen sich zwei Hypothesen für die Selbstorganisation in Unternehmen ableiten:

1. Selbstorganisation in Unternehmen erfordert Energie: Je höher das Energieniveau des Unternehmens und seiner Mitglieder, desto höher die Wahrscheinlichkeit von Selbstorganisationsprozessen.
2. Selbstorganisation in Unternehmen setzt Vernetzung der Systemelemente voraus: Je höher die Dynamik der Wechselwirkungen zwischen den Unternehmensmitgliedern, desto höher die Wahrscheinlichkeit von Selbstorganisationsprozessen.

Vorstehende Annahmen verdeutlichen, dass unternehmerische Selbstorganisationsprozesse gezielte Führung und Organisation voraussetzen. Zur Spezifizierung konkreter
Gestaltungsparameter synergetischer Unternehmensführung können die sogenannten
generischen Prinzipien zur Förderung von Selbstorganisationsprozessen herangezogen
werden. Die auf mathematischer Modellierung beruhenden generischen Prinzipien
können unternehmerisches Handeln im VUCA-Umfeld organisieren, begründen und
vereinfachen (Haken und Schiepek 2010). An dieser Stelle ist anzumerken, dass die
generischen Prinzipien zur Förderung von Selbstorganisationsprozessen auf unterschiedlichen Ebenen realisiert werden sollten: Individual-, Team- und Unternehmensebene. In
diesem Beitrag liegt der Fokus auf der Unternehmensebene.

▶ Synergetische Unternehmensführung In einem dynamischen Verständnis der
Systemtheorie kann synergetische Unternehmensführung als die Gestaltung von
Rahmenbedingungen zur gezielten Förderung von Selbstorganisationsprozessen in
Unternehmen definiert werden (in Anlehnung an Schiepek und Haken 2010). Im Sinne
der Synergetik stehen hierbei insbesondere die Energetisierung und die Vernetzung der
Unternehmensmitglieder im Vordergrund.

Nachfolgend werden die generischen Prinzipien der Selbstorganisation im Kontext der
Unternehmensführung konkretisiert. Das erste generische Prinzip befasst sich mit der
Schaffung von Stabilitätsbedingungen. Selbstorganisation erfordert insbesondere strukturelle und emotionale Sicherheit. Strukturelle Sicherheit kann beispielsweise durch
Rollenklarheit, Arbeitsplatzsicherheit, Transparenz der Leistungs- bzw. Verhaltenserwartungen und Vertrauen in die Eigenverantwortlichkeit von Teams und Mitarbeitern
erzeugt werden. Weiterhin sollten explizite Freiräume zum Experimentieren geschaffen
werden (z. B. Fablabs, Hackathons oder „20 %-Zeit-Projekte" wie bei Google). Emotionale Sicherheit entsteht vor allem durch Vertrauen in die Leistungsfähigkeit und die
Unterstützung des Selbstwertgefühls von Unternehmensmitgliedern.

Das zweite generische Prinzip fokussiert die *Identifikation von Mustern des
Systems*. Die Echtzeitanalyse systemrelevanter Muster bildet die Grundlage zur
evidenzbasierten Entscheidungsfindung. Im Speziellen gilt es diejenigen Muster zu
identifizieren, welche die Potenziale von Selbstorganisationsprozessen freisetzen. Im
Kontext der synergetischen Unternehmensführung stehen unter anderem die Definition
von Systemgrenzen, die Erfassung der Grundregeln des Systems, die Ermittlung von
Kommunikationsstrukturen, die Visualisierung von sozialen Beziehungen, die Analyse von Mitarbeiterverhalten, die Sichtbarmachung von Entwicklungsfortschritten, das
Aufzeigen des organisationalen Energielevels und die Wechselwirkungen von Unter-
nehmensprozessen im Mittelpunkt.

Das dritte generische Prinzip adressiert die *Herstellung des Sinnbezugs*. Die individuellen Lebenskonzepte von Führungskräften und Mitarbeitern müssen mit den Entwicklungen des Unternehmens in Einklang stehen, um Selbstorganisation zu fördern.

Das eigenverantwortliche Arbeiten in dezentralen Organisationsstrukturen erfordert einen normativen Kitt, der die Systemmitglieder zusammenhält. Es ist empirisch belegt, dass „Purpose" eine wichtige Voraussetzung für unternehmerische Selbstorganisations-prozesse zur Befriedigung der Stakeholderinteressen darstellt (Stubelj et al. 2017). Hier-bei leisten unter anderem die partizipative Entwicklung einer inspirierenden Vision, die proaktive Rolle von Mitarbeitern bei der Personalentwicklung, das Echtzeitfeedback der Team- und Mitarbeiterleistungen, das Vorleben der organisationalen Werte durch das Topmanagement und die Förderung persönlicher Entwicklungsziele einen positiven Beitrag.

Im Fokus des vierten generische Prinzips steht die *Energetisierung des Systems.* Zur Erhöhung des mitarbeiterbezogenen Energielevels müssen zunächst die Kontroll-parameter der Motivation identifiziert und daran anknüpfend motivationsförder-liche Rahmenbedingungen geschaffen werden. Während die Energetisierung bei physikalischen Systemen ausschließlich durch die Dynamik der Systemumwelt rea-lisiert wird, erfolgt sie bei sozialen Systemen gleichzeitig auf der emotionalen Ebene der Betroffenen. Neben der Betonung hoher Kunden- und Wettbewerbsorientierung (Außendynamik) können soziale Systeme im Speziellen durch die Befähigung zur Selbstführung, die Anerkennung der Organisationsmitglieder mittels authentischer Wert-schätzung, die Beteiligung der Mitarbeiter am Unternehmenserfolg, die Moderation indi-vidueller und teambezogener Zielfindungsprozesse für realistische, aber ambitionierte Ziele und die Einladung zur Mitgestaltung des Unternehmens erreicht werden.

Das fünfte generische Prinzip setzt sich mit der *Realisierung von Fluktuationsver-stärkungen* auseinander. Selbstorganisation setzt eine Vorstellung des qualitativ neuen Musters seitens der Unternehmensmitglieder voraus. Zur gezielten Destabilisierung bestehender Ordnungszustände dienen unter anderem das kritische Hinterfragen gegen-wärtiger Arbeitsmuster, das Überraschen durch unkonventionelle Problemlösungen, das Auffordern zum Querdenken und das gezielte Weiterentwickeln der Mitarbeiter im Sinne eines „Growth-Mindsets" (vgl. Dweck 2015; Kilb und Schönberger in diesem Heraus-geberband). Eine bedeutende Rolle zur Erzeugung gewünschter Spielräume für Zufalls-schwankungen spielt zudem die Etablierung einer Kultur von Fehlertoleranz. So steht das fünfte Prinzip klassischen Managementansätzen der Null-Fehler-Toleranz gegenüber, die auf kontinuierliche Verbesserung setzen (vgl. achtes generisches Prinzip).

Den Mittelpunkt des sechsten generischen Prinzips bildet die *Beachtung der Synchro-nisation.* Hierbei geht es darum, Resonanzfähigkeit für Unternehmensaktivitäten bei den Mitarbeitern herzustellen. Im Sinne der Synergetik müssen unternehmerische Aktivitäten anschlussfähig für das Wirklichkeitsverständnis der Betroffenen sein, d. h. sie orientie-ren sich an deren Denk-, Verhaltens- und Emotionsmustern. Diesem Prinzip kommt eine hohe Bedeutung zu, da Selbstorganisationsprozesse seitens der Systemmitglieder Frei-willigkeit voraussetzen. Um an den inneren Verarbeitungsstrukturen der einzelnen Mit-arbeiter anzusetzen, sollten Führungskräfte Interesse und Offenheit für Bedürfnisse und Gefühle der Mitarbeiter zeigen, personenzentriert kommunizieren, eine partnerschaft-liche Zusammenarbeit mit den Mitarbeitern leben, sensibel für die Aufnahmebereitschaft der Mitarbeiter sein und den individuellen Reifegrad zur Selbstführung der Systemmitglieder berücksichtigen. Darüber hinaus sollten Aktivitäten auf Unternehmensebene koordiniert ablaufen, z. B. durch zeitliche und inhaltliche Abstimmung von Projekten in unterschiedlichen Teams und entsprechendes Multiprojektcontrolling.

Das siebte generische Prinzip lautet *Ermöglichung gezielter Symmetriebrechung*. In Phasen der Instabilität können verschiedene Ordner mit potenziell gleicher Wahrscheinlichkeit realisiert werden. Zur Steuerung der Selbstorganisation im Sinne der Unternehmensziele sollten Führungskräfte eine sinnvolle Weichenstellung vornehmen. Um die Entscheidung nicht dem Zufall zu überlassen, können Imaginationstechniken eingesetzt, Pilot- bzw. Referenzprojekte initiiert, Anreize für bestimmte Zielzustände geschaffen und Großgruppenverfahren zum Setzen von Ankern für das neue Muster durchgeführt werden.

Nachdem die Entscheidung für einen neuen Ordner gefallen ist, muss eine *Restabilisierung des neuen Musters* erfolgen. Im Sinne des achten generischen Prinzips findet eine Abkehr der Destabilisierungsbemühungen bzw. Fluktuationsverstärkung zugunsten der Ergebnissicherung und Optimierung des neuen Musters statt. Die Aufgabe von Führungskräften besteht in erster Linie in der Vernetzung des neuen Musters mit den existierenden Organisations-, Sozial- bzw. Wertschöpfungsstrukturen und mit den bestehenden kognitiv-emotionalen Schemata der Unternehmensmitglieder. Hierzu können etablierte Instrumente des Stabilitätsmanagements eingesetzt werden. Auf Unternehmensebene kann die Restabilisierung beispielsweise durch Prozess- und Ablaufbeschreibungen erfolgen (vgl. Abb. 1.3) und auf Mitarbeiterebene unter anderem durch die Würdigung neuer Verhaltensweisen.

> **Generische Prinzipien der Selbstorganisation als Navigationshilfe für die zukunftsfähige Unternehmensführung**
>
> Zusammenfassend ist festzuhalten, dass die Synergetik einen soliden theoretischen Bezugsrahmen zur Unternehmensführung im 21. Jahrhundert bietet, indem sie konkrete Erklärungsbeiträge und Ansatzpunkte zur Gestaltung lebensfähiger Systeme liefert. Im Speziellen können die generischen Prinzipien zur Förderung von Selbstorganisationsprozessen als Navigationshilfe für unternehmerisches Handeln dienen. Aufgrund ihres systemtheoretischen Fundaments trägt die Synergetik im Gegensatz zu den klassischen Ansätzen der Managementlehre auch dem Gesetz der erforderlichen Varietät Rechnung (vgl. hierzu Fußnote 1).

1.4 Konzeptentwicklung zur synergetischen Unternehmensführung

Aufbauend auf den bisherigen Ausführungen wird im Folgenden ein Konzept zur Förderung der Selbstorganisation in Unternehmen skizziert (vgl. Leitfrage 3). Den Theoriekern hierfür bildet die Synergetik – im Speziellen die zuvor erläuterten generischen Prinzipien. Als Metatheorie bedarf die Synergetik laut Haken und Schiepek (2010) einer phänomenspezifischen Kernerweiterung für bestimmte Anwendungsfelder; so auch für die Unternehmensführung. Die phänomenspezifische Kernerweiterung wird für die synergetische Unternehmensführung mithilfe des Viable System Model (VSM; Beer 1959, 2007; Lambertz 2016, 2018) und einem Portfolio agiler Methoden realisiert. Das VSM, das der Managementkybernetik entstammt, bietet ein elaboriertes Organisationsmodell für lebensfähige Systeme. Im Sinne der Synergetik bildet das VSM das Wertschöpfungssystem „Unternehmen" mit seinen Subsystemen ab, in dem Selbstorganisationsprozesse gefördert werden sollen. Die agilen Methoden wiederum bieten transparente und flexible Rahmenwerke zur selbstorganisierten Wertproduktion. Sie bilden gewissermaßen die Kristallisationspunkte der Selbstorganisation und dienen als Ansatzpunkte zur Realisierung der generischen Prinzipien in der Unternehmenspraxis und vice versa. Dabei besteht eine mehr-mehrdeutige Beziehung zwischen den agilen Methoden und den generischen Prinzipien, d. h. eine agile Methode kann mehrere generische Prinzipien realisieren und ein generisches Prinzip kann durch mehrere agile Methoden umgesetzt werden (vgl. hierzu auch Schiepek et al. 2000 im Kontext der Psychotherapie). Abb. 1.1 verdeutlicht den Brückenschlag zwischen dem Theoriekern der Synergetik, den generischen Prinzipien, dem VSM, den agilen Methoden und der Unternehmenspraxis (vgl. Leitfrage 4).

Den *ersten Brückenpfeiler* zwischen dem Theoriekern der Synergetik und der Unternehmenspraxis bilden die generischen Prinzipien; sie tragen zur Komplexitätsreduzierung in unternehmerischen Entscheidungssituationen bei und bieten Orientierung zur Förderung von Selbstorganisationsprozessen. Die Komplexitätsreduzierung unterliegt dabei allerdings nicht vereinfachenden Wenn-Dann-Automatismen linearer Ansätze (z. B. Bürokratietheorie). Vielmehr können Führungskräfte selbst entscheiden, wie sie ein bestimmtes generisches Prinzip realisieren, um Selbstorganisationsprozesse zu fördern.

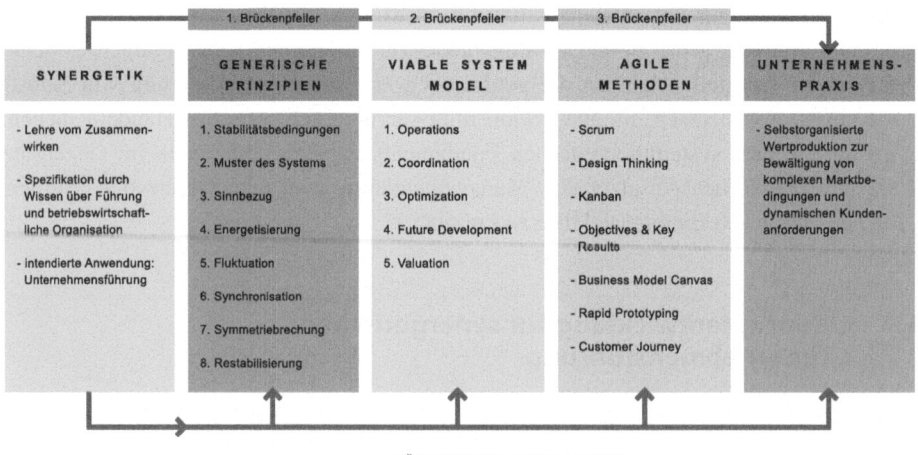

Abb. 1.1 Konzept der synergetischen Unternehmensführung

In Zeiten von Big Data eröffnet der Einsatz KI vollkommen neue Möglichkeiten zur Realisierung der generischen Prinzipien in Unternehmen (vgl. Leitfrage 5). Im Speziellen können Einflussfaktoren und Erfolgsauswirkungen von Selbstorganisationsprozessen in Echtzeit analysiert werden (Real Time Monitoring), um zeitnah auf veränderte Begebenheiten reagieren zu können. Mithilfe von Real Time Monitoring können Führungskräfte die generischen Prinzipien zielgerichtet und theoriegeleitet umsetzen. In der Psychotherapie hat sich der Einsatz von technischen Anwendungen zum Real Time Monitoring der generischen Prinzipien in Therapieprozessen bereits bewährt. So konnten durch den Einsatz des sogenannten *Synergetic Navigation Systems (SNS)* Erklärungen zu psychotherapeutischen Veränderungsprozessen gewonnen und die Wirksamkeit verschiedener therapeutischer Gestaltungsinstrumente im Sinne der generischen Prinzipien ermittelt werden (Schiepek et al. 2015, 2016). Das SNS stellt dabei eine webbasierte Schnittstellentechnologie dar, mit der engmaschige Daten orts- und zeitunabhängig in beliebiger Häufigkeit erhoben und miteinander verknüpft werden können (Schiepek et al. 2018; Schiepek und Strunk 2010). Mithilfe des datenbasierten „Frühwarnsystems" (SNS) können in psychotherapeutischen Behandlungen klientenseitige Veränderungsprozesse gezielt gefördert, die Auswahl von Interventionstechniken begründet und der Erfolg verschiedener Methoden evaluiert werden (Schiepek et al. 2016).

Diese Erkenntnisse bieten Ansatzpunkte für das Real Time Monitoring der generischen Prinzipien in Unternehmen. So können beispielsweise Mitarbeiterdaten mittels standardisierter bzw. individueller Fragebögen via App auf mobilen Endgeräten (z. B. Smartphone oder Tablet) erfasst und zusammengeführt werden. Darüber hinaus bietet die Technologie umfangreiche Darstellungsfunktionalitäten und Analysetools für komplexitätswissenschaftliche Auswertungen, die aufgrund intuitiver Bedienbarkeit und übersichtlicher Visualisierung nicht zwangsweise ein ausgeprägtes Mathematik- bzw. Statistikverständnis voraussetzen. Hinweise zu Fluktuationen (z. B. steigende Unzufriedenheit der Mitarbeiter) können beispielsweise anhand der *dynamischen Komplexität* gewonnen werden.

▶ **Dynamische Komplexität** „Kennwert für irreguläres Systemverhalten. Dieser kombiniert die Höhe der Schwankungen einer Zeitreihe (Amplitude), die Frequenz (Häufigkeit der Richtungsänderung) und die Verteilung der Werte im Skalenbereich (Range) zu einem Kennwert." (Schiepek et al. 2018, S. 307) (zur Berechnung der dynamischen Komplexität ist auf Schiepek und Strunk (2010) zu verweisen)

Mittels der dynamischen Komplexität können Vorboten von Ordnungsübergängen (d. h. Selbstorganisation) identifiziert werden (Schiepek et al. 2015). Analysen anhand der dynamischen Komplexität ermöglichen somit evidenzbasierte Entscheidungen – vor allem zur Umsetzung der generischen Prinzipien. Zudem können Hypothesen aufgestellt und überprüft werden, um relevante Wirkfaktoren für gewünschte Verhaltensweisen zu identifizieren bzw. zu fördern. Exemplarisch ist hier die situationsbezogene

Tab. 1.3 Komplexitätswissenschaftliche Analysetools und potenzielle Anwendungsmöglichkeiten im Rahmen der Unternehmensführung (inspiriert durch das Synergetic Navigation System in der Psychotherapie; vgl. Schiepek et al. 2015, 2018)

Komplexitätswissenschaftliche Analysetools	Ausgewählte Anwendungsmöglichkeiten im Rahmen der Unternehmensführung
Zeitreihenanalyse (Spezialform der Regressionsanalyse)	Neben der vergangenheitsbezogenen Analyse von Verlaufsmustern (z. B. Veränderungsprozesse) bzw. der Entwicklung einzelner Indikatoren (z. B. Zufriedenheit der Mitarbeiter) können mittels inferenzstatistischer Analysen zudem Prognosen abgeleitet werden. So können beispielsweise Vorhersagen zur Kündigungsabsicht von Mitarbeitern oder zur potenziellen Marktfähigkeit von Produkten erstellt werden
Komplexitäts-Resonanz-Diagramm (Übertragung der dynamischen Komplexität in eine Farbskala)	Diese Darstellungsfunktion kündigt Ordnungsübergänge im Sinne eines „Frühwarn-Systems" an. So können Führungskräfte ausgewählte Gestaltungsinstrumente (z. B. agile Methoden) gezielt zur Realisierung der generischen Prinzipien berücksichtigen. Beispielsweise kann Design Thinking zur Symmetriebrechung (siebtes generisches Prinzip) eingesetzt werden
Korrelationsmatrizen (Matrix, die die Korrelation zwischen den Komponenten eines Zufallsvektors erfasst)	Mithilfe dieses Auswertungsverfahrens können Interkorrelationen zwischen allen erfassten Items analysiert werden (z. B. zwischen den Items verschiedener generischer Prinzipien und der Mitarbeiterzufriedenheit). Auf diese Weise können Zusammenhänge und Muster der Selbstorganisation ermittelt und förderliche Stellschrauben geclustert werden

Wirksamkeitsanalyse bestimmter Führungsstile (z. B. transaktional versus transformational) in Bezug auf die Mitarbeiterzufriedenheit bzw. -leistung zu nennen. Tab. 1.3 gibt einen Überblick über ausgewählte Anwendungsmöglichkeiten komplexitätswissenschaftlicher Analysen im Rahmen der Unternehmensführung.

In der Unternehmenspraxis erfolgt die Analyse von Geschäftsdaten bis heute überwiegend retroperspektiv. Durch diese Vergangenheitsbezogenheit ist eine zeitnahe Reaktion auf aktuelle Begebenheiten nur sehr begrenzt möglich. Im Zuge der Digitalisierung und Vernetzung von Geschäfts- bzw. Arbeitsprozessen und der damit verbundenen Explosion an Datenmengen gewinnen insbesondere die Echtzeitanalyse und die Prognose von Entwicklungen an Bedeutung. Im Sinne der synergetischen Unternehmensführung können lernende Algorithmen den Verlauf von unternehmensbezogenen Selbstorganisationsprozessen analysieren und Führungskräfte bei der Realisierung der generischen Prinzipien unterstützen. Die Grundlage hierfür bildet das Real Time Monitoring, das aus informationstechnischer Sicht auf dem Event Processing basiert. Das Event Processing umfasst dabei drei Prozessschritte: 1) Eventquellen, 2) Eventverarbeitung und 3) Eventbehandlung (Bruns und Dunkel 2010). 1) Eventquellen, also Daten von Apps (z. B. Social Media), Sensoren

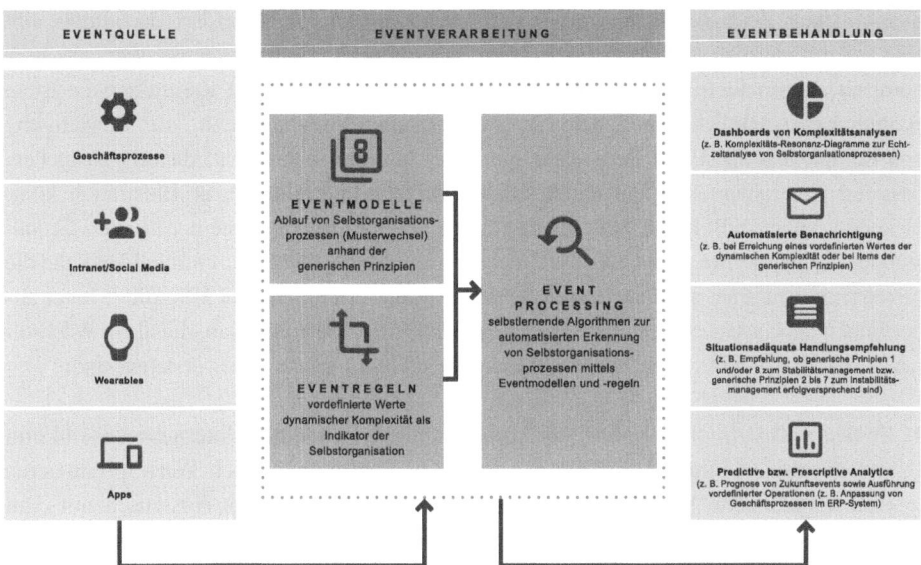

Abb. 1.2 Event Processing zur Identifikation und Förderung von Selbstorganisationsprozessen

(z. B. Wearables), Geschäftsprozessen (z. B. Enterprise Resource Planning), Fragebögen (z. B. Mitarbeiterzufriedenheit) oder Datenbanksystemen (z. B. SQL) bilden die Basis des Event Processings. Diese Daten werden im Rahmen der 2) Eventverarbeitung gefiltert, transformiert und anhand von Eventmustern bzw. -regeln zur Selbstorganisation (z. B. generische Prinzipien und Grad der dynamischen Komplexität) mittels selbstlernender Algorithmen analysiert. Die 3) Eventbehandlung schließlich umfasst die komprimierte Darstellung der Komplexitätsanalysen in Echtzeit (z. B. Dashboards) und die automatisierte Ausführung von Maßnahmen zur Förderung der generischen Prinzipien. Beispielhaft sind das automatisierte Versenden von Handlungsempfehlungen an Führungskräfte oder die Anpassung von Geschäftsprozessen anzuführen (vgl. hierzu auch Vidačković et al. 2010). Unter Berücksichtigung der Dashboardanalysen können Führungskräfte ihre Mitarbeiter mittels regelmäßiger Feedbackgespräche bei der Selbstorganisation unterstützen.

Den *zweiten Brückenpfeiler* zwischen dem Theoriekern der Synergetik und der Unternehmenspraxis bildet das VSM. Im Speziellen umreißt es den Entfaltungsraum von Selbstorganisation und repräsentiert die „Spielwiese" der generischen Prinzipien. Das VSM bietet dabei ein elaboriertes Referenzmodell zur Beschreibung, Diagnose und Gestaltung von Organisationen aus systemischer Perspektive. Das Ziel des durch die Kybernetik inspirierten Modells liegt in der Strukturierung von (sozialen) Systemen, sodass diese die hohe Komplexität von Umwelt und System bewältigen können. In dem grundlegenden Werk zum VSM beschreibt der Managementkybernetiker Stafford Beer (1959) die Lenkungsmechanismen lebensfähiger Systeme anhand des menschlichen Zentralnervensystems. Auch wenn angezweifelt werden darf, inwieweit eine Übertragbarkeit der Annahmen zum menschlichen Zentralnervensystem auf ökonomisch ausgerichtete Systeme legitim ist, stellt das menschliche Zentralnervensystem evolutionsgeschichtlich eines der höchstentwickelten Mechanismen zur Bewältigung von Komplexität dar. Unter Berücksichtigung des Invarianztheorems ist davon auszugehen, dass das Zentralnervensystem einen soliden Orientierungsrahmen zur Illustration komplexer Systeme (z. B. auch von Organisationen bzw. Wirtschaftssystemen) bietet. Grundlegende Annahme des VSM ist, dass nicht die einzelnen Elemente entscheidend für die Lebensfähigkeit sind, sondern dessen Struktur (Malik 2013). Beer (1959, 2007) leitet aus der Funktionsweise des Zentralnervensystems fünf Strukturelemente ab, die als in Wechselwirkung stehende Subsysteme des wertorientierten Gesamtsystems zu verstehen sind:

- *System 1 (Operations):* Spezifiziert das Leistungssystem eines Unternehmens in Form von operativen Einheiten, welche in Interaktion mit der Umwelt Werte produzieren (selbstorganisierte Wertproduktion) und eigenverantwortlich im Austausch mit dem Kunden Werte schöpfen.
- *System 2 (Coordination):* Koordiniert die Wertproduktion der Einheiten von System 1 und umfasst alle Funktionen zur Optimierung des Ressourceneinsatzes, zur Ausschöpfung von Synergiepotenzialen und zur Vermeidung von Konflikten.
- *System 3 (Optimization):* Entscheidet im Sinne der strategischen Ausrichtung über die Verwendung gegenwärtiger Ressourcen in den Systemen 1 und 2 und strebt deren kontinuierliche Verbesserung an. Als interne, unabhängige Auditstelle überprüft System 3* die autonomen Organisationseinheiten und dient als Informationskanal für das Optimierungs- und Verbesserungssystem.
- *System 4 (Future Development):* Antizipiert Veränderungen in der Umwelt, leitet Zukunftsszenarien ab und führt einen offenen Dialog darüber, wie Geschäftsfelder bzw. -modelle ausgerichtet und damit verbundene Ressourcen allokiert werden sollen.
- *System 5 (Valuation):* Fungiert als Ethos des Organismus. Legt Normen und den Unternehmenszweck fest, entwickelt die Strategie und dient als Metasystem der Systeme 3 bzw. 4. Durch Sinnvermittlung soll die Balance zwischen dem Blick auf das Heute (System 3) und dem Blick in die Zukunft (System 4) sichergestellt werden.

Das VSM eignet sich insofern als phänomenspezifische Kernerweiterung für die Synergetik, als das es gleichermaßen einen gedanklichen Experimentier- und Strukturraum für unternehmerische Selbstorganisation eröffnet. Es bildet nicht nur die Wechselwirkungen zwischen den lebensnotwendigen Systemelementen eines Unternehmens ab, sondern berücksichtigt auch explizit die Selbstorganisation an der Schnittstelle des Unternehmens mit der Umwelt (System 1). Das VSM trägt zudem auch dem Spannungsfeld (Ambidextrie) zwischen dem Management von Heute (System 3) und von Morgen (System 4) Rechnung.

Für eine umfassende Darstellung und aktuelle Interpretation des VSM, seiner Subsysteme und deren Verknüpfungen sei der interessierte Leser auf die Ausführungen von

Lambertz (2016, 2018) verwiesen. Auch wenn in der Literatur zum VSM insbesondere auf die Selbstorganisation der operativen Einheiten des Subsystems 1 verwiesen wird, können die generischen Prinzipien auf allen Ebenen des VSM zur Förderung der Selbstorganisation beitragen. So stellt beispielsweise das vierte generische Prinzip (Energetisierung ermöglichen) die Triebfeder aller fünf Subsysteme dar, damit diese selbstorganisiert agieren können. Darüber hinaus können die generischen Prinzipien die Selbstorganisation auch systemübergreifend fördern.

Außer der Unternehmen-Umwelt-Schnittstelle in System 1 bietet das VSM allerdings keine profunden Ansatzpunkte zur Erklärung von Selbstorganisationsprozessen. Vielmehr beschreibt es die Gesamtarchitektur eines lern- bzw. entwicklungsfähigen Systems, in dem Selbstorganisation stattfindet. Das Konzept der synergetischen Unternehmensführung erfordert deshalb konkrete Interventionsmethoden (Tools) zur Realisierung der generischen Prinzipien. Agile Methoden bilden somit den *dritten Brückenpfeiler* zwischen dem Theoriekern der Synergetik und der Unternehmenspraxis. Aus Sicht des VSM stellen diese die Kristallisationspunkte selbstorganisierter Wertproduktion an der Unternehmen-Umwelt-Schnittstelle dar. Agile Methoden sind im Wesentlichen durch hohe Kundenorientierung, hohe Feedbackfrequenz, hohe Eigenverantwortung der Mitarbeiter und hohe Interaktion auf persönlicher Ebene gekennzeichnet. Einen Überblick über die Leitsätze agiler Methoden gibt das *Agile Manifest* (Beck et al. 2001):

- Individuen und Interaktionen sind wichtiger als Prozesse und Werkzeuge,
- Funktionierende Produkte/funktionierende Dienstleistungen sind wichtiger als umfassende Dokumentation,
- Zusammenarbeit mit dem Kunden ist wichtiger als Vertragsverhandlungen,
- Reagieren auf Veränderungen ist wichtiger als Befolgen eines Plans.

Agile Methoden zielen darauf ab, die Erwartungen der Stakeholder (insbesondere der Kunden) in einem schlanken, transparenten, iterativen und flexiblen „Rahmenwerk" zu erfüllen bzw. zu übertreffen. Aber nicht nur die Erwartungen der Stakeholder werden berücksichtigt, sondern auch die der Anwender; sprich der Mitarbeiter und Führungskräfte. So zeichnen sich agile Methoden aus Mitarbeitersicht durch hohe Transparenz der Leistungserwartungen, hohe Rollenklarheit, schnelle Feedbackzyklen und hohe Eigenverantwortung aus. Aus Sicht der Führungskräfte verdeutlichen insbesondere der geringe bürokratische Aufwand, die hohe motivatorische Wirkung und die hohe Flexibilität der Handhabung das Potenzial agiler Methoden zur Umsetzung der generischen Prinzipien.

Abb. 1.3 stellt ausgewählte agile Methoden und deren Realisationspotenzial in Bezug auf die generischen Prinzipien dar. Wie bereits einleitend in diesem Abschnitt beschrieben, besteht hierbei ein mehr-mehrdeutiges Verhältnis zwischen den agilen Methoden und den generischen Prinzipien. Dabei haben die ausgewählten agilen Methoden unterschiedlich großes Potenzial, verschiedene generische Prinzipien zu realisieren. Das Beispiel Scrum (Methode zur iterativen und kundenorientierten Produktentwicklung) verdeutlicht, dass hierbei folgender Grundsatz gilt: je umfassender das

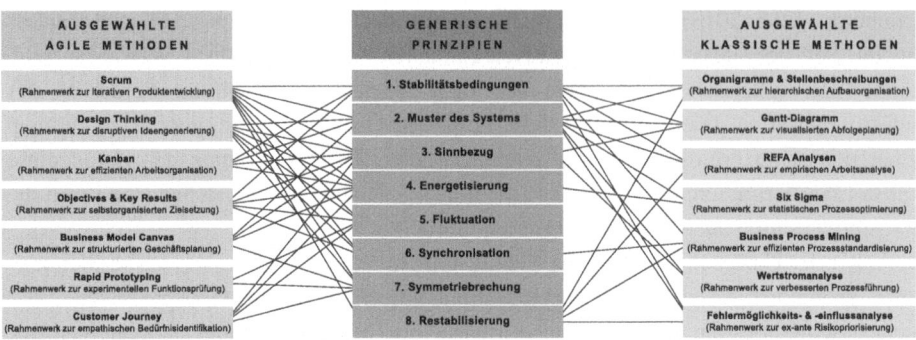

Abb. 1.3 Ausgewählte agile Methoden zur Realisierung der generischen Prinzipien

agile Rahmenwerk, desto mehr generische Prinzipien können realisiert werden. So schafft Scrum durch Rollen- und Prozessklarheit strukturelle Rahmenbedingungen (erstes generisches Prinzip), energetisiert die Mitarbeiter durch hohe Eigenverantwortung (viertes generisches Prinzip), destabilisiert durch User Stories vorherrschende Kognitions-Emotions-Muster (fünftes generisches Prinzip) und restabilisiert durch Retroperspektiven erfolgreiches Handeln (achtes generisches Prinzip).

Abb. 1.3 zeigt, dass agile Methoden insbesondere zur Realisierung der generischen Prinzipien zwei bis sieben beitragen. Die Prinzipien eins und acht werden hingegen nur vereinzelt adressiert. Dies ist offenbar darauf zurückzuführen, dass diese beiden Prinzipien in erster Linie das Management von Phasen der Stabilität in den Fokus rücken. Entsprechend können hier bewährte Instrumente der Unternehmensführung ergänzend zu den agilen Methoden eingesetzt werden.

> **Synergetische Unternehmensführung schlägt eine Brücke zwischen Theorie und Praxis**
>
> Zusammenfassend schlägt das Konzept der synergetischen Unternehmensführung eine Brücke zwischen dem Theoriekern der Synergetik und der selbstorganisierten Wertproduktion in der Unternehmenspraxis. Dabei dienen die generischen Prinzipien, das VSM und agile Methoden als Brückenpfeiler. Durch den Einsatz von KI können Führungskräfte gezielt bei der Umsetzung der synergetischen Unternehmensführung unterstützt werden.

1.5 Praxisimplikationen der synergetischen Unternehmensführung

Leitfrage 6 befasst sich mit Implikationen der synergetischen Unternehmensführung für die Praxis. Diese umfassen führungskraft-, mitarbeiter-, und unternehmensbezogene Ansatzpunkte.

Die *führungskraftbezogenen Ansatzpunkte* fokussieren in erster Linie das Mindset von Führungskräften. Im digitalen Zeitalter müssen sich Führungskräfte von dem Ideal des alles steuernden Entscheiders verabschieden. Vielmehr gilt es zu verinnerlichen, dass sie im Sinne der Synergetik eine der Selbstorganisation dienende Funktion einnehmen. Nur, wenn Führungskräfte von der Sinnhaftigkeit synergetischer Unternehmensführung überzeugt sind und diese Haltung auch im Arbeitsalltag authentisch (vor)leben, können die Potenziale voll ausgeschöpft werden. Halten Führungskräfte hingegen an ihren Macht- und Statusansprüchen fest, die sie aus den hierarchischen Führungsansätzen des 20. Jahrhunderts ableiten, ist die synergetische Unternehmensführung zum Scheitern verurteilt. Führungskräfte müssen ihre Rolle neu denken und mit selbstorganisierten Arbeits- und Organisationsformen experimentieren. Im Speziellen moderieren Führungskräfte unter Berücksichtigung der generischen Prinzipien interne und externe Kommunikations- und Koordinationsprozesse, gestalten selbstorganisierte Wertproduktion entlang der VSM-Systeme, fördern den Einsatz agiler Methoden und befähigen Mitarbeiter zur Selbstführung. Darüber hinaus müssen Führungskräfte hybride Formen der Mensch-Maschine-Interaktion gestalten. In diesem Zusammenhang müssen sie sich zunehmend auch mit ethischen Fragen bzw. sozialer Verantwortung auseinandersetzten. Grundsätzlich sollte der Leitsatz gelten: Erst der Mensch, dann die Maschine. Um die beschriebenen Herausforderungen meistern zu können, benötigen Führungskräfte ein dynamisches Selbstbild (Growth-Mindset). Die Überzeugung, die eigenen Fähigkeiten weiterentwickeln und in ungewissen, komplexen Situationen aus Fehlern lernen zu können, stellt eine bedeutende Voraussetzung für die komplexitätsgerechte Gestaltung sozialer Systeme dar. Um Führungskräfte in dieser für sie neuen Rolle zu unterstützen, können Unternehmen gezielte Entwicklungsmaßnahmen durchführen. Zur Vermittlung der Grundlagen der synergetischen Unternehmensführung bieten sich insbesondere edukations- (z. B. Schulungen) und erfahrungsbasierte (z. B. Action Learning) Ansätze an. Schulungen sollten dabei die generischen Prinzipien zur Förderung der Selbstorganisation, das VSM, agile Methoden und eine Einführung in KI-basierte Komplexitätsanalysen umfassen. Darüber hinaus können im Rahmen der Führungskräfteentwicklung feedbackbasierte Instrumente, wie Coachings und Mentoringprogramme, angeboten werden. Diese Formate eröffnen Raum zur Reflexion des eigenen Führungsverhaltens; eine zentrale Voraussetzung zur persönlichen Weiterentwicklung. An dieser Stelle ist anzumerken, dass die Kenntnis der synergetischen Unternehmensführung und die Fähigkeit, diese in die Unternehmenspraxis zu überführen, zwar wichtige Bausteine für das Management von Dynamik und Komplexität sind, die individuellen unternehmerischen Kompetenzen, die zur Bewältigung der Herausforderungen im 21. Jahrhundert benötigt werden, allerdings nicht ersetzen können. Vielmehr gewinnen die archetypischen Führungskompetenzen (z. B. visionäres Denken, überzeugendes Auftreten oder situatives Geschick) im Kontext der synergetischen Unternehmensführung an Bedeutung.

Auch die *Mitarbeiter* nehmen im Konzept der synergetischen Unternehmensführung eine bedeutende Rolle ein. Als Protagonisten der Selbstorganisation agieren diese autonom in den entsprechenden VSM-Systemen und nutzen agile Methoden zur Wertproduktion. Um sich selbst führen und organisieren zu können, müssen Mitarbeiter über

eine hohe persönliche und fachliche Reife verfügen. Die persönliche Reife beschreibt
dabei hohe Leistungsorientierung und Verantwortungsbereitschaft, während die fachliche Reife die Fähigkeiten, das Wissen und die Erfahrungen zur Erledigung von Aufgaben umfasst (Marthatillah et al. 2017). Darüber hinaus sollten Mitarbeiter über eine
hohe individuelle Zukunftsfähigkeit verfügen, d. h. an das Morgen denken und gleichzeitig das Heute optimieren (vgl. hierzu auch den Beitrag von Stock-Homburg und
Lukoschek in diesem Herausgeberband). Ein umfassendes Kompetenzprofil für Mitarbeiter in selbstorganisierten Arbeitskontexten liefern Groß et al. (2019). Das auf der
Theorie der dynamischen Fähigkeiten (Dynamic Capability Theory) basierende Profil
umfasst dabei insgesamt 13 Kompetenzbereiche (z. B. Markt- und Technologiesensibili-
tät, vernetztes Denken, Unternehmertum, Ambiguitätstoleranz, Lernfähigkeit und Selbstführung). Mitarbeiterbezogene Ansatzpunkte zur Förderung dieser Kompetenzen bieten
insbesondere die Personalauswahl-, -entwicklung, – beurteilung und -vergütung. So können Unternehmen die Selbstorganisationskompetenzen bei der Gestaltung der Personal-
auswahl (z. B. Anforderungsprofil und Selektionskriterien) und Mitarbeiterentwicklung
(z. B. proaktive Rolle der Mitarbeiter bei der Personalentwicklung) explizit berücksichtigen. Weiterhin sollten Unternehmen neben den klassischen Karriereformen (z. B.
Führungslaufbahn) auch alternative Karriereformen (z. B. Projekt- oder Patchwork-
karriere) fördern, um nicht-linearen Karrierepfaden Entfaltungsräume zu gewähren. Im
Rahmen der Personalbeurteilung empfiehlt sich, die persönliche und fachliche Reife
der Mitarbeiter sowie das Kompetenzprofil nach Groß et al. (2019) als wesentliche
Beurteilungskriterien in den Bewertungskatalog aufzunehmen und deren Belohnung
zu forcieren. Mit Blick auf die Personalvergütung weisen aus Sicht der Synergetik Mit-
arbeiterbeteiligungsprogramme hohes Potenzial auf, um dem steigenden Partizipations-
wunsch der Mitarbeiter und der damit verbundenen Energetisierung des Unternehmens
(vgl. viertes generisches Prinzip) gerecht zu werden.

Auf *Unternehmensebene* lassen sich strategische, kulturelle, technische und orga-
nisatorische Ansatzpunkte unterscheiden. Auf strategischer Ebene ist das Prinzip der
Selbstorganisation als bedeutender Baustein in der Unternehmensstrategie zu verankern,
indem es explizit verschriftlicht wird. Das Topmanagement ist zudem aufgefordert,
sich als visionärer, sinnstiftender und normgebender „Enabler" zu positionieren (vgl.
System 5 im VSM), die Bedeutung der synergetischen Unternehmensführung für die
Zukunftsfähigkeit des Unternehmens zu begründen und Rahmenbedingungen für die
Selbstorganisation innerhalb des gesamten Unternehmens zu schaffen. Mittels eines partizipativen Ansatzes zur Strategieentwicklung kann an dieser Stelle ein wichtiges Signal
an die Mitarbeiterschaft gesendet werden, dass Selbstorganisation und Eigenverantwortlichkeit nicht nur in Schriftform zur Selbstbeweihräucherung dienen, sondern auch
gelebt werden müssen.

Selbstorganisation erfordert einen hohen Grad an Vertrauen. Eine wichtige Voraussetzung stellt somit die Etablierung einer Vertrauenskultur dar. Nach Homburg und
Pflesser (2000) kann hierbei zwischen Werten, Normen und Artefakten unterschieden
werden. Auf der Werteebene kann deutlich gemacht werden, dass das Vertrauen in die

Mitarbeiter und deren Eigenverantwortung ein wichtiges Gut im Unternehmen darstellt. Normen sollten Führungskräfte und Mitarbeiter zu gegenseitigem Vertrauen, zu wertschätzender Kommunikation und zur Übernahme ökonomischer, sozialer und ökologischer Verantwortung auffordern. Auf der Ebene der Artefakte können unter anderem die Vertrauensarbeitszeit oder die Möglichkeit zum Homeoffice die Mitarbeiter zur Selbstorganisation ermutigen.

Aus technischer Sicht sind Unternehmen aufgefordert, eine IT-Infrastruktur bereit zu halten, die alle Unternehmensmitglieder miteinander vernetzt, die Kommunikation bzw. den Wissensaustausch zwischen den Mitarbeitern fördert und Selbstorganisationsprozesse mittels KI unterstützt. Zur Ausschöpfung der Potenziale von Event Processing zur Identifikation und Förderung von Selbstorganisationsprozessen (vgl. Abb. 1.2) müssen Unternehmen multiple Datenquellen (z. B. Wearables, ERP-System, Social Media) synthetisieren, Komplexitätsanalysen in Echtzeit durchführen und maschinelles Lernen in Bezug auf die Realisierung der generischen Prinzipien ermöglichen. Neben der technischen Umsetzung sind auch die entsprechenden IT-Kompetenzen zu vermitteln. Darüber hinaus müssen Unternehmen den Datenschutz und die Privatsphäre ihrer Mitarbeiter sicherstellen.

Auf organisatorischer Ebene sind ebenfalls einige Voraussetzungen zu schaffen. Im Kern gilt es organisatorische Bedingungen zu gestalten, die Mitarbeiter zu Unternehmern im Unternehmen (Intrapreneur) machen. So bilden transparente Geschäftsprozesse, flache Hierarchien, dezentrale Entscheidungsbefugnisse, selbstorganisierte Teams und flexible Arbeitsformen den organisatorischen Rahmen für die synergetische Unternehmensführung. Um die Selbstorganisation der Mitarbeiter zu ermöglichen, müssen Unternehmen zunächst Transparenz in Bezug auf die Geschäftsprozesse und damit verbundene relevante Kennzahlen schaffen. Neben der Vergabe entsprechender Nutzungsrechte im ERP-System sollte der Zugang zur Gewinn- und Verlustrechnung sichergestellt werden. Auf diese Weise können Unternehmensmitglieder ihre Aktivitäten in Echtzeit mit den wirtschaftlichen Zwängen bzw. Möglichkeiten des Unternehmens abgleichen. Zur organisationalen Gestaltung der Wertproduktion können sich Unternehmen am VSM orientieren. Dezentrale Entscheidungsstrukturen und netzwerkartige Organisationsformen haben zwar den gewünschten positiven Einfluss auf die Motivation und Eigenverantwortung der Mitarbeiter, allerdings muss Kongruenz zwischen den Mitarbeiterzielen und den Unternehmenszielen sichergestellt werden. Einen konkreten Ansatzpunkt hierzu bietet die OKR-Systematik, bei der Mitarbeiter eigene Objectives (Ziele) und Key Results (Kernergebnisse) mit den Unternehmenszielen verknüpfen und deren Erreichung in kurzen Iterationen überprüfen. Ein weiterer Baustein zur Förderung der Selbstorganisation liegt in der flexiblen Arbeitsplatzgestaltung. Arbeitsplätze sollten derart gestaltet werden, dass sie unterschiedliche Aufgabentypen bestmöglich unterstützen. So können Unternehmen für Konzentrationsaufgaben ruhige und ergonomische Arbeitsbereiche, für interaktionsdominierte Aufgaben kommunikationsförderliche Meeträume, für Telefonate Rückzugsmöglichkeiten und zur Entspannung Ruheräume anbieten. In jedem Fall sollten Unternehmen soziale Begegnungsstätten schaffen

(z. B. Teeküchen), um die Kommunikationsintensität zu erhöhen. Darüber hinaus fördert ein hoher Selbstbestimmungsgrad hinsichtlich der Arbeitszeit bzw. des Arbeitsortes die Eigenverantwortung der Mitarbeiter.

Abschließend ist darauf hinzuweisen, dass die Einführung der synergetischen Unternehmensführung eine radikale Systemumstellung erfordert. Schmale Lippenbekenntnisse des Topmanagements in Verbindung mit symbolischem Aktionismus (z. B. das Aufstellen von Obstkörben und Kickertischen oder das Ermöglichen eines Homeofficetages) sind hierbei wenig zielführend. Vielmehr bedarf es eines tief greifenden und sorgfältig zu planenden Transformationsprozesses, der zuvor beschriebene Ansatzpunkte auf den entsprechenden Ebenen (Führungskräfte, Mitarbeiter und Unternehmen) integriert. Nur, wenn die wichtigsten Personen (d. h. Topmanagement und informelle Meinungsführer) im Unternehmen von den Annahmen der Synergetik überzeugt sind, kann die Revolution gelingen. Bestehen grundlegende Zweifel an dem Selbstorganisationsprinzip, dominieren ausgeprägte Macht- und Statusansprüche die Unternehmensleitung oder sind die Mitarbeiter nicht bereit bzw. fähig, Eigenverantwortung im Sinne eines Intrapreneurs zu übernehmen, dann sind klassische „Command & Control"-Ansätze und das Prinzip Hoffnung die bessere Wahl.

> **Menschliche und Künstliche Intelligenz können gemeinsam die Zukunftsfähigkeit von Unternehmen gestalten**
>
> Auch wenn die Grundprinzipien der Synergetik aus Sicht der Managementkybernetik nicht neu sind, waren die Voraussetzungen für die Implementierung der synergetischen Unternehmensführung noch nie so günstig wie heute. Zum einen steigt der Leidensdruck klassisch geführter Unternehmen stetig und damit auch die Akzeptanz für die Notwendigkeit neuer Führungsansätze. Zum anderen sind die IT-Infrastrukturen in Unternehmen häufig bereits derart ausgereift, dass KI konkret bei der Förderung von Selbstorganisationsprozessen unterstützen kann (vgl. Abb. 1.2). Es ist davon auszugehen, dass die Verbindung Menschlicher und Künstlicher Intelligenz unter Berücksichtigung der Synergetik die Zukunftsfähigkeit von Unternehmen maßgeblich erhöhen kann.

1.6   Forschungsausblick zur synergetischen Unternehmensführung

Die kurze Einführung in die synergetische Unternehmensführung beabsichtigt nicht, einen vollständigen Überblick über alle aktuell in der Managementliteratur diskutierten Konzepte der Unternehmensführung zu geben. Auch geht es nicht darum, die „eierlegende Wollmilchsau" in Form eines voll ausgereiften Konzepts zur zukunftsfähigen Unternehmensführung zu entwickeln. Sehr wohl soll aber deutlich werden, dass durch die phänomenspezifische Kernerweiterung der Synergetik mittels VSM und agilen Methoden eine Brücke zwischen Theorie und Unternehmenspraxis geschlagen werden kann. Insbesondere die generischen Prinzipien zur Förderung von Selbst-organisationsprozessen stellen einen wichtigen Ansatzpunkt zur Navigation in dyna-mischen und komplexen Umwelten dar, da sie Komplexität zwar reduzieren, aber keineswegs trivialisieren.

Darüber hinaus eröffnet der Einsatz von KI unter Berücksichtigung der theoretischen Annahmen der Synergetik ein vielversprechendes und gleichermaßen faszinierendes Forschungsfeld. Mithilfe autonomer komplexitätswissenschaftlicher Analysen (vgl. hierzu auch Tab. 1.3) kann der Grad der Selbstorganisation sowohl in einzelnen VSM-Subsystemen als auch im VSM-Gesamtsystem ermittelt und gezielt erhöht werden. Das Real Time Moni-toring und Event Processing von Selbstorganisation in Unternehmen (anhand der dynami-schen Komplexität) stellt eine existenzielle Grundlage zur Entwicklung und zum Training lernender Algorithmen dar, die Führungskräfte bei der Förderung von Selbstorganisations-prozessen zielgerichtet unterstützen können.

Um das Konzept der synergetischen Unternehmensführung langfristig im wissen-schaftlichen Diskurs zu verankern, muss die betriebswirtschaftliche Forschung noch zahlreiche Herausforderungen meistern. Hierbei ergeben sich insbesondere folgende wissenschaftliche Implikationen (vgl. Leitfrage 7):

- *Konzeptualisierung:* Auch wenn das in diesem Beitrag skizzierte Konzept zur Gestaltung dynamik- und komplexitätsrobuster Unternehmen einen ersten Konzeptualisierungs-versuch der synergetischen Unternehmensführung wagt, sollten weitere Konzepte der Managementlehre als phänomenspezifische Kernerweiterung für die Synergetik in Betracht gezogen werden. Als Ergänzung bzw. Alternative zum VSM sind unter anderem der *Agile SAFe-Ansatz* (siehe Beitrag von Vieweg in diesem Herausgeberband) und das *Sphären Modell* (siehe Beitrag von Pinnow in diesem Herausgeberband) denkbar. Einen vielversprechenden Ansatz zur Realisierung der generischen Prinzipien – neben den agilen Methoden – bietet zudem die Anwendung spieltypischer Elemente im Arbeits-kontext *(Gamification).* So kann durch den Einsatz von Highscores, Quests und Fort-schrittsbalken unter anderem eine Energetisierung der Unternehmensmitglieder erfolgen (viertes generisches Prinzip) bzw. können Leistungsmuster des zu betrachtenden Sys-tems identifiziert werden (zweites generisches Prinzip). Eine weitere konzeptionelle Erweiterungsmöglichkeit ist in der Integration von Performancemeasurementmethoden zu sehen (siehe Beitrag von Müller-Wiegand in diesem Herausgeberband).
- *Operationalisierung:* Die vorgenommene Spezifizierung der generischen Prin-zipien im Kontext der Unternehmensführung stellt einen ersten Versuch dar, die Wirkfaktoren der Synergetik im Rahmen der betriebswirtschaftlichen Forschung zu präzisieren. Zukünftige Forschungsarbeiten sollten auf diesem Ansatz aufbauen und validierte Messinstrumente zur Erfassung der generischen Prinzipien im Sinne der synergetischen Unternehmensführung entwickeln.
- *Hypothesenformulierung und -prüfung:* Da der vorliegende Beitrag rein konzeptioneller Natur ist, sollten die Erfolgsauswirkungen der generischen Prinzipien mit Blick auf die Selbstorganisation in Unternehmen (VSM) modelliert und empirisch überprüft werden.

Darüber hinaus ist die Analyse des Zusammenhangs zwischen dem Grad der Selbstorganisation in Unternehmen und dem wirtschaftlichen Erfolg von Interesse. Auch das Potenzial, das agile Methoden zur Realisierung der generischen Prinzipien bieten, sollte empirisch untersucht werden. Ebenso sind die Anwendungs- und Erfolgspotenziale von KI im Kontext der synergetischen Unternehmensführung zu analysieren.

Literatur

Arntz M, Gregory T, Zielrahn U (2018) Digitalisierung und die Zukunft der Arbeit: Makroökonomische Auswirkungen auf Beschäftigung, Arbeitslosigkeit und Löhne von morgen. Zentrum für europäische Wirtschaftsforschung. ftp.zew.de/pub/zew-docs/gutachten/Digitalisierungund-ZukunftderArbeit2018.pdf. Zugegriffen: 10. Febr. 2019

Ashby WR (1956) An introduction to cybernetics. Wiley, New York

Baecker D (2015) Postheroische Führung. Vom Rechnen der Komplexität. Springer Gabler, Wiesbaden

Baldwin C, von Hippel E (2011) Modeling a paradigm shift: from producer innovation to user and open collaborative innovation. Organ Sci 22(6):1399–1417

Baltaci A, Balci A (2017) Complexity leadership: a theoretical perspective. Int J Educ Leadersh Manag 5(1):30–58

Barney JB (1991) Firm resources and sustained competitive advantage. J Manag 17(1):99–119

Bea FX, Göbel E (2018) Organisation: Theorie und Gestaltung, 5. Aufl. Lucius & Lucius, Stuttgart

Beck K, Beedle M, van Bennekum A, Cockburn A, Cunningham W, Fowler M, Grenning J, Highsmith J, Hunt A, Jeffries R, Kern J, Marick B, Martin R, Mellor S, Schwaber K, Sutherland J, Thomas D (2001) Agile Manifesto. https://agilemanifesto.org. Zugegriffen: 11. Jun. 2018

Beer S (1959) Cybernetics and management. The English Universities Press Ltd., London

Beer S (2007) Diagnosing the system for organizations. Wiley-Verlag, Chichester

Bohórquez Arévalo LE, Espinosa E (2015) Theoretical approaches to managing complexity in organizations: a comparative analysis. Estudios Gerenciales 31(134):20–29

Bruns R, Dunkel J (2010) Event-Driven Architecture: Softwarearchitektur für ereignisgesteuerte Geschäftsprozesse. Springer, Berlin

Bundesagentur für Arbeit (2019) Berichte: Blickpunkt Arbeitsmarkt – Monatsbericht zum Arbeits- und Ausbildungsmarkt. https://statistik.arbeitsagentur.de/Statistikdaten/Detail/201903/arbeitsmarktberichte/monatsbericht-monatsbericht/monatsbericht-d-0-201903-pdf.pdf. Zugegriffen: 12. Apr. 2019

DIHK (2018) DIHK-Arbeitsmarktreport 2018. https://www.dihk.de/themenfelder/wirtschaftspolitik/fachkraeftesicherung-verantwortung/beschaeftigung/umfragen-und-prognosen/arbeitsmarktreport-18. Zugegriffen: 26. März 2019

Dweck C (2015) Growth. Br J Educ Psychol 85(2):242–245

Förster K, Wendler R (2012) Theorien und Konzepte zu Agilität in Organisationen. Dresdner Beiträge zur Wirtschaftsinformatik, Nr. 63/12

Groß M (2018) 50 Shades of Green. Grünes Input-Process-Output-Modell zum nachhaltigen Human Resource Management. In: Vieweg S, Müller-Wiegand M, Meisner H (Hrsg) Nachhaltige Unternehmensführung in der Digitalisierung. Schmidt, Berlin, S 164–196

Groß M, Dorozalla F, Rödiger K (2019) Agile Rekrutierung. Personalauswahlinstrumente gehören auf den Prüfstand. Personalführung (im Erscheinen)

Groß M, Stock-Homburg R (2018) Zwischen Agilität und Effizienz. Integrierte Führung – Zukunftsfähigkeit gestalten. Personalführung 4:22–28

Haken H (1982) Synergetik. Eine Einführung. Springer, Berlin

Haken H, Schiepek G (2010) Synergetik in der Psychologie. Selbstorganisation verstehen und gestalten, 2. Aufl. Hogrefe, Göttingen

Hazy JK, Prottas DJ (2018) Complexity leadership: construct validation of an instrument to assess generative and administrative leadership modes. J Manag Issues 30(3):325–348

Homburg C, Pflesser C (2000) A multiple-layer model of market-oriented organizational culture: measurement issues and performance outcomes. J Mark Res 37(4):449–462

Lambertz M (2016) Freiheit und Verantwortung für intelligente Organisationen. Lambertz, Düsseldorf

Lambertz M (2018) Die Intelligente Organisation: Das Playbook für organisatorische Komplexität. BusinessVillage, Göttingen

Malecic A (2017) Footprints of general systems theory. Syst Res Behav Sci 34(5):631–636

Malik F (2013) Strategie: Navigieren in der Komplexität der Neuen Welt, Bd 3. Campus, Frankfurt a. M.

Marthatillah A, Rahman SA, Ismail K (2017) The relationship between psychosocial predictors and employee readiness to change. Int J Econ Manage 11(S2):345–364

Miebach B (2007) Organisationstheorie. Problemstellung – Modelle – Entwicklung. VS Verlag, Wiesbaden

O'Connor G (2008) Major innovation as a dynamic capability: a systems approach. J Prod Innov Manag 25(4):313–330

Osborn RN, Hunt JG (2007) Leadership and the choice of order: complexity and hierarchical perspectives near the edge of chaos. Leadersh Quart 18(4):319–340

Plowman DA, Solansky S, Beck TE, Baker L, Kulharni M, Travis DV (2007) The role of leadership in emergent self-organization. Leadersh Quart 18(4):341–356

Schiepek G, Aichhorn W, Gruber M (2016) Real-time monitoring of psychotherapeutic processes: concept and compliance. Front Psychol 7:604

Schiepek G, Aichhorn W, Schöller H, Kronberger H (2018) Prozessfeedback in der Psychotherapie. Methodik. Visualisierung und Fallbeispiel. Psychotherapeut 63:306–314

Schiepek G, Eckert H, Aas B, Wallot S, Wallot A (2015) Integrative psychotherapy. A feedback-driven dynamic systems approach. Hogrefe International Publishing, Boston

Schiepek G, Ludwig-Becker F, Helde A, Jagdfeld F, Petzold E, Kröger F (2000) Synergetik für die Praxis. Therapie als Anregung selbstorganisierender Prozesse. System Familie 13:169–177

Schiepek G, Strunk G (2010) The identification of critical fluctuations and phase transitions in short term and coarse-grained time series – a method for the real-time monitoring of human change processes. Biol Cybern 102:197–207

Stubelj I, Dolenc P, Biloslavo R, Nahtigal M, Laporšek S (2017) Corporate purpose in a small post-transitional economy: the case of Slovenia. Economic Research-Ekonomska Istrazivanja 30(1):818–835

Taylor FW (1911) The principles of scientific management. Harper & Brothers, London

Törnblom O (2018) Managing complexity in organizations: analyzing and discussing a managerial perspective on the nature of organizational leadership. Behav Dev 23(1):51–62

Uhl-Bien M, Marion R, McKelvey B (2007) Complexity leadership theory: shifting leadership from the industrial age to the knowledge era. The Leadersh Quart 18(4):298–318

Vahs D (2015) Organisation: Ein Lehr- und Managementbuch, 9. Aufl. Schäffer-Pöschel, Stuttgart

Vidačković K, Renner R, Rex S (2010) Marktübersicht Real-Time Monitoring Software. Event Processing Tools im Überblick. Fraunhofer-Institut für Arbeitswirtschaft und Organisation IAO. https://wiki.iao.fraunhofer.de/images/studien/marktuebersicht-real-time-monitoring-software-fraunhofer-iao.pdf. Zugegriffen: 13. Jan. 2019

Weber M (1922) Wirtschaft und Gesellschaft, Tübingen, Mohr

Prof. Dr. Matthias Groß ist seit 2017 Professor für Betriebswirtschaftslehre, insbesondere Human Resource Management, an der Rheinischen Fachhochschule Köln. Bis zu seinem Ruf an die Rheinische Fachhochschule Köln leitete Prof. Groß die Arbeitsgruppe *Zukunft der Arbeitswelt* an der Technischen Universität Darmstadt (Fachgebiet für Marketing und Personalmanagement, Prof. Dr. Dr. Stock-Homburg). Zuvor sammelte er umfangreiche Erfahrungen in der Automobilindustrie als Leiter der Personal- und Unternehmensentwicklung und Assistent der Geschäftsleitung. In seiner langjährigen Funktion als Qualitätsmanager führte Prof. Groß ein integriertes Managementsystem ein und begleitete federführend mehrere Anpassungs- bzw. Restrukturierungsprojekte der Aufbau- und Ablauforganisation.

Prof. Groß ist einer der beiden Gründer des Zentrums für zukunftsfähige Unternehmensführung an der Rheinischen Fachhochschule Köln, das Führungskräfte und Jungunternehmer bei der Gestaltung zukunftsfähiger Managementsysteme unterstützt. Die Forschungsschwerpunkte von Prof. Groß sind an der Schnittstelle von Betriebswirtschaftslehre, Psychologie und Wirtschaftsinformatik angesiedelt (z. B. Reverse-Recruiting-Projekte).

Integrale Unternehmensführung und Zukunftsfähigkeit

Matthias Müller-Wiegand

2.1 Wertorientierung

Technologische Innovationen, gesellschaftlicher Wandel, Individualisierung von Kunden- und Mitarbeiterbedürfnissen, Wertewandel in der Arbeitswelt einhergehend mit zunehmender Dynamik und Komplexität kennzeichnen Unternehmen und deren Umwelten.

Die Unternehmensführung hat diese Herausforderungen zu meistern. Erforderlich sind z. B. agile und selbstorganisierende Führungsstrukturen. Bei hoher Autonomie der Einheiten im Unternehmen besteht aber die Gefahr eines Auseinanderdriftens. Da im Unternehmen die Einheiten kooperativ in ihrem Zusammenwirken Mehrwert schaffen, ist Integration für die Wertschöpfung notwendig. Das Ganze bildet gleichsam ein Organismus, dessen Zusammenspiel der Teile die Lebensfähigkeit des Ganzen sichern. Daraus folgt, dass die organisatorischen Einheiten mit relativer Autonomie operieren sollten und gleichzeitig das wechselseitige Bedingungsgefüge zwischen den Teilen im Hinblick auf das Unternehmen als Ganzes sich wertschöpfend entfalten kann.

Integration steht für Differenzierung und für eine Einheit des Verschiedenen und somit für die Herstellung einer Einheit, sodass das Ganze mehr ist als die Summe seiner Teile, d. h. Wertschaffung. Integrale Unternehmensführung ist folglich wertorientierte Unternehmensführung. Ein Unternehmen erzielt Wertschöpfung, wenn es Produkte und Dienstleistungen anbietet, die einen Nutzen für die Kunden bieten. Peter Drucker pointiert: „There is only one valid definition of business purpose: to create a customer" (Drucker 1954, S. 37). Der Wertschöpfungsgedanke gilt auch im Zusammenspiel für die Mitarbeiter, für die Lieferanten, für die Gesellschaft und für die Geldgeber. Wertorientierung ist folglich die gemeinsame Klammer.

M. Müller-Wiegand (✉)
Rheinische Fachhochschule Köln (RFH), Köln, Deutschland
E-Mail: matthias.mueller-wiegand@rfh-koeln.de

Wie schaffen Unternehmen nun diese Wertschöpfungen in einer Welt, die immer volatiler, unsicherer, komplexer und mehrdeutiger wird: mit welcher Führungsphilosophie, mit welcher Organisation, mit welchem Führungssystem, mit welchen Instrumenten und Methoden? Wie kann die Performance zukunftsgerichtet gemessen werden und verbessert werden? Wie können Unternehmen nicht monetäre Steuerungsgrößen im Sinne von Value Performance Networks berücksichtigen und hiermit letztlich ein Wertwachstum mit Projekten erzielen, die einen positiven Kapitalwert im Sinne einer nachhaltigen Lebensfähigkeit erzielen?

Unternehmen schaffen Wert durch arbeitsteilige Zusammenarbeit, also gemeinsames Handeln: „Management ist die bewegende Kraft überall, wo es darum geht, durch ein arbeitsteiliges Zusammenwirken vieler Menschen gemeinsam etwas zu erreichen". Hans Ulrich (1972, S. 13). Unternehmen sind soziale Systeme. Jeder einzelne begreift, die von ihm verfolgten Zwecke zugleich als Bedingung der Realisierung der Zwecke des jeweils anderen. Erst sich als wechselseitig gleich anzuerkennen, macht etwas Gemeinsames möglich.

Erforderlich ist Einheit in der Vielfalt, also eine Organisation, die kollektive und soziale Intelligenz und Intuition durch ein hohes Maß an Selbstorganisation nutzt, um agil auf Veränderungen und Komplexität zu reagieren, aber auch gleichzeitig eine gemeinsame Identität hat, die Kreativität und Begeisterung ermöglicht. Darüber hinaus sind die finanziellen Ressourcen notwendig, um unternehmerisch Ideen zu verwirklichen, sodass Wertschöpfung durch Kooperation im Sinne eines Wertschöpfungsnetzwerks realisiert werden kann.

Die Unternehmung schafft Unternehmenswert indem sie wertvolle Leistungen für ihre Kunden erbringt. „Kundennutzen und Wettbewerbsfähigkeit sind somit die […] Orientierungsgrößen" (Malik 2013a, S. 157) eines Corporate Managements, das in ganzheitlicher Hinsicht Wertsteigerungen anstrebt, die unternehmerisch durch ein mehrdimensionales Wertkonzept getrieben sein sollten. Schließlich kann man finanzwirtschaftlich sagen, dass das Unternehmen genauso viel wert ist, wie die Mitglieder in der Lage sind, gemeinsam zukünftige Cashflows zu generieren. Zugleich sehen wir die zentrale Bedeutung des Menschen und dessen Teilhabe.

2.2   Rahmenkonzepte

2.2.1 Viable System Model

Das Viable System Model (VSM) ist ein Rahmenwerk, das es erlaubt, soziale Systeme komplexitätsgerecht strukturell zu beschreiben und im Sinne der Lebensfähigkeit zu verbessern. Das Paradigma ist der lebende Organismus, der sich in ständiger Interaktion mit seiner Umwelt entwickelt, lernt und zu einem Fließgleichgewicht mit seiner Umwelt kommt, um hiermit seine eigene Existenz aufrechtzuerhalten (Malik 2015). Dabei werden Prozesse in Gang gesetzt, die eine bestmögliche Entfaltung der menschlichen

Potenziale ermöglichen und Strukturen schaffen, welche die Anzahl der Möglichkeiten erhöht und somit ein Navigieren in der Komplexität ermöglicht (Lambertz 2018).

Das Viable System Modell besteht aus fünf Systemeinheiten. Je nach Kontext können Menschen auch in verschiedenen Systemen Rollen übernehmen. Das System 1 besteht aus den operativen Einheiten (operatives Management), die konkret das machen, womit die Organisation ihr Geld verdient und die mit relativ hoher Autonomie als Teil eines Ganzen selbstorganisiert in ihrer Umwelt handeln (Beer 2007).

In einem Mehrgeschäftsunternehmen haben die operativen Einheiten zum einen die Chance für ein größeres Ganzes, zum anderen können auch Konflikte entstehen. Das Zusammenwirken muss insofern koordinierend unterstützt werden und diese Aufgabe fällt im VSM dem System 2 zu (Beer 2007). Die einzelnen operativen Einheiten sind ihrerseits aus einer operativ übergeordneten, gesamtunternehmerischen Sicht im Sinne von Optimierung, Synergierealisierung und Ressourcenallokation zu steuern und das ist die Aufgabe des Systems 3 (bzw. des operativen Corporate Managements) (Beer 2007).

Im Kontext eines Mehrgeschäftsunternehmens ist Synergie der Mehrwert, den das Gesamtunternehmen über die Zeit zusätzlich zur Summe der Werte der separaten Geschäfte im Portfolio durch Koordination generiert (als Synergietypen können operative Synergien, Managementsynergien, finanzielle Synergien und Marktmachtsynergien abgegrenzt werden), d. h., dass letztlich durch eine koordinierende übergreifende Integration eine Wertsteigerung erzielt wird (Müller-Stewens und Brauer 2009). Darüber hinaus sind Audits sinnvoll (als Beobachter 2. Ordnung) um Anomalien zu erkennen (Beer 2007; Lambertz 2018).

Das strategische Corporate Management ist die Aufgabe des Systems 4 (Beer 2007), das sich u. a. mit langfristigen Überlegungen, also mit den Produkten und Leistungen von morgen, mit möglichen technologischen Substitutionen, mit neuen Wertvorstellungen, Ansprüchen, geänderten Kundenbedürfnissen etc. beschäftigt (Malik 2015). Auch zwischen System 3, das auf das Tagesgeschäft ausgerichtet ist und System 4, das sich überlegt, mit welchen Leistungen und Produkten das Geschäft von morgen generiert werden muss, können Konflikte entstehen, denn häufig wird vieles, was mit der Zukunft zu tun hat, als irrelevant und theoretisch abgelehnt. „Hier geht es darum, die aus der Interaktion von System 3 und System 4 resultierenden grundsätzlichen Probleme des Ausbalancierens von Gegenwart und Zukunft, von Innenwelt und Außenwelt durch oberste, normensetzende Entscheidungen zu lösen" (Malik 2015, S. 457). Das normative Corporate Management bildet System 5, das die Werte, den Zweck der Organisationen definiert und hiermit die Identität des Unternehmens schafft (Beer 2007; Lambertz 2018).

2.2.2 Navigationssystem

Das Navigationssystem von Gälweiler stellt den grundlegenden Ansatz für eine integrale Unternehmensführung dar. Hierauf aufbauend lassen sich drei Ebenen von Führungsaufgaben, Orientierungsgrundlagen und Steuerungsgrößen unterscheiden (Gälweiler 2005;

Malik 2013b). „Orientierungsgrößen sind Wissen und Informationen darüber, ob die Steuerungsgrößen sich richtig oder falsch entwickeln" (Malik 2013b, S. 126).

Im Rahmen der operative Aufgabenebene geht es um die Steuerung der Liquidität und des Erfolgs. Die Erschließung eines größeren Zeithorizontes und hiermit einer wirksamen Voraussteuerung der Liquidität ist durch die Steuerung des betriebswirtschaftlichen Erfolgs möglich. Eine wirksame Erfolgsvoraussteuerung führt in den Bereich der strategischen Führung hinein. Hierbei ist es sinnvoll zwischen bestehenden Erfolgspotenzialen und neuen Erfolgspotenziale (z. B. Substitutionstechnologien) zu unterscheiden. Im Zentrum der Steuerung neuer Erfolgspotenziale steht das Verständnis des Kunden- oder Anwenderproblems und zwar in seiner lösungsunabhängigen Form, d. h. die „Frage darf nicht lauten: Was ist unser Produkt? Sondern sie muss lauten: Was tut unser Produkt, was leistet es für den Kunden?" (Malik 2013b, S. 146).

Eschenbach und Siller (2011, S. 68) fügen als weitere Aufgabenebene die normative Führung hinzu, denn auch hier ist festzustellen, dass „je mehr es der normativen Führung gelingt, Werte, eine positive Grundhaltung und Kultur und eine vorbildhafte Moral aller Führungskräfte und Mitarbeiter zu schaffen und zu fördern, umso eher stellen sich strategische Erfolg, operativer Erfolg und finanzieller Erfolg ein".

2.2.3 Transversale Vernunftkonzepte und Formkalkül

Im klassischen Denken finden wir eine Herkunft von allen aus einem einheitlichen Ursprung. Vielheit war Vielheit im Schoß einer Einheit, sodass die Vielheit von vornherein geschwächt ist. Sie ist etwas Sekundäres und alle Macht liegt aufseiten der Einheit (Deleuze und Guattari 1977).

Deleuze und Guattari (1992, S. 41) fordern indessen ein rhizomatisches Denken und damit eine Befreiung von definierten Machtstrukturen. „Macht Rhizom, nicht Wurzeln, pflanzt nichts an! Sät nicht, stecht! Seid nicht eins oder viele, seid Vielheiten! […] Lasst keinen General in euch aufkommen!"

Viele Perspektiven und viele Ansätze können frei verkettet werden. Es handelt sich um ein Denken „sowohl in differenten Vielheiten wie in Zusammenhängen. Das dabei entstehende Bild von Einheit und Vielheit ordnet die Vielheit der Einheit nicht identitätslogisch unter […]. Vielmehr verweben sich Einheit und Vielheit ineinander und weder existiert das eine vor oder über dem anderen noch hebt das eine das andere auf. Keines gibt es ohne das andere" (Kuhn 2005, S. 63). Netzwerktheoretisch sprechen wir von einem Folded Network.

Wolfgang Welsch (1996, S. 794 f.) plädiert für eine transversale Vernunft, die vielperspektivisch ist und „auf Grenzen, Gegenwendigkeiten und Widerstreite ebenso wie auf latente Verbindungen und Übergänge" achtet. Sie verbindet Grenzbewusstsein, Situationsadäquanz und Anwaltschaft fürs Ganze: Umsicht, Weitblick und Durchblick sind in ihr vereinigt.

Spencer-Brown (1979) bietet mit dem Formkalkül ein kontextuelles Beobachtertool, das konnektionistisch operiert und zirkuläre, mehrwertige, folglich komplexe

Zusammenhänge beschreiben kann. Mit dem Formkalkül können Positionen und Negationen zusammengedacht bzw. Unterscheidungen als Zusammenhänge verstanden werden. In prinzipieller Hinsicht kann das Kalkül am besten in Bezug auf den aristotelischen Fundamentalsatz der Identität, wonach a = a ist beschrieben werden, denn mit Spencer-Brown ist zum Satz der Differenz zu wechseln (Baecker 2016b). Das a ist nur deshalb ein a, weil wir uns sicher sein können, dass es z. B. kein b ist, d. h. wir brauchen das b, c etc. um das a als a zu erkennen. Folglich kann das a sich nicht zum a machen, wenn es sich vorab nicht unterscheidet. Der Beobachter erster Ordnung setzt das Interesse in Bezug auf einen bestimmten Gegenstand und der Beobachter zweiter Ordnung reflektiert die Form der Unterscheidung im Kontext, d. h. beobachtet die Negation und die Implikation dieser Setzung und ermöglicht durch Verwendung der Wiedereinführung der Unterscheidung in die Form der Unterscheidung (der Re-entry-Operation) von ihm Abstand zu nehmen und unter anderen Bedingungen wieder zu ihm zurückzukommen (Baecker 2017). Für das Formkalkül verwendet Spencer-Brown folgendes Zeichen: $\neg$. Die horizontale Linie ist die Bezeichnung eines Gegenstands (abgegrenzte „Innenseite") und die vertikale Linie die Unterscheidung (ausgegrenzte „Außenseite"). Das Re-entry wird durch das folgende Zeichen ausgedrückt: $\sqsupset$. Z. B. $\sqsupset$, das besagt: „Ein a ist nur ein a (Identität), wenn es sich von einer Außenseite unterscheidet, die es nicht ist (Negation), dessen Existenz es jedoch als Außenseite der Unterscheidung voraussetzt (Implikation)" (Baecker 2016b, S. 242). Die erste Unterscheidung kann durch weitere Unterscheidungen nach innen und außen weiter entfaltet werden, sodass man mehrwertige Formen konstruieren an (Baecker 2016b). Auf diese Weise kann aus unternehmerischer Perspektive beispielsweise das Produktkalkül (Baecker 2017) oder die Form der Next Economy (Reichel 2016) beschrieben werden. Hiermit wird ein Erkennen ermöglicht, das durch seine integrale Grundstruktur Dinge sichtbar macht, die man sonst nicht sehen würde.

2.2.4 Koordination und Rationalitätssicherung

Im Rahmen der Controllingkonzeptionen bildet Koordination den Mittelpunkt. Nach Horvarth et al. (2015) ist Controlling dasjenige Subsystem der Führung, das Planung und Kontrolle sowie Informationsversorgung systembildend und systemkoppelnd zielorientiert koordiniert und so die Adaption und Koordination des Gesamtsystems unterstützt. Küpper (2013) sieht als zentrale Zwecksetzung des Controllings die Koordination des Führungsgesamtsystems eines Unternehmens. Weber und Schäffer (2016) betonen die Bedeutung der Rationalitätssicherung in ihrer Controllingkonzeption. Praktisch sinnvoll ist ein integrales Controllingverständnis, denn es geht um eine umfassende und damit rationalitätssichernde Koordination auf Planung und Informationsversorgung basierend (Horváth et al. 2015). Dementsprechend sollte Controlling integral und idealtypisch im Sinne des Systems 2 des VSM verstanden werden und das in einer sowohl performanceorientierten als auch gesamtunternehmerischen Perspektive.

2.2.5   Performance Management Analytics

Mit einer Integration von Performance Analytics in die Unternehmenssteuerung kann das Analysespektrum erweitert werden und umfasst in diesem Sinne deskriptive Analysen (Beschreibung des Geschehenen), diagnostische Analysen (Erforschung von Ursachen für Geschehenes), Echtzeitanalysen (Erforschung des gerade Geschehenden), prädiktive Analysen (Aufzeigen des zukünftig möglicherweise Geschehenden) und präskriptive Analysen (Aufzeigen, wie man etwas optimal realisieren könnte) und dies in Bezug auf finanzielle und nicht-finanzielle Größen (Lanquillon und Mallow 2015).

Grundlegend hierfür sind deskriptive, induktive und explorative statistische Verfahren sowie Algorithmen für Simulationen, von Verfahren des Text Mining und des Maschine Learnings. Darüber hinaus ist die Entwicklung von entscheidungsrelevanten granularen Treiber- und Wirkungsmodelle notwendig.

Möller et al. (2015) sprechen sich für ein Performancemanagementmodell im Rahmen der Unternehmensführung aus. Die Kernelemente sind 1) die Positionierung als Unterstützung der Strategieimplementierung, 2) die Kombination aus Leistungs- und Verhaltensorientierung und 3) die Mehrdimensionalität und Relativität des Leistungsbegriffs.

Zur Leistungsmessung findet das aus der Produktionstheorie abgeleitete Input-Process-Output-Outcome-Impact-Modell Anwendung (Möller 2017). Es stellt die Leistungserstellung in fünf Stufen dar, durch eine Kombination von materiellen und immateriellen Ressourcen (Inputs) über deren Kombination und Transformation (Prozesse) in Ergebnisse (Outputs). In einem betriebswirtschaftlichen Kontext müssen diese Outputs dann noch in bewertete Leistungsergebnisse (Outcomes) überführt werden und auch die Wirkungen (Impacts) auf die Stakeholder berücksichtigt werden. Die Beziehungen zwischen den gemessenen Leistungsgrößen sind abzubilden, um mit dynamischen Wirkungsmodellen mögliche Stellhebel zur Leistungsverbesserung zu identifizieren. Hierauf aufbauend können Steuerungsmaßnahmen und Zielwerte mit anschließender Zielerreichungskontrolle bestimmt werden (Schläfke 2012).

Der prozessuale Ablauf eines Integrated Performance Management gliedert sich in fünf Schritten. Der erste Schritt „Define & Engage" umfasst die Definition des Organisationszwecks, der Strategie, des Geschäftsmodells sowie des Leistungsverständnisses unter Berücksichtigung der Anspruchsgruppen und der grundlegenden Werte, die dann auch Resonanz bei allen Mitarbeitenden finden und somit im Sinne einer hohen intrinsischen Teilhabe im Unternehmen verankert sind. Im nächsten Schritt „Target & Plan", wird die grundsätzliche Ausrichtung in konkrete Ziele und Pläne überführt. Der dritte Schritt „Execute & Adjust" zeigt eine hohe Flexibilität während der Umsetzung, dass z. B. durch dezentrale Entscheidungs- und Ausführungsbefugnis erreicht werden kann. Der vierte Schritt „Review & Assess" soll den Zielerreichungsgrad möglichst objektiv und ganzheitlich messen (unter Berücksichtigung relativer Messmethoden und der Nachhaltigkeit und Verhaltensdimensionen). Im fünften Schritt „Align System & Context", soll sichergestellt werden, dass wichtige unterstützende Systeme, wie z. B. das IT-System, auch wirklich unterstützend wirken (Schläfke 2012).

2.3 Vermögensarten und Unternehmenswert

Das Gesamtvermögen bzw. Wertschöpfungspotenzial eines Unternehmens entsteht durch das Zusammenspiel von Finanzkapital, materiellem und intellektuellem Vermögen (das ist in differenzierter Betrachtung Humanvermögen, Strukturvermögen und Beziehungsvermögen) (Schnabel 2013). Die Vermögensarten gehen sukzessive und zirkulär auseinander hervor. Aus dem Humanvermögen wird Strukturvermögen aufgebaut und beide zusammen erwirken dann das Beziehungsvermögen (das sich auf Kunden, Lieferanten und Kooperationspartner bezieht), sodass Finanzkapital generiert wird (Schnabel 2013). Umgekehrt kann Strukturvermögen (z. B. Employer Branding) als Attraktor für den Aufbau von Humanvermögen dienen, womit wiederum Strukturvermögen durch kreative Erneuerungen gebildet wird und zu Kundenvermögen führt. Die Modellierung der Transformationen ermöglicht es, Lernprozesse und Zuwächse bzw. Abflüsse der Ressourcen zu analysieren und zu steuern (Schnabel 2013). Finanzkapital wird in intellektuelles Vermögen investiert, das in Zukunft durch Verwertung bestmöglich wieder in Finanzkapital transferiert wird. Die Erfolgswirkungen sind durch mehr oder weniger kurz- bis längerfristigen Zeitverzug und komplexer Ursache-Wirkungsbeziehungen gekennzeichnet. Dadurch entsteht die Schwierigkeit, finanziellen Erfolg den Ressourcenstrategien im Einzelnen zuzuordnen.

Im Unternehmen werden diese Vermögensarten bzw. „Ressourcen" verwendet und verbraucht bzw. vermehrt. Die Verfolgung eines ganzheitlichen, die verschiedenen Ressourceneffekte berücksichtigenden, Wertkonzepts erfordert das Erkennen und Berücksichtigen von Zusammenhängen zwischen verschiedenen Wertschaffungsdimensionen im Sinne eines vernetzten Denkens, also die integrierte Berücksichtigung von Werteffekten in Bezug auf verschiedene Ressourcenpotenziale, verschiedene Zeithorizonte, qualitative und quantitative Wertkomponenten oder unterschiedliche Funktionsbereiche. Die Wertschaffung von Unternehmen ist folglich multidimensional und mithin wertorientierte Unternehmensführung ein integrales Unternehmensführungskonzept in Einklang mit Gesellschaft und Umwelt mit dem Ziel der Unternehmenswertsteigerung und dementsprechend instrumentell abzubilden.

2.4 Integrated Reporting

Die Zukunft einer aussagekräftigen Unternehmensberichterstattung wird durch integriertes Reporting ermöglicht. Zum einen soll die Berichterstattung der gesellschaftlich Forderung nach integrierter Berücksichtigung der Dimensionen Ökonomie, Ökologie und soziales Rechnung tragen und zum anderen wird die Aussagekraft des traditionellen Jahresabschlusses, der im Wesentlichen eine Finanzberichterstattung darstellt, aufgrund des zunehmend sinkenden Buchwertanteils am Marktwert immer mehr fraglich (nur noch rund 15 % Buchwertanteil in Bezug auf den Marktwert im S&P 500), sodass die Informationsfunktion nur sehr eingeschränkt erfüllt werden kann. Nur durch ein Integrated Reporting und eine entsprechende Unternehmensführung erlangen Unternehmen langfristig die gesellschaftliche Legitimität für ihr Geschäftsmodell (Haller 2017).

Die Berichtsadressaten sollten auch die mehrdimensionale Wertschaffung über die Zeit sowie die Verbindungen zwischen finanziellen und nicht finanziellen Vermögensarten nachvollziehen können. Das International Reporting Council (IIRC) hat 2013 ein Rahmenwerk veröffentlicht, das die integrative Darstellung von Finanzkapital, Produktionskapital, Humankapital, Strukturkapital, Sozial- und Beziehungskapital und Umweltkapital umfasst (The International < IR > Framework 2013). Das Konzept wird im Kern durch das Leitprinzip der Konnektivität bestimmt. Die Informationen sollten sich auf wesentliche Aspekte konzentrieren und auch zukunftsorientiert die Wertschaffungsfähigkeit unter Berücksichtigung der Kapitalarten darstellen. Des Weiteren sollte die Informationsaufbereitung prägnant sein, d. h. knapp und verständlich und dem Stetigkeitsprinzip entsprechen, sodass Zeitvergleiche möglich sind. Die Informationen müssen nicht zuletzt verlässlich sein, um deren Glaubwürdigkeit und somit Effektivität zu gewährleisten.

Integrated Reporting vereint eine Innenperspektive (im Sinne einer integrierten Unternehmensführung) „und eine Außenperspektive (im Sinne einer integrierten Unternehmensberichterstattung) mit dem Ziel, die von der Unternehmensleitung gewählten Strategien, Maßnahmen und Fähigkeiten hinsichtlich der unternehmerischen Wertschöpfung konzis aufzuzeigen" (Schmalenbach-Gesellschaft Betriebswirtschaft e. V. 2018, S. 340).

2.5   Wertorientierte Performancemeasurement-Methoden

2.5.1 Conjointanalyse und residualgewinnbasiertes Planungskalkül in Kombination mit Target-Costing

Conjoint Measurement ist eine Methode der Präferenzmessung und ermöglicht ganzheitlichen Produktbeurteilungen, die zu Gesamtnutzenwerten der betrachteten Produktprofile führen und durch Berechnung von Teilnutzenwerte für Produkteigenschaften können Zahlungsbereitschaften ermittelt werden. Auf dieser Grundlage können Simulations- und Optimierungsrechnungen durchgeführt werden, die die Wunschvorstellungen der Kunden, die Produktvorzüge eigener und konkurrierender Produkte, das Auswahlverhalten sowie die eigene Kostensituation berücksichtigen. Zur Bewertung eines neuen Produkts wird bei diesen Lösungsansätzen prognostiziert, welchen Nutzen die Nachfrage dieser neuen Alternative im Vergleich zu den konkurrierenden Produkten zuordnen sowie mit welcher Wahrscheinlichkeit sie dann diese neue Alternative auswählen werden. Auf dieser Grundlage können Absätze, Marktanteile und Gewinne für dieses Produkt in einem Markt ermittelt werden und das für verschiedene Produktkonfigurationen, sodass dann anschließend das beste Produkt aus Unternehmenssicht ausgewählt werden kann (Gaul und Baier 2009).

Mit der Anwendung eines Target Costing wird marktorientiert mit einer geforderten Mindestrendite angestrebt, einen entsprechenden Kostenverlauf herbeizuführen. Im Rahmen eines mehrperiodigen wertorientierten Target Costing kann mit einem Residualgewinnverfahren dies durch Einbeziehung eines geforderten Market Value-Added erfolgen und in der Realisationsphase die wertorientierte Zielerreichung kontrolliert werden (Weiß 2006).

2.5.2 AHP und ANP für mehrkriterielle Entscheidungen

Für eine integrierte Berücksichtigung der Wirkung aller Vermögensarten bei Entscheidungen kann praktisch sehr gut der Analytic Hierarchy Process (AHP) bzw. der Analytic Network Process (ANP) eingesetzt werden (in Bezug auf AHP Ossadnik 2009). Diese Verfahren ermöglichen eine Entscheidungsunterstützung in mehrkriteriellen Entscheidungssituationen. Das Besondere dieser Verfahren ist, dass sie Intuition und Reflexion verbindet und bei kollaborativer Anwendung auch auf kollektiver Ebene. Die Paarvergleichsmethodik und methodische Konsistenzprüfungen geben mehr Transparenz und Sicherheit bei komplexen Entscheidungssituationen. Hiermit können Präferenzgewichte auf allen Ebenen ermittelt und analysiert werden und für Handlungsalternativen Gesamtnutzenwerte bestimmt werden. Mit dem analytischen Network Process (Saaty und Vargas 2006) können zudem Feedbacks (d. h. nicht Beurteilung der Alternativen nach Gewichtung der Kriterien, sondern Beurteilung der Kriterien nach Kenntnis der Alternativen) und auch innere Abhängigkeiten berücksichtigt werden (Interdependenzen der Kriterien).

2.5.3 DEA als performanceorientiertes Benchmarking

Die Data Envelopment Analysis (DEA) ist ein Verfahren der relativen Effizienzmessung, die es erlaubt für komplexe multidimensionale Outputs und Inputs mittels Quotientenprogrammierung und endogen ermittelten Gewichtungen der einzelnen Faktoren ein globales Effizienzmaß zu bestimmen (Bauer et al. 2006). Damit ist es möglich, quantifizierte Performanceziele (differenziert nach technischer Effizienz und Skaleneffizienz) zu identifizieren, die erreicht werden sollen und durch virtuelle Referenzeinheiten passend zum Geschäftsmodell. So können im Vertrieb beispielsweise durch Besuchstouren und zielgruppenspezifische Incentives Neukunden gewonnen werden (folglich ein 2 Input – 1 Output- Modell). Die DEA berücksichtigt bei ihrer Performancemessung in Bezug auf verschiedene Entscheidungseinheiten (zum Beispiel Außendienstteams), dass ganz unterschiedliche Strategien verfolgt werden können (zum Beispiel eine Kundennähe Strategie oder Hardselling Strategie um mehr Neukunden zu gewinnen) (Hammerschmidt 2006). Auch können nicht-diskretionäre Variablen, die zum Beispiel in der Gebietsstruktur oder im Marktpotenzial begründet liegen berücksichtigt werden. Darüber hinaus können auch soziale und ökologische Outputs in die Performancemessung einbezogen werden.

2.5.4 Residualökonomischer Gewinn und Kontrollrechnungen

Für ein integriertes Management der Wertschöpfung über die Zeit ist in monetärer Hinsicht der residuale ökonomische Gewinn besonders geeignet. Das Besondere dieser Erfolgsmessung ist, das sich der Periodenerfolg nicht auf den Buchwert des eingesetzte Eigenkapitals bezieht, sondern dynamisch auf den Unternehmenswert, Projektwert oder Kundenwert, die sich aus der Abzinsung zukünftiger Cashflows ergeben und somit konsequent, Feed-Forward-bezogene wertorientierte Planung und Kontrollrechnungen ermöglichen. Diese erlauben eine Differenzierung zwischen Zeiteffekten, Aktionseffekten und Erwartungseffekten bzw. nach weiteren Wertgeneratoren (Drukarczyk und Schüler 2016).

2.5.5 Werttreiberbäume, Performancemodelle und Bayessche Netzwerke

Vor dem Hintergrund aller Vermögensarten im Unternehmen und deren Zusammenwirken sind die multidimensionalen Wertreiber bzw. nichtfinanziellen Vorsteuerungsgrößen zugänglich zu machen. Dies kann durch dynamische kausalanalytische Verfahren, z. B. mit Bayessche Netzwerken in Verbindung mit erfahrungsbezogenen, kollaborativen Ermittlungsmethoden erfolgen.

Im Rahmen eines Value Based Marketings sind beispielsweise die Analyse und Optimierung von Performance Chains zu nennen (via Kontaktziele, psychografische und monetäre Ziele), d. h. die Messung von Medienquantität (Reichweiten), die Messung der Aufnahme der Botschaft (Aufmerksamkeit, Verständlichkeit, Markenbekanntheit) sowie eine Evaluation von Einstellungs- und Verhaltensänderungen (Präferenz, Kaufabsicht, Kauf und Wiederkauf) im Kaufprozess und deren Auswirkung auf Umsatz und Gewinn, also bis hin zum finanziellen Wertwachstum (= Kapitalwerte bzw. finanzielle Mehrwerte erzielen) und das ist Unternehmenswertsteigerung, um die es gesamtunternehmerisch geht.

2.6 Führung in der Gesellschaft 4.0

Die Konturen der Gesellschaft 4.0 zeichnen sich ab, die vor allem durch eine „Verschaltung von Mensch und Maschine, Körper, Bewusstsein und Gesellschaft" und somit einer komplexen Struktur gekennzeichnet ist (Baecker 2016a, S. 15). „Digitalisierung als sozialer und kultureller Prozess heißt, dass Maschinen der elektronischen Medien sich an Kommunikation beteiligen und dass alle anderen Akteure (Menschen, Organisationen, Teams) sich darauf einstellen, dass sie sich beteiligen" (Baecker 2016a, S. 18). Führung in der Gesellschaft 4.0 erfordert eine postheroische Führung, denn die Welt der heroischen Führung ist einfach, d. h. Komplexität wird ausgeklammert, sodass der Betrieb wie eine Maschine betrachtet wird, deren Abläufe man wie von außen definieren und kontrollieren kann und insofern ihre Routinen laufend optimieren kann. Die Welt der postheroischen Führung ist hingegen komplex und dies wird nicht mehr neutralisiert, sondern steht im Zentrum der Unternehmensführung (Baecker 2015). Postheroische Führung besteht folglich darin, „ihrer Organisation bei der Suche nach jenen Zielen zu helfen, die nicht vorab definiert sind, sondern gesetzt, getestet und verantwortet werden müssen" (Baecker 2015, S. 5). Hierbei ist es wichtig, „die Fähigkeit zur Lösung von Problemen nicht mehr an der Spitze einer Organisation zu monopolisieren, sondern sie an die Organisation zu delegieren und in ihr zu diffundieren" (Baecker 2015, S. 4), d. h. Selbstorganisation der operativen Einheiten ermöglichen. Die zentrale gesamtunternehmerische Führung schafft einen normativen Rahmen, der eine starke integrale Einheit der Organisation bildet. Die schwierigste Aufgabe besteht vermutlich darin, sich der Einheit der Differenz von heroischer und postheroischer Führung bewusst zu sein, denn es kann vorkommen, dass man an jene heroischen Affekte appellieren muss, um eine quasi unmögliche Entscheidung zu treffen (Baecker 2015).

Auch das Konzept der lateralen Führung ist in diesem Sinne ein Ansatz jenseits einer klassischen hierarchischen Steuerung, denn das Besondere ist hier ohne Weisungsbefugnis aus der Position heraus zu führen. Laterale Führung basiert „auf drei Mechanismen der Einflussnahme: Verständigung, Macht und Vertrauen" (Kühl 2017, S. 2 f.). Kommunikatives Handeln hat den Vorteil, das Wissen und die Interessen vieler Akteure mobilisiert wird und somit eine bestmögliche Lösung für eine bestimmte Aufgabe und hohes Engagement erreicht wird und Kontrollprobleme sich reduzieren (Kühl 2017). Macht ist im lateralen Sinne vor allem durch Wissen und Fähigkeiten sowie Resonanzfähigkeit bestimmt. Sie wird von den beteiligten Akteuren geteilt und in der Regel fügen sich beide Seiten in Anerkennung, d. h. Sanktionen und Drohungen werden in der Latenz gehalten (Kühl 2017).

Der Vorteil von Vertrauen besteht u. a. in der Komplexitätsreduktion, die mehr Handlungsoptionen ermöglicht. „Wer nicht vertraut, muss […] auf funktional äquivalente Strategien der Reduktion von Komplexität zurückgreifen. Er muss seine Erwartungen ins Negative zuspitzen, muss in bestimmten Hinsichten misstrauisch werden" (Luhmann 2009, S. 93). „Diese negativen Strategien geben dem Misstrauen jenes emotional gespannte, oft krampfhafte Naturell" (Luhmann 2009, S. 93). „Sie absorbieren die Kräfte dessen, der misstraut, nicht selten in einem Maße, das wenig Raum lässt für unvoreingenommene, objektive Umwelterforschung und Anpassung, also auch weniger Möglichkeiten des Lernens bietet" (Luhmann 2009, S. 79). Vertrauen wird nicht als blindes Vertrauen verstanden, das natürlich nicht vorteilhaft ist, sondern auf ein Vertrauen, das vertrauensvoll Misstrauen einschließt und insofern überhaupt erst Vertrauen ermöglicht.

Die Weisungskraft der Hierarchie reicht einerseits nicht mehr aus um Prozesse zu initiieren, andererseits wirkt sie nach wie vor als Referenzpunkt. Obgleich laterale Kooperationspartner zwar zurückhaltend mit der Einschaltung von Hierarchie sind, so basiert eine wirksame laterale Führung auf der prinzipiell möglichen Einschaltung der Hierarchie, sodass es sich um eine hybride, eben postheroische Führungsstruktur handelt (Kühl 2017).

Eine Unternehmensführung in der Gesellschaft 4.0 wird durch die Dimensionen Vernetzung (Kommunikation und Arbeit), Offenheit (lernorientierte Experimentier- und Fehlertoleranzkultur), Partizipation (Teilhabe der Mitarbeiter) und Agilität (Flexibilität und Schnelligkeit) in Bezug auf Wertschaffung wirksam (Buhse 2015) und das wird vor allem durch eine laterale Führung mit dem integralen Zusammenspiel der Einflussmechanismen Verständigung, Macht und Vertrauen ermöglicht.

In werteorientierter Hinsicht kann integrale Unternehmensführung als Zusammenspiel von Wahrhaftigkeit, Vertrauen und Verlässlichkeit sowie Fairness und Gerechtigkeit charakterisiert werden. Sie sind konstitutiv für Verständigung und Kooperation und damit für die Wertschöpfung eines Unternehmens. Dabei sind Wahrhaftigkeit und Zuverlässigkeit „Komplementärwerte" zu Vertrauen. Wenn diese Werte nicht paarweise bei den interagierenden Personen vorhanden sind, verlieren sie ihren Wert (Hartmann 1962).

Literatur

Arbeitskreis Integrated Reporting der Schmalenbach-Gesellschaft für Betriebswirtschaft e. V. (2018) Integrated Reporting – eine effektive Antwort der Unternehmensführung auf den gesellschaftlichen und technologischen Wandel. In: Krause S, Pellens B (Hrsg) Betriebswirtschaftliche Implikationen der digitalen Transformation. ZfbF-Sonderheft, vol 72/17. Springer Gabler, Wiesbaden, S 337–353

Baecker D (2015) Postheroische Führung. Springer, Wiesbaden

Baecker D (2016a) Wie verändert die Digitalisierung unser Denken und unseren Umgang mit der Welt? In: Gläß R, Leukert B (Hrsg) Handel 4.0: Die Digitalisierung des Handels – Strategien, Technologien, Transformation. Springer, Berlin, S 3–24

Baecker D (2016b) Wozu Theorie?. Suhrkamp, Frankfurt a. M

Baecker D (2017) Produktkalkül. Merve-Verlag, Leipzig

Bauer HH, Stokburger G, Hammerschmidt M (2006) Marketing Performance. Springer Gabler, Wiesbaden

Beer S (2007) Diagnosing the system for organizations. Wiley-Verlag, Chichester

Buhse W (2015) Digital Leadership? Der Großteil führt noch klassisch. https://doubleyuu.com/blog/2015/05/20/digital-leadership/. Zugegriffen: 16. Jan. 2019

Deleuze G, Guattari F (1977) Rhizom. Merve-Verlag, Berlin

Deleuze G, Guattari F (1992) Tausend Plateaus. Merve-Verlag, Berlin

Drucker PF (1954) The practice of management. Harper & Row, New York

Drukarczyk J, Schüler A (2016) Unternehmensbewertung. Vahlen-Verlag, München

Gälweiler A (2005) Strategische Unternehmensführung. Campus, Frankfurt

Gaul W, Baier D (2009) Simulations- und Optimierungsrechnungen auf Basis der Conjointanalyse. In: Baier D, Brusch M (Hrsg) Conjointanalyse. Springer, Berlin, S 163–182

Haller A (2017) Integrated Reporting – Die Zukunft der Unternehmensberichterstattung. Zeitschrift für interntionale und kapitalmarktorientierte Rechnungslegung (KoR) 10:442–447

Hammerschmidt M (2006) Effizienzanalyse im Marketing. Deutscher Universitätsverlag, Wiesbaden

Hartmann N (1962) Ethik. De Gruyter-Verlag, Berlin

Horváth P, Gleich R, Seiter M (2015) Controlling. Vahlen, München

International Integrated Reporting Council (2013) The International<IR>Framework. http://integratedreporting.org/wp-content/uploads/2013/12/13-12-08-THE-INTERNATIONAL-IR-FRAMEWORK-2-1.pdf. Zugegriffen: 14. Jan. 2019

Kühl S (2017) Laterales Führen. Springer, Wiesbaden

Kuhn G (2005) Tier-Werden, Schwarz-Werden, Frau-Werden: eine Einführung in die politische Philosophie des Poststrukturalismus. Unrast, Münster

Küpper H-U, Friedl G, Hofmann C, Hofmann Y, Pedell B (2013) Controlling: Konzeption, Aufgaben, Instrumente. Schäffer-Poeschel, Stuttgart

Lambertz M (2018) DIE INTELLIGENTE ORGANISATION: Das Playbook für organisatorische Komplexität. BusinessVillage, Göttingen

Lanquillon C, Mallow H (2015) Advanced Analytics mit Big Data. In: J Dorschel (Hrsg) Praxishandbuch Big Data. Springer Gabler, Karlsruh, S 55–88

Luhmann N (2009) Vertrauen. utb-Verlag, Stuttgart

Malik F (2013a) Management: Das A und O des Handwerks. Campus, Frankfurt a. M.

Malik F (2013b) Strategie: Navigieren in der Komplexität der Neuen Welt, Bd 3. Campus, Frankfurt a. M.

Malik F (2015) Strategie des Managements komplexer Systeme: Ein Beitrag zur Management-Kybernetik evolutionärer Systeme. Haupt Verlag, St. Gallen

Möller K (2017) Wirksame finanzielle Führung – Vom Abweichungs-Controlling zum Integrated Performance Management. Expert Focus 91:689–693

Möller K, Wirnsperger F, Gackstatter T (2015) Performance Management- Konzept, Erfahrungen und Ausgestaltung einer neuen Disziplin. Controlling – Zeitschrift für erfolgsorientierte Unternehmenssteuerung, S 74–80

Müller-Stewens G, Brauer M (2009) Corporate Strategy & Governance: Wege zur nachhaltigen Wertsteigerung im diversifizierten Unternehme. Schäffer-Poeschel, Stuttgart

Ossadnik W (2009) Controlling. Oldenbourg Wissenschaftsverlag, München

Reichel A (2016). Die Form der Next Economy. https://www.zukunftsinstitut.de/artikel/die-form-der-next-economy/. Zugegriffen: 14. Jan. 2019

Saaty TL, Vargas LG (2006) Decision making with the analytic network process. Springer, New York

Schläfke M (2012) Unternehmenssteuerung mit Performance Management Systemen. Cuvillier Verlag, Göttingen

Schnabel UG (2013) Management des intellektuellen Kapitals wissensintensiver Dienstleister. Springer Gabler, Wiesbaden

Siller H (2011) Normatives Controlling. facultas wuv, Wien

Spencer-Brown G (1979) Laws of form. Elsevier-Dutton, New York

Ulrich H (1972) Das St. Galler Management-Modell. In: Ulrich H (Hrsg) Gesammelte Schriften, Bd 2. Haupt, Bern

Weber J, Schäffer U (2016) Einführung in das Controlling. Schäffer-Poeschel, Stuttgart

Weiß M (2006) Wertorientiertes Kostenmanagement. Deutscher Universitätsverlag, Wiesbaden

Welsch W (1996) Vernunft: die zeitgenössische Vernunftkritik und das Konzept der transversalen Vernunft. Suhrkamp, Frankfurt a. M.

Prof. Dr. Matthias Müller-Wiegand ist seit 2004 an der Rheinischen Fachhochschule Köln. Die fachlichen Schwerpunkte sind wertorientierte Unternehmensführung, Controlling und Unternehmensrechnung.

Von März 2010 bis Mai 2011 wurde er zum Studiengangsleiter im berufsbegleitenden Studiengang Betriebswirtschaftslehre berufen und seit Juni 2011 trägt er die Verantwortung als Vizepräsident für den Fachbereich Wirtschaft & Recht der Rheinischen Fachhochschule Köln. Davor war er u. a. Geschäftsführer und kaufmännischer Leiter in der Thalia Service GmbH, in der Ganske-Verlagsgruppe Assistent des Verlegers und Senior Consultant im Inhouse Consulting des Burda Verlags.

Prof. Müller-Wiegand ist einer der beiden Gründer des Zentrums für zukunftsfähige Unternehmensführung an der Rheinischen Fachhochschule Köln. In der anwendungsbezogenen Forschung und Beratung konzentriert er sich auf Managementsysteme und Performancemanagement für eine zukunftsfähige Unternehmensführung mit einer integralen Perspektive.

„Sphären Modell" der systemischen Führung

Daniel F. Pinnow

3.1 Einleitung

Der Innovationsspezialist und Autor zahlreicher Zukunftsstudien Don Tapscott (2011) stellt in einem Interview fest, dass die sich abzeichnende neue Gesellschaft von fünf Prinzipien geprägt sei: Zusammenarbeit, Offenheit, Bereitschaft zum Teilen (geistiger) Güter, kontrollierbare Integrität sowie Interdependenz. Die Struktur, die diese Prinzipien inkorporieren würde, nennt Tapscott die „Wikifizierung" von Gesellschaft. Analog zu dem Wikiprinzip der elektronisch basierten Wissensproduktion würde sich die neue Gesellschaft als Struktur der bedingungs- und ausweglosen Zusammenarbeit ereignen.

Daniel H. Pink, der mit populärwissenschaftlichen Bestsellern im Themenbereich neue Arbeit Aufsehen erregte, bemängelt in einem Interview mit dem Journalist Markus Albers (Albers 2009) die gesellschaftliche und insbesondere unternehmerische Orientierung an extrinsischen motivationalen Werten: „Klassische ‚Wenn-dann'-Anreize bremsen den Eigenantrieb, der durch den Sinn der Arbeit entsteht." Pink zufolge seien Menschen von Natur aus Sinn suchende und wissbegierige Wesen, die nicht extrinsisch motiviert werden müssten, wenn denn die Arbeit diesen Bedürfnissen gerecht würde (Albers 2009). Die freieren Strukturen moderner Wissensarbeit zeigen auf, wie überholt das Konzept extrinsischer Motivation sei.

Unter dem Stichwort der Netzwerkgesellschaft wird verhandelt, was sich an gesellschaftlichen Rahmenbedingungen merklich verändert. Und so begegnet auch die Führungsforschung und -praxis der Herausforderung, ihr Modell der hierarchisch-bürokratischen Organisation zu überdenken und ihr Repertoire von „Führung" und

D. F. Pinnow (✉)
dp Akademie für systemische Führung, Ravensburg, Deutschland
E-Mail: dpinnow@dp-akademie.de

© Springer-Verlag GmbH Deutschland, ein Teil von Springer Nature 2019
M. Groß et al. (Hrsg.), *Zukunftsfähige Unternehmensführung*,
https://doi.org/10.1007/978-3-662-59527-5_3

„Steuerung" zu überdenken. Der Ruf nach einem neuen Führungsstil ist geprägt durch die Dynamisierung und steigende Komplexität im unternehmerischen Alltag (Uhl-Bien et al. 2007).

Nicht erst in den letzten Jahren ist dieser Ruf aufgekommen. Beinahe wortgleich lesen sich etwa die Beschreibungen zur „Kopflastigkeit" und sich verkomplizierenden „Technik und Spezialisierung" von Chester Irving Barnard (1969), Begründer des Managementbegriffs, und der hieraus komplexer werdenden Anforderungen für den Führungsbegriff. Seit Mitte des letzten Jahrhunderts bemerkt also die Managementlehre, dass ihre Konzepte der wissensbasierten Arbeit von heute und morgen nicht gerecht werden. Traditionelle Führungsansätze geben nur in limitierter Weise Antworten auf die Herausforderungen, denen Führungskräfte in der Praxis begegnen (Uhl-Bien et al. 2007). Einige wenige sollen in Folge trotzdem vorgestellt werden.

Unter dem Stichwort „Projektarbeit" wird seit den 1990er Jahren sowohl in der Theorie als auch in der arbeitsweltlichen Praxis ein Umgang mit den beschriebenen Arbeitsbedingungen erprobt, der mit Verantwortungsdelegation und der Erschließung von Fachwissen in allen Hierarchieebenen einhergeht und somit ein ganz neues Verständnis von Management erfordert (Heintel und Krainz 2001). Hierzu resümieren Heintel und Kraintz (2001, S. 60).

> „Die im Projektmanagement neu entstehenden Organisationsstrukturen (Projektgruppen, Vertretungs- und Repräsentationssysteme), die veränderte Kooperation und Kommunikation bedürfen anderer Verhaltensformen, anderer Führung, anderer Motivation. Man verlangt von den Mitarbeitern mehr und anderes, also müssen sie auch mehr und anders sein können."

Der emeritierte Professor des Massachussets Institute of Management und Experte für Organisationspsychologie und Unternehmenskultur, Prof. Dr. Edgar Schein (2011), antwortet auf die Herausforderung zeitgemäßer Führung hingegen mit einem Ansatz der gegenseitigen Hilfe in Organisationen. Ihm zufolge seien insbesondere Führungskräfte in der Pflicht, qua intrinsischer Motivation einen Habitus der Hilfe und der Unterstützung zu implementieren (Schein 2011). Eine solche Einstellung ermögliche, Informationen schneller auszutauschen und Entscheidungen besser zu treffen, sodass die Organisation insgesamt effizienter arbeiten könne (Schein 2011).

Neben eher **tool-orientierten** Versuchen, auf die komplexen Zustände unternehmerischer Umwelt zu reagieren, **etablieren sich systemische Ansätze** als Umgang mit dem Dilemma, bisher kein umfängliches und wirksames Modell moderner Führung aufgestellt zu wissen. Auf die zahlreichen Ansätze, die hierunter subsumiert werden können, soll an späterer Stelle noch detailliert eingegangen werden; für den Moment bleibt festzuhalten, dass systemische Führungsmodelle zwar den Anspruch der Allgemeingültigkeit erheben, eine empirische Überprüfung jedoch noch schuldig bleiben. So stellen auch Barge und Fairhust (2008, S. 246) in der Conclusio eines Aufsatzes zu systemisch-konstruktivistischer Führung fest:

„A systemic constructionist approach and practical theory of leadership provides a rich opportunity to explore the social construction of leadership within human systems and integrate theory and practice. The challenge ahead for leadership researchers wishing to operate from this perspective is to begin working with these ideas in empirical settings, fleshing out the practices associated with the concepts and ideas we have presented, and reflecting on what their inquiry suggests for provocative new concepts, questions, and tools that create additional insight into the performance and practice of leadership."

Dieser Forschungsansatz versucht sich dem Gegenstand der Führung unter der Bedingung gesellschaftlich komplexer und dynamischer Rahmenbedingungen zu nähern. In Folge des oben beschriebenen Empiriemangel versucht er darüber hinaus, ein quantitativ überprüfbares Modell zu entwickeln und somit eine Theorielücke zu schließen.

Das Forschungsfeld der Führungstheorien in Sozialpsychologie, Soziologie, Organisationstheorie und Kommunikationstheorie wurde zunächst mit einem Schwerpunkt auf die sozialpsychologischen Klassiker untersucht. Gerade vor dem Hintergrund eines Abgleichs zwischen neueren Führungstypen aus der Sozialpsychologie und den Modellen von Sozialität in Organisationstheorie und Netzwerktheorie ergab sich sodann eine Diskrepanz zwischen derzeitigen Gesellschaftsmodellen und Führungsmodellen, die den Herausforderungen ersterer gerecht werden sollen und müssen.

▶   Zur Leitfrage dieser Forschungsarbeit kann demnach genommen werden, wie ein sozialpsychologisch-empirisch überprüfbares Führungsmodell aussehen kann, das tatsächlich den Ansprüchen einer dynamischen, komplexen (Unternehmens-) Umwelt gerecht wird. Arbeitsthese einer solchen Führung soll die „Systemische Führungskraft" (SF) sein. Es wird angenommen, dass eine SF besser auf die beschriebenen Umweltbedingungen reagieren kann als eine konventionelle.

Hierzu werden Organisationen anders untersucht, als es in der Sozialpsychologie gängig ist – nämlich nicht als bürokratisch-formale Organisation, deren Strukturen und Kommunikationswege durch eine Aufbau- und Ablauforganisation geprägt sind. Eine solche Betrachtung wäre in der Nomenklatur vom Organisationspsychologen Weick (1976, 2003) die einer strikt gekoppelten. Sie wurde sowohl in der Sozialpsychologie als auch in der Organisationstheorie eingehend beleuchtet, wie auch ihr Unterschied zur informalen Organisation. Bereits früh in der Managementforschung postuliert Barnard (1968) deshalb den Unterschied zwischen formaler Herrschaft, „authority of position" und tatsächlicher Herrschaft, „authority of leadership": „When the authority of leadership is combined with the authority of position, men who have an established connection with an organization generally will grant authority, accepting orders far outside the zone of indifference" (Barnard 1968, S. 174; Kieserling 1994; Luhmann 1999). Zwar könnte man in der Unterscheidung eine ernst gemeinte Einführung der informalen Strukturen verstehen, Barnards (1968) weitere Ausführungen fokussieren jedoch auf formale

Kommunikationsstrukturen und qua Position zugesprochene Kompetenzen, er ignoriert also regelrecht die von ihm zuvor eröffnete Unterscheidung.

Anstatt also einer solchen Unterscheidung zu folgen und nur eine Seite der Medaille zu betrachten, folgt der Autor dieses Beitrags dem Vorschlag von Weicks (1976), Organisationen in ihrer „weichen" Struktur, nämlich als lose gekoppelte Einheiten zu beobachten. Weick (1976) stellt für den Perspektivenwechsel hin zur Beobachtung loser Kopplung fest, dass man diese erst sehen und Folgeschlüsse aus ihr ziehen könnte, wenn man an das Konzept der losen Kopplung, präziser: an das Konzept der Kopplung und damit an die Unterscheidung loser und strikter, glauben würde.

Das bedeutet nicht, dass lediglich die informalen Strukturen beleuchten werden, denn damit wäre ebenso wenig gewonnen als hätten wir ausschließlich die formale Bürokratie begutachtet. Stattdessen wird sich bemüht, Organisationen daraufhin zu analysieren, wann sie lose und wann sie strikt gekoppelt sind – und welche Aufgaben dies für Führung mit sich bringt.

3.2   Modellbildung – Axiome

3.2.1   Führungskräfte agieren in sozialen, lebenden Systemen

Wir wollen soziale Systeme primär nicht im Sinne der neueren deutschen system-theoretischen Schule verstehen, sondern vielmehr nach Bertalanffy (1948) und Gregory Batesons/Palo Alto Schule. Hiernach bestehen soziale Systeme nicht aus Kommunikation, wie es Luhmann und seine Schüler verstehen, sondern aus miteinander in Interaktion stehenden Personen. Sie bestimmen die Grenzen des Systems, indem sie auf unterschiedliche Art und Weise innerhalb des Systems und mit der Systemumwelt interagieren (Minuchin 1977). Systeme operieren innerhalb ihrer Grenzen und sind gleichzeitig kommunikativ offen: Kommunikation wird innerhalb und nur innerhalb des Systems verarbeitet, was zugleich nicht bedeutet, dass nicht neue Impulse aus der Umwelt aufgenommen werden und Informationen des Systems wiederum für die Umwelt aufgreifbar sind. Systeme grenzen sich von ihrer Umwelt ab, tauschen sich jedoch gleichzeitig mit ihr aus und passen sich ihr auch an (vgl. Luhmann, 2. Leitdifferenz System – Umwelt). Das System verarbeitet von außen aufgenommene Kommunikation nach seinen eigenen Gesetzen und braucht zu seiner eigenen Reproduktion keine Energie von außen (Autopoiese). In diesem Sinne sind soziale Systeme zwar operativ geschlossen, jedoch kommunikativ offen.

Die Entscheidung gegen ein deontologisiertes Verständnis von sozialen Systemen hat den Vorteil, die Möglichkeit der Führung prinzipiell nicht zu negieren. Ein solches Verständnis von sozialen Systemen und im Speziellen von Organisationen eröffnet außerdem die Möglichkeit, aktuelle netzwerktheoretische Modelle zu integrieren und somit eine Antwort auf die Herausforderungen des derzeitigen Führungsalltags zu erproben.

▶ Führung ist möglich, wenn sie auch neuer, inhaltlich hinreichend offener
   Modelle benötigt. Eine Führungskraft, die sich dessen bewusst ist, beobachtet
   die für sie sichtbaren Rückkopplungen, interpretiert sie und leitet daraus künf-
   tige Aktionen ab. Führung ist somit ein iterativer, selbstreferenzieller Prozess
   (Wimmer 1989). Laut Wimmer geht es darum, die Reflexionsfähigkeit eines
   Systems zu fördern.

3.2.2 Soziale Systeme sind komplex

Komplexität können wir in zwei prinzipiell sich unterscheidenden Definitionen fassen.
Nach Schneewind (2002) beschreibt der Begriff grundsätzlich die Informationsdichte
in den Strukturen des Systems. Komplexität ist somit die Informationsmenge, die nötig
ist, um die Strukturen eines Systems vollständig zu verstehen. Ein System ist komplex,
wenn:

- es eine große Anzahl von Elementen besitzt
- die in einer großen Zahl von Beziehungen zueinander stehen,
- die verschiedenartig sind,
- deren Zahl und Verschiedenartigkeit zeitlichen Schwankungen unterworfen ist.

Eine komplexe Situation ist auf der Sach-, Sozial- und Beziehungsebene gekennzeichnet
durch Vielseitigkeit, Intransparenz der Akteurskonstellation, Vernetztheit der Variablen, Eigendynamik, Zeitverzögerung des Ursache-/Wirkungsgeflechts und prinzipielle
Instabilität (ach Luhmann 1987, S. 49) hingegen wird ein System dann als komplex
bezeichnet, „wenn auf Grund immanenter Beschränkungen der Verknüpfungskapazi-
tät der Elemente nicht mehr jedes Element jederzeit mit jedem anderen verknüpft sein
kann." Unterschieden wird der Begriff Komplexität in diesem Zusammenhang mit jenem
der Kompliziertheit. Komplizierte Zustände mögen schwierig zu durchschauen sein,
doch sie sind prinzipiell erklärbar. Komplexe Zustände hingegen sind nach oben stehen-
der Definition hinreichend unterdefiniert.

3.2.3 Soziale Systeme sind dynamisch

Dynamik ist ein Begriff zur Beschreibung der Entwicklung eines Systems in zeitlicher
(wann?), sozialer (wer?) und sachlicher (was?) Hinsicht. Dynamische Entwicklung ist
nicht vorhersehbar oder berechenbar, also kontingent. Kontingenz wiederum wird definiert als weder notwendig noch unmöglich, d. h. beobachtbare Zustände sind weder kau-
salistisch und somit notwendigerweise so eingetreten, wie sie zu beobachten sind, noch
ist es undenkbar, dass sie auf diese und keine andere Weise eingetreten sind.

▶   Einfache Ursache-Wirkungs-Führungsmodelle werden der Komplexität und
    Dynamik von Systemen nicht gerecht, weil diese von nicht-kontingenten,
    berechenbaren Zusammenhängen ausgehen und somit ein unterkomplexes
    Führungsverhalten nahelegen.

3.3   Soziale Systeme sind sphärisch

3.3.1   Sphärische Organisationsform

Netzwerkartig organisierte soziale Systeme werden im Folgenden als Sphäre betrachtet.
Da eine Kugel die stabilste Form darstellt, sollte ein soziales System immer bestrebt
sein, sich im übertragenen Sinne wie die Hülle einer Kugel oder: wie ein sphärenförmi-
ges Netzwerk zu organisieren.

▶   Für den Alltag eines (Wirtschafts-)Unternehmens bedeutet dies, dass Energie
    nie in eine Richtung fließt – so etwa von oben nach unten in der Hierarchie –,
    sondern ein Energieimpuls immer Auswirkungen in alle Richtungen hat und
    sich unabhängig von ihrem Inhalt (z. B. private oder professionelle Kom-
    munikation, wichtige oder unwichtige Aufgaben) ausbreitet. Entscheidend
    ist mit einem solchen Energieverständnis nicht mehr, wo Energie (z. B. eine
    Anweisung) ausgesendet wurde, sondern welche und wie viele Adressaten/
    Akteure („Knots", siehe weiter unten) davon etwas mitbekommen und in wel-
    cher Art daraufhin das gesamte System Änderungen erfährt.

Zu viel oder zu wenig Energie an einem Knot destabilisiert das System und macht es
anfällig für Angriffe von außen. Fließt Energie jedoch gleichmäßig durch das System,
können selbst große Lasten getragen werden (z. B. Mountain Hardware Spacestation).
Anders formuliert:

▶   Findet in einer Organisation mehrfach redundante Kommunikation statt und
    ist Arbeit somit redundant organisiert, so erhöht sich nicht bloß die Antwort-
    wahrscheinlichkeit, sondern ebenso die Stabilität, denn das Zusammen-
    brechen eines Elements kann als Fehlleistung isoliert werden und betrifft
    nicht das System als Ganzes (Orton und Weick 1990; Weick 1976; Weick und
    Sutcliffe 2003).

Die Stabilität einer solch sphärischen Organisation liegt nicht etwa in der Aufbau-
und Ablauforganisation (Hierarchie) des klassisch-bürokratischen Apparats, sondern kann nur durch einen elaborierten *Umgang* mit der Komplexität erzielt werden
(Blick für Heterarchie). Nicht die Statik, sondern der Umgang mit der Dynamik kann

Stabilität erzeugen. Dies entspricht konsistent der *„order from noise"*-Annahme aus der Kybernetik und Systemtheorie, nach der Ordnung durch das ungeordnete Rauschen in der Umwelt eines Systems entsteht (Baecker 2002, 2009; Simon 1997).

▶   Andererseits fließt eine Energie nach dieser Vorstellung immer durch das gesamte System und zwar unabhängig davon, wie stark oder schwach sie ist. Auf ihrer „Reise durchs System" vermag sie Beziehungen/Kanten (Ties) neu zu installieren, bestehende zu verschieben und Kreuzungen zwischen ihnen zu erzeugen (die sogenannten Knots).

3.3.2   Sphärische Kausalität

Ausgehend von einem solchen Organisationsverständnis ergeben sich spezifische Vorstellungen über Kausalität und somit über die Möglichkeit der Einflussnahme in die Abläufe der Organisation durch Führung. Sphärisch organisierte Systeme haben keinen Anfang und kein Ende, kein Oben und kein Unten und keinen Kern – die Sphäre ist eine reine Oberflächenstruktur. Vogel- oder Froschperspektive oder der Blick ins Innere des Systems sind also Illusionen (Latour 1996, S. 371 ff.).

In einem sozialen System gibt es also keine linearen Kausalitäten, die unterstellen, dass ein Ereignis A ein Ereignis B bewirkt. Auch der Begriff der zirkulären Kausalität bzw. Kreiskausalitäten (vgl. Implikationen der Kybernetik) greift im engen Sinne zu kurz. Kreiskausalität meint, dass Impulse nicht linear gegeben werden, sondern man von sich fortwährend gegenseitig beeinflussenden Elementen ausgehen muss. So etwa definiert Barnard (1969, S. 97) Führung als interdependenten Prozess aus Führungskräft-Geführten-Dyade und Situation: „Führung tritt als eine Funktion aus mindestens drei komplexen Variablen auf: der Person, der Gruppe der Geführten, den Verhältnissen."

Eine solche Sichtweise impliziert, dass Ursache und Wirkung im Auge des Betrachters liegen und unterschiedlich wahrgenommen werden, je nachdem, an welchem Punkt der Kommunikation der Betrachter mit der Analyse startet. Sie erlaubt Kausalität von unten (die Eigenschaften des Systems werden von seinen Teilsystemen beeinflusst) und Kausalität von oben (die Eigenschaften der Teilstrukturen werden von den Eigenschaften des Systems beeinflusst und bedingt). Insofern betrifft jeder einzelne Führungsakt immer Führungskraft wie auch Mitarbeiter nicht bloß als Objekt von Führung, sondern auch als Subjekt: „Alle sind Führende und Geführte, seien dies nun Kollegen, Untergebene oder Vorgesetzte" (Burla et al. 1994, S. 26; Hogg 2001). Führungsakte fallen dann nicht mehr, wie vom Organisationstheoretiker Chester I. Barnard (1969) postuliert, in eine Indifferenzzone („zone of indifference"), sondern sie betrifft die Menschen sowohl professionell als auch privat. So kann denn auch die Auflösung der Unterscheidung privat-professionell verstanden werden. „Die viel beachtete Managementtheorie von Barnard hatte, was Motivation betrifft, eine ‚zone of indifference' postuliert, innerhalb derer es dem Betriebsangehörigen gleichgültig sei, was er tue, sofern nur anerkannt werde, dass er die Bedingungen seiner Mitgliedschaft erfülle" (Luhmann 2000, S. 19).

> **Beispiel**
>
> Dieser Ansatz bietet eine neue erweiterte und differenziertere Perspektive: Wann immer ein soziales System mehr als zwei Knots aufweist, kann die Kausalität als sphärisch betrachtet werden: die Kommunikation findet zeitgleich im gesamten System statt, sie ist gewissermaßen mehrfach zirkulär. Sie ist durch Rückkopplungen und Wechselwirkungen zwischen den Elementen geprägt, die jedoch nicht vorhersehbar sind. Genau wie bei der Kreiskausalität kann darum auch hier nicht zwischen Ursache und Wirkung unterschieden werden. Zum anderen wird die Verarbeitung einer Botschaft oder die Energie eines Knots von multiplen Faktoren beeinflusst: der individuellen Prädisposition des eigenen psychophysischen Systems des Knots, seinen Erfahrungen, der Situation und den Energieströmen der übrigen Ties, die wiederum in unterschiedlichster und nicht vorhersagbarer Form miteinander interagieren.

3.4 Forschungsstandpunkt

Das hier skizzierte Modell lässt sich nicht den klassischen Strömungen der sozialpsychologischen Führungsmodelle (persönlichkeitsorientierte, verhaltensorientierte, situationsorientierte und beziehungsorientierte) zuordnen, baut es doch auf netzwerktheoretischen und soziologischen Modellen auf, die in der Sozialpsychologie (noch) keine Anwendung gefunden haben. Lineare Modelle wie etwa die Leader-Exchange-Theorie oder Kontingenzmodelle werden nicht weiterberücksichtigt, können sie doch nicht ansatzweise das komplexe Beziehungsnetz aufzeigen, welches sich in einer Führungssituation flechtet. Die beziehungsorientierten und hier vornehmlich der transformationale Ansatz leisten noch am ehesten Vorschläge, wie Führung in einem solch komplexen Umfeld aussehen könnte.

Diese Ansätze ebenso wie neuere, die unter Stichworten wie „discursive leadership", „systemic leadership", „spiritual leadership", „authentic leadership", „relational leadership", „ethical leadership" verhandelt werden, führen den Kontext als wichtige Größe ein. Sie beleuchten ihn jedoch nicht hinlänglich und begreifen ihn also nicht als die entscheidende Größe. Im Zentrum dieser Führungstheorien bleibt weiterhin die Führungskraft-Geführten-Dyade.

In der Organisationstheorie/Soziologie hingegen existieren Erklärungsmodelle zur Kontextuierung der Führungssituation. Hierzu gehört eine weltanschauliche Basis, die Kybernetik, Komplexitätsbewusstsein, Kontextsensitivität, lose gekoppelte Elemente und Heterarchie statt Hierarchie (Aufbau- und Ablauforganisation) umfasst. Insbesondere die Sichtweise der Netzwerktheorien nach Harrison C. White (1995) und Mark S. Granovetter (1973) bieten ein semantisches Repertoire und eine Darstellung von Organisation, die es uns erlaubt, einen hieran angepassten Führungsbegriff zu erarbeiten.

Der Vorschlag ist es, in Abgrenzung zu den bestehenden sozialpsychologischen Modellen und in Anlehnung an die Beschreibungen von Sozialität in der Soziologie und Netzwerktheorie, den Kontext, nämlich das Beziehungsgeflecht, als die notwendige Variable von Führung zu betrachten.

3.4.1 Konstruktivismus

Die Frage danach, was denn nun real und somit richtig ist, kann nicht eindeutig beantwortet werden. Entscheidend für soziale Prozesse ist es stattdessen, Beobachter-standpunkte in ihrer Verschiedenheit zu akzeptieren. Es zählt nicht, was Realität ist, weil wir diese ohnehin nicht ergründen können, sondern es zählt, auf welche Realität wir uns kommunikativ geeinigt haben.

> „The focus on human systems as sites for meaning making highlights the need for social constructionist ideas and concepts that explore how persons- in-conversation co-create social arrangements such as identities and relationships through language." (Barge und Fair-hust 2008, S. 231)

3.4.2 Deontologisierung

Ausgangspunkte sind nicht mehr Entitäten, z. B. Führungskraft und Geführte. Es geht nicht um das Seinsmäßige (ontologisch zu begreifende Knots), sondern das Seinsmäßige manifestiert sich als kommunikatives Nebenprodukt in Beziehungen (ties).

▶ Eine Organisation besteht nicht aus handelnden Personen, sondern aus einem Netzwerk an sozialen Beziehungen – zumindest ist das entscheidend für die Organisation. Eine solche soziale Beziehung kann sich auch zwischen Personen und Dingen etablieren, z. B. kann eine Beziehung zwischen einem Menschen und seinem Computer Historizität und Dynamik, d. h. ein „Eigenleben" haben.

3.4.3 Relationalität

Anstatt eines ontologischen Bildes auf Organisation wird der Standpunkt der Relationalität eingenommen. Die Energie und der Energieaustausch befinden sich in den Beziehungen, die zwischen Knots entstehen. Im Mittelpunkt dieser theoretischen Betrachtung und auch für das Funktionieren der Organisation selbst liegt die Struktur und liegen die Aktionen der Ties, nicht etwa handelnde Personen.

3.4.4   Nicht-Trivialität/Komplexität

Zustände in Systemen sind prinzipiell nicht berechenbar, das heißt sie sind nicht vorhersehbar. Wir erkennen die Komplexität des Systems an und versuchen nicht, sie in diesem Führungsmodell zu reduzieren (vgl. Absatz Holismus vs. Reduktionismus). Wir nehmen ferner nicht an, dass Organisationen sich heutzutage in einem schnelleren, dynamischeren und komplexeren Umfeld bewegen als beispielsweise vor 20 oder 50 Jahren. Komplexität und Dynamik sind mit der Einführung von Netzwerkdenken anders und neu ins Bewusstsein von Menschen gerückt, d. h. sie werden anders als zuvor gedeutet.

3.4.5   Nicht-Linearität

Es gibt keine linearen Ursache-Wirkungs-Verhältnisse in netzförmigen Organisationen. Abhängig vom Beobachterstandpunkt lassen sich verschiedene Vorstellungen der Kausalität einer eingetretenen Situation beobachten. In Anlehnung an die kybernetische Denkschule gilt: „The concept of circuitry draws attention to the importance of feedback within human systems. Cybernetic theory suggests that systems are self-regulating as feedback loops connect different elements of the system" (Barge und Fairhust 2008, S. 231).

3.5   Soziale Systeme lassen sich als Knots und Ties in einem mehrdimensionalen Raum beschreiben

Nach Ausführung der Axiome soll nun vor deren Hintergrund eine Vorstellung von Organisation modelliert werden, von der anzunehmen ist, dass sie die Komplexität und Dynamik des Führungsalltags widerspiegelt. Betrachtet wird die Organisation nicht als formale Organisation, in denen auf Stellenkalküle und Ablaufskizzen verwiesen werden kann, sondern vielmehr als informale Organisation, also als das Netzwerk sozialer Beziehungen. Eine solche Perspektivänderung bedarf gleichsam einer umgedrehten Nomenklatur, d. h. im Fokus stehen nicht mehr Akteure (Knots), sondern soziale Beziehungen (Ties), die sich zwischen ihnen etablieren. Das invertiert sozial psychologische und klassisch-organisationstheoretische Modelle in dem Punkt, dass nicht Akteure die Beziehungen, sondern primär Beziehungen die Akteure zueinander kontextuieren und somit Kommunikationsmöglichkeiten definieren. Theoretisch, das wird sich noch herausstellen, ist die Perspektivänderung fruchtbar, weist sie uns doch in der Erarbeitung eines Führungsbegriffs im höchsten Maße nicht-trivial auf die Herausforderungen und Möglichkeiten von Führung hin.

3.5.1 Knots

Karafillidis (2008) zufolge sei es in Netzwerken nicht entscheidend, Knots, d. h. identifizierbare Einheiten, zu untersuchen; die Struktur und die Aktionen in Netzwerken würden durch die Kopplungs- und Beziehungsverhältnisse kreiert (ties). Dass wir dennoch Knots in der Kommunikation adressieren, hat sich in der (soziologischen) Kommunikationstheorie als produktiv herausgestellt (Luhmann 1992), sodass zumindest theoretisch von Subjekten der Kommunikation gesprochen werden kann.

> ▶ In der systemtheoretischen Organisationstheorie ist es „common sense",
> dass Kommunikationssubjekte prinzipiell austauschbar sind – auch deshalb
> können also Knots nicht Mittelpunkt dieser Theorie sein, weil ihre personale
> Besetzung austauschbar ist und die Kommunikation der Organisation deshalb
> nicht ausschließlich auf ihnen basieren kann.

Würde es um Hr. Müller oder Fr. Schmidt im Speziellen gehen, dann wäre es fatal, wenn sie das Unternehmen verließen. Tatsächlich ändert eine solche Vakanz aber wenig bis gar nichts an der organisationalen Kommunikation, was uns einen Hinweis darauf liefert, dass für das Funktionieren der Organisation Hr. Müller gleichbedeutend ist mit N. N.

Was also sind Knots, wenn ihnen die Funktion der Zurechnung von Kommunikation und der Schaffung „greifbarer" Identitäten zukommt? Knots sind identifizierbare Punkte des Systems, Identitäten, an denen Ties zusammentreffen. Sie empfangen, verarbeiten und senden Energie. Je mehr Aktivität ein Knot empfängt, verarbeitet oder sendet, desto größer wird er. Führungskräfte könnten in diesem Sinne besonders große Knots sein.

Knots sind die Elemente des Systems, Individuen und Gruppen bis hin zu Gegenständen. Nicht ohne Grund stellt Barnard (1969, S. 96) in einer sehr frühen Fassung des Managementbegriffs heraus, dass das „Management oder die Verwaltung derartiger materieller Güter (…) als ein sekundärer Aspekt von Führung anzusehen" sei.

> ▶ Eine Führungskraft ist einer dieser Knots im System und sollte sich als Teil des
> Systems verstehen (Wimmer 1989). Führungskräfte können Teil von Gruppen
> sein, die Beobachtung einer Führungskraft als Individuum oder als Teil einer
> Gruppe hängt vom Grad des Heranzoomens an das Netzwerk ab.

Wenn wir Führungskräfte als Knot beschreiben, so gehen wir davon aus, dass in ihnen wie in jedem Knot der Dreiklang aus Einstellungen, Kompetenzen und Verhalten (vgl. hierzu auch die Attributionstheorie) die Kommunikation mit anderen Knots und somit die etablierten Ties zwischen ihnen beeinflusst. Einstellungen, Kompetenzen und Verhalten beeinflussen sich gleichermaßen und stehen in einem nicht-linearen Zusammenhang zueinander (Abgrenzung zu klassisch psychologischen Modellen). Knots können entstehen, verschwinden und durch ihre Ties bewegt werden, immer abhängig vom Beobachterstandpunkt. Sie produzieren nicht etwa Energie, diese liegt in den Ties. Stattdessen empfangen, reflektieren und kontextuieren sie Informationen.

3.5.2 Ties

Ties werden dem akteurszentrierten Netzwerktheoretiker White (1995) zufolge durch Netzwerke und die ihnen innewohnende Struktur sozialer Interaktion („domains") konstruiert. Sie bilden das Bedeutungssystem eines sozialen Systems (Systemregeln, Rituale, Ziele, Visionen). Sie sind die Brücken, die Netzwerke zu verbinden vermögen und somit stetig Grenzen in einem prinzipiell grenzenlosen Netzwerk schaffen (Karafillidis 2008).

▶ Die Stärke einer solchen Beziehung von zwei Entitäten wird bestimmt durch die Zeit, die emotionale Intensität, die Intimität und die reziproke Leistung der Austauschpartner (Granovetter 1973). Laut Granovetter (1973) sind viele schwache Ties zu möglichst disparaten, d. h. untereinander nicht vernetzten Personen, die effizientesten, um eine Schlüsselposition im Netzwerk einzunehmen. In Bezug auf das Verhalten einer Führungskraft könnte es deshalb von Vorteil sein, wenn sie ebenso viele verschiedenartige Ties in und außerhalb der Organisation pflegt (Latour 1996), anstatt wenigere, dafür stärkere Ties auszubilden. Strong Ties sind prinzipiell eher unangebracht in organisationalem Kontext, weil hier Intensität und Intimität weniger angebracht sind.

Ties entsprechen in diesem Modell den Verbindungen zwischen den Knots eines Systems. Sie machen also im eigentlichen Sinne die Beziehung zwischen Knots beschreibbar. Ties können zwar nicht losgelöst von Knots betrachtet werden, d. h. sie bedingen einander notwendigerweise. Trotz allem können Ties als Emergenzphänomen losgelöst von Akteuren als historische und identifizierbare Elemente beobachtet werden. Wir können ihnen also ein „Eigenleben" zusprechen.

Runtergebrochen auf einen Führungsbegriff bedeuten diese Ausführungen, dass nicht die Standpunkte der Akteure, sondern die Beziehungen zwischen Akteuren als zu beobachtende Größen identifiziert werden müssen. In diesem Sinne muss dann auch Führung selbst ein Beziehungsphänomen sein, dass ebenso wie andere Handlungen kommunikativen Akteuren (vornehmlich Führungskräften) zugeschrieben wird. Führung ist also ein Eigenwert des Systems und bezieht sich in seinen Operationen auf sich selbst (auf sein Beziehungsnetzwerk), wird jedoch Führungskräften zugeschrieben. In den Ties emergiert also die Möglichkeit der Führung.

3.5.3 Kommunikation

Die Energie der Ties besteht aus Kommunikation, also dem dreigliedrigen Prozess aus Information, Mitteilung und Verstehen zwischen Kommunikationseinheiten. Kommunikation soll hierbei nicht restriktiv als verbaler Austausch verstanden werden, sondern explizit jeden Austausch/Austauschversuch meinen. Insofern kann Kommunikation verbal oder non-verbal, aktiv oder passiv, und unabhängig vom Grad der Synchronie oder der Bandbreite der Kommunikation erfolgen.

3.5.4 Lose Kopplung

Die Ties eines Systems verkoppeln die Knots des Systems miteinander. Eine solche Kopplung kann sowohl lose als auch strikt sein, und abhängig vom Kontext und vom Beobachtungsstandpunkt ist jede Kopplung immer zugleich lose als auch strikt. Führung muss allein deshalb schon den Kontext klarstellen, den sie als Führungskontext verstanden haben will (Uhl-Bien et al. 2007). Systemische Führungstheorien, die explizit Kontextsteuerung oder Prozessorientierung zur Führungsaufgabe machen (Liden und Antonakis 2009; Uhl-Bien et al. 2007; Wimmer 1989; Simon 1997) können vor diesem Hintergrund als Vorschlag des Umgangs mit organisatorischer Komplexität verstanden werden. Zweifellos bringt eine Politik der losen Kopplung auch Folgeprobleme auf, die die Organisation dann anderweitig zu lösen hat. So stellt Ortmann (2004, S. 97) beispielsweise fest: „Sie operieren mit losen Kopplungen, so dass Fehler und Schwierigkeiten nicht gleich auf ganze Prozessketten oder Systeme durchschlagen, aber erzeugen auf diese Weise selbst Unsicherheit, Undurchsichtigkeit, Minderung der Reaktionsfähigkeit und ‚organisierte Anarchie'."

3.6   Eigenschaften und Haltung einer systemischen Führungskraft

Bisher haben wir den Führungskontext beleuchtet und eine Einbettung in den Theoriestand geleistet. Im nächsten Schritt ist zu überlegen, wie eine Führungskraft ausgestattet sein muss, um in einem Beziehungsnetzwerk 1) als Führungskraft wahrgenommen zu werden und 2) als Führungskraft Wirkung zu entfalten, obwohl das Potenzial der Führung ja – wie bereits beschrieben – in den Beziehungen selbst liegt. Das Kondensat dieses Anforderungsprofils bilden operationalisierbare Konstrukte: Selbstregulation, Tieorientierung, Umgang mit Unsicherheit sowie analytische Kompetenz. Notwendigerweise wird eine solche Führungskraft intelligent sein, über ein humanistisches Wertesystem verfügen, anders kann man sich nicht vorstellen, dass ein derart reflexiver und beziehungsorientierter Umgang mit Führung möglich ist.

3.6.1 Selbstregulation

Darunter werden „Dissoziierung", „Führung als selbstreferentieller Prozess", Introspektion und „Führung als Zuschreibung" subsumiert. Systemische Führungskräfte beherrschen Introspektion, d. h. sie beobachten, beschreiben, hinterfragen und bewerten ihr eigenes Denken, Erleben und Handeln auf Dimensionen wie:

- Identität,
- Herkunft und Sozialisation,
- Fähigkeiten und Fertigkeiten,
- Vitalität und Bedürfnisse,
- Ziele, Wünsche, Interessen, Sehnsüchtige, Träume,
- Werte, Ethik,
- Lebensformen und
- Körper und äußere Erscheinung.

▶ Die Reflexion beeinflusst wiederum Verhalten und Kommunikation der Führungskraft. Sie dissoziieren sich von denen mit ihrer Führungsrolle verbundenen Schemata und Skripten, üben also einen selbstreflexiven Umgang, während sie führen. Sie erkennen, dass ihre Beobachtung von Führung und somit ihr Führungsverhalten eine Wahl darstellt, jedoch immer auch anders interpretiert werden könnte (Burla et al. 1994). Sie versetzt sich somit in die Lage, eine Situation aus dem Blickwinkel anderer Systemmitglieder zu betrachten, zu analysieren und zu bewerten und nimmt hierbei den Beobachterstandpunkt 2. Ordnung ein. Sie weiß, dass ihr die Führungsrolle kommunikativ zugeschrieben worden ist (Painter-Morland 2008) und füllt diese z. B. aus, indem sie „Symbole in die Welt" setzt (Baecker 1999, S. 159). Die SF ist sich bewusst, dass interne und gruppenbezogene Wahrnehmungs- und Bewertungsprozesse Wissen schaffen und nicht etwa nur ihre eigenen Taten.

3.6.2 Tieorientierung

Unter diesem Konstrukt sind zwei Ebenen der Tieorientierung zu diskutieren: Im engeren, theoretischen Sinne meinen wir, dass Ties die entscheidende soziale Struktur sind, die von systemischen Führungskräften als Wirkungsfeld ihrer Impulse betrachtet werden. Die Führungskraft erkennt die zentrale Bedeutung der Kommunikation an und weiß, dass das Netzwerk an Beziehungen (ties) alles in der Organisation bestimmt, so auch ihre eigene Position. Die Führungskraft ist sich der Ties bewusst und richtet ihr Handeln an ihnen aus, d. h. nicht Führungskräfte gestalten Beziehungen, sondern Beziehungen gestalten die Macht und Rolle von Führungskräften.

Im praktischen Sinne ergeben sich aus einer solchen Betrachtungsweise Implikationen für ein beziehungsorientiertes Führen, das die Selbstregulation von Ties begünstigt. Hierzu zählen:

- Führungskraft stößt immer wieder Kommunikation an: Arousal-Niveau,
- Führungskraft versucht, viele und diverse Beziehungen zu führen,
- ermöglicht Kontexte, in denen Austausch und Vernetzung stattfinden kann (erleuchtet das Verhältnis von Ordnung und Unordnung) und
- ermöglicht Projektarbeit.

3.6.3   Umgang mit Unsicherheit

Systemische Führungskräfte (SF) akzeptieren, dass ihr Führungskontext prinzipiell komplex und kontingent ist. Die SF weiß um Vielzieligkeit, Intransparenz, Vernetztheit, Eigendynamik, Zeitverzögerung, Instabilität des sozialen Systems Organisation. Sie haben in der Folge akzeptiert, dass sie keine direkte Kontrolle auf ihre Geführten oder die Gesamtsituation ausüben kann. Sie weiß darüber hinaus um die prinzipielle Kontingenz, d. h. dass Situationen weder notwendigerweise noch unmöglicherweise so eingetreten sind, wie sie eingetreten sind. Der Betriebswirtschaftler und Organisationssoziologe Günther Ortmann (2004) stellt fest, dass Kontingenz im betrieblichen Alltag üblicherweise mittels einer der fünf Strategien bewältigt wird:

> Die Kluft der Kontingenz kann: 1. mittels tragfähiger Begründungskonstruktionen überbrückt, 2. dezisionistisch übersprungen, 3. mit Hilfe von Hilfs- und Ersatzkonstruktionen überbaut, 4. hinter Fassaden, Vorwänden und falschem Schein, und sei es nachträglich, verborgen und 5. durch nachträgliche Sinnkonstruktionen geheilt werden.

Trotz dieser Unsicherheiten glaubt die SF daran, dass ihre Führungsversuche wirksam sind, denn ihr persönlicher Führungsbegriff umschließt nicht mehr die Variablen der Kontrollierbarkeit und Kontrolle. Nicht um größtmögliche Kontrolle und Überführung von Unsicherheit und Sicherheit geht es der Führungskraft. Sie weiß darum, dass ihre Macht 1) relativ und 2) beschränkt ist.

AD 1) Relativität

- SF versteht sich selbst nicht als Kopf, sondern als Teil der Organisation
- SF betrachtet ihre Position im System nicht zweidimensional/hierarchisch, sondern dreidimensional/räumlich/heterarchisch
- SF vertraut auf Heterarchie und organisationale Selbstbestimmung anstatt auf Hierarchie und Befehlsgehorsam

AD 2) Beschränktheit

- SF ist sich der Eigendynamik von Systemen bewusst
- SF weiß, akzeptiert und hält aus, dass sie ein System nicht kontrollieren kann. Sie erlaubt und befähigt Einheiten deshalb, dass Probleme dort gelöst werden, wo sie entstehen
- SF nimmt erst gar nicht an, dass sie Befehle erteilen könnte und über Ziele Konsens herrschen könnte
- SF ist sich bewusst, dass Wissen relativ ist und absolutes Wissen unmöglich ist („Es kann immer auch anders sein")

Eine Strategie des Umgangs mit den beschriebenen Unsicherheiten wird in der Organisationstheorie als Achtsamkeit bezeichnet (mindfulness; Weick 1976, 2003; Uhl-Bien 2007), d. h. dem kontextsensitiven Umgang mit Beobachtungen und Informationen. Wir nehmen an, dass sich systemische Führungskräfte stärker mit kognitiv dissonanten Informationen auseinandersetzt als konventionelle Führungskräfte. Sie setzen sich selbstbedrohenden Informationen aus.

3.6.4 Explorative/Analytische Kompetenz

Eine systemische Führungskraft weist eine spezifische analytische Kompetenz auf. Sie ist dazu imstande, Themen aus verschiedenen Perspektiven zu betrachten und hieraus zahlreiche Handlungsalternativen zu erschließen. Dabei eröffnet sich der sphärische Zusammenhang von Strukturen innerhalb der Organisation, d. h. die SF erkennt, dass die Organisation heterarchisch organisiert ist.

▶   Im Sinne der Laienepistemologie sucht sie verhältnismäßig lang nach Informationen, die Ereignisse beschreibbar machen und formt sich erst spät eine Einstellung hierzu. Sie weist also eine höhere Fähigkeit zur Hypothesengenerierung auf. Darüber hinaus übt sie einen selbstreflexiven Umgang mit Kommunikation. Sie kommuniziert und fragt explorativ, folgt hierbei nicht ihrem eigenen Denkmuster, sondern generiert Folgefragen aus der Antwort. Im Übrigen ist eine solche offene Kommunikation eine Ressource systemischer Führung.

3.7   Verknüpfungen mit bestehenden Theorien

Siehe (Tab. 3.1)

Tab. 3.1 Verknüpfung mit bestehenden Theorien

Autor	Jahr	Theorie	Implikation
Burns	1978	Transformationale Führung durch Charisma, Inspiration und Motivation, Intellektuelle Stimulation, Individualisierte Führsorge	=Knots und ihren Energiebedarf analysieren und Ties identifizieren, initiieren und stärken
Wimmer	1989	In diesem Sinne ist Führen „das gezielte Gestalten von sozialen Situationen innerhalb eines größeren, sinnstiftenden sozialen Ganzen"	Das Gestalten von Situationen entspricht dem Initiieren, Stärken, Schwächen oder Veröden von Ties
Wimmer	1989	Es geht darum, die Reflexionsfähigkeit des Systems zu fördern	Aufgabe der Führungskraft ist es, das System mit seinen Knots und Ties selbst zu beobachten, sich eine eigene Landkarte der stärksten Knots und Ties zu konstruieren, um dann diese wiederum – und durch sie die übrigen Knots – zum gleichen Prozesss anzuregen
House et al.	1993	Transformationale Führung: Charismatische Führungskräfte geben sich als ausdrucksstarke moralische Rollenvorbilder, strahlen Kompetenz und Courage aus, beschreiben klare ideologische Ziele, kombinieren hohe Erwartungen an die Geführten mit Vertrauen in ihre Fähigkeiten und Empowerment	Sie lassen ihren Knot und damit sich selbst größer werden, ziehen damit mehr Energie und können somit auch mehr abgeben
House et al.	1993	Transformationale Führung: Erweiterung des Konzepts um die Annahme, dass die charismatische Führungsperson das **Selbstkonzept** der Geführten verändert und die individuelle Identität der Geführten so mit der Identität der Organisation verknüpft. Die Geführten sehen sich als Teil der Organisation, ihre Arbeit für die Organisation wird als Teil ihrer selbst angesehen	Die eintreffende Energie verändert den Knot in seiner Selbstwahrnehmung
Baecker	1995	Manager schaffen Kooperationsmöglichkeiten, ermöglichen Handlungen und blockieren Handlungen	Eine Führungskraft beeinflusst – bestimmt jedoch nicht allein – die Richtung und Kraft der Energie, die sie sendet. Sie initiiert neue Ties oder schwächt vorhandene

(Fortsetzung)

Tab. 3.1 (Fortsetzung)

Autor	Jahr	Theorie	Implikation
Baecker	1995	Wichtigste Maßnahme eines Managers ist das Schaffen von Abteilungen, die einerseits bestimmte Menschen zusammenhalten und andererseits bestimmte Menschen voneinander fernhalten	Abteilungen schaffen keine Strukturen, sondern sie initiieren, stärken, schwächen oder veröden Ties
Baecker	1995	Eine Aufgabe von Management ist die Erzeugung von Ambivalenzen	Ambivalenzen erzeugen Energie in Form eines erhöhten Arousal Niveaus in den Knots (z. B. durch kognitive Dissonanz). Die Knots reagieren auf die Ambivalenzen mit gesteigerter Aufmerksamkeit und Reaktionsbereitschaft und erhöhen so die Aufnahmebereitschaft für Energie aus den Ties
Kasper	1999	Managen heißt beobachten, konstruieren, intervenieren. Der Manager muss 1) Strukturen beobachten, 2) über Entscheidungsprämissen entscheiden, die drei Dimensionen betreffen: Sachdimension, Sozialdimension, Zeitdimension	Die FK beobachtet die Knots und Ties und macht sich ein Bild von ihrer relativen Stärke, der Schnelligkeit des Energieflusses und den Quellen. Sie konstruiert und interveniert, indem sie den eigenen Energiefluss regelt und Knots stärkt oder schwächt
Wunderer	2001	Führung ist ergänzende interaktive Beeinflussung und Kooperation	=Ties initiieren, stärken, schwächen, veröden
Wunderer	2001	Die Kultur prägt Werthaltung und Handlungsmuster	Achtung! Die Werthaltung liegt in den Knots. Sie beeinflusst die Handlungsmuster, bestimmt diese jedoch nicht allein. D. h. Selbstbeschreibung der Knots – also u. a. ihre Werte müssen nicht zwingend mit ihren Handlungsmustern übereinstimmen. Die Handlungsmuster sind am Verlauf und der Stärke der Ties zu erkennen. Kultur sind nicht Werthaltung und Handlungsmuster sondern allein Ties (=Handlungsmuster)

Literatur

Albers M (2009) Meconomy. Wie wir in Zukunft leben und arbeiten werden – und warum wir uns jetzt neu erfinden müssen. equbli, Berlin

Baecker D (1999) Organisation als System. Suhrkamp, Frankfurt

Baecker D (2002) Management out of networks and systems. Soz Syst 8(2):160–164

Baecker D (2009) Die Sache mit der Führung. Picus Verlag, Wien

Barge JK, Fairhust GT (2008) Living leadership: a systemic constructionist approach. Leadership 4:227–251

Barnard CI (1968) The functions of the executive. Harvard University Press, Cambridge (Erstveröffentlichung 1938)

Barnard CI (1969) Organisation und Management. Poeschel, Stuttgart

Bateson G (2000) Steps to an ecology of mind. Chicago University Press, Chicago

Bertalanffy Lv (1948) Zu einer allgemeinen Systemlehre. Biologica Generalis 195:114–129

Burla S, Alioth A, Frei F, Müller WR (1994) Die Erfindung von Führung. Der Mythos der Machbarkeit in der Führungsausbildung. vdf Verlag der Fachvereine, Zürich

Burns JM (1978) Leadership. Harper Collins, New York

Collier J, Esteban R (2000) Systemic leadership ethical and effective. Leadership Organ Dev J 21(4):207–215

Danserau F, Graen GB, Haga W (1975) A vertical dyad linkage approach to leadership in formal organizations. Organ Behav Hum Perform 13:46–78

Drucker PF (1954) The practice of management. HarperBusiness, New York

Granovetter MS (1973) The strength of weak ties. Am j sociol 78(6):1360–1380

Greenleaf RK (1977) Servant-leadership: a journey into the nature of legitimate power and greatness. Paulist Press, Mahwah

Heintel P, Krainz EE (2001) Projektmanagement – Hierarchiekrise, Systemabwehr, Komplexitätsbewältigung, Gabler Verlag, Wiesbaden

Hogg MA (2001) A social identity theory of leadership. Pers Soc Psychol Rev 5(3):184–200

House RJ, Shamir B (1993) Toward the integration of transformational, charismatic, and visionary theories. In: Chemers MM, Ayman R (Hrsg) Leadership theory and research: perspectives and directions. Academic Press, San Diego, S 81–107

Karafillidis A (2008) Networks and boundaries. paper presented at the relational sociology. Transatlantic Impulses for the Social Sciences, Berlin

Kerschreiter R, Brodbeck FC, Frey D (2006) Führungstheorien. Leadership Theories. In: Bierhoff HW, Frey D (Hrsg) Handbuch der Sozialpsychologie und Kommunikationspsychologie. Hogrefe, Göttingen, S 619–629

Kieserling A (1994) Interaktion in Organisationen. In: Damman K, Grunow D, Japp K (Hrsg) Die Verwaltung des politischen Systems. Neuere systemtheoretische Zugriffe auf ein altes Thema. Westdeutscher Verlag, Opladen, S 168–182

Latour B (1996) On actor-network theory. A few clarifications. Soz Welt 47(4):369–381

Liden RC, Antonakis J (2009) Considering context in psychological leadership research, Research Article, First Published 23. September, 62(11):1587–1605

Luhmann N (1987) Soziale Systeme. Grundriß einer allgemeinen Theorie. Suhrkamp, Frankfurt

Luhmann N (1992) Bewußtsein und Kommunikation. In: Luhmann N (Hrsg) Die Wissenschaft der Gesellschaft. suhrkamp, Frankfurt, S 11–67

Luhmann N (1999) Funktionen und Folgen formaler Organisation (Schriftenreihe der Hochschule Speyer). Duncker & Humblot, Berlin

Luhmann N (2000) Organisation und Entscheidung. Westdeutscher Verlag, Opladen

March J, Simon H (1993) Organizations. Blackwell, Cambridge

Minuchin S (1977) Families and family therapy. Routhledge, London

Ortmann G (2004) Als Ob. Organisationen und Fiktionen. VS Verlag, Wiesbaden

Orton JD, Weick KE (1990) Loosely coupled systems – a reconceptualization. Acad Manag Rev 15(2):203–223

Painter-Morland M (2008) Systemic leadership and the emergence of ethical responsiveness. J Bus Ethics 82:509–524

Parsons T (1977) Social systems and the evolution of action theory. Free Press, New York

Parsons T (1978) Action theory and the human condition. Free Press, New York

Peus C, Kerschreiter R, Frey D, Traut-Mattausch E (2010) What is the value? Economic effects of ethically-oriented leadership. Z Psychol/J Psychol 218(4):198–212

Pinnow DF (2005) Führen – Worauf es wirklich ankommt. Springer Gabler, Wiesbaden

Pinnow DF (2011a) Leadership – what really matters. A handbook on systemic leadership. Springer, Berlin

Pinnow DF (2011b) Unternehmensorganisationen der Zukunft – Erfolgreich durch systemische Führung. Campus, Frankfurt

Plowman DA, Solansky S, Beck TE, Baker L, Kulharni M, Travis DV (2007) The role of leadership in emergent self-organization. Leadersh Q 18(4):341–356

Rosenstiel Lv, Hofmann M (1988) Funktionale Managementlehre. Springer, Berlin

Schein EH (2011) Organizational culture and leadership. Jossey-Bass, San Franzisco

Schneewind K (2002) Familienentwicklung. In: Oerter R, Montanda L (Hrsg) Entwicklungspsychologie, Psychologie Verlags Union, Weinheim, S 105–127

Simon FB (1997) Die Organisation der Selbstorganisation. Thesen zum „systemischen Management". In: Schmitz C, Heitger B, Gester PW (Hrsg) Managerie. Systemisches Denken und Handeln im Management. Carl-Auer, Heidelberg, S 112–128

Stippler M, Moore S, Rosenthal S (2010) Führung. Ansätze – Entwicklungen – Trends. Bertelsmann Stiftung, Gütersloh

Stogdill RM (1948) Personal factors associated with leadership: a survey of the literature. J Psychol 25:35–71

Tapscott D (2011) Das Haus steht in Flammen, Bd 1. S 30–36

Uhl-Bien M, Marion R, McKelvey B (2007) Complexity leadership theory: shifting leadership from the industrial age to the knowledge era. J Q 18:298–318

Weber M (2010) Wirtschaft und Gesellschaft: Grundriss der verstehenden Soziologie; zwei Teile in einem Band. Zweitausendeins, Frankfurt

Weick KE (1976) Educational organizations as loosely coupled systems. Adm Sci Q 21(1):1–19

Weick KE, Sutcliffe KM (2003) Das Unerwartete Managen. Wie Unternehmen aus Extremsituationen lernen. Klett-Cotta, Stuttgart

White HC (1995) Network switchings and bayesian forks: reconstructing the social and behavioral sciences. Soc Res 62(4):1035–1063

Wimmer R (1989) Die Steuerung komplexer Organisationen. Ein Reformulierungsversuch der Führungsproblematik aus systemischer Sicht. In: Sandner K (Hrsg) Politische Prozesse in Unternehmen. Springer, Berlin, S 131–156

Wunderer R (2001) Führung und Zusammenarbeit: Eine unternehmerische Führungslehre. Luchterhand, Neuwied

Daniel F. Pinnow ist einer der Pioniere und Vordenker der systemischen Führung im deutschsprachigen Raum sowie Führungsexperte und Managementautor. Er ist Gründer und Managing Partner der Akademie für systemische Führung in Ravensburg und war davor 15 Jahre als Geschäftsführer der Akademie für Führungskräfte der Wirtschaft GmbH, Bad Harzburg/Überlingen sowie 5 Jahre als Mitglied des Vorstands der Cognos AG tätig. Darüber hinaus hat er langjährige Führungserfahrung als HR-Manager in internationalen Konzernen wie der Airbus Group und E.ON Ruhrgas AG.

In 2007 ist er zum Associate Professor of Leadership an die Capital University in Beijing berufen worden und lehrte von 2004 bis 2012 als Univ.-Dozent Personalführung an der Technischen Universität München (TUM) sowie von 2012 bis 2016 Führung und Organisation an der Hochschule Fresenius in München. Pinnow ist Autor zahlreicher Publikationen u. a. des Standardwerkes „Führen – Worauf es wirklich ankommt" (6. Auflage 2012), das 2008 ins Chinesische und 2011 ins Englische übersetzt wurde. Sein Buch „Unternehmensorganisationen der Zukunft" ist 2011 im Campus Verlag erschienen und wurde bereits kurz nach der Veröffentlichung als „Bestes deutsches Personalmanagementbuch des Jahres 2011" ausgezeichnet. Seit 20 Jahren ist Pinnow auch als Top-Managementtrainer und Executive Coach tätig.

Stefan Vieweg

4.1 Candorship als Managementansatz

„Tue Gutes und rede darüber!" und „Ehrlichkeit währt am längsten!" – diese beiden, altbekannten Sprichworte bringt es auch im Zeitalter der Digitalisierung genau auf den Punkt, was nachhaltige, gute Unternehmensführung ausmacht. Hierbei ist der Begriff „Candorship" zunächst erklärungsbedürftig. Aus dem Lateinischen abgeleitet steht *candele* für „illuminieren" und „erhellen". Technisch gesehen ist Candela (Kerze) als SI-Einheit der Basisgröße „Lichtstärke" bekannt (nicht zu verwechseln mit dem Lichtstrom – gemessen in Lumen, der die Wirkrichtung nicht berücksichtigt). Im unternehmerisch-betriebswirtschaftlichen Sinne steht *Candorship* also für das Erhellen der unternehmerischen Aktivitäten und deren Ergebnisse. Das bedeutet letztlich, das sämtliche Stakeholder über das Unternehmen aussagekräftige Informationen erhalten und Vertrauen aufgebaut wird. Allerdings ist hier eine Gradwanderung zwischen gute Intention und oberflächlicher, ggf. sogar kontraproduktiver Verlautbarungen dringend geboten. Candorship in Abgrenzung ist in der Tab. 4.1 ersichtlich.

Doch zahlt sich dieser Candorship tatsächlich aus? Ist es relevant, Stakeholder gut, entscheidungsorientiert, „offen" an dem Fortgang der unternehmerischen Aktivitäten Teilhabe zu lassen? Hierzu biete es sich an, zwei unterschiedliche Untersuchungen zu betrachten. Die erste, in Abb. 4.1 links dargestellt, zeigt Untersuchungen von S&P 500 Unternehmen in den USA aus den Jahren 2010 bis 2015 (Rittenhouse 2016). Die abhängige Variable, der Aktienkurs (Share Price) ist in Zusammenhang zu dem Maß an Candorship gesetzt worden, wie sie z. B. in Zusammenhang mit Kommunikationsaktivitäten von Vorständen

S. Vieweg (✉)
Rheinische Fachhochschule Köln (RFH), Köln, Deutschland
E-Mail: stefan.vieweg@rfh-koeln.de

© Springer-Verlag GmbH Deutschland, ein Teil von Springer Nature 2019
M. Groß et al. (Hrsg.), *Zukunftsfähige Unternehmensführung*,
https://doi.org/10.1007/978-3-662-59527-5_4

Tab. 4.1 Abgrenzung Candorship

CANDORSHIP als Weg zum Vertrauensaufbau	KEIN CANDORSHIP Risiko des Vertrauensverlustes
Transparenz	**Window Dressing**
„WAS": Aussagekräftige, relevante Informationen über die Aktivitäten	Überhöhung unternehmerischer Aktivitäten (mit marginalem Effekt)
„WIEVIEL": Ergebnisse des Unternehmens	Prominentes Herausstellen einzelner, ggf. kurzfristig wirkender Ergebnisse, ohne diese in den Zusammenhang auf das gesamte Unternehmen zu stellen
Zur entscheidungsrelevanten Beurteilung durch Stakeholder	
Beinhaltet aber nicht:	
„WIE" – typischerweise unternehmerische, besonders schützenswerte Alleinstellungs- merkmale	
Authentizität	**Green Washing**
Zur eigenen Originalität und Besonderheiten stehen und diese nicht verleugnen	PR-Aktivitäten, die darauf abzielen, einzig das Image des Unternehmens zu verbessern, nicht allerdings das tatsächliche unter- nehmerische Wirken (Prozesse, Output)
Andere nicht (schlecht) kopieren	
Rechenschaft	**Selbstbetrug**
Die Unternehmensführung nimmt externe wie interne Stakeholder und den treuhänderischen Auftrag Ernst	Anstatt die tatsächliche Performance kritisch zu reflektieren (Retrospektive) und konkrete Verbesserungsmaßnahmen zu entwickeln, werden wesentliche Maßnahmen nicht oder zu spät ergriffen
Leadership wird als „Stewardship" verstanden und eigene (persönliche) Interessen hintenan gestellt	
Ehrlichkeit	**F. O. G.**
Verknüpfung zwischen Postulaten und Taten „Sage, was Du tust, und tue, was Du sagst"	F. O. G.=Fact-Deficient Obfuscating Generalities, dieser von Rittenhouse (2016) geprägte Abkürzung (Fog engl.= Nebel) aus dem Kontext der Investor Relation Communication illustriert das Problem: Desinformation und unklare Aussagen dienen zur Manipulation der Stakeholder (insbesondere Shareholder)
Fehlerkultur	
Aus Fehlern – insbesondere, wenn sie früh gemacht und noch leicht korrigierbar sind – kann am meisten gelernt werden. Ein offener Umgang mit diesen Fehlern zahlt sich damit unmittelbar auf die Verbesserung der Prozesse und Aktivitäten aus und hilft gleichzeitig, die Integrität, Ehrlichkeit und schließlich die Authentizität zu verbessern	

ermittelt wird. Systematisch werden Executive Communications (z. B. MD&A: Manage-ment Discussion and Analytics, Investoren-Telkos etc.) analysiert (Kotter 1996). Es zeigt sich, dass diejenigen Unternehmen, die Candorship konsequent leben, deutlich den S&P-Index outperformen. So haben diejenigen S&P-500-Unternehmen, die sich besonders durch Candorship auszeichnen (Top-Quartile), in den Jahren 2010 bis 2015 einen CAGR

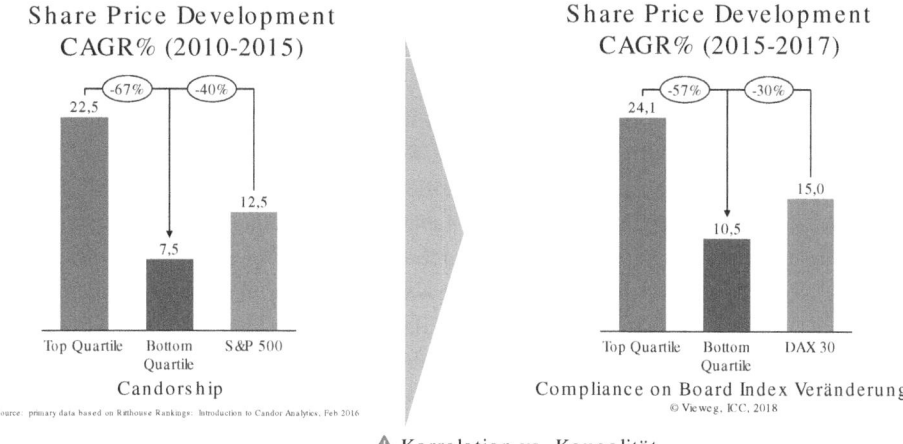

Share Price Development CAGR% (2010-2015)

-67% -40%
22,5

12,5
7,5

Top Quartile Bottom Quartile S&P 500
Candorship

Source: primary data based on Rithouse Rankings; Introduction to Candor Analytics, Feb 2016

Share Price Development CAGR% (2015-2017)

-57% -30%
24,1

15,0
10,5

Top Quartile Bottom Quartile DAX 30
Compliance on Board Index Veränderung
© Vieweg, ICC, 2018

⚠ Korrelation vs. Kausalität

Abb. 4.1 Candorship – Unternehmensperformance im Vergleich

von 22,5 % erzielt, im Gegensatz zu Unternehmen, die Candorship nicht, sondern F. O. G. betreiben (CAGR 7,5 %) und damit nur 1/3 des Wachstums des Top-Quartils erreichen. Diese Ergebnisse konnten auch für deutsche Großunternehmen aus dem DAX 30 in ähnlicher Form bestätigt werden – wenn auch aus einem etwas anderen Kontext: Der vom Institut für Compliance und Corporate Governance jährlich erhobene Compliance on Board Index (CoBI) zeigt den Implementierungsgrad von Compliance in Unternehmen, also inwieweit Compliance und tatsächlich gelebt und im Unternehmen verankert ist (auch hier steht das oben genannte Motto „Tue Gutes und rede darüber") (Womack 2007). Auch hier ist die Diskrepanz zwischen den Unternehmen, die Transparenz walten lassen und Vertrauen durch Offenheit und Authentizität aufbauen (CoBI-Top-Quartile) und denjenigen, die nicht oder maximal nebulös über ihre Aktivitäten berichten, frappierend: Der Abstand der Shareprice Performance zwischen Top- und Bottom-Quartil ist in ähnlicher Größenordnung wie die zuvor diskutierte Situation der S&P 500 Unternehmen. Auch hier zeigt sich, dass Unternehmen, die Candorship leben und üben, deutlich den Markt outperformen.

Vor dem Hintergrund nachhaltiger Unternehmensführung stellt sich damit die Frage, wie Candorship im Unternehmen gefördert und verankert werden kann. Ein vielversprechender Ansatz ist die lean-agile Organisationsausrichtung, die wesentliche, zuvor aufgezeigte Elemente des Candorships beinhaltet wie Transparenz, Offenheit und Fehlerkultur.

4.2 Agilität – Buzzword oder Substanz?

Zwar ist „Agilität" nicht zum Wort des Jahres (bisher) gekürt worden, allerdings ist es im unternehmerischen Kontext allgegenwärtig. Mit knapp 3 Mio. Sucheinträgen bei führenden Suchmaschinen im Internet oder 48.178 Publikationen in der akademischen Literatur der letzten 10 Jahre[1] wird man schnell fündig, aber keineswegs klar darüber, welche Auswirkung Agilität denn tatsächlich hat. Zu oft wird stark verkürzt Position dazu bezogen. Oft finden sich Aussagen wie „wir sind agil – wir machen Scrum" oder „Agilität heißt Schnelligkeit" oder fast schon das Oxymoron[2] verwendet wie „agiles Projektmanagement". Es ist dann nicht verwunderlich, wenn die Erwartungen unrealistisch hoch gesetzt und in der Realität nur enttäuscht werden können. Auf der anderen Seite zeigt sich aber ein deutlicher Trend, dass „agiles Management" durchaus großes Potenzial hat, Unternehmenserfolge zu realisieren. Insbesondere hat sich dieser Trend über die letzten knapp 20 Jahre entwickelt (und ist damit keineswegs ein Phänomen nur der jüngsten Vergangenheit). Allerdings ist mittlerweile sowohl der Druck auf Unternehmen deutlich größer als auch die Opportunitäten sind durch flexibles Agieren im Markt enorm gestiegen. Hier ist die Digitalisierung und ihren Möglichkeiten auf die Verarbeitung extrem großer Datenmengen in (quasi) Echtzeit (Stichwort „Big Data") mit den Auswirkungen auf neue Geschäftsmodelle, Plattformökonomien, neue Arbeitsweisen und Megatrends wie z. B. Fabbing, Mass Customization und Automatisierung unter Einsatz von Künstlicher Intelligenz sichtbar. Diesen Entwicklungen sind zentralistische unternehmerische Entscheidungsstrukturen kaum gewachsen, sodass sich hierdurch der Trend zu dezentral agierenden, „agilen" Einheiten leicht ableiten lässt. Allerdings bleibt aller Digitalisierung und Agilität zum Trotz ein – wiederum altbekannter – Grundsatz gültig: „Gut gemeint ist noch lange nicht gut gemacht!". Sehr häufig stürzen sich Unternehmen in das Abenteuer „agil", ohne die Tragweite der Entscheidung zu erfassen, geschweige denn die Voraussetzung für ein Gelingen dieses Unterfangens zu legen. So kann ein unkoordiniertes Umschalten auf „agil" oder ggf. Einführen von Teilen agilen Managements genau das Gegenteil der Erhofften bewirken. Vielfach sind die Schwachstellen in der Einführung von agilen Methoden zu finden in

1. der **fehlenden Überzeugung des Managements** von einem agilen Ansatz, z. B. durch Befürchtung des Kontrollverlustes bei dezentralen Entscheidungen, der kritischen Auseinandersetzung mit den bisherigen Ansätzen („blame game") oder dem empfundenen höheren Risikos des Unbekannten. Doch Führungskräfte, die nicht hinter Entscheidungen stehen und sie gegenüber den Stakeholdern (inkl. Mitarbeitern, aber nicht nur) vertreten können, vermögen kaum authentisch und integer die neue Richtung „zu verkaufen".

---

[1]ESBCO Suchbegriff „Agilität" oder „Agility" oder „agile": http://web.a.ebscohost.com/ehost/result-sadvanced?vid=16&sid=2f0e1273-057e-44fb-816b-68aa3abb0210%40sessionmgr4006&bquery=Agility+OR+Agilit%c3%a4t+OR+Agile&bdata=JkF1dGhUeXBlPWNvb2tpZSxpcCxzaG-liJmRiPWFzbiZkYjlic3UmZGI9bmxlYmsmZGI9ZWdzJmRiPWVvYWgmZGI9Z-XJpYyZkYj1wZGgmZGI9cHN5aCZkYj1wZHgmZGI9YndoJmRiPWNhdDA1NTA5Y-SZkYj1jbWVVkbSZjbGkwPURUMSZjbHYwPTIwMDkwMS0yMDE5MTImbGFuZz1kZS0eX-BlPTEmc2l0ZT1laG9zdC1saXZl. Zugegriffen: 04. Feb. 2019.
[2]sich ausschließende Begrifflichkeiten.

2. einer zu **kurz gegriffenen Transformation,** die bspw. nur Teile der Organisation (Aufbau- und Ablauforganisation) und ihrer Entscheidungsprozesse betrifft. Leicht kann es dann dazu führen, dass agile Methoden nicht bisherige ersetzen, sondern „on top" gemacht werden, und alte Entscheidungsstrukturen faktisch beibehalten werden. Beliebt ist dann die Bezeichnung „hybrid", die suggeriert, das „Beste aus beiden Welten" zu repräsentieren, in Wirklichkeit allerdings genau das Gegenteil bewirkt.

3. **Mangelnde Koordination** bei der Umsetzung: hier sei nur auf die acht Phasen von Kotter's Leading Change Ansatz verwiesen (Kotter 1996). Fehlt es bspw. an der „Leading Coalition" und stürzt man sich unmittelbar in die Umsetzung, dann ist Boykott bis Sabotage der Betroffenen (und keineswegs Beteiligten) fast zwangsläufig die Folge, und damit der Veränderungserfolg äußerst schwer erreichbar.

„Betroffene zu Beteiligten machen" ist entscheidend für den Change-Erfolg!

Insofern ist ein zu beobachtender Misserfolg agilen Managements in Unternehmen keinesfalls unreflektiert als in der Ungeeignetheit der Methodik begründet zu werten, sondern die Umstände genauestens zu betrachten. Das Potenzial agiler Managementmethoden hingegen – sofern denn richtig umgesetzt – ist enorm, denn es ermöglicht Unternehmen, besser mit sich schnell verändernden Marktgegebenheiten umzugehen und Opportunitäten bei kontrolliertem Risiko zu ergreifen. Ein Grundpfeiler agiler Methoden ist indes die Transparenz, (Fehler-)Offenheit, Reflektiertheit und damit schlichtweg Vertrauen. In so einer Vertrauenskultur, die sich in einem Unternehmen im Rahmen der Transformation über längere Zeit erst entwickelt, wird dann auch Candorship – die gelebte Transparenz, sich konsistent etablieren können.

„In a change effort, culture comes last, not first." (Kotter 2015)

Doch wie kann nun eine nachhaltige Unternehmensführung „richtig" aufgesetzt werden, um sowohl die Vorzüge agiler Methoden zu operationalisieren, als auch durch das „Candorship" im Sinne des Vertrauensaufbaus bei allen Stakeholdern profitieren zu können. Hierzu soll im Folgenden zunächst auf das Wesentliche von lean-agiler Organisationen eingegangen werden.

## 4.3	Lean-agile Organisation – mehr als Scrum

Bewusst wird hier der Begriff der „lean-agilen Organisation" behandelt. Er drückt aus, dass moderne Organisationen nicht nur „agil" sein sollten, sondern die wesentlichen Elemente des im industriellen Umfeld seit Jahrzehnten bestens vertraute (und häufig umgesetzte) Lean Management erfolgsentscheidend (Womack 2007) sind und auch heute noch Ihre Gültigkeit haben (Danese et al. 2018). Zwei für die erfolgreiche agile Anwendung essenziellen Prinzipien sind (daneben gibt es natürlich noch weitere Lean-Prinzipien wie bspw. der Kundenorientierung, die sich allerdings durchaus auch im agilen Ansatz widerspiegeln):

1. **Flow:** die Kontinuität des (Produktions-)Prozesses steht im Vordergrund, Unterbrechungen und Start-Stopp-Situationen sind absolut schädlich, da jede Unterbrechung zu Wartezeiten führt und diese den Wertefluss hemmen. Entsprechend sind Prozesse dann als „lean" zu bezeichnen, wenn sie einfach, „schlank" gehalten sind und entsprechend wenige Risiken der Unterbrechung beinhalten.

2. **Pull:** In klassischen Ansätzen wird zumeist die Kapazitätsauslastung als vorherrschendes Designkriterium von Prozessen genutzt. Mit verheerenden Konsequenzen: die Optimierung der Kapazitätsauslastung! Dies kann durchaus zentralistisch erfolgen, ohne Transparenz in die operativen Einheiten zu gewähren. Ganz anders bei Lean Management: Hier ist es entscheidend, dass die Information vor Ort zum Beispiel über unmittelbaren Handlungsbedarf zur Vermeidung von Staus (siehe Flow-Prinzip oben) genutzt werden und damit vor Ort (dezentral) unmittelbar Entscheidungen gefällt und Tätigkeiten durchgeführt werden.

In Kombination der Lean Management Ansätze und agiler Methodiken sind Unternehmen in der Lage, kontinuierlich Output zu generieren, die basierend auf dezentralen Entscheidungen eigenverantwortlicher, kleiner Teams vor Ort getroffen werden, und die von Führungskräften zielführend unterstützt werden (siehe auch Abb. 4.2).

Dezentralisation bedeutet dabei, dass die Entscheidungen vor Ort getroffen werden, also dort, wo auch gehandelt wird. Dieses Vorgehen bewirkt mehrere entscheidende Vorteile

1. Schnelleres Time to Market, „less delay"
2. Wahre Probleme, „no fogging"
3. Bessere Qualität
4. Minimaler Overhead
5. Purpose: Höhere Motivation

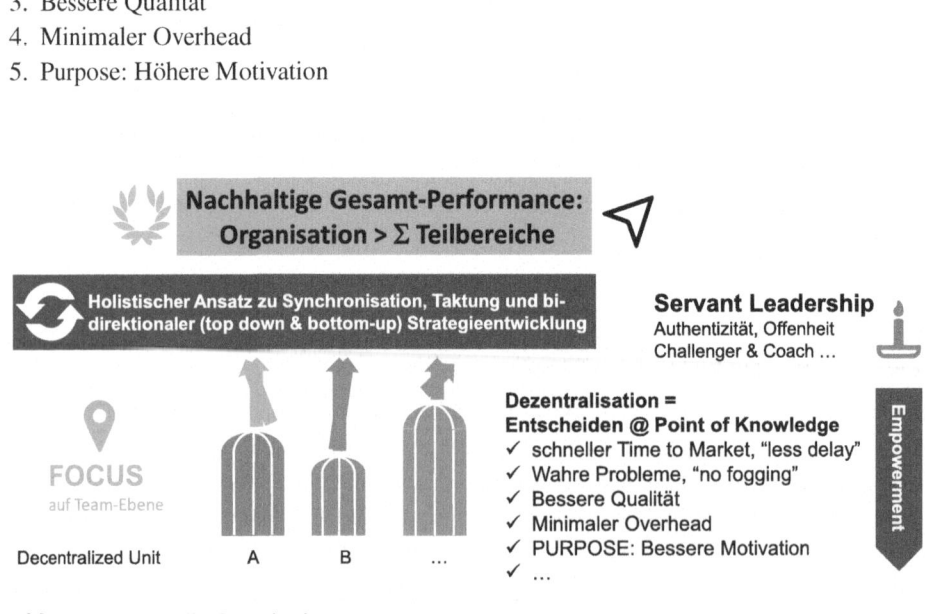

Abb. 4.2 Lean-agile Organisation

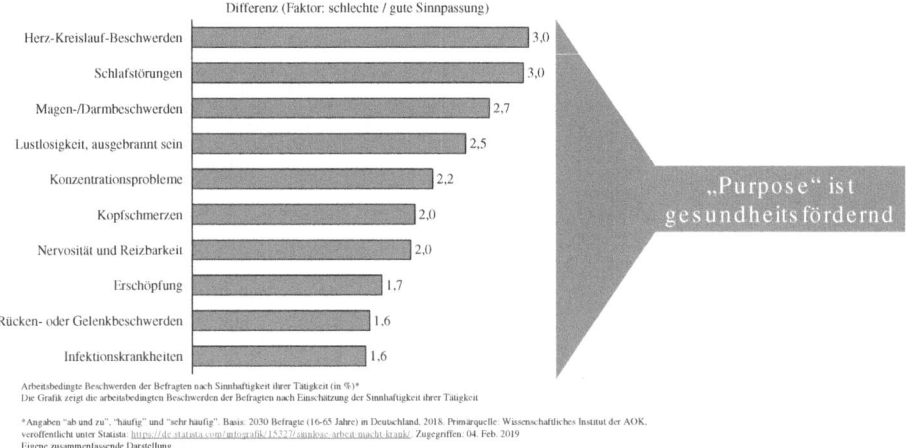

Abb. 4.3 Sinnpassung – Gesundheitserhalt

Gerade beim letztgenannten Punkt zeigt sich eine erhebliche Bedeutung: Wenn Mitarbeiter nicht einen wirklichen Sinn in ihrer Tätigkeit sehen, dann ist es nicht verwunderlich, wenn dauerhaft keine (Best-)Leistungen erbracht werden. In diesem
Zusammenhang sei auf die Untersuchung des wissenschaftlichen Instituts der AOK
hingewiesen, wo im Rahmen einer umfassenden Primärerhebung der Zusammenhang zwischen Sinnpassung und Gesundheitsbeeinträchtigung untersucht wurde. Die
Zusammenfassung in Abb. 4.3 zeigt, dass es einen deutlichen Unterschied bis zu einem
Faktor drei gibt zwischen Beschwerden bei mangelnder Sinnpassung zu Situationen,
wo die Mitarbeiter eine hohe Sinnpassung empfinden. Bei den Top-3-Problemen (fett
gedruckt: Erschöpfung, Rücken- oder Gelenkbeschwerden, Lustlosigkeit/ausgebrannt
sein) immerhin ein Faktor von 1,6 bis 2,5.

Doch wie kann eine Sinnpassung gelingen? Was brauchen Mitarbeiter, damit sie ihre
Arbeit als „Sinn"-voll ansehen. Hier kommt den Führungskräften eine entscheidende
Rolle zu, selbst wenn nicht jeder komplett überzeugt werden kann und/oder und
intrinsisch motiviert ist.

Hierbei ist insbesondere das Führungskonzept erfolgsentscheidend. Für eine lean-agile
Organisation, deren dezentrale Teams viele operative Entscheidungen eigenverantwortlich und eigenständig treffen und deren Konsequenzen umsetzen, braucht es Führungskräfte, die sich als Unterstützer Ihrer Teams verstehen. Im Englischen hat sich hierfür der
vortreffliche Begriff des *Servant Leadership* – die „dienende Führung" etabliert, der von
Robert Greenleaf in den 1970er Jahren geprägt wurde. Als Kennzeichen dieser Führungs-
methodik steht, auf die Bedürfnisse der Geführten einzugehen (Greenleaf 1991). Servant
Leadership beinhaltet sowohl Einstellung als auch kongruentes Handeln, welches auf

Respekt den Teams gegenüber und ihrem unternehmerischen Erfolg abzielt. Insbesondere sind Vertrauen in die Teams, ihr Empowerment und Unterstützung im Sinne von Challenging und Coaching wesentlich. Einem Servant Leader ist stets bewusst, dass die eigene Weiterentwicklung nur durch Förderung und Weiterentwicklung derjenigen kommt, die die Ergebnisse liefern.

> „Good leaders must first become good servants." (Greenleaf 1991)

Entsprechend gehört zu Servant Leadership konkrete Aktivitäten, die sich deutlich von anderen Managementpraktiken wie bspw. das „Management by Objectives" abheben:

1. Mitarbeiter bei der Identifikation der tatsächlichen Probleme zu leiten und bei Entscheidungen zu unterstützen (diese aber nicht selbst treffen)
2. Ein Umfeld gegenseitiger Wertschätzung und Einflussnahme schaffen
3. Ehrliches Verständnis und Empathie zeigen
4. Zur persönlichen Weiterentwicklung der Teams und ihrer Mitglieder ermutigen, ganz gemäß dem Motto „First-class hires first-class; second-class hires third-class."
5. Durch Authentizität und Argumente überzeugen, nicht durch Anwendung von Autorität
6. Eine systemische Sichtweise anwenden, das Ganze sehen, sich nicht im Tagesgeschäft verlieren
7. Die Entscheidungen der Teams tragen und unterstützen
8. Die Zusammenarbeit zwischen Teams und anderen Stakeholdern fördern
9. Eine unermüdliche Verbesserung fördern und fordern („Good is just not good enough")

Aus den vorigen Ausführungen zeigt sich, dass ein erfolgreicher agiler Ansatz ganzheitlich und durchdacht zu sehen und zu implementieren ist. Gerade in Organisationen, deren Größe über ein agiles Team hinausgeht (typischerweise maximal 9–11 Personen) ist eine gezielte Koordination der Gruppen essenziell. Allzu schnell laufen die Teams parallel ohne Abstimmung – sowohl inhaltlich (was wird geliefert, welche Abhängigkeiten gibt es?) als auch asynchron. Letzteres ist wiederum ein großes Hindernis bzgl. des zuvor erläuterten Grundprinzips „Flow".

4.4   Lean-agiles Management

4.4.1   Herausforderungen bei der Einführung und Aufrechterhaltung des lean-agilen Momentums

Aktuelle Studien sowie auch Erfahrungen aus der Beratung von Unternehmen in ihrer lean-agilen Transformation offenbaren zwei große Herausforderungen:

1. Wie kann die lean-agile Transformation gelingen?
2. Wie können dauerhaft die Vorteile lean-agilen Managements abgesichert werden und Rückfälle vermieden werden.

Die erste Frage wurde teilweise bereits in Abschn. 4.3 unter dem Aspekt mangelnder Koordination angerissen. In beiden Fragen zeigt sich aus der Praxis, dass die von Kotter vorgeschlagene Vorgehensweise bei Change-Programmen (Kotter 1996) auch heute noch ihre volle Gültigkeit besitzen: ist bereits der Anfang des Change eine horrende Herausforderung, so ist es die Aufrechterhaltung des Neuen umso mehr. Verbesserung stellt sich nicht von alleine ein, sondern muss systematisch erarbeitet und aufrechterhalten werden. Typische Herausforderungen sind:

- Mangelndes Vertrauen der Teams, sich systematisch zu verbessern
- Permanentes „Fire fighting", welches keine kontinuierliche Entwicklung der Teams und ihrer Werkzeuge zulässt
- Zu wenig Transparenz (über die Teamgrenzen hinweg, über den Kontext)
- Zu frühes Festlegen auf eine Lösung, die dann doch nicht funktioniert
- Silo-Denken und ausgeprägte Konkurrenz der Teams: gegen- anstatt miteinander
- Unterschätzen der Abhängigkeiten
- Kaum beherrschbare Komplexität
- Zu große Gewerke („Epics" oder „Features"), die sich nicht in kleinere Einheiten herunterbrechen lassen
- Meilensteine im klassischen Wasserfall-Vorgehen verringern nicht das Risiko (Bsp.: trotz Freigabe der Softwarearchitektur durch das entsprechende Entscheidergremium zum Meilenstein stellt sich hinterher heraus, dass die Lösung nicht realisiert werden kann)
- Trotz priorisierten Arbeitsvorrat (Backlog) während der Sprints gibt es vom Management die ultra-wichtigen Interventionen, nicht im Backlog priorisierte Themen ad hoc vorzuziehen („Morgen könnt ihr wieder Scrum machen...")

Diese Liste ließe sich mühelos weiterführen. Entscheidend ist, dass sowohl die Einführung lean-agiler Methodiken als auch das dauerhafte Umsetzen erhebliche Probleme in der Praxis bereitet. Die IT-Trend-Studie (Capgemini 2018) zeigt die Auswirkung, die in Abb. 4.4 zusammengefasst ist.

Demnach habe knapp die Hälfte (45 %) der befragten Unternehmen Probleme beim Einsatz agiler Methoden. Die Gründe hierfür sind vielfältig. Es zeigt sich, dass insbesondere die fehlende agile Denkweise, das unzureichende Know-how und die mangelnde Erfahrung im Umgang mit agilen Methoden derzeit erhebliche Probleme bereiten. Diese Mankos werden sich mit weiterer Verbreitung agiler Methoden – beispielsweise über den Software- bzw. Entwicklungsbereich hinaus – über die Zeit egalisieren.

Abb. 4.4 Probleme beim Einsatz agiler Methoden

Dennoch sind derzeit dieses die wesentlichen Herausforderungen, die bei der Implementierung und Aufrechterhaltung des lean-agilen Momentums berücksichtigt werden müssen. Ansätze, um die Probleme zu beseitigen, sollten in erster Linie folgende Fragen betrachten:

1. Gibt es tatsächlich eine dauerhafte Unterstützung „from the top"?
   Steht die Geschäftsführung und ihre Peers hinter dem lean-agilen Ansatz mit allen Konsequenzen, insbesondere die Einhaltung neuer Entscheidungswege und Zuständigkeiten:
   I. Top-Management behält die Entscheidungshoheit für
   a) Fragestellungen von langfristiger und wirtschaftlich großer Tragweite für die Organisation, die die Ausrichtung der Organisation beeinflusst und kaum revidiert werden können („point of no return"), Beispiele sind Standortwahl, Technologieauswahl etc.
   b) Seltene, nicht-operative Fragestellungen, die vom unmittelbaren Tagesgeschehen entkoppelt sind, aber dieses mittelfristig prägen, beispielsweise produktstrategische Entscheidungen
   II. Dezentrale Teams haben die Entscheidungshoheit für operative Fragestellungen, die typischerweise spezifisches Wissen vor Ort zur besseren Entscheidung nutzen kann
2. Ist ein mangelndes Stakeholdermanagement zu verzeichnen?
   Auf unterschiedlichen Ebenen gibt es Berührungspunkte zwischen einer agilen Organisation und anderen Akteuren, sei es
   - zwischen einem bereits agilen Bereich eines Unternehmens mit anderen, klassisch organisierten Bereichen
   - zwischen einer agilen Organisation und traditionell ausgerichteten Lieferanten oder Kunden
   - zwischen einer agilen Organisation und ihren, in klassischer Ausrichtung agierenden Shareholdern

Fundamentale Unterschiede bei der Herangehensweise führen nicht selten zu Irritationen, Missverständnissen und Enttäuschungen. So erwartet ein klassisch agierender Geschäftskunde über die Strukturen starrer Anforderungsspezifikationen vorab (Lastenheft/Pflichtenheft) eine konkrete Festlegung des erwarteten Endergebnisses („Output"). Dies ist diametral zu einer lean-agilen Vorgehensweise, siehe auch die Ausführungen im folgenden Abschnitt. Wichtig ist hier, dass ein Mangel an Stakeholdermanagement sehr schnell zu Frustration auf allen Seiten führen kann.

3. Inkonsequente Umsetzung der notwendigen, auf *Flow* ausgerichteten Prozesse!
   Allzu häufig ist eine Fassade von agilen Vorgehensweisen bei Organisationen erkennbar: es werden einige Artefakte der agilen Welt durchaus nicht ohne Stolz präsentiert wie beispielsweise ein Kanban oder Backlog, allerdings werden diese Instrumente keineswegs dazu verwendet, wozu sie gedacht sind: Werkzeuge zur Unterstützung des Flows, schneller Re-Priorisierungen auf Basis von schnellem Feedback. Dies führt sehr häufig zur Sinnentleerung oder „Verschlimmbesserung": pro forma wird ein Iteration Review gemacht, aber die eigentlichen Entscheidungen werden weiterhin zentral in „Steercos" auf Akten- anstatt Faktenbasis getroffen. So kann es vorkommen, dass z. B. ein wesentlicher, regelmäßiger Event in der agilen Vorgehensweise, die Retrospektive, schnell sinnentleert wird, wenn sie zwar Verbesserungspotenzial identifiziert, aber dann keinerlei Aktionen erfolgen à la „aber gut, dass wir darüber geredet haben!" oder „Inspect & Forget".

Die Konsequenz ist nicht selten der Rückfall in alte Verhaltensmuster. Da es sich bei der lean-agilen Vorgehensweise um ein fundamental anderes Verständnis von notwendigen Rahmenbedingungen (Freiheitsgraden, Prioritäten, Bewertungsmaßstäben etc.) handelt (siehe auch Abschn. 4.4.2) ist eine aus der klassischen Denkrichtung propagierte „hybride" Herangehensweise zwar nachvollziehbar vor dem Wunsch, das Beste aus beiden Welten (agil und klassisch) auszuwählen. Jedoch beinhaltet dies, zwei unterschiedliche Managementansätze mit allen ihren Konsequenzen und zusätzlichen (Übersetzungs-) Aufwänden zu beherrschen, was zu zusätzlicher Komplexität führt und die Effizienz einer schlanken und beherrschbaren Lösung stark einschränkt.

4.4.2 Fundamental neue Herangehensweise im lean-agilen Management

Eine Organisation agil auszurichten ist deutlich mehr als neue Begrifflichkeiten und Rollen für bisher geübte Praktiken einzuführen. Sehr häufig wird gerade von erfahrenen Mitarbeitern und Führungskräften das Thema agiles Management mit Skepsis betrachtet, da es „ja doch auch nichts anderes ist, als was wir bisher machen. Ganz dumm sind wir ja schließlich auch nicht..." Dieses Kurzzitat aus der Praxis bringt die Herausforderungen auf den Punkt und zeigt gleichfalls, dass der notwendige Veränderungsprozess mit all den Herausforderungen des Change Management gleichwohl auch bei der Einführung lean-agilen Managements Gültigkeit hat.

Doch die lean-agile Ausrichtung eines Unternehmens bedeutet eine fundamentale Veränderung der Herangehensweise an Aufgaben, deren Bewältigung, der Prozesse und – schließlich der Unternehmenskultur. Davon bleiben Grundfeste nicht unberührt. Jedoch nicht mit der Intention, Altbewährtes die Sinnhaftigkeit abzusprechen oder gar Beschuldigungen über vergangene (Miss-)erfolge auszusprechen. Vielmehr ist bei einer erfolgreichen agilen Transformation der Fokus zukunftsgerichtet auf die vorhandenen Ressourcen, auf die unmittelbar aufgesetzt werden kann und diese kontinuierlich weiterzuentwickeln.

So werden im klassischen Ansatz – gerne auch im Zusammenhang mit „Projektmanagement" gesehen – wesentliche Entscheidungspunkte schlichtweg umgedreht! Dies soll anhand des „magischen Dreiecks" des Projektmanagements kurz erläutert werden: Typischerweise wird im Projektmanagement der Projekterfolg dann erreicht, wenn das Projektergebnis in allen drei Dimensionen Qualität, Zeit und Kosten dem Auftrag entsprechend geliefert wird. Aus empirischen Erhebungen (Flyvbjerg und Sunstein 2016), auf die hier nicht im Einzelnen eingegangen werden kann, bestätigt sich der vielfach gefühlte Eindruck, dass so manches Projekt mindestens in einer der o. g. Dimension notleidend ist. Leuchtturmprojekte hierzulande sind sicherlich „BER – der weltweit einzige Flughafen, der nur über dem Landweg erreichbar ist" (Berlin) oder das Mammutprojekt „Stuttgart 21". Allerdings relativiert sich dies schnell, wenn man sich bspw. die mittlerweile fertiggestellte Elbphilharmonie in Hamburg anschaut (knapp Faktor 10 teurer als ursprünglich veranschlagt und mit erheblichem Zeitverzug) und auch beim Sydney Opera House (tatsächliche Kosten das 14-Fache) oder sogar der Suezkanal (Kostensteigerung von 1900 %) gegenüber der ursprünglichen Kalkulation wird man wenige Stimmen finden, die diese Projekte als Misserfolg ansehen.

Worin unterscheidet sich also die klassische von der agilen Vorgehensweise? Dies soll anhand der Abb. 4.5 verdeutlicht werden. In der klassischen Herangehensweise ist vorab eine konkrete Festlegung (Scope) getroffen worden, was das Ergebnis des Projektes sein soll, die Dimensionen Kosten und Zeit stellen dabei nachrangige Schätzungen dar

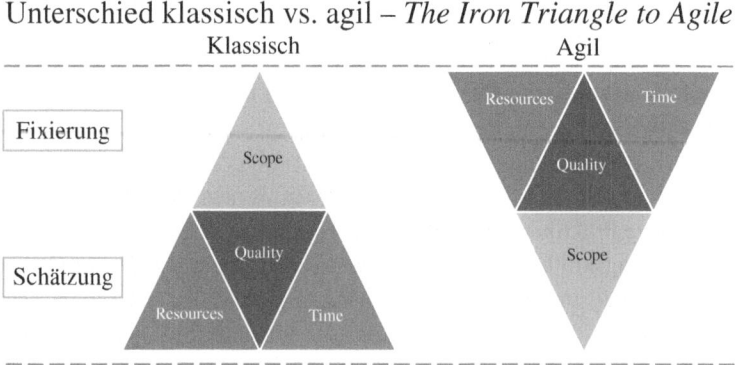

Abb. 4.5 The Iron Triangle

(keiner hätte sich je mit einem Sydney Opera House ohne die herausragende Dachkonstruktion – die genau zu den Kostenproblemen führte – begnügt). Zudem bietet ein Mangel an gemeinsamer Ausrichtung (Alignment) zwischen Auftraggeber und Auftragnehmer natürlich genau den Nährboden dafür, dass gerade komplexe Bauprojekte der öffentlichen Hand in den Dimensionen Kosten und Zeit schnell notleidend werden.

Die agile Vorgehensweise hingegen dreht die Schwerpunktlegung faktisch auf den Kopf: es ist insbesondere gewünscht, die Flexibilität bzgl. der konkreten inhaltlichen Festlegung (Scope) so lange wie möglich offen zu halten. D. h. konkret, dass Variabilität in den Anforderungen sogar gewünscht ist, denn nur so können mit fortschreitendem Erkenntnisgewinn (bspw. wie ein gewisses Produkt beim Endkunden genutzt wird und welche Wertbeiträge geliefert werden) Optimierungen vorgenommen werden. In Abgrenzung dazu ist dann allerdings der Kostenrahmen (insbesondere definiert durch die Ressourcenausstattung in Personal und Sachmitteln) sowie der zeitliche Rahmen (durch fest definierte Taktung) festgelegt. Nur über die Zeit bilden sich agile Teams zu bester Performance aus, da kontinuierlich das Team bzgl. Know-how-Aufbau und ihre Werkzeuge (bspw. durch Testautomatisierung) verbessert werden. Insofern ist ein Projektbezug im engeren Sinne bei einer agilen Unternehmensausrichtung gar nicht gegeben: klassische Projekte sind dadurch gekennzeichnet, dass sie einen Start-Stopp-Rhythmus haben: Basierend auf einer Projektskizze wird ein Projektauftrag erteilt, das Projektteam zusammengestellt, welches dann nur über die konkrete Projektlebensdauer (maximal) zusammenarbeitet und hinterher bewusst wieder auflöst. Hierdurch geht viel Know-how und Zeit verloren, da bei jedem Neuanfang die Phase der Orientierung und Teambildung durchlaufen werden muss, bevor ein Team dann tatsächlich produktiv ist. In der Endphase des Projektes sind zumeist einige Mitglieder schon wieder „auf den Sprung" zu einem neuen Auftrag. Eine Verbundenheit mit dem eigens geschaffenen ist eher gering.

Ganz anders in der agilen Welt, in der *Flow* und *Pull* als oberstes Maß angesehen wird: Um einen kontinuierlichen Fluss sicherzustellen wäre eine Projektorganisation kontraproduktiv (quasi ein Oxymoron). Die Kontinuität in der Ressourcenzuordnung ermöglicht die Flexibilität auf der Anforderungsseite. Dies kommt den Auftraggebern dann durch zeitlich und kostenseitig risikoarme Lieferungen von wertstiftenden Produkten (sogenannte *Minimum Viable Products* – MVP) zugute. Abb. 4.6 zeigt im Prinzipbild den agilen Effekt: durch Fokussierung auf das Wesentliche (auch ein Aspekt des Lean-Managements) können erste Erfahrungen und Ergebnisse am Markt erzielt werden. Auf Basis des unmittelbaren Feedbacks kann dann eine Optimierung im nächsten Takt erfolgen und das Produkt kontinuierlich weiterentwickelt werden, parallel dabei aber bereits betriebswirtschaftliche Resultat erzielt werden.

Dies verringert auch das betriebswirtschaftliche Risiko bei der agilen Vorgehensweise, denn es werden jeweils nur die Ressourcen für die nächste Iteration fest zugesichert. Bei einer klassischen Vorgehensweise hingegen wird nach dem Meilensteinprinzip mit „Mittelfreigabe" dann das Projektbudget allokiert und ggf. zum Festpreis oder in nicht realistisch nachvollziehbarer Form der Aufwandsvergütung kontiert. Eine flexible Reallokation ist faktisch nicht machbar.

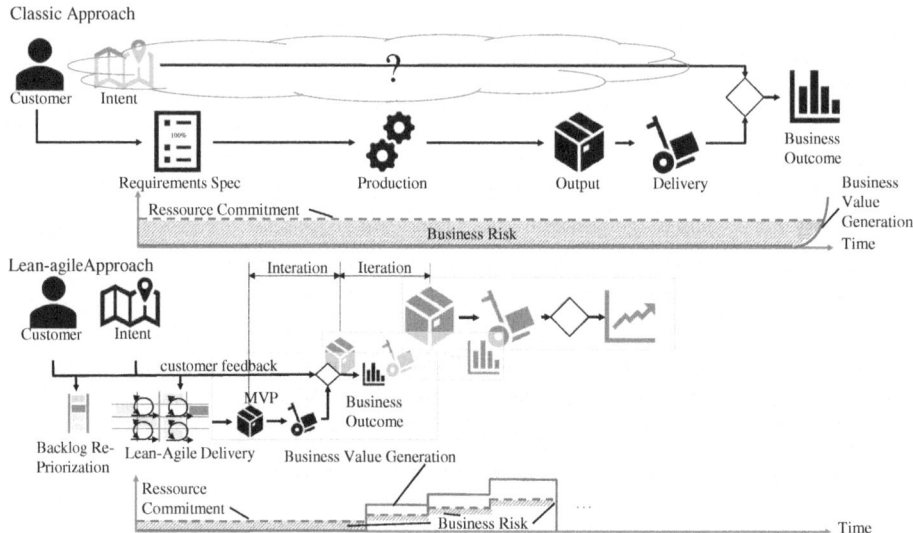

Abb. 4.6 Klassische und agile Wertschöpfung im Vergleich (Prinzipskizze)

Der quantitative Unterschied zwischen den beiden Vorgehensweisen ist erheblich, insbesondere wie das Risiko mitberücksichtigt wird. Dies sei an einem einfachen Beispiel illustriert: Ein Produkt bestehe aus drei Modulen, jede Komponente habe einen Umfang von einer Aufwandseinheit (sogenannten Storypoints), die jeweils eine Zeiteinheit in Anspruch nehmen. Das Endprodukt bzw. die einzelnen Module seien mit einer Rohmarge von 50 % vermarktbar. Wie in Tab. 4.2 ist in klassischer Vorgehensweise erst am Ende der Periode 3 (unter Vernachlässigung von Overhead) das Gesamtprodukt vermarktbar, die notwendigen Ressourcen sind allerdings von Anfang an

Tab. 4.2 Wertschöfpung in agiler vs. klassischer Vorgehensweise

Time		1	2	3	cum
Storypoints		1	1	1	**3**
Traditional	Bus. value: 2 × resource commitment [currency units]	0	0	6	**6**
	Resource Commitment (FP Contract) [currency units]	−3	−3	−3	**−9**
	Profit (Risk) = Bus. Value – Ressource Commitment	**−3**	**−3**	**3**	**−3**
Agile	Bus. value: 2 × resource commitment [currency units]	2	2	2	**6**
	Resource Commitment [currency units]	−1	−1	−1	**−3**
	Profit (Risk) = Bus. Value – Ressource Commitment	**1**	**1**	**1**	**3**
Variance Agile vs. Traditional Profit (Risk) [currency units]		**4**	**4**	**−2**	**6**

bereits allokiert und stellen somit eine Risikoposition so lange dar, bis am Ende der dritten Periode ein tatsächlicher Wertbeitrag (dann allerdings in voller Höhe im Gutfall generiert wird). D. h. über die Lebensdauer der Aktivität ergibt sich eine kumulierte Risikoposition von -3 Geld $\times$ Zeiteinheiten.

Ganz anders die Situation bei der agilen Herangehensweise: hier ist die Ressourcenallokation deutlich geringer und Erzielung erster Ergebnisse bereits nach der ersten Periode. Damit ist die gesamte Risikoposition über die Lebensdauer der Produkterstellung mit 6 Geld $\times$ Zeiteinheiten deutlich geringer als bei klassischer Vorgehensweise.

Lean-agiles Management setzt auf Synchronisation zwischen unterschiedlichen Teams, die dezentral und eigenverantwortlich agieren. Damit dies gelingt, muss einerseits das bereits beschriebene Servant-Leadership-Führungskonzept den Rahmen setzen und die Teams die notwendigen Freiheitsgrade unternehmerischen Handelns kennen, annehmen und ausfüllen. Dies stellt viele Unternehmen mit gewisser hierarchisch geprägter Führungskultur vor erhebliche Herausforderungen auf beiden Seiten: bei den Führenden als auch bei den Geführten. Der einhergehende Kulturwandel in Richtung Servant Leadership und Eigenverantwortung ist ein (über Jahre dauernder) Prozess, da sich das notwendige Vertrauen erst langsam aufbaut und festigt. Grundlage dafür sind die bereits erwähnte Transparenz, Offenheit und Fehlerkultur. Damit sind wir wieder bei den Ingredienzien von Candorship!

Vor diesem Hintergrund erklärt sich auch die Problematik der „hybriden" Ansätzen, die „ein bisschen agil", ansonsten aber klassische Vorgehensweisen propagieren. Natürlich drängt sich nicht jede operative Routinetätigkeit gleich auf, „agil" durchgeführt zu werden. Doch hier zeigen sich die Vorzüge einer lean-agilen Herangehensweise: Entwicklung und Betrieb werden faktisch in einem kontinuierlichen Prozess optimiert und industrialisiert. Sofern richtig umgesetzt, ermöglicht es, dass 1) Innovation effizient gefördert wird, 2) die Qualität und Nachhaltigkeit als integrale Bestandteile der Verantwortung lean-agiler Teams gelebt werden und 3) schlanke Prozesse die Organisation resilienter machen.

4.4.3 Praxiserprobte Ansätze auf Basis ausgereifter agiler Managementmethoden

Agiles Management ist nicht neu! Nach einigen Desastern in den 1990er Jahren bei prominenten Softwareentwicklungsprojekten hat sich die Erkenntnis manifestiert, dass mit klassischem Projektmanagement der zunehmenden Komplexität nicht beizukommen ist. Unterschiedliche Parallelentwicklungen, teilweise rein aus der Softwareentwicklung, teilweise aber auch aus anderen Industrien wie dem Automotive-Bereich getrieben führten schließlich zu Parallelentwicklungen unterschiedlicher Ansätze, die 2001 durch 17 führende „Agilisten" im „Agilen Manifest" (Beck et al. 2001) in Form von vier gemeinsamen Grundwerten und 12 daraus abgeleiteten Prinzipien mündete. Sicherlich der derzeit bekannteste – Scrum (Scrum Guides kein Datum) – ist nur ein Ansatz, im wesentlich für ein dezentrales Team formuliert. Zwischenzeitlich haben sich auch

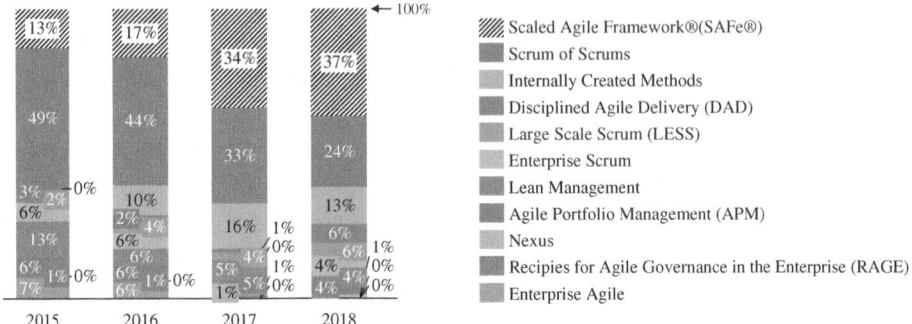

Abb. 4.7 State of Agile Report – Zusammenfassende, eigene Darstellung, Primärerhebungen von VersionOne

weitere Methoden auch für größere Einheiten entwickelt. Je nach Ansatz werden entweder die agilen Elemente ausgedehnt auf größere Einheiten (so z. B. bei Scrum of Scrum oder Nexus), spezifische Teilaspekte in den Vordergrund gestellt (bspw. DAD) oder sogar ein ganzheitlicher Ansatz gewählt (SAFe).

Regelmäßig wird der Verbreitungsgrad der unterschiedlichen Methodiken untersucht (bspw. State of agile Survey, o.V. 2018). Es zeigt sich, dass sich letztgenannter Ansatz SAFe als Marktführer weiter festigt (Abb. 4.7, eigene Auswertung und Darstellung nach den State of agile Surveys), auch wenn es durchaus namhafte Kritiker aus der agilen Szene gab wie bspw. Ken Schwaber, einen der beiden Scrumerfinder (ohne eigene SAFe-Erfahrung) (Elssamadisy 2013).

Hierauf wird im Folgenden näher eingegangen, da auch hierzulande sich SAFe bereits in großen Unternehmen eingesetzt wird. Hierzu zählen DAX-30-Unternehmen ebenso wie andere Großunternehmen. Unter anderem wird es eingesetzt bei BMW, Bosch, Continental, Daimler, Deutsche Bahn, Deutsche Bank, Deutsche Telekom, Lufthansa Group, REWE, Siemens, Vodafone. Allerdings ist der Einsatz von SAFe keineswegs auf Großunternehmen beschränkt. Insbesondere gilt auch für den Mittelstand, der in einer durchgehenden Wertschöpfungskette mit lean-agilen Unternehmen stehen, hier entsprechende Kompetenzen aufzubauen und zu etablieren, um so das Gesamtergebnis zu optimieren.

4.4.4 ScaledAgileFramework SAFe® als führende Methode lean-agiler Managements

Das Scaled Agile Framework (SAFe®) ist mittlerweile die weltweit führende Methode zur Skalierung von agilen und schlanken („lean") Management-Praktiken. SAFe® ist eine frei verfügbar Wissensbasis und bietet einen erprobten, ganzheitlichen Rahmen für die agile Unternehmensausrichtung. Herkunft und Fokus ist die Softwarebewirtschaftung (Entwicklung und Betrieb), ist aber auch darüber hinaus einsetzbar, wenngleich der

Fokus aufgrund des großen Bedarfs an Software im Rahmen der digitalen Transformation von den Initiatoren der Fokus nicht geändert werden soll. SAFe® wird von der Scaled Agile Inc., die sich sämtliche Schutzrechte vorbehält, verfügbar gemacht. SAFe® basiert auf einer Zusammenstellung sowohl von anerkannten Managementansätze als auch von Best Practices und stützt sich damit auf bewährte agile Methoden wie Scrum oder XP. Jedoch geht SAFe® deutlich darüber hinaus, da Lösungen für die Koordination und Abstimmung in größeren Einheiten über einzelne agile Teams hinweg entwickelt worden. Ausgangspunkt ist die Entwicklung eines *Big Pictures* für den Wertefluss vom Auftraggeber über Produktmanagement; Produktentwicklung zum Konsumenten beinhaltet ebenso die Elemente der Governance und Skalierung in einem lean-agilen Ansatz.

Das Framework mit einem Umfang von mehreren hundert Websites wird seit seiner Erstauflage 2011 kontinuierlich weiterentwickelt. Dazu werden zielgerichtet Zertifikatslehrgänge angeboten. Nach eigenen Aussagen (Scaled Agile 2019) wenden 70 % der Fortune 100 Unternehmen SAFe® an, und weltweit sind über 300.000 SAFe Zertifizierungen vergeben worden. Nach eigenen Aussagen sind die Ergebnisse

- 20–50 % verbesserte Produktivität
- 25–75 % Qualitätsverbesserung
- 30–75 % schnellere Markteinführung
- 10–50 % verbessertes Mitarbeiterengagement und -zufriedenheit

Das SAFe® Framework (vgl. Abb. 4.8) ist in vier Konfigurationen aufgebaut, um unterschiedlicher Komplexität und notwendigen Skalierungen gerecht zu werden.

Als essenzielle Elemente, die das Framework SAFe® ausmachen, sind zu nennen

- *Core Values:* Transparency, Alignment, Build-in Quality, Program Execution. Sie bestimmen die generelle Ausrichtung.
- *Lean-agile Mindset* (House of Lean): auf dem Fundament Lean-agile Leadership (Servant Leadership) wird auf Respekt, Flow, Innovation und „unnachgiebige" Verbesserung fokussiert, um als oberstes Ziel Wertschöpfung in kürzest vertretbarer Zeit zu erreichen.
- *Lean-agile Principles:* derzeit neun Prinzipien zur ganzheitlichen ökonomischen Betrachtung schlanker, transparenter und synchronisierter Prozesse mit schnellen Feedbacks auf realisierten Ergebnissen. Auch soll die intrinsische Motivation mittels dezentraler Entscheidung erschlossen werden.
- *Lean Enterprise Competencies:* Fünf holistische Kernkompetenzen der Lean-agile Leadership, Team Agility, DevOps, Business Solutions Lean Systems sowie Lean Portfolio Management.

Zentraler Dreh- und Angelpunkt bei SAFe® ist das gemeinsame *PI-Planning* (Program Increment), bei dem alle agilen Teams einer größeren Einheit (sogenannten *ART* – Agile Release Trains mit max. 125 Mitgliedern) alle 10 Wochen abgestimmt Produktinkremente

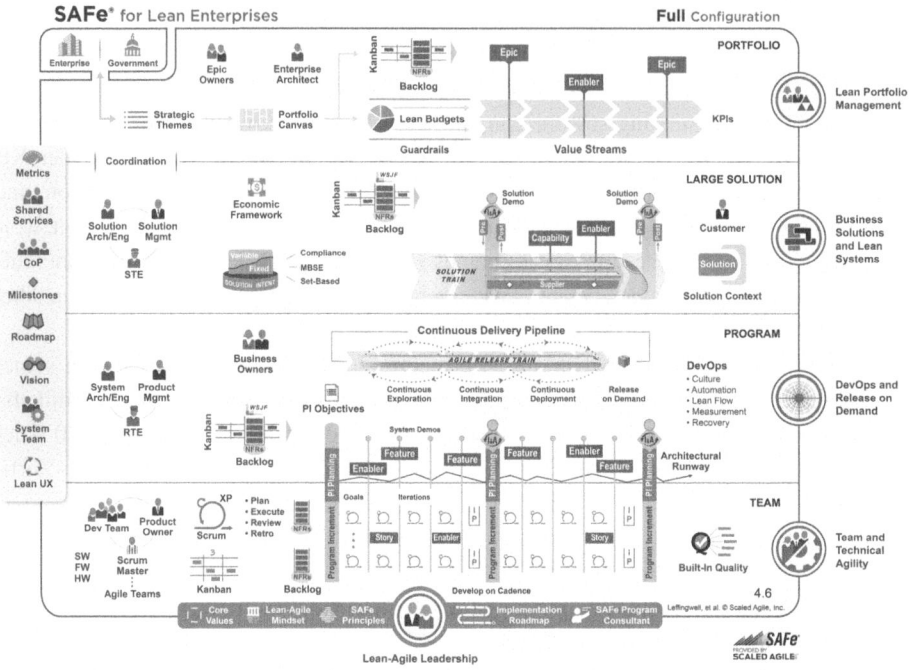

Abb. 4.8 SAFe® for Lean Enterprises

für das kommende Quartal verbindlich planen und Abhängigkeiten klären. Ggf. wird diese Planung über Synchronisationspunkte mit anderen ARTs in einer sogenannten *Solution* zusammengefasst. Die langfristige Ausrichtung der Organisation ist wird mittels sogenannter *Value Streams* vorgenommen. In Analogie zu Abb. 4.5 werden diese mit Ressourcen ausgestattet, deren jeweilige Zuordnung auf bestimmte Produkte/Aktivitäten schnell, dezentral und bedarfsgerecht erfolgen kann.

Die Implementierung von SAFe® ist in der Praxis sehr individuell, nicht alle Elemente, die im Framework vorgesehen werden, sind in der Praxis überall umgesetzt. Ebenso wird dem Pragmatismus durchaus Rechnung getragen: Bspw. dadurch, dass die Events „PI-Planning", die eigentlich zur Förderung des direkten Dialogs als Präsenttreffen an einem Ort vorgesehen sind, ggf. als Livesession über mehrere Hubs abgebildet werden. Hierdurch können die Logistikkosten (Reise, Räume etc.) besser gemanagt werden.

SAFe® sieht unter Berücksichtigung gut bekannter Change-Methoden (Kotter 1996) die lean-agile Transformation als Evolution vor. Entsprechend ist zunächst ein dringender Bedarf zur Veränderung (Burning Platform) zu identifizieren, Mitstreiter für den Veränderungsprozess zu gewinnen, zielgerichtet an einem Bereich zu starten (Quick Wins), einen „Pull"-Effekt auf- und auszubauen und schließlich die neuen Handlungsweisen aufrecht zu halten. Erst dann wird sich allmählich der Kulturwandel zu Transparenz, ganzheitlicher Verantwortung bei dezentralen Entscheidungen unter von Servant Leadership einstellen. Dieses sind die besten Voraussetzungen für Candorship.

4.5   Zusammenfassung und Ausblick

Candorship als Grundverständnis nachhaltiger Unternehmensführung manifestiert sich in konkretem Handeln und ist geprägt von Ehrlichkeit, Authentizität und Offenheit. Erste empirische Untersuchungen unterstützen die These, dass so auch der rein betriebswirtschaftliche Erfolg spürbar größer ist als bei Unternehmen, die Candorship nicht praktizieren. Diese Ehrlichkeit und Fehlerkultur, schnelles Lernen und Anpassen ist im digitalen Zeitalter mehr denn je gefordert, wenn dezentrale, operative Entscheidungskompetenz und Verantwortung in lean-agile Teams gelenkt wird, begleitet von einer auf Unterstützung dieser wertschöpfenden Teams ausgerichtete Führung (Servant Leadership). Die gute Nachricht ist zweierlei:

1. Diese Überlegungen sind keineswegs neu, ganz im Gegenteil sind sie bereits umfassend – teilweise seit Jahrzehnten – bekannt und stellen damit nicht einen kurzlebigen Hype dar, sondern deuten auf Substanz, selbst im vielzitierten disruptiven digitalen Zeitalter.
2. Zur zielführenden und erfolgreichen Transformation braucht es ein holistisches (ganzheitliches) und pragmatisches Umsetzungskonzept mit konkreten Praktiken, die sich im operativen Tagesgeschäft widerspiegeln. Hierzu gibt es Erfolgsmodelle, z. B. mit dem Scaled Agile Framework (SAFe®) eine offene Wissensbasis mit abgestimmten Prinzipien, Prozessen und konkreten Werkzeugen, die eine lean-agile Organisationsausrichtung ermöglicht. Die marktführende Position begründet sich durch das stark steigende Interesse sowohl in der Industrie (auch hierzulande) und auch im Bereich von Non-Profit Organisationen.

Literatur

Beck K, Beedle M, van Bennekum A, Cockburn A, Cunningham W, Fowler M, Grenning J, Highsmith J, Hunt A, Jeffries R, Kern J, Marick B, Martin R, Mellor S, Schwaber K, Sutherland J, Thomas D (2001) Agiles Manifest. https://agilemanifesto.org. Zugegriffen: 5. Febr. 2019
Capgemini (2018) Capgemini – IT-Trend-Studie
Danese P, Manfè V, Romano P (2018) A systematic literature review on recent lean research: state-of-the-art and future directions. Int J Manag Rev 20(2):579–605
Elssamadisy A (2013) Has SAFe cracked the large agile adoption nut? https://www.infoq.com/news/2013/08/safe. Zugegriffen: 5. Febr. 2019

Flyvbjerg B, Sunstein CR (2016) The principle of the malevolent hiding hand; or, the planning fallacy writ large. Soc Res 83(4):979–1004

Greenleaf KR (1991) The servant as leader. Center for Applied Studies, Cambridge

Kotter PJ (1996) Leading change. Harvard Business Review Press, Boston

Kotter JP, Cohen D (2015) Successful organizational change: The Kotter-Cohen Collection (2 Books), S. 174. Harvard Business Review Press

o.V. (2018) Annual Stage of Agile Report, www.stageofagile.com, Abrufdatum 01.08.2019

Rittenhouse LJ (2016) Introduction to Candor Analytics

Scaled Agile (kein Datum) SAFe® for lean enterprises. www.scaledagileframework.com. Zugegriffen: 5. Febr. 2019

Scrum Guides (kein Datum) What is Scrum? https://www.scrumguides.org/index.html. Zugegriffen: 5. Febr. 2019

Womack PJ, Jones TD, Roos D (2007) The machine that changed the world. Simon & Schuster, New York

Prof. Dr.-Ing. Dr. rer. oec. Stefan Vieweg, CFA, PSM, SAFe® Program Consultant (SPC) und Release Train Engineer (RTE) hat eine Professur für internationale Unternehmensführung und ist Studiengangsleiter MBA International Business sowie Direktor des Instituts für Compliance und Corporate Governance (ICC) der Rheinischen Fachhochschule Köln. Er hat mehr als 20 Jahre Führungserfahrung u. a. als CFO, Vorstand und Aufsichtsrat hauptsächlich im agilen ICT-Umfeld und produzierenden Industrien. Sein Beratungsschwerpunkt liegt als zertifizierter Systemischer Change Manager, SAFe SPC (Scaled Agile Framework Program Consultant) und RTE (Release Train Engineer) Trainer und Scrum Master in der nachhaltigen und agilen Organisations- und Kulturveränderung, Compliance und operativen Transformationen u. a. im Finanzbereich. Er ist als Chartered Financial Analyst (CFA) dem weltweit höchsten Compliance Standard der Finanzwelt verpflichtet, ist Initiator des Compliance on Board Index und ist Ethics und & Compliance Leader im compliancechannel. Prof. Vieweg hat mehr als 100 Veröffentlichungen u. a. im Bereich Digitalisierung, Leadership, Compliance und Business Transformation.

Digital Leadership – Status quo der digitalen Führung

5

Florian Dorozalla und Milan Frederik Klus

5.1 Einleitung

Die fortschreitende Digitalisierung verändert die Art und Weise wie wir leben und arbeiten grundlegend. Internetfähige Endgeräte wie Smartphones und Tablets sind zu ständigen Begleitern geworden, die einen zeit- und ortsunabhängigen Austausch von Informationen ermöglichen. Schnelle technologische Fortschritte und damit einhergehende Dynamiken auf den Arbeits- und Absatzmärkten machen es für Unternehmen unabdingbar ihre Produkte und Dienstleistungen fortwährend weiterzuentwickeln, um mit etablierten Mitbewerbern und aufstrebenden digitalen Start-ups Schritt halten zu können. Das bedeutet nicht selten die hinter den Produkten und Dienstleistung liegenden Prozesse und Geschäftsmodelle zu hinterfragen und tief greifende organisatorische Veränderungen vorzunehmen. Am Beispiel neuer Marktteilnehmer in der Banken- und Finanzbranche lässt sich derzeit gut beobachten, wie neue Marktteilnehmer (hier Fintechs) mit digitalen Innovationen etablierte Geschäftsmodelle infrage stellen und eine ganze Industrie verändern (Hornuf et al. 2018).

Führungskräfte spielen eine entscheidende Rolle bei der erfolgreichen Navigation durch das digitale Zeitalter, wobei über die strategische und organisatorische Ausrichtung von Unternehmen hinaus auch bestehende Führungsansätze und -instrumente kritisch reflektiert werden müssen. In diesem Zusammenhang wird von Digital Leadership (El Sawy et al. 2016), Electronic Human Resource Management

F. Dorozalla (✉)
Hochschule Emden/Leer, Emden, Deutschland
E-Mail: florian.dorozalla@hs-emden-leer.de

M. F. Klus
Westfälische Wilhelms-Universität Münster, Münster, Deutschland
E-Mail: milan.klus@uni-muenster.de

© Springer-Verlag GmbH Deutschland, ein Teil von Springer Nature 2019
M. Groß et al. (Hrsg.), *Zukunftsfähige Unternehmensführung,*
https://doi.org/10.1007/978-3-662-59527-5_5

Abb. 5.1 Die vier Dimensionen digitaler Führung

(e-HRM) (Bondarouk und Ruël 2009) oder auch e-leadership (Avolio und Kahai 2003) gesprochen, wobei der gemeinsame Nenner die Berücksichtigung eines zunehmend digitalisierten Arbeitsumfeldes im Führungskontext ist. Technologiegetriebene Veränderungen zeigen sich beispielsweise in einer Zunahme von Telearbeit und einer entsprechenden geografischen Streuung der Belegschaft (Neufeld et al. 2010). Die IT-Entwicklung, Softwareprogrammierung und das Webdesign liefern Beispiele für Tätigkeiten, die vollständig dezentral abgebildet werden können. Gleichzeitig setzen Unternehmen vermehrt auf Vernetzung und Kollaboration, sodass sich Mitarbeiter mithilfe digitaler Kommunikationsmedien in sogenannten virtuellen Teams organisieren (Dixon und Panteli 2010). Deren Steuerung sowie eine adäquate Nutzung technologischer Potenziale stellt Führungskräfte vor eine Reihe von Herausforderungen.

An genau dieser Stelle setzt der vorliegende Beitrag an und beleuchtet vier wesentliche Dimensionen der Personalführung im digitalen Zeitalter: Skills (Fähigkeiten von Führungskräften), Styles (Führungsstile), Areas for Action (Anwendungsbereiche der Führung) und Tools (Führungsinstrumente). Dieser Beitrag wird sich an den vier genannten Dimensionen orientieren (siehe Abb. 5.1).

5.2 Skills

Führungskräfte weisen ein breites Aufgabenspektrum auf, welches sich insbesondere über die Bereiche strategische Planung, Personalmanagement und Projektmanagement erstreckt (Friedman et al. 1992). In der Literatur werden zahlreiche Fähigkeiten diskutiert, die grundsätzlich für ein erfolgreiches Agieren in diesen Aufgabenfeldern

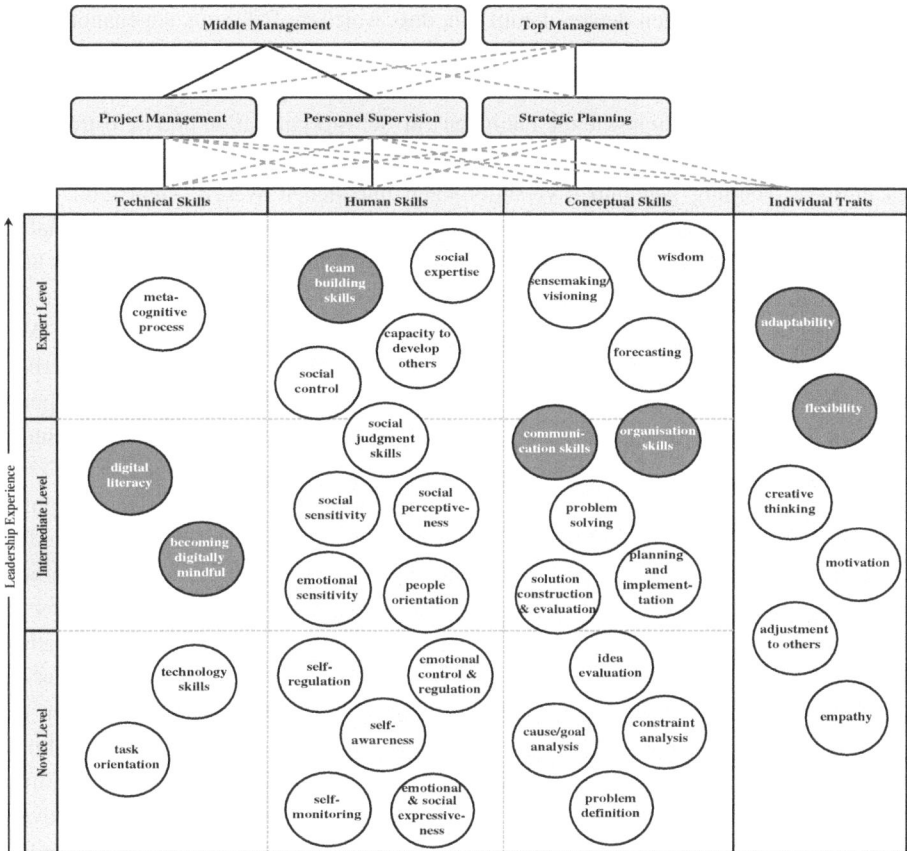

Abb. 5.2 Leadership Skill Framework (Klus und Müller 2018)

benötigt werden (siehe beispielsweise Riggio und Reichard 2008; Lord und Hall 2005). Einige Studien haben sich in diesem Zusammenhang bereits auf die zunehmende Digitalisierung konzentriert und relevante Aspekte wie digitale Kompetenz (Digital Literacy) (Hunt 2015) sowie Organisationsfähigkeit und Fähigkeiten zur Bildung von Teams (Phelps 2014) identifiziert, wobei es im Kontext von Teams immer häufiger um sogenannte virtuelle Teams mit lokal verteilten Teammitgliedern geht (Malhotra et al. 2007). Eine systematische Übersicht zu Führungsfähigkeiten bietet das Leadership Skill Framework von Klus und Müller (2018), welches in der Literatur verankerte Skills anhand unterschiedlicher Dimensionen einordnet (siehe Abb. 5.2). Darüber hinaus werden Fähigkeiten, die vor dem konkreten Hintergrund der Digitalisierung untersucht wurden, mit einer grauen Markierung gekennzeichnet. Es zeigt sich, dass in der Literatur zu Führungsfähigkeiten zudem einige persönliche Eigenschaften wie Anpassungsfähigkeit, Flexibilität und Empathie diskutiert werden, was in einem eigenständigen Bereich des Frameworks berücksichtigt wird.

Aktuelle Interviewdaten deuten darauf hin, dass weichere Faktoren, sogenannte „Soft Skills", von vielen Führungskräften als zunehmend relevant empfunden werden. Für den Kontext digitaler Führung können in diesem Zusammenhang insbesondere die Aspekte Kommunikationsfähigkeit sowie die Fähigkeit zur Selbstorganisation und Selbstreflexion identifiziert werden (Klus und Müller 2018). Darüber hinaus werden Empathie, eine aufgeschlossene Haltung gegenüber Veränderungen und neuen Wegen, Gelassenheit und Kreativität von vielen Führungskräften als entscheidende persönliche Eigenschaften wahrgenommen, um die erforderliche Dynamik im digitalen Wettlauf entfalten zu können (Klus und Müller 2018). So erfordert es beispielsweise Empathie im Kontext von Kommunikationsfähigkeit, um adäquate digitale Kommunikationskanäle für die Vermittlung unterschiedlicher Inhalte auszuwählen und Signale von Mitarbeitern außerhalb von Face-to-Face Interaktionen richtig zu interpretieren. Der Kommunikationszeitpunkt ist zudem relevant, da die permanente elektronische Verbindung zwischen Unternehmen und Mitarbeitern zu Konflikten zwischen Arbeit und Freizeit führen kann (Butts et al. 2015). Während beispielsweise ein schneller Informationsaustausch über Chat-Applikationen wie WhatsApp in bestimmten Arbeitssituationen zeitsparend und zweckdienlich sein kann, sind außerhalb der regulären Arbeitszeit Freizeitkonflikte möglich. Möglichkeiten zur flexiblen Arbeitszeitgestaltung und der Arbeit im Homeoffice machen es für Führungskräfte nicht einfach, geeignete Kommunikationszeitpunkte zu identifizieren. Entsprechende Absprachen erfordern über die organisatorische Abstimmung hinaus ein zwischenmenschliches Feingefühl für die jeweiligen Perspektiven und Präferenzen der Mitarbeiter. Ohne eine geeignete Balance von Arbeit und Freizeit riskieren Unternehmen eine Informationsüberflutung sowie einen hohen Stresspegel ihrer Mitarbeiter (Tarafdar 2016). In einer Studie konnten Neufeld und Kollegen bestätigen, dass die Effektivität der Kommunikation einen starken Einfluss auf die Führungsperformance hat (Neufeld et al. 2010), was die Relevanz einer differenzierten Auseinandersetzung mit der Thematik unterstützt. Über die genannten Aspekte hinaus werden in Stellenausschreibungen für Führungspositionen häufig Flexibilität, Motivation und Stresstoleranz gefordert (Klus und Müller 2018), was als eine Art Gegenpol zu den schnellen Veränderungen, dem hohen Leistungsdruck und der Vielfalt an Informationen und Aufgaben interpretiert werden kann. Erfahrung spielt zudem eine wichtige Rolle, wozu sowohl branchen- und fachspezifische Erfahrungen, als auch übergreifende Erfahrungswerte in Führungspositionen gezählt werden (Klus und Müller 2018).

Vieles spricht dafür, dass eine umfassende Betrachtung der übergeordneten Skills notwendig ist, um digitalisierungsbezogene Einflüsse eindeutig zu identifizieren, zu beschreiben und in letzter Konsequenz Handlungsimplikationen abzuleiten. Dementsprechend sollen die hier genannten Aspekte einen thematischen Überblick ermöglichen und können als Ansatzpunkte für weiterführende Forschungsprojekte genutzt werden.

5.3 Styles

In der Literatur wurden zahlreiche Führungsstile identifiziert, diskutiert und eingeordnet (Antonakis und Day 2017; Bass und Bass 2009). Die Vielzahl dieser Führungsstile kann Führungskräfte, die eine sinnvolle und ihren Mitarbeitern angemessene Führung anstreben, überfordern (Lippe 2015). Dieser Effekt wird aus zweierlei Hinsicht verstärkt. Einerseits existiert nicht der eine, immer passende Führungsstil (Liu et al. 2003; Müller und Turner 2007). Mit anderen Worten: Führungskräfte müssen unterschiedliche Ansätze unterschiedlicher Führungsstile beherrschen, um angemessen führen zu können. Andererseits sind Führungsstile durch ein relativ situationsinvariantes und zugleich konstantes Verhaltensmuster gekennzeichnet (Neuberger 2002). Das bedeutet, dass die Charakteristika von Führungskräften im Kern unveränderlich und somit lediglich einzelne Aspekte des Führungsverhaltens anpassbar sind. Wenn man also auf der Suche nach den Führungsstilen im digitalen Zeitalter ist, muss man sich bewusst sein, dass Elemente mehrerer Führungsstile – auch in Kombination – sinnvoll sein können und dass der Grundton einer Führungskraft nicht komplett anpassbar ist.

Im Folgenden werden einzelne Führungsstile bzw. Elemente von Führungsverhalten kurz erklärt, um im Anschluss aufzuzeigen, weswegen sie im digitalen Kontext attraktiv sind. Unstrittig ist die Existenz von Vor- und Nachteilen aller Führungsstile. Um eine bessere Anwendbarkeit zu ermöglichen, werden lediglich positiv konnotierte Aspekte dargestellt.

5.3.1 Transformationale Führung

Die transformationale Führung zielt auf die intellektuelle Stimulierung und Inspiration von Mitarbeitern ab – das Prinzip von Leistung und Gegenleistung kommt im Gegensatz zur transaktionalen Führung nicht zur Anwendung (Bass 1999). Des Weiteren ermöglichen transformationale Führungskräfte die individuelle Weiterentwicklung ihrer Mitarbeiter im Kontext organisationaler Ziele (Bass und Riggio 2006). Es geht also nicht um die kurzfristige Abarbeitung von Aufgaben, sondern um die Erreichung langfristiger, teilweise idealer Ziele. Überträgt man das Konzept der transformationalen Führung auf konkrete Verhaltensweisen, so ergeben sich vier Bereiche (Stock-Homburg 2010):

1. Charismatisches Verhalten: Übernahme Vorbildfunktion durch Führungskraft
2. Inspiration: Motivation der Mitarbeiter über deren eigene Interessen hinaus
3. Intellektuelle Stimulierung: Betrachtung der eigenen Arbeit aus neuen Perspektiven
4. Individuelle Wertschätzung: Entwicklung neuer Fähigkeiten auf höherem Niveau

Diese aufgezeigten Verhaltensweisen lassen sich auf die Führung im digitalen Zeitalter übertragen. So kann charismatisches Verhalten bspw. die Möglichkeiten der Digitalisierung positiv besetzen und somit etwaige Sorgen bei Mitarbeitern reduzieren. Gleichzeitig kann der so geschaffene Freiraum Mitarbeiter inspirieren, neue Medien für sich zu entdecken und entsprechend ihrer Präferenzen zu nutzen. Im Idealfall erfahren Mitarbeiter den daraus resultierenden Mehrwert für sich und die Organisation, um dadurch zu einer anderen, stärker reflektierten Betrachtung ihrer eigenen Arbeit zu gelangen. Schließlich kann individuelles Feedback dieses Prozesses durch die Führungskraft weitere Potenziale bei den Mitarbeitern im Sinne einer weiteren Auseinandersetzung mit der Digitalisierung freisetzen.

Eine weitere Möglichkeit zur Interpretation transformationaler Führung lässt sich bei fehlendem sozialem Austausch erkennen: Sobald reger Austausch und tägliche, physische Kontakte zwischen Führungskraft und Mitarbeitern fehlen, sind Führungskräfte darauf angewiesen, dass Mitarbeiter ihrem eigenen „Kompass" folgen. Dessen Ausrichtung lässt sich u. a. durch die vier Verhaltensweisen erreichen, sodass es zu keiner Anweisung einer greifbaren Aufgabe kommt, sondern vielmehr zu einer Richtung. Sobald die Richtung vorgegeben wurde, kann der weitere Austausch auf ein Minimum reduziert werden.

5.3.2 Partizipative Führung

Unter partizipativer Führung versteht man das gemeinsame Treffen von Entscheidungen zwischen Führungskraft und Mitarbeitern, um letzteren mehr Einfluss und Aufmerksamkeit zu ermöglichen (Lam et al. 2015). Verantwortung wird somit ausgewogener verteilt, Mitarbeiter werden gestärkt und der Entscheidungsprozess als solches unterstützt (Gastil 1994). Dabei trägt partizipative Führung u. a. zu innovativem Verhalten und dessen Umsetzung bei (Somech 2005; Axtell et al. 2000). Daher kann an dieser Stelle bereits die erste Verbindung mit digitaler Führung aufgezeigt werden: Die Digitalisierung setzt ein Mindestmaß an Innovationsaffinität voraus. Durch partizipative Führung kann genau solch ein Verhalten gefördert werden. Dies wird durch die konkrete Erkenntnis untermauert, dass Teammitglieder sich bei der Einführung von neuer Groupware gegenseitig stärker unterstützen, wenn die Führungskraft partizipativ führt (Kahai et al. 1997). Folglich kann anhand des Führungsstils prognostiziert werden, ob die Einführung von neuen Technologien erfolgreich sein wird (Avolio et al. 2000). Unstrittig ist dabei, dass offene Kommunikation und Zusammenarbeit unter den Mitarbeitern hierfür die Grundlage bilden.

Ein weiterer Aspekte spricht für die partizipative Führung: Aufgrund der mit der Digitalisierung einhergehenden disruptiven Änderungen können Führungskräfte ihre Entscheidungsreichweiten nicht mehr überblicken; sie müssen Entscheidungen im Sinne einer kollektiven Intelligenz an Mitarbeiter abgeben (Petry 2018). Das setzt voraus, dass Führungskräfte sich ihres fehlenden Wissens bewusst werden. So erscheint es nur folgerichtig und logisch, dass Mitarbeiter bei Unsicherheit des Entscheiders in den Entscheidungsprozess einbezogen werden. Interessanterweise scheinen die meisten Manager diesen Umstand bereits verinnerlicht zu haben, denn sie geben an, den partizipativen Führungsstil anzuwenden, um adäquat auf die Digitalisierung zu reagieren (Hesse 2018). Demgegenüber sehen jedoch nur rund ein Drittel der Unternehmen partizipative Führung in ihrem Unternehmen implementiert (Lorenzo et al. 2018).

5.3.3 Diverse Führung

Eine weitere Möglichkeit vor dem Hintergrund der Digitalisierung verspricht diverse Führung. Diverse Führung kann man aus zwei Perspektiven betrachten. Zum einen versteht man darunter die bewusste Zusammensetzung von Führungskräften mit unterschiedlichen Ausprägungen von Diversität, insbesondere Geschlecht, Alter und Ethnie (Lorenzo et al. 2018). Zum anderen beschreibt diverse Führung den Umfang, mit dem Führungskräfte die Wirkung von Diversität in ihren Teams bewusst gestalten und nutzen (Military Leadership Diversity Commission 2010). Beide Perspektiven eint, dass diverse Führung zu einem höheren Maß an Diversität im Unternehmen führt. Die positiven Effekte von diversen Führungskräften, Teams und Unternehmen sind Bestandteil zahlreicher Studien (z. B. Kochan et al. 2003; Milliken und Martins 1996; Ely und Thomas 2001). So kann Diversität auch unterschiedliche Blickwinkel auf die Digitalisierung ermöglichen, sprich die Vielfalt im Unternehmen kann auch die Vielfalt von Lösungen erweitern, insbesondere mit Fokus auf Kreativität und Innovation (Tsusaka et al. 2017). Insofern lässt sich festhalten, dass die Zunahme von Diversität sowohl unter Mitarbeitern als auch unter Führungskräften – mit anderen Worten diverse Führung – zu einem höheren Maß an Innovation führt. Genau dieses höhere Maß ist sinnvoll, um den aus der Digitalisierung resultierenden Innovationen umzugehen, einzusetzen und eventuell weiterzuentwickeln.

5.4 Areas for Action

Ein wesentliches Element der Digitalisierung besteht in der virtuellen Zusammenarbeit. Somit rückt das klassische Führungsverhältnis – Führungskraft und Mitarbeiter sehen sich mehrmals täglich bzw. wöchentlich persönlich – in den Hintergrund (Paoli 2015). Der direkte und menschliche Austausch wird also weniger. Somit nehmen im klassischen Kontext auch die Möglichkeiten für Führungspersonen ab, ihre Mitarbeiter zu führen. Diese Handlungsfelder fallen aber keineswegs weg, sie verschieben sich lediglich. Daraus resultiert die Frage, wie Führungskräfte auf diese Herausforderung reagieren können. Sie müssen sich überlegen, wie sie weiterhin sinnvoll als „enabler" wirken können. Daher werden im Folgenden Handlungsfelder aufgezeigt, deren Relevanz im Zuge der Digitalisierung zunehmen wird.

Die Digitalisierung ändert bestehendes und schafft neues, angefangen von Prozessen über Geschäftsmodelle bis hin zu ganzen Industrien. Eine zentrale Frage ist hierbei, wie die Unternehmen und deren Mitarbeitern mit diesem „Neuen" umgehen; wie sie es schaffen, ihre althergebrachten Arbeitsweisen durch neue Wege der Arbeit zu ergänzen. Eine recht naheliegende Antwort ist die des Lernens. Dem schließt sich die nächste Frage an: Wie können Führungskräfte ihre Mitarbeiter zum Lernen motivieren? Um der Digitalisierung gerecht zu werden sicherlich nur durch innovative Ansätze des Lernens. Letztlich muss die Art des Lernens mit der Dynamik der Digitalisierung auf Augenhöhe

Tab. 5.1 Angleichung von New Learning und New Technology (Sharpless et al. 2005)

New Learning	New Technology
Personalized	Personal
Learner centred	User centred
Situated	Mobile
Collaborative	Networked
Ubiquitous	Ubiquitous
Lifelong	Durable

sein; das bedeutet, dass ein völlig neuer Ansatz nötig ist. Eine Möglichkeit dafür liefern Sharpless und Kollegen (2005), die wesentliche Aspekte neuen Lernens neuer Technologie gegenüberstellen, um deren Angleichung hervorzuheben (siehe Tab. 5.1). Die Literatur greift diese Merkmale immer wieder auf, wenn es um die Beschreibung und Gestaltung von neuen Formen des Lernens geht. Daher soll sie auch Führungskräften als Grundlage dienen, um ein neues „Ökosystem des Lernens" (Dyer et al. 2018) zu erschaffen.

Neues Lernen muss demnach individuell auf die jeweiligen Mitarbeiter zugeschnitten sein – und zwar für die Situation, in welche der Mitarbeiter das Wissen bzw. die Fähigkeiten benötigt. Gleichzeitig muss ein Austausch unter den Mitarbeitern ermöglicht werden, um gemeinsam an Fragestellungen zu arbeiten. Das Lernen muss überall verfügbar sein und Anspruch aufweisen, auf lebenslanges Lernen ausgerichtet zu sein, nicht nur punktuell. Damit ist auch gemeint, dass Lernen Teil der täglichen Routine werden muss, innerhalb derer Lernen als selbstverständlichen Bestandteil des Jobs verstanden wird (Friedrich 2018).

Um Lernen möglichst interessant zu gestalten und einen „pull-Effekt" seitens der Mitarbeiter zu generieren, fällt zunehmend das Stichwort „Gamification". Darunter versteht man die Eingliederung wesentlicher Spielfunktionen und -elemente für Anwendungen eines spielfremden Kontexts (Deterding et al. 2011). Konkret können folgende Aspekte in ein Lernumfeld integriert werden[1] (vgl. Tab. 5.2):

Entsprechend sollten Mitarbeiter selbst darüber entscheiden können, in welchem Gebiet sie lernen möchten. Sie sollten stets über Ihren Fortschritt und den Gesamtstand informiert sein sowie die Möglichkeit erhalten, sich mit Kollegen auszutauschen. Ein wesentliches Element sind Belohnungen, die bei Erreichen eines gewissen Ziels ausgegeben werden.

Letztlich müssen Führungskräfte aber nicht nur eine Lernumgebung ermöglichen, sie sollten auch ihr Rollenverständnis anpassen bzw. erweitern. Im Kern geht es darum, die Rolle des reinen Aufgabenverteilers sukzessive gegen die des Coaches einzutauschen (Ellinger et al. 1999). Woran können sich Führungskräfte wiederum orientieren, um diesen

---

[1]Für konkrete Beispiele einer Gamification-basierten Gestaltung siehe Landers (2014).

Tab. 5.2 Umsetzung von Lernelementen im Sinne von Gamification (Muntean 2011)

Gestaltungselement des Lernumfelds	Bezug zu einem Spiel
Freie Wahl des zu lernenden Inhalts	Wahl eines Levels
Punktevergabe für erlernte Inhalte	Scores/Highscores/Bestenlisten
Information über Status quo	Standpunkt (z. B. über Karte)
Sozialer Austausch mit anderen Mitarbeitern	Chat-Funktion
Belohnungen	Badges, Boni, „Schwarzer Gurt"

Switch zu bewältigen? Ein erster, scheinbar recht einfacher Schritt könnte im Ändern der Kommunikation liegen, sodass man stärker fragt „Was brauchst Du?" anstatt „Tue A oder B" (Sudahl 2018). Diese oftmals mit „Enabling" – also der Ermöglichung – umschriebene Idee befähigt Mitarbeiter die für sie relevanten Gebiete selbst zu definieren und entsprechende Wissens- oder Anwendungslücke selbst zu schließen (Uhl-Bien et al. 2007). Eine weitere Möglichkeit besteht in der Förderung informeller Lernprozesse; also gerade nicht durch Personalabteilungen standardisierte Prozesse, sondern auf den situativen Bedarf ausgerichtete Instrumente wie digitale Feedbackkanäle oder Kooperationsplattformen[2] (Friedrich 2018).

Dieser beschriebene Ansatz beschränkt sich keineswegs auf das Topmanagement, sondern auf Führungskräfte aller Hierarchieebenen. Die Praxis hat bereits gezeigt, wie Mitarbeiter von Fachabteilungen zu „Coaches für Lernen" werden, um so eine digitale Lernkultur voranzutreiben (Leist 2019). Eine weitere Möglichkeit unter Mitarbeitern besteht in Form von Lernpartnerschaften, bei denen ein Mitarbeiter, der beispielsweise besser mit gewissen Aspekten der Digitalisierung umgehen kann, einen in dieser Dimension schwächer ausgeprägten Kollegen unterstützt (Wittschier 2018). Oder man nutzt die Experten aus dem eigenen Unternehmen, um Input zu neuen Themen für Teams mit spezifischem Bedarf zur Verfügung zu stellen (Klug 2018).

Es lässt sich zweierlei festhalten. Erstens muss Lernen einen neuen Stellenwert in Unternehmen erhalten. Die oftmals negative Konnotation vom Nicht-Wissen muss zu einer positiven des Mehr-Wissens geändert werden. Dazu ist es nötig, die Rolle von Führungskräften neu zu definieren, um so eine unterstützende Atmosphäre herbeizuführen. Denn „if you fail to establish new ways of learning, you can't achieve new ways of working" (Dyer et al. 2018). Daraus ergeben sich neue Herausforderungen für Führungskräfte: Zum einen müssen sie die Auseinandersetzung mit digitalen Tools in ihr Repertoire aufnehmen. Zum anderen müssen sie die Frage beantworten, wie sie diese an ihre Mitarbeiter weitergeben. Zweitens lässt sich ein klarer Trend erkennen hin zur individuellen Lernerfahrung identifizieren. Die Nutzung solcher Angebote wird beispielsweise

---

[2]Für konkrete Beispiele neuer Lernumgebungen deutscher Unternehmen siehe Brugger und Kimmich (2018) sowie Schwertfeger (2017).

von einer eigenen Forschungseinrichtung der Technischen Universität München aufgegriffen. Wie solche Angebote konkret aussehen können, wird im folgenden Kapitel zu Tools aufgezeigt.

5.5 Tools

Im Kontext digitaler Führung spielen neben den bereits genannten Fähigkeiten, Führungsstilen und Handlungsfeldern auch Führungstools eine wichtige Rolle, deren Vielfalt und Potenzial sich mithilfe neuer technologischer Möglichkeiten in den vergangenen Jahren stark weiterentwickelt haben. Tools zur raum- und zeitunabhängigen Zusammenarbeit in Teams sowie soziale Medien sind Beispiele für technologische Fortschritte, die von Mitarbeitern und Arbeitsgruppen für eine verbesserte Arbeit und Zusammenarbeit genutzt werden können (Phelps 2014). Konkrete Beispiele umfassen Google Drive für kollaboratives Schreiben, Trello zum Management von Projekten sowie Yammer und Slack zur Unterstützung der Kommunikation und des unternehmensweiten Networkings (Colbert et al. 2016).

Den vielen potenziellen Vorteilen und Nutzungsmöglichkeiten digitaler Tools stehen jedoch nicht selten fehlende Erfahrungswerte und Fragen hinsichtlich der Auswahl und Anwendung gegenüber. Vor diesem Hintergrund haben sich Hochschulinitiativen entwickelt, die mit wissenschaftlicher Expertise und in Zusammenarbeit mit Unternehmen genau bei diesen praxisrelevanten Herausforderungen unterstützen wollen. Das Center for Digital Leadership Development der Technischen Universität München (TUM) ist eine solche Initiative, die sich auf den Aspekt der Weiterbildung konzentriert. Dabei heben deren Mitarbeiter Dr. Ellen Schmid (Head of the Center) und Dr. Emanuel Schreiner (Senior Manager) hervor, dass es im Kontext digitaler Tools in der Führungskräfteentwicklung insbesondere zwei Ebenen zu unterscheiden gilt:

1. Weiterbildungsformate (Art der Vermittlung) und die damit verbundene Frage, wie digitale Tools die Führungskräfteentwicklung unterstützen können, und
2. Weiterbildungsinhalte, bei denen es beispielsweise um die Anwendung digitaler Tools im Unternehmen gehen kann.

Hinsichtlich der Weiterbildungsformate ermöglicht es moderne Technologie jeder Führungskraft eine individuelle Lernerfahrung zu bieten. Beispielsweise kann der „Digital Coach Emma" bei der Umsetzung individueller Ziele unterstützen, indem er unter anderem an selbstgesetzte Ziele erinnert, Führungsroutinen vorschlägt und eine Art Lerntagebuch führt (Schmid und Schreiner 2019). Bei dem Tool handelt es sich um eine App für das Smartphone, welche ursprünglich von der Firma everskill GmbH entwickelt und in Zusammenarbeit mit der TUM für den Bereich Leadership angepasst wurde. Ein interessanter Aspekt ist, dass der „Digital Coach Emma" zum einen in spezifische Trainingsmaßnahmen für Führungskräfte eingebunden wird, die jeweiligen Führungskräfte aber besonders auch darüber hinaus in ihrem Arbeitsalltag begleiten und unterstützen kann. Virtual Reality (VR) ist eine weitere Technologie, die bereits heute Einzug in die Personalentwicklung erhält. So bietet beispielsweise das Unternehmen str8labs GmbH & Co. KG virtuelle Trainingsumgebungen an, in denen Verhaltensweisen erprobt und trainiert werden können. Das kann so aussehen, dass sich eine reelle Führungskraft in einen virtuellen Konferenzraum mit Mitarbeiteravataren begibt und einen eigenen Vortrag hält. Die mit Algorithmen ausgestatteten Avatare können auf Faktoren wie die Stimme, Augenkontakt und Zuwendung reagieren, indem sie die vortragende Führungskraft interessiert anschauen oder mit Handlungen wie Gähnen oder Blicken auf die Uhr Desinteresse signalisieren (Schmid und Schreiner 2019). Zugleich werden die Aktionen und Reaktionen systematisch dokumentiert, was eine wertvolle Grundlage für anschließende Analysen bietet. Erneut kann darüber nachgedacht werden, inwieweit entsprechende Technologien zukünftig auch über die (externe) Personalentwicklung hinaus Einzug in unterschiedliche Unternehmensbereiche und -kontexte erhalten könnten. Chatbots sind in diesem Zusammenhang ein interessantes Beispiel, da sie sich nicht nur für die Kommunikation mit Kunden eigenen, sondern auch für die interne Unterstützung und Weiterbildung von Mitarbeitern eingesetzt werden können (Zumstein und Hundertmark 2017).

Die Möglichkeit ortsunabhängig zu arbeiten und über internetfähige Endgeräte mit dem Unternehmen verbunden zu sein, erfordert digitale Lösungen für Remotebesprechungen und Teammeetings, die über Telefonkonferenzen und einfache Videoübertragungen hinaus gehen. Einen entsprechenden Ansatz bietet das „Beam Smart Present System" der Firma Suitable Technologies, bei dem es sich um einen steuerbaren Roboter mit Display handelt, der lokal verteilten Konversationsteilnehmern eine Art physische Präsenz ermöglicht. Nutzer können sich über eine App mit dem Roboter verbinden und ihn durch reale Räume bewegen. Über das Display des Roboters und eine Sprachfunktion kann mit vor Ort anwesenden Personen und/oder anderen via Beam-Roboter zugeschalteten Personen interagiert werden. Zu den Mitbewerbern zählt der Hersteller Double Robotics mit dem Telepräsenzroboter Double 2, dessen grundlegendes Konzept vergleichbar ist. Ein weiteres relevantes Anwendungsfeld digitaler Führungstools betrifft die datengestützte Entscheidungsfindung mit Hilfe von Künstlicher Intelligenz (KI). In diesem Kontext bietet das Unternehmen 100 Worte Software an, die mit Hilfe von „Text Mining" bei der Potenzialanalyse von Bewerbern und Mitarbeitern unterstützt. In Anbetracht solcher Entwicklungen ist es vorstellbar, dass es zukünftig nicht nur für Führungskräfte darum geht, adäquate digitale Tools für ihr Unternehmen zu identifizieren, sondern dass digitale Tools auch maßgeblich an der Auswahl von Mitarbeitern und zukünftigen Führungskräften beteiligt werden.

Umso wichtiger sind Konzepte, die Führungskräften ein Kennenlernen und Ausprobieren digitaler Innovationen ermöglichen. Ein Beispiel hierfür bietet das noch junge Digital Leadership Lab der Leuphana Universität Lüneburg, welches einige der oben genannten Tools in eigens dafür eingerichteten Räumlichkeiten erlebbar macht. Durch das Feedback der Anwender können wiederum relevante Erkenntnisse hinsichtlich aktueller Potenziale der entsprechenden Tools sowie Möglichkeiten zu deren Weiterentwicklung generiert werden. Mit einem funktionierenden Informationsaustausch zwischen Forschern, Technologieanbietern und Nutzern können digitale Tools vielseitige Einsatzmöglichkeiten zur Entwicklung und Begleitung von Führungskräften in einer zunehmend digitalisierten Arbeitsumgebung bieten.

5.6   Fazit

Im Bereich digitaler Führung werden aktuell viele unterschiedliche Richtungen angestoßen. Für eine erste inhaltliche Strukturierung sowie eine grundlegende Übersicht wurden daher vier Dimensionen digitaler Führung aufgeworfen: Skills, Styles, Areas for Action und Tools.

Bei den Skills zeigt sich, dass die Kombination von sozialen und technischen Fähigkeiten in der digitalen Führung entscheidend sein wird. Das bedeutet, dass Führungskräfte die Ambiguität aus zwischenmenschlichem Austausch und technologischer Versiertheit noch umfänglicher bedienen müssen. Der alleinige Fokus auf einen der beiden Aspekte wird nicht ausreichen.

Führungsstile weisen vor dem Hintergrund digitaler Führung keine erhebliche Weiterentwicklung auf, vielmehr kommt es zu einer Neuinterpretation bestehender Ansätze. Insbesondere transformationale und partizipative Führung stellen als Vertreter klassischer Führungsstile den größten Führungserfolg in Aussicht. Als Ausnahme kann an dieser Stelle die diverse Führung genannt werden, mit deren Hilfe Diversität bewusst eingesetzt wird, um „das Neue" des digitalen Wandels bestmöglich zu nutzen.

Das Ermöglichen von Freiraum der Styles setzt sich bei den Areas for Action fort. Dieser Freiraum schlägt sich in Lernen und Weiterentwicklung nieder, die als zentrale Handlungsfelder für die Umsetzung digitaler Führung zu nennen sind. Belegschaften werden zunehmend diverser, auch hinsichtlich ihrer Einstellung und Nutzung des digitalen Wandels. Diesem Umstand muss mit individuellen Lern- und Weiterentwicklungsformaten Rechnung getragen werden. Somit kommt dem bereits seit Jahren propagierten Enabling eine noch stärkere Bedeutung zu.

Bei den Tools lässt sich die Weiterentwicklung digitaler Führung am deutlichsten erkennen. Es handelt sich um konkrete Produkte, Apps und Software, die die Testphase teilweise schon erfolgreich abgeschlossen haben und das Potenzial aufweisen, bisheriges Führungsverhalten am weitreichendsten zu verändern. Interessierte Führungskräfte können bereits heute Tools in Laborumgebungen ausprobieren. Darüber hinaus weisen Tools eine bedeutende Rückkopplung zu den anderen drei Dimensionen auf: Sie setzen Fähigkeiten zur adäquaten Auswahl und Anwendung voraus, sie erleichtern die Umsetzung von Führungsstilen durch Wegfall technischer Barrieren und sie können von Führungskräften selbst eingesetzt und konfiguriert werden, z. B. im Zuge der Personalentwicklung. Letztlich sind auch bedeutende Entwicklungsschübe bei der Umsetzung dieser Dimension in vermarktungsfähige Angebote zu erwarten.

Abschließend lässt sich festhalten, dass digitale Führung als Phänomen erkannt wurde, in seiner konkreten Fassung allerdings noch schwer zu greifen ist. Zu vielfältig, zu komplex und zu unsicher stellen sich der Diskurs und die zu berücksichtigenden Faktoren aktuell dar. Die möglichen Entwicklungspfade digitaler Führung erscheinen teilweise recht klar, teilweise noch verschwommen. Was wir jedoch mit Sicherheit festhalten können, sind Beobachtungen und Interpretationen von Trends in diesem Bereich. An dieser Stelle setzte der vorliegende Beitrag an, indem er versuchte, eine Kategorisierung und Analyse relevanter Entwicklungen aufzuzeigen. Diese sollen Führungskräften als eine erste Orientierung dienen.

Literatur

Antonakis J, Day DV (2017) The nature of leadership. Sage, Thousand Oaks

Avolio BJ, Kahai S, Dodge GE (2000) E-leadership: implications for theory, research, and practice. Leadersh Q 11(4):615–668

Avolio BJ, Kahai S (2003) Adding the "E" to E-leadership: Organizational dynamics 31(4):325–338

Axtell CM, Holman DJ, Unsworth KL, Wall TD, Waterson PE, Harrington E (2000) Shopfloor innovation: facilitating the suggestion and implementation of ideas. J occup organ psychol 73(3):265–285

Bass BM (1999) Two decades of research and development in transformational leadership. Eur j work organ psychol 8(1):9–32

Bass BM, Bass R (2009) The bass handbook of leadership: theory, research, and managerial applications. Simon & Schuster, New York

Bass BM, Riggio RE (2006) Transformational leadership. Lawrence Erlbaum Associates, Mahwah

Bondarouk T, Rüel HJM (2009) Electronic human resource management: challenges in the digital era. Int J Hum Resour Manage 20(3):505–514

Brugger S, Kimmich M (2018) Selbstgesteuert digital lernen. Wirtschaft & Weiterbildung 30(04):24–29

Butts MM, Becker WJ, Boswell WR (2015) Hot buttons and time sinks: The effects of electronic communication during nonwork time on emotions and work-nonwork conflict. Acad Manage J 58(3):763–788

Céleste M. Brotheridge, Ronald E. Riggio, Rebecca J. Reichard, (2008) The emotional and social intelligences of effective leadership. Journal of Managerial Psychology 23(2):169-185

Colbert A, Yee N, George G (2016) The digital workforce and the workplace of the future. Acad Manage J 59(3):731–739

De Paoli D (2015) Virtual organizations: a call for new leadership. Leadership in Spaces and Places. Edward Elgar Publishing, Cheltenham, UK, S 109

Deterding S, Khaled R, Nacke LE, Dixon D (2011) Gamification: toward a definition. CHI 2011 gamification workshop proceedings 12, Vancouver

Dixon KR, Panteli N (2010) From virtual teams to virtuality in teams. Hum Relat 63(8):1177–1197

Dyer A, Barybnika E, Erker CP, Sullivan J (2018) A CEO's guide to leading and learning in the digital age. The Boston Consulting Group. https://www.bcg.com/publications/2018/ceo-guide-leading-learning-digital-age.aspx. Zugegriffen: 24. Apr. 2019

Ellinger AD, Watkins KE, Bostrom RP (1999) Managers as facilitators of learning in learning organizations. Hum Resour Dev Q 10(2):105–124

El Sawy OA, Kræmmergaard P, Amsinck H, Vinther AL (2016) How lego built the foundations and enterprise capabilities for digital leadership. In: MIS Quarterly Executive 15(2):141–166

Ely RJ, Thomas DA (2001) Cultural diversity at work: the effects of diversity perspectives on work group processes and outcomes. Adm Sci Q 46(2):229–273

Friedrich C (2018) Future Learning: Wie und wofür lernen wir? Wissensmanagement 4:26–27

Friedman L, Fleishman EA, Fletcher JM (1992) Cognitive and interpersonal abilities related to the primary activities of R&D managers. J Eng & Technol Manage 9(3–4):211–242

Gastil J (1994) A definition and illustration of democratic leadership. Hum Relat 47(8):953–975

Hesse A (2018) Digitalization and leadership – how experienced leaders interpret daily realities in a digital world. Proceedings of the 51st Hawaii International Conference on System Sciences

Hornuf L, Klus MF, Lohwasser TS, Schwienbacher A (2018) How do banks interact with fintechs? Forms of alliances and their impact on bank value. CESifo Group Munich, CESifo Working Paper Series: 7170

Hunt CS (2015) Leading in the digital era. In: Talent development 69(6):48–53

Kahai SS, Sosik JJ, Avolio BJ (1997) Effects of leadership style and problem structure on work group process and outcomes in an electronic meeting system environment. Pers Psychol 50(1):121–146

Klus MF, Müller J (2018) Identifying leadership skills required in the digital age. In: Discussion paper of the institute for organisational economics (11/2018)

Klug C (2018) Zwischen Kundenorientierung und Mitarbeiterwünschen. Wirtschaft & Weiterbildung 30(10):34–37

Kochan T, Bezrukova K, Ely R, Jackson S, Joshi A, Jehn K (2003) The effects of diversity on business performance: report of the diversity research network. Hum Resour Manage 42(1):3-21: (Published in Cooperation with the School of Business Administration, The University of Michigan and in alliance with the Society of Human Resources Management)

Lam C, Huang XU, Chan S (2015) The threshold effect of participative leadership and the role of leader of leader information sharing. Acad Manage J 58(3):836–855

Landers RN (2014) Developing a theory of gamified learning: linking serious games and gamification of learning. Simul Gaming 45(6):752–768

Leist L (2019) Neue Lernkultur als Schlüssel zum digitalen Zeitalter. Witschaft & Weiterbildung 1:38–40

Lippe G (2015) Führung als Herausforderung. Springer Gabler, Berlin

Liu W, Lepak DP, Takeuchi R, Sims HP (2003) Matching leadership styles with employment modes: strategic human resource management perspective. Hum Resour Manage Rev 13(1):127–152

Lord RG, Hall RJ (2005) Identity, deep structure and the development of leadership skill. The leadership quarterly 16(4):591–615

Lorenzo R, Voigt N, Tsusaka M, Krentz M, Abouzahr K (2018) How diverse leadership teams boost innovation. The Boston Consulting Group. https://www.bcg.com/de-de/publications/2018/how-diverse-leadership-teams-boost-innovation.aspx. Zugegriffen: 24. Apr. 2019

Malhotra A, Majchrzak A, Rosen B (2007) Leading virtual teams. Acad Manage Perspectives 21(1):60–70

Military Leadership Diversity Commission (2010) Effective diversity leadership – definition and practices. Issue Paper 29

Milliken FJ, Martins LL (1996) Searching for common threads: understanding the multiple effects of diversity in organizational groups. Acad Manag Rev 21(2):402–433

Müller R, Turner JR (2007) Matching the project manager's leadership style to project type. Int J Project Manage 25(1):21–32

Muntean CI (2011) Raising engagement in e-learning through gamification. Proc. 6th International Conference on Virtual Learning ICVL, Cluj-Napoca, Rumänien

Neufeld DJ, Wan Z, Fang Y (2010) Remote leadership, communication effectiveness and leader performance. Group decision and negotiation 19(3):227–246

Neuberger O (2002) Führen und führen lassen. Lucius & Lucius, Stuttgart

Phelps KC (2014) "So much technology, So little talent"? Skills for harnessing technology for leadership outcomes. J of Leadersh Stud 8(2):51–56

Petry T (2018) Digital leadership. In: North K, Maier R, Haas O (Hrsg) Knowledge management in digital change – new findings and practical cases. Springer International Publishing, Heidelberg, S 209–218

Riggio RE, Reichard RJ (2008) J Manage Psychol 23(2):169–185

Schwertfeger B (2017) Telekom-Manager lernen digital und selbstgesteuert. Wirtschaft & Weiterbildung 29(06):38–39

Sharpless M, Taylor J, Vavoula G (2005) Towards a theory of mobile learning. University of Birmingham, Birmingham

Somech A (2005) Directive versus participative leadership: two complementary approaches to managing school effectiveness. Educ Adm Q 41(5):777–800

Stock-Homburg R (2010) Personalmanagement: Theorien-Konzepte-Instrumente. Gabler, Wiesbaden

Sudahl M (2018) Wie Holokratie das Wissensmanagement verändert: Bosch, Daimler & Co. berichten von ihrem Führungsalltag. Wissensmanagement 6:46–47

Tarafdar M (2016) The three new skills managers need. In: MIT Sloan Manage Rev 58(1):162–166

Tsusaka M, Reeves M, Hurder S, Harnoss J (2017) Diversity at work. The Boston Consulting Group. https://www.bcg.com/publications/2017/diversity-at-work.aspx. Zugegriffen: 24. Apr. 2019

Uhl-Bien M, Marion R, McKelvey B (2007) Complexity leadership theory: shifting leadership from the industrial age to the knowledge era. Leadersh Q 18(4):298–318

Wittschier BM (2018) Interne Wissensvermittlung gegen den Fachkräftemangel. Wissensmanagement 4:30–31

Zumstein D, Hundertmark S (2017) Chatbots – An interactive technology for personalized communication, transactions and services. In: IADIS International Journal on WWW/Internet 15(1):96–109

Prof. Dr. Florian Dorozalla lehrt Betriebswirtschaftslehre mit den Schwerpunkten Unternehmensführung und Personal an der Hochschule Emden/Leer. Seine Forschung gilt insbesondere den aktuellen Herausforderungen von HR, z. B. demografischer Wandel, Fachkräftemangel und New Work. Als Berater unterstützt er Unternehmen in Fragen des strategischen Personalmanagements.

Milan Frederik Klus ist Doktorand an der Westfälischen Wilhelms-Universität Münster. Seine Forschung gilt insbesondere dem digitalen Wandel im Kontext von Organisation und Führung. In Zusammenarbeit mit der London School of Economics and Political Science (LSE) und der University of Edinburgh Business School untersucht er zudem relevante Faktoren für die wirtschaftliche Entwicklung digitaler Start-ups.

Macht, Vertrauen und Verständigung in Veränderungsprozessen – Welche Rolle spielt laterale Führung?

Gustav Giest

6.1 Führungsmodelle und Führungspraxis

Herausfordernde und anspruchsvolle Aufgaben werden zunehmend in bereichsübergreifende Projekte verlagert. Dabei erfolgt die Steuerung in Unternehmen zunehmend über lateral geführte Einheiten. Alternative Führungs- und Steuerungsleistungen, die sich mit lateraler Führung befassen, sind trotz steigender Gestaltungsbedarfe allerdings nicht ausreichend erforscht (Gebhardt et al. 2015).

6.1.1 Führungsmodelle

Zwei wichtige Vertreter der Organisationsforschung haben, wohlgemerkt aus sehr unterschiedlichen wissenschaftlichen Positionen, auf die Komplexität von Führung hingewiesen: 1) Schon Weber wies 1922 darauf hin, dass Institutionen ihre Lebensfähigkeit nicht dem Charisma eines Anführers, sondern dem Umstand zu verdanken haben, dass die Kunst der Führung im gesamten System kultiviert wird. 2) Wenn alle über die „Kunst der Führung" diskutieren, sollte nach Luhmann (2016) bedacht werden, dass für die „Stabilität eines sozialen Systems" manchmal noch etwas anderes viel wichtiger ist: „die Kunst, Vorgesetzte zu lenken". Führung ist, wie es Luhmann (2016) nannte, ein „diffuses soziales Geschehen", das nicht so einfach durchorganisiert werden kann.

G. Giest (✉)
Rheinische Fachhochschule Köln (RFH), Köln, Deutschland
E-Mail: gustav.giest@rfh-koeln.de

Denn Hierarchien legen lediglich fest, wer Einflusspotenzial hat. Weder Organigramme noch hierarchischer Status aber geben Auskunft darüber, wer tatsächlich Einfluss nimmt.

Aktuelle Publikationen etablierter Wissenschaftler beziehen sich nach wie vor in erster Linie auf traditionelle Forschungsansätze. So stehen bei den eigenschaftstheoretischen Ansätzen individuelle Merkmale der Führungspersönlichkeiten im Mittelpunkt. Verhaltenstheoretische Ansätze fragen nach Effizienz der Führung anhand unterschiedlicher Verhaltensweisen. Situative Ansätze beziehen konkrete Führungssituationen mit ein. Die verschiedenen Ansätze der Führungsforschung lassen sich dabei in traditionelle (klassische) und innovative (moderne) Ansätze unterscheiden (Steiger 2004).

Die moderne Führungsforschung rückt die Führungskraft, also die Inhaber von Führungspositionen, in den Hintergrund und betrachtet stattdessen in erster Linie die Führungsdyade (Führende und Geführte), die in einem System von beeinflussenden und steuernden Kräften agiert. Dabei wird das Unternehmertum der Mitarbeiter als Voraussetzung für nachhaltige Erfolge angestrebt. Hierzu weicht die asymmetrische Einflussnahme (Führung „top-down", Einflussnahme auf der Legitimationsbasis) zugunsten der symmetrischen (lateralen) Kooperation. Bleicher (1999) sieht hier eine Trendwende von einem traditionellen zu einem evolutionären Führungsverständnis, in dem spontane soziale Ordnungen kultiviert werden.

Der konzeptionelle Wandel von der hierarchischen zur systemischen Führung geht Hand in Hand mit der Dezentralisierung der Arbeitsorganisation. An die Stelle des privilegierten Regisseurs tritt ein Kollektiv, das sich Ergebnispflichten und Entscheidungsrechte gleichermaßen teilt. Mit anderen Worten: Das Spiel wird nicht mehr länger von einem, sondern von allen gespielt. Die Vision ist, alle sind Führungsspieler und können das Spiel lesen. Führung entsteht entsprechend aus dem Zusammenwirken verschiedenster Experten und nicht aus dem Willen einzelner Manager. Grundlegende Annahme ist dabei, dass hierarchieübergreifende Zusammenarbeit zum entscheidenden Wettbewerbsvorteil wird.

▶ **Führung** In der Literatur findet die dreigliederige Führungsdefinition von Weinerts (1989, S. 555) nach wie vor große Zustimmung und dient im Folgenden als Arbeitsdefinition: „(1) Führung ist ein Gruppenphänomen (das die Interaktion zwischen mehreren Personen einschließt), (2) Führung ist intentionale soziale Einflussnahme (wobei es wiederum Differenzen darüber gibt, wer in einer Gruppe auf wen Einfluss ausübt und wie dieser ausgeübt wird), (3) Führung zielt darauf ab, durch Kommunikationsprozesse Ziele zu erreichen."

Der Paradigmenwechsel im Konzept des Lateralen Führens besteht darin, das Konzept stärker an die Unternehmensprozesse anzubinden. Die am Lateralen Führen beteiligten Personen werden dabei als Rollenträger in der Organisation begriffen. Konzepte des Lateralen Führens thematisieren die Eingebundenheit in die Organisation. Verständigungs-, Vertrauens- und Machtprozesse sind dabei die zentralen Mechanismen des lateralen Führens. Diese laufen in einer Organisation immer gleichzeitig parallel oder ergänzend, jedoch häufig im informellen Rahmen ab (Kühl et al. 2004). In diesem Zusammenhang erscheint es als besonders wichtig, „Verständigung", „Macht" und „Vertrauen" eben nicht als Persönlichkeitsmerkmale zu analysieren, sondern aus den beobachteten Organisationsstrukturen abzuleiten. Wer hierarchischen Status mit Führungsmacht verwechselt, riskiert scheiternde Projekte, demotivierte Kollegen und überforderte Managerinnen und Manager. Denn Führung ist keineswegs nur Sache der Vorgesetzten.

Anhand von zwei Praxisbeispielen „Lean Leadership" und „ERP-Implementierung" aus einem Automobilkonzern werden wir näher erläutern, warum interdisziplinäre Projektarbeit in sich selbst organisierenden Teams zur neuen Arbeitskultur heranwächst.

6.1.2 Führungspraxis und Herausforderungen für Führungssysteme

Betont kritisch sieht Rosenberger (2017) die „Projektmanie", welche in der Weltwirtschaft wie ein hartnäckiger Virus grassiert: wo immer Neues geschaffen oder Altes verabschiedet werden soll, berufen Führungskräfte Projektgruppen, deren Arbeit meist nicht nur Widerstände erregt, sondern oft genug im Sande verläuft. Der Grund: Veränderung lässt sich nicht outsourcen, sie beginnt nicht in einem Projekt, sondern in der Führungskraft selbst.

Der neue Trendbegriff VUCA stammt aus der US-Militärsprache und fasst die Veränderungen der letzten Jahre in einem Wort abstrakt zusammen. Es steht für die **V**olatilität, die **U**nsicherheit, die **K**omplexität und die **A**mbivalenz in Unternehmen. Wir wissen, dass Führung in dieser VUCA Welt wichtiger denn je ist. Was aber bedeutet diese Erkenntnis für die Praxis?

Die Veröffentlichungen des Beratungsunternehmens Metaplan (Kühl und Schnelle 2009) bieten bedeutende Erkenntnisse zur Unternehmenskommunikation. Je klarer beispielsweise die Kommunikationswege definiert sind, desto weniger Führung ist erforderlich. Umgekehrt gilt: Je unklarer die Strategieziele beschrieben sind, desto mehr Führungsarbeit ist nötig bzw. möglich. Wie in jedem sozialen System bleibt am Ende immer eine gewisse Kontingenz. Aber ihr Maß ist steuerbar. Das Maß an Kontingenz entscheidet über das Ausmaß, in dem Führung erforderlich ist und wirksam sein kann.

Wenn eine Situation zu kontingent zum Weiterhandeln ist und Akteure darin eine Opportunität oder Gefährdung ihrer Interessen sehen, kommt es zu einem kritischen Moment. Wer in solchen Momenten Orientierung gibt, führt. Führung füllt damit die Regellücken der Organisation und gleicht aus, was strukturell nicht gelöst war. Führung basiert also nicht auf klaren Regeln, im Gegenteil: Die Notwendigkeit zur Führung wird durch Regelungslücken in die Organisation unvermeidbar „hereinorganisiert". Jede Führungskraft weiß, dass ihre Anweisungen keineswegs immer fraglos anerkannt werden. Vielmehr muss ihr hierarchischer Einfluss immer wieder situativ durchgesetzt werden.

Ob geführt wird, entscheiden nicht zuletzt die Geführten. Es ist das Anliegen von Lateralem Management, die Rahmenbedingungen in Organisationen so zu schaffen,

dass Augenhöhe tatsächlich möglich ist. Das heißt, es ist die Aufgabe des Managements, die Rahmenbedingungen für das Führen auf Augenhöhe verbindlich in der Organisation zu etablieren. Das Management muss somit Strukturen schaffen, die Laterales
Führen tatsächlich ermöglichen. Nur dadurch wird erreicht, dass sich Lateralität in Organisationen durch schnelleres, effizienteres Führen, Entscheiden und Zusammenarbeiten
betriebswirtschaftlich rechnet.

> „Dabei bleibt die grundlegende Funktion des Managements unverändert: Menschen durch
> gemeinsame Werte, Ziele und Strukturen, durch Aus- und Weiterbildung in die Lage zu ver-
> setzen, eine gemeinsame Leistung zu vollbringen und auf Veränderungen zu reagieren. Dies
> ist eine der besten Definitionen von Führung und zwar aus drei Gründen: Erstens müssen
> sich Führungskräfte von Werten leiten lassen. Zweitens sind sie immer auch Personalent-
> wickler. Und drittens müssen sie ständig mit Veränderungen leben." (Pinnow 2008, S. 42)

Bevor hier über Erfahrungen aus zwei Großprojekten eines Automobilkonzerns berichtet
wird, wollen wir noch den Blick auf die Koordinationsmechanismen Lateralen Führens
richten.

6.1.3 Mechanismen Lateralen Führens: Verständigung, Macht und Vertrauen

Diese drei Koordinationsmechanismen werden nicht als Merkmale der handelnden Persönlichkeiten verstanden, sondern innerhalb der beobachteten Organisationsstrukturen analysiert.

> „Laterales Führen basiert auf drei Mechanismen der Einflussnahme: Bei Verständigung
> geht es darum, die Denkgebäude des Gegenübers so zu verstehen, dass neue Handlungs-
> möglichkeiten erschlossen werden können. Vertrauen wird aufgebaut, wenn eine Seite ein-
> seitig in Vorleistung geht (indem sie ein Risiko eingeht) und die andere Seite dies nicht für
> einen kurzfristigen Vorteil ausnutzt, sondern dieses Vertrauen später erwidert. Macht spielt
> bei Lateralem Führen eine wichtige Rolle – nicht in der Form hierarchischer Anweisungen,
> sondern aufbauend auf anderen Machtquellen, wie der Kontrolle der internen, häufig
> informellen Kommunikation, dem Einsatz von Expertenwissen oder der Nutzung von Kon-
> takten zur Umwelt der Organisation." (Kühl 2010, S. 52)

Macht-, Vertrauens- und Verständigungsprozesse bilden sich aus, weil sie durch formale
Strukturen nicht verordnet werden können. In einer Organisation kann „wirkliche" Verständigung nicht erzwungen werden. Ebenso können Machtspiele nicht verboten werden.
Und Vertrauen zwischen Personen kann nicht hierarchisch eingefordert werden (Kühl
2010). Das Konzept des Lateralen Führens findet häufig Anwendung bei Prozessen des
geplanten Wandels von Organisationen (also das, was man früher Organisationsentwicklung nannte und was heute häufig auch im deutschsprachigen Kontext nach Kühl
(2010) etwas hochtrabend als Change Management bezeichnet wird).

Im betrieblichen Alltag lassen sich neue Organisationsstrukturen nicht einfach durch hierarchische Anweisungen umsetzen. Betroffene Mitarbeiter werden verstärkt an der Planung beteiligt. In diesen Fällen greift das Konzept des Lateralen Führens, weil es zwar die zentrale Funktion von Hierarchien in Organisationen anerkennt, auf hierarchische Steuerung aber weitgehend verzichtet. Somit können auch Reorganisationen vorangebracht werden. Gleichzeitig ist aber dieser Anwendungsfall besonders problematisch, weil hier nicht nur die Routinen des alltäglichen Arbeitens beeinflusst werden, sondern vor allem deswegen, weil die Rahmenbedingungen, unter denen kooperiert wird, verändert werden. Der Wandel von Abteilungszuschnitten, hierarchischen Zuordnungen oder Standardprozeduren führt auch zu einer Veränderung der lokalen Rationalitäten. Damit verändern sich – wenn auch langsam – sowohl die Denkgebäude als auch die Interessen der Akteure. Dadurch verändern sich Verständigungsprozesse. Ferner werden durch den Wandel der Formalstruktur die Machttrümpfe neu verteilt (Kühl 2010).

Stefan Kühl – einer der bedeutendsten Vertreter der Organisationssoziologie – konnte im Rahmen seiner Beratertätigkeit praxisnah Einblicke gewähren, wie Kooperationen über Verständigung, Macht und Vertrauen gestaltet werden können. Insbesondere in Veränderungsprozessen, wo hierarchische Weisungsbefugnisse nur hinreichend zur Regelung von Konflikten beitragen, gelingt über das Konzept des Lateralen Führens eine neue Qualität der Einflussnahme in der Organisationsentwicklung. Für Laterales Führen in Veränderungsprozessen ist es notwendig, mit der gleichen Sorgfalt, mit der beispielsweise die jeweiligen lokalen Rationalitäten von unterschiedlichen Funktionsbereichen rekonstruiert werden, auch die lokalen Rationalitäten von verschiedenen Interessengruppen in Veränderungsprozessen zu analysieren. Basierend auf den Erkenntnissen von Kühl (2017) wird versucht, die drei Säulen des Lateralen Führens zu beschreiben.

6.1.3.1 Verständigung

In Führungsprozessen werden Einflussmechanismen notwendig. Es gehört zum sogenannten Tagesgeschäft, Mittel einzusetzen, mit denen Verhaltenserwartungen gegenüber anderen durchgesetzt werden. Kühl (2017) sieht deutliche Vorteile, welche mit der Steuerung über Verständigung verbunden sind. Und verbindet über das Wirken auch den Entfall besonderer Maßnahmen zur Motivation und Kontrolle. Ansichten und Erfahrungen sowie die Interessen der Akteure werden mobilisiert; es wird sich auf einen abgestimmten Weg geeinigt.

6.1.3.2 Macht

Macht stützt sich auf das Kontrollieren von relevanten Unsicherheitszonen. Crozier und Friedberg (1977) benennen typische Unsicherheitszonen: Hierarchien, Experten, Relaisstellen zur Umwelt und Gate Keeper. Hierarchien erlassen formale Regeln zum Aktionsfeld der Untergebenen. Experten beherrschen relevantes Sachwissen und sichern damit ihre einflussreiche Stellung. Relaisstellen sind Personen, welche privilegierte Zugänge zu wichtigen Kooperationspartnern, zentralen Zulieferern oder auch zu einflussreichen staatlichen Stellen haben. Gate Keeper ziehen ihren Einfluss aus der Kontrolle wichtiger Kommunikationskanäle. Als Beispiele nennt Kühl (2017) Sekretäre und persönliche Referenten, die auch Zugang zu wichtigen Informationsquellen haben.

Hierarchie ist nicht mit Macht gleichzusetzen, da diese Chance des Einflussnehmens nur eine Einflusszone beherrscht. Formale Befugnisse können die Ablauforganisation nicht vollständig bestimmen. In Organisationen entwickeln sich Tauschbeziehungen und besondere Aushandlungsverhältnisse. Die Bereitschaft zu mehr Verantwortung ohne formale Verankerung kann beispielsweise zum Tauschgut für mehr Mitsprache werden.

Innovative Unternehmen suchen den Austausch mit externen Partnern. Sie sprechen mit den Menschen außerhalb des Unternehmens. Das ist ein Muster, das sich überall in Veränderungsprozessen zeigt. In den meisten Unternehmen entstehen Innovationen durch Impulse der Kunden, Lieferanten oder anderer Stakeholder. Diese Kooperationen und Kommunikation erzeugen fast alle Impulse zur Veränderung.

6.1.3.3 Vertrauen

Vertrauen ist ein Resultat vertrauensvollen Verhaltens. Den Vorteil beschreibt Kühl (2017) als Strategie mit sehr großem Handlungsspielraum. Vertrauensvolles Verhalten ist der Ausgangspunkt für weiteres Handeln. Der Mechanismus von Vertrauen zeigt, dass die formalen Strukturen einer Organisation oftmals das Ziel haben, Abstimmungsprozesse zu unterbinden, die auf Personenvertrauen basieren. Die Strukturen einer Organisation, an die ihre Mitglieder gebunden sind, solange sie Mitglied bleiben wollen, lassen erwarten, dass Befehle befolgt, Routinen angestoßen werden oder Abstimmungen stattfinden, auch wenn man dem Gegenüber als Person nicht vertraut.

6.2   Welche Rolle spielt Laterale Führung in Veränderungsprozessen?

In Zusammenhang mit Veränderungsprozessen betonen viele Autoren die Bedeutung von Führung für eine erfolgreiche Umsetzung derselben (Karp 2006; Kotter 1996). Nach Karp (2006) stellt die Führung von Veränderungsprozessen die schwierigste aller Führungsaufgaben dar. Dabei merkt er an, dass der Veränderungsbedarf in Unternehmen aktuell groß ist, während die Fähigkeit, diese erfolgreich zu führen, nur ungenügend vorhanden ist. Nach Herold et al. (2008) lassen sich zwei grundsätzliche Ansätze unterscheiden, die den Zusammenhang zwischen Führung und dem Erfolg von Veränderungsprozessen betrachten. Zum einen können Veränderungsprozesse im Sinne der Situationstheorien der Führung als eine spezielle Führungssituation angesehen werden, in der verschiedene Führungsstile unterschiedlich erfolgreich sind. Zum anderen wird von vielen Autoren der Zusammenhang zwischen einzelnen Führungsverhaltensweisen und dem Erfolg von Veränderungsprozessen betrachtet (Higgs und Rowland 2005). Zudem scheint es im Rahmen eines Veränderungsprozesses von

Bedeutung zu sein, dass die Führungskraft ihre Mitarbeiter weiterentwickelt, damit diese auch qualifiziert sind, um veränderte Arbeitsprozesse oder -methoden anzuwenden (Gilley et al. 2009).

Führungserfolg ist in einer schlanken Organisation sehr eng mit Verhaltensweisen verbunden, die sich produktiv im gesamten System des Unternehmens ausbreiten. Dazu zählen unternehmerisches und auf die Stärkung der Selbststeuerungspotenziale ganzer Funktionseinheiten bezogenes Verhalten. In diesem Zusammenhang bietet das Lean Management einen dynamischen Entwicklungsrahmen, bei dem die Veränderungen nicht von der Unternehmensleitung vorgegeben werden. Aus diesem Grund sind die menschlichen Ressourcen in einem Unternehmen sowie ihre Potenziale für die Ausgestaltung der Verbesserungsaktivitäten von großer Bedeutung. Eben diese Potenziale werden insbesondere durch mitarbeiterorientiertes Führungsverhalten im Sinne einer gezielten Weiterentwicklung der Mitarbeiter freigesetzt. Zusätzlich werden die Entfaltung der Mitarbeiterpotenziale sowie die Entwicklung eigenständiger Ideen durch Transparenz und offene Kommunikation gefördert.

Um Konflikte im Rahmen der Umsetzung von Verbesserungen und Optimierungen frühzeitig zu erkennen und für alle Beteiligten zufriedenstellend lösen zu können, ist die offene Kommunikation während des Veränderungsprozesses ein wichtiger Erfolgsfaktor. Des Weiteren sollte die Führungskraft ihre Mitarbeiter aktiv in die Umsetzung von Verbesserungen und Optimierungen einbinden, um das Vertrauen der Mitarbeiter in den Veränderungsprozess zu stärken. Führungskräfte befinden sich ferner in dem Dilemma, Stabilität und Wandel gleichzeitig managen zu müssen. Auf der einen Seite wird an sie die Erwartung gerichtet, gewisse handlungsleitende Regeln und Strukturen zu stabilisieren, auf der anderen Seite müssen sie, aufgrund der dynamischen Umweltbedingungen, selbst Veränderungen für die Weiterentwicklung der Organisation initiieren und verfolgen.

Laterale Führung ist konfliktreiches „Transmissionsspiel"

Für ein laterales Führen in Veränderungsprozessen ist es notwendig, mit der gleichen Sorgfalt, mit der beispielsweise die jeweiligen lokalen Rationalitäten von unterschiedlichen Funktionsbereichen rekonstruiert werden, auch die lokalen Rationalitäten von verschiedenen Interessengruppen in Veränderungsprozessen zu analysieren. Erst auf der Basis der Rekonstruktion dieser lokalen Rationalitäten können dann die Vertrauensroutinen, die Verständigungsprozesse und die Machtspiele verstanden werden. Mit Kühl (2017) stellen wir fest, dass auf dem Terrain der Veränderungsprojekte häufig die Vertreter einer Rationalität der Innovation und die Vertreter einer Rationalität der Routine aufeinandertreffen. In den Veränderungsprojekten findet dann ein „Transmissionsspiel" der Vertreter mit ihren unterschiedlichen Logiken statt. Erst dieses häufig konfliktreiche „Transmissionsspiel" ermöglicht es, dass die Innovationen nicht ein Hirngespinst von Topmanagern, Stabsstellen oder Beratern bleiben, sondern – wenn auch in veränderter Form – Niederschlag in den alltäglichen Praktiken des Unternehmens finden.

6.3 Beispiele für Laterales Führen in Veränderungsprozessen

6.3.1 Lean Manufacturing – Neue Führungsprozesse

Unternehmen der Automobilindustrie sind in der gegenwärtigen Zeit einem steigenden Effizienzdruck bei gleichzeitig zunehmender Individualisierung der Kunden-anforderungen ausgesetzt. In diesem Zusammenhang stellt Lean Management eine Vorgehensweise dar, um bei gleichzeitig hoher Kundenorientierung die gesamte Wert-schöpfungskette von industriellen Gütern und Dienstleistungen sowohl effizient als auch effektiv zu gestalten. Viele Unternehmen scheitern jedoch bei der erfolgreichen Umsetzung von Lean Management, was insbesondere auf die Führungskultur und das Führungsverhalten innerhalb der Unternehmen zurückgeführt wird. Lean Leadership verfolgt das übergeordnete Ziel, in der Organisation schlanke Problemlösungsabläufe zu etablieren, sodass das Erreichen der Ziele ein natürlicher Prozess wird. In die „Ver-änderungsarbeit" sind idealerweise alle Führungskräfte und das gesamte Unternehmen eingebunden. Sie beinhaltet, dass alle Aktivitäten so aufeinander abgestimmt werden, dass die herausfordernden Unternehmensziele erreicht werden (Rother 2009) (Hos-hin Kanri). Das setzt voraus, dass in den Bereichen kein Silo-Denken existiert, die (Bereichs-)Ziele abgestimmt und auf das Erreichen der obersten Unternehmensziele aus-gerichtet sind sowie die Ressourcen entsprechend eingesetzt werden.

Führungskräfte nehmen eine tragende Rolle in Bezug auf die erfolgreiche Lean Implementierung ein. In diesem Zusammenhang müssen sie beweisen, dass sie die Lean-Methoden und -Prinzipien sowohl verstehen als auch die Lean-Implementierung aktiv unterstützen (Emiliani und Stec 2005). Wenn aufgrund eines mangelnden Verständ-nisses nur einzelne Aspekte des Lean-Ansatzes oder eines Produktionssystems ohne Gesamtzusammenhang eingeführt werden, kann dies neben dem Ausbleiben der posi-tiven Effekte der Lean-Implementierung sogar negative Auswirkungen für das Unter-nehmen zur Folge haben (Emiliani und Stec 2005).

Im Folgenden wird versucht, Erkenntnisse und Annahmen in Bezug auf erfolgs-relevantes Führungsverhalten in Veränderungsprozessen mit Lean-Ausrichtung zu erörtern. Im Rahmen dieser Ausführungen wird auf ausführliche Definitionen von Lean Manufacturing bewusst verzichtet. Beispiele aus dem Implementierungsprozess eines globalen Automobilunternehmens sollen dazu dienen, die klassischen Phasen der Organisationsentwicklung im Licht Lateraler Führung näher zu betrachten.

Die Lean-Vision lässt sich nur mit Hilfe von Führungsmechanismen verwirklichen, welche eine im Unternehmen passende Lean-Struktur schafft. Diese Struktur wird durch eine Kombination von Lean-Erfolgsfaktoren definiert. Diese Faktoren lassen sich auf wenige Schlüsselgrößen zurückführen: Abteilungsübergreifende Zusammen-arbeit und Kooperation bilden die verbindende Klammer zwischen Teamwork in unter-nehmensinternen und -externen Netzwerken (in Projektgruppen, Qualitätszirkeln, Wertanalyse-Teams, Lernstätten, Lerninseln und in teilautonomen Arbeitsgruppen). Gemeinsame Nenner sind dabei proaktives Qualitäts- und Instandsetzungsmanagement, kontinuierliches Lernens (Kaizen), prozessorientierte Denk-, Steuerungs-, Arbeits- und Organisationsformen sowie unternehmerisch agierende Projektsponsoren. Diese Charakteristika lassen erkennen, dass Lean-Implementierungsvorhaben mit erheblichen Risiken verbunden sind. Implementierungsarbeit bedeutet immer, dass das alltägliche Routinegeschäft durch den Veränderungsprozess möglichst nicht gefährdet werden darf. Innovative Führungsstrategien bieten zumindest die Chance, bestehende Routinen durch neue zu ersetzen.

Die folgenden Ausführungen sind eher schlaglichtartig zu verstehen und beziehen sich auf einige Schlüsselelemente eines Veränderungsprozesses in weltweit über 150 Standorten. Das Umstellen auf schlanke Fertigungssysteme dauerte sieben Jahre und erforderte signifikante Veränderungen der Führungssysteme. Die Vision dabei ist, die Führungspyramide auf den Kopf zu stellen, sodass die wertschöpfende Ebene oben steht und von allen anderen Ebenen Unterstützung erfährt. Fast alle Werke operieren heute auf Toyota Level. Die deutschen Werke gehören inzwischen zu den besten der Welt.

Die Ist-Analyse im Lean-Implementierungsprozess basiert auf der Wertstromanalyse durch den betroffenen Bereich und legt den Fokus auf die genauen Abläufe und die Datenströme und Informationsflüsse innerhalb der relevanten Prozesse. Anhand einer Ist-Analyse eines Teilabschnittes, z. B. der Endmontage, werden die Schwachstellen einzelner Prozesse und Tätigkeiten mit einem höheren Detaillierungsgrad erfasst. In dieser Phase stehen im Vordergrund Daten und Fakten sowie neue Prozess Kenngrößen, welche grundsätzlich mit den Betroffenen erhoben und diskutiert werden. Der Erfolg der Ist-Analyse ist gleichbedeutend mit dem schrittweisen Einführen in einem geschützten Bereich, einer sogenannten Initial Application Area. Bei den Ist-Analysen standen Fragen nach nicht wertschöpfenden Tätigkeiten im Vordergrund sowie das gemeinsame Verständnis, wie der Fertigungsfluss optimiert werden kann.

Im Gegensatz zum später diskutierten Beispiel der ERP-Einführung spielte das sogenannte „Dealing With Resistance" bzw. das Analysieren von Widerständen bezüglich des neuen Konzepts nahezu keine Rolle. Sicherlich musste bei manchen Führungskräften mehr Überzeugungsarbeit geleistet werden. In seltenen Extremfällen kam es auch zu Versetzungen in andere Bereiche. In diesem Erstanwendungsbereich wird der aktuelle Fertigungsfluss durch die Mitarbeiterinnen und Mitarbeiter selbst mit neuen Messgrößen erhoben, unterstützt durch speziell ausgewählte und trainierte Kolleginnen und Kollegen des Einführungsteams. Dieses Team wird wiederum durch sogenannte Prozessbegleiter aus der Human-Resources-Organisationsentwicklung begleitet.

Alle Human Resources Manager wurden im Rahmen der Lean-Implementierung in mehrtägigen Seminaren zum Change Management geschult. Diese Maßnahmen trugen aus unterschiedlichen Gründen eher marginal zum Erfolg bei. Weit erfolgreicher waren und sind Trainingsbausteine für die Fertigungsteams und das Etablieren einer internen Lean Learning Academy für alle betrieblichen Führungskräfte. Im Kern geht es darum, die Lean-Philosophie in der Praxis zu begreifen und faktisch im Produktionsprozess Operatoraufgaben zu übernehmen.

Die Führungssituation kann als fachlich und lateral definiert werden. Externe Beratung ist durch wenige Experten vertreten, welche Lean-Konzepte bereits erfolgreich umgesetzt haben. Auf der untersten Führungsebene wurden Team Coaches als Leiter der Fertigungsteams durch intensive Trainings weiterentwickelt. Diese sollten Verständigungsprozesse über Prozessverbesserungen moderieren und nachhaltig Vertrauen in Bezug auf das Lean Management aufbauen. Diese Team Coaches agieren wiederum auch als Multiplikatoren innerhalb ihrer Bereiche.

Zur Verständigung über zukünftige Maßnahmen haben wesentlich die „Current- und Future-State-Workshops" beigetragen. Der Fokus lag auf dem Vermitteln des Lean-Konzeptes und dem Einbinden der Experten vor Ort, also aller Personen des Arbeitsprozesses. Wir konnten von externen Beratern wirkungsvolle Konzepte übernehmen. Zunächst war es wichtig, nachdem die Ist-Analyse durchgeführt war, über sogenannte Blue-Sky-Workshops mit kreativen Visualisierungen ein Bild der Zukunft zu zeichnen. Entscheidend war das Entwickeln einer Vertrauensbasis für das Management, dem Einführungsteam und den betroffenen Personen. Dieser Prozess ist im Gegensatz zur Lean-Zielsetzung nicht als Standard übertragbar. Offensichtlich scheitern Veränderungsprozesse an lokalen Rationalitäten. Es ist kaum zielführend, bestehende Routinen, mit innovativen Visionen umzupflügen. Jeder Einführungsbereich tickt unterschiedlich, nicht nur Standorte in unterschiedlichen Kulturräumen.

Im Prozess wurde deutlich, dass Führungskräfte stärker in die Mitarbeiterkommunikation eingebunden werden müssen. So können durch sogenannte „Go& See"-Konzepte vorbildliche Umsetzungsmaßnahmen demonstriert und unternehmensweit skaliert werden. Dabei sind wichtige Informationen für alle Mitarbeiter zugänglich und transparent zu machen. Durch die Einführung sogenannter Lean Offices sind die Mitarbeiter an den Fertigungslinien in der Lage, das Handeln in den Bürobereichen nachzuvollziehen. Tägliche Bereichsmeetings der Werkleitung werden zudem im Bereich der Montagelinien durchgeführt, um eine Brücke zwischen den produzierenden und administrativen Bereichen zu schlagen. Die Umsetzung von Lean und Innovationen im Allgemeinen zielt nicht nur auf Strukturen, sondern auch auf Aktivitäten und Verhalten hinsichtlich der Erreichung verschiedener „Zwischenstufen". Die Planung orientiert sich an einem mit mittel- bis langfristigem, zeitlichen Horizont (Womack und Jones 2004). Die Einführung von Lean Management orientiert sich an klaren Phasen. Durch interne Assesments kann der Fortschritt für alle Beteiligten transparent gemessen werden. Die Kontrollpunkte erfassen auch das Führungsverhalten und die Trainingsmaßnahmen für die Mitarbeiter.

Umgekehrte Pyramide als „Stilmittel" der Veränderung

Die Vision, welche für unsere Veränderungsarbeit entscheidend war und nachweisliche Erfolge hinsichtlich technischer und sozialer Veränderungen brachte, wurde handlungsleitend für alle Standorte weltweit. Die Hierarchie als umgekehrte Pyramide wird als „Stilmittel" der Veränderung eingesetzt, um die Bedeutung der wertschöpfenden

Basis herauszustellen. Insbesondere die altbekannte Aussage „Keine Wertschöpfung ohne Wertschätzung" konnte nahezu durchgängig und gleichsam empirisch bestätigt werden. Zusammenfassend ist festzuhalten, dass Laterale Führung im Kontext des Lean-Implementierungsprozesses einen vielversprechenden Führungsansatz darstellt.

6.3.2 ERP-Implementierung in der Ersatzteillogistik und im Service eines Automobilkonzerns

Enterprise-Resource-Planning-Systeme (ERP) (z. B. Softwarepakete von SAP) nehmen eine zentrale strategische Bedeutung für Unternehmen ein, da diese alle Informations- und Kommunikationsprozesse und damit alle logistischen und finanztechnischen Abläufe steuern. Kohnke (Kohnke und Bungard 2005) nennt ERP-Systeme das zentrale Nerven- system einer Organisation. Die herausragende Bedeutung von ERP-Systemen, welche im Extremfall die Existenz der gesamten Organisation gefährden, steht im Gegensatz zu den wenigen Untersuchungen und Arbeiten zu dieser essenziellen Thematik (Kohnke und Bungard 2005). Bungard (Kohnke und Bungard 2005) sieht die Probleme bei der Implementierung von ERP in der Projektverantwortung von internen und externen Spezialisten, welche wohl kaum primär „Implementierungskünstler" sind. Es geht bei ERP-Systemen um die Integration von Geschäftsprozessen und Daten. Der Wunsch Bungards (Kohnke und Bungard 2005) ist berechtigt, den Chief Information Manager in einen Chief Integration Manager zu verwandeln.

Die Implementierung von ERP-Software bringt meist einen tief greifenden Wan- del in der Unternehmensstruktur und -kultur sowie in den Geschäftsprozesse mit sich: Geschäftsabläufe werden neu definiert, die Prozesse entsprechend neu gestaltet. Die vor- her oftmals autonom agierenden Fachabteilungen sollen ihre (alt-)bewährten Systeme ad acta legen und sich neuen übergreifenden Standards anpassen. Die Mitarbeiter müssen lernen, in Prozessen zu denken, um die neuen Arbeitsabläufe zu verstehen (Hohlmann 2007). Arbeitsabläufe werden gleichsam „zwangsvernetzt" und Eingabefehler betreffen das Gesamtsystem. Im Vordergrund stehen häufig technikorientierte Gestaltungsstrategien, welche Widerstände bei den Mitarbeitern führen. Bungard (2005) fordert ein sukzessives Adaptieren und Optimieren der Interdependenz von technischen und sozialen Systemen.

In unserem Anwendungsbeispiel haben wir viel und erfolgreich mit dem auf Küb- ler-Ross (1969) aufbauenden 7-Phasenmodell von Cevey und Prange (1998) gearbeitet, um die betroffenen Bereiche und Mitarbeiter sinnvoll zu begleiten. Die Organisation steht nicht geschlossen hinter den Veränderungen. Mitarbeiter zeigen eine natürliche Tendenz, am Status quo festzuhalten und sehen keine Notwendigkeit für Veränderungen. Mitarbeiter befürchten, dass das neue System ihre Arbeit erschwert, deren Stellen- wert reduziert oder sogar den Arbeitsplatz überflüssig macht. Die Universität Mann- heim hat mehrere Studien zum Einführen neuer IT-Systeme durchgeführt. Es wird deutlich, dass der tatsächliche Nutzen allerdings häufig hinter den Erwartungen der

Unternehmen zurückbleibt. Oftmals treten schon während der Implementierungs-phase Probleme auf, die zu einem Scheitern des Einführungsprojekts führen können. Ernst zu nehmende Schätzungen sagen, dass in 90 % aller ERP-Implementierungs-projekte das geplante Projektbudget nicht eingehalten wird. Die Probleme sind häufig jedoch nicht, wie zunächst vermutet, rein technischer Art. Vielmehr werden Einfluss und Konsequenzen einer ERP-Implementierung auf die einführende Organisation und deren Mitarbeiter unterschätzt oder schlicht übersehen. Diese immensen Veränderungen verunsichern die Mitarbeiter und rufen nicht selten eine Abwehrhaltung gegen-über der neu einzuführenden Software hervor. Es zeigt sich, dass das Verständnis von ERP-Implementierungsprozessen als ein reines IT-Projekt zu kurz greift.

In Anbetracht der Größe der getätigten Investitionen für eine ERP-Einführung stellt sich die Frage, inwieweit ein Change-Management-Ansatz dazu beitragen kann, die von der ERP-Implementierung betroffenen Menschen adäquat zu berücksichtigen? Was kann Change Management im Rahmen von ERP-Implementierungsprojekten leis-ten, um das Ergebnis dieser Projekte positiv zu beeinflussen? Als strategischen Vorteil konnte der Automobilkonzern, über welchen hier berichtet wird, auf erfahrenes Change Leadership Team aus der Lean-Manufacturing-Implementierung zurückgreifen. Moderne Informationstechnologien, speziell ERP-Systeme, wirken in einem hohen Maß auf die Organisationen ein, denn sie verändern deren Verhältnisse (Madukanya und Bun-gard 2006). Es kommt zu dauerhaften Machtverschiebungen, die sich sowohl aus Ver-änderungen der informationellen Situation als auch auf neu entstehende Wissensformen begründen. Im Gegensatz zu Lean Manufacturing manifestiert sich in ERP-Prozes-sen stärker die Abhängigkeit von Wissen, welches subjektgebunden ist, also eine neue Abhängigkeit von Wissensträgern im organisationalen Informationsbetrieb.

ERP-Systeme werden im Gegensatz zu Lean-Implementierungen von den Betroffenen unterschiedlich wahrgenommen. Und die Einführungszeiten können je nach Betriebs-größe und regionalen Gegebenheiten bis zu zwanzig Jahren betragen. Die Einführung erfolgt auf der Basis einzuführender Module. So wird z. B. das SAP-Modul „Material-management (MM)" in der Lieferkette als Schnittstelle zu den Lieferanten entwickelt und erfordert große Anstrengungen alle Zielgruppen (Lieferanten, Softwareentwickler, Einkäufer, Berater, etc.) ohne Weisungsbefugnis gleichsam zu moderieren.

Die Entscheidungen für die Softwareeinführungen lösen in den Unternehmen einen technologiegetriebenen Wandel aus. Die Projektteams, die zumeist aus Mitarbeitern verschiedener Fachabteilungen (Key User) sowie Mitgliedern der IT-Abteilungen (Applikationsbetreuer) gebildet wurden, wurden dadurch zu Agenten des Wandels (Hohl-mann 2007). Entscheidend ist die Selektion der Key User, welche technische und soziale Dimensionen der neuen Rolle berücksichtigen sollte. Ferner wurden die Key User spe-ziell durch Trainings auf ihre neue Rolle vorbereitet, welche Grundlagen und Praxisbei-spiele von sozialen Dimensionen der Veränderungen vermittelten. Hierzu gehörten das Verstehen von Veränderungskurven von Kübler-Ross (1969) sowie das Anwenden didak-tischer Konzepte in der Vermittlung von neuen Systemanforderungen.

In der Tat geht es auch darum Widerstände gegen Systemeinführungen einzuordnen. Häufig geht es auch um das Aufarbeiten misslungener Versuche, welche „verbrannte Erde" hinterlassen haben. Schlechte Erfahrungen aus vorausgegangenen Projekten spielen eine wichtige Rolle. Im Gegensatz zu Lean-Implementierungen können IT-Systeme nicht in kleinen, geschützten Bereichen mit betroffenen Endusern getestet werden. In der Fläche werden die Mitarbeiter kurz vor dem sogenannten „Go Live", also dem Produktivstart, trainiert. Hohlmann (2007) postuliert mikrostrukturelle Netzwerke als alternative Organisationsform zur Hierarchie in Veränderungsprozessen. Diese lateral aufgestellten Netzwerke konnten wir auch beobachten. Die kooperative Bewältigung komplexer Aufgaben, oft unter extremem Zeitdruck, stärkt das Vertrauen in die zukünftige gemeinsame Leistungsfähigkeit. Nach Abschluss der durch Komplexität risikobehafteten Projekte, insbesondere nach solchen, die nicht in der Idealkurve ursprünglicher Vorstellungen verlaufen waren, wächst das gegenseitige Vertrauen in die gemeinschaftliche Leistungsfähigkeit. Dieses gegenseitige Vertrauen führt die Projektteams zu mikrostrukturellen Netzwerken zusammen und unterscheidet sie von der restlichen Organisation. Die informellen Aufgaben bei der Lösung oder Abschwächung von Systemfehlern oder -schwächen in den Reorganisationsphasen führen zu besseren Verständigungsprozessen im Projektverlauf.

Eine wesentliche Rolle spielten zu Beginn des Implementierungsprozesses auch die internen Change-Leadership-Teams und Process-Improvement-Teams, welche die globale Koordination aller Kommunikations- und Weiterbildungsaktivitäten steuerten. Projekte dieser Dimension machen Führungswechsel im Projektmanagement notwendig. Hier ist klar zu empfehlen, den Geschäftsbereichen die Projektverantwortung zu überlassen, in welchem das ERP-System eingeführt wird; d. h. zu dezentralisieren.

Positiven Einfluss haben die Perspektivwechsel von der Innovations- in die Routinelogik, also von eher lateral geführten Teams zurück in traditionelle Führungsmuster für das Zusammenspiel von Projektmanagement und Sponsorship, also auf die Verständigung im Implementierungsprozess. Nebenbei sei vermerkt, dass neben der Idee der unterstützenden Hierarchie, klare Zielvereinbarungen im Rahmen der jährlichen Managementbeurteilung mit den „Routine-Managern" getroffen werden, wie sie konkret „Innovationsprojekte" unterstützen. Letztlich können laterale Führungssysteme nicht nur Licht in die Routine- und Innovationslogik von Unternehmen bringen, sondern auch helfen, nach und nach technische und soziale Systeme zusammenzuführen.

Laterale Führungsspitzen als Erfolgsfaktor bei der ERP-Implementierung

Ein besonderer Erfolgsfaktor bei der Integration von Daten und Geschäftsprozessen liegt in der Etablierung von „lateralen Führungsspitzen". Diese strukturelle Entscheidung führte zu einer dualen Führung, welche die globale Leitung wie auch die regionalen Projektleitungen betraf. Der ERP-Implementierungsprozess wurde folglich gleichberechtigt durch einen IT-Manager und einen Business Manager geführt; unterstützt durch externe Manager des Softwareentwicklungsunternehmens sowie verschiedener Beratungsinstitute.

6.4   Die Rolle der Beratung

In einem Veränderungsprozess auftretende Konflikte können, so die Idee Luhmanns (2016), dazu dienen, dass die Organisation ein komplexeres Bild von sich und ihrer Umwelt produziert. Aus einer sozialwissenschaftlichen Perspektive zur Organisationsberatung sind Konflikte demnach nicht primär Defekte im System oder in einer Person. Vielmehr entstehen diese daraus, dass die in jeder Organisation angelegten Widersprüchlichkeiten, Paradoxien und Dilemmata in an Personen gebundenen Konfliktkonstellationen zum Vorschein kommen.

Die Hoffnung wäre aus der Sicht von Kühl (2017), dass das Konzept der „Rationalitätslücken" einen Rahmen für die Diskussionsstränge über den Wandel von offensichtlichen und versteckten Strukturen und über die Bedeutung von Macht in Beratungsprozessen bzw. die Rolle von Mythen und Fiktionen in der sozialwissenschaftlichen Beratung bietet (Kühl und Modaschl 2010). Wenn es gelingt, das Ineinandergreifen von Verständigung, Macht und Vertrauen in Organisationen und die Wechselbeziehungen mit der Formalstruktur der Organisation als Führungssystem zu verstehen, dann können Veränderungsprozesse von Lateraler Führung profitieren.

Die Aufgabe der Consultants ließe sich am besten als diejenige von Moderatoren beschreiben. Sie sollten nicht inhaltlich arbeiten, sondern durch Moderation Hilfe zur Selbsthilfe leisten. So unterstützten sie die Teams, eigenständig Analyse und Konzepterstellung durchzuführen. „Ownership" müsse dabei bei Führungskräften und Mitarbeitern bleiben. Sofern gewünscht, könne man den Führungskräften darüber hinaus einen persönlichen Coach zur Seite stellen.

Wünschenswert sind in der Tat auch Veränderungen der Beraterszene. Sicher sind Lean-Implementierungen und im besonderen ERP-Einführungen ohne eine Vielzahl von externen Beratern nicht machbar. Dennoch sollte stärker in die Ausbildung von Beratern hinsichtlich der sozialen Dynamik von Veränderungsprozessen investiert werden. In diesem Zusammenhang empfehlen wir die Weiterentwicklung für Projektteams in konkreten Arbeitsbeziehungen.

6.5   Fazit

Veränderungen von Organisationen sind stets auch soziale Innovationen und damit praxisbezogen. Deshalb ist es manchmal besser, nicht mit fertigen Konzepten zu beginnen, sondern diese erst später im Laufe eines Prozesses iterativ zu entwickeln. Strukturelle Analysen der Einflussmechanismen sind weit wichtiger für die Innovationsfähigkeit als individuelle Situationsanalysen und die Weiterentwicklung von Führungspersönlichkeiten in Unternehmen.

In verschiedenen Medien erscheinen Forderungen, nach einem neuen Bild des Beraters. Das neue SAP-Beraterbild soll heute das Vorstellungsvermögen umfassen, wie sich durch technische Veränderungen auch betriebliche Prozesse und Geschäftsmodelle neu denken lassen. SAP-Berater müssen das Silodenken aufbrechen, um neue Lösungen und Technologien einzubinden. Hier kann das Konzept lateralen Führens Wissen generieren und kreative Lösungsmöglichkeiten für den Beratungsprozess anbieten (Loke 2019).

So stellen sich auch die Autoren Gebhardt et al. (2015) in einer aktuellen Studie der Bertelsmann Stiftung die entscheidende Frage: Wie kann eine zukunftsfähige Führung aussehen? Führungskräfte als „Allwissende", welche den Geführten den richtigen Weg weisen, weil sie Vertrauen haben und davon überzeugt sind, dass es jemanden gibt, der sich besser auskennt als sie selbst. Demografischer Wandel, Globalisierung, Digitalisierung und Individualisierung lassen an diesem Bild von Führung zweifeln. Was kann an die Stelle des traditionellen Verständnisses von Führung treten? Insbesondere verknüpft mit der Frage nach Führung auf der gesellschaftlichen Ebene.

Führung gehört zunehmend zum Angebot im Wettbewerb um beste Ressourcen. Nicht nur freie Mitarbeiter, sondern die breite Masse qualifizierter Fachkräfte bestimmt zunehmend selbst, wie sie geführt werden möchte, also wann sie was für wen zu welchen Bedingungen Leistung erbringen möchte. Die Vorstellung, dass Hierarchien nicht länger die Strukturen und Entscheidungsprozesse in Veränderungsprozessen bestimmen, kann vernachlässigt werden. Hierarchien werden sich prinzipiell kaum ändern und laterale Mechanismen können sehr wohl im Umfeld hierarchischer Systeme funktionieren. Auch die Digitalisierung oder globale ERP-Systeme werden das Silodenken bzw. lokale Rationalitäten in arbeitsteiligen Organisationen nicht abschaffen.

Laterale Führung heißt nicht, dass es keine Hierarchien mehr gibt

Laterale Führung ist die Chance, Veränderungsprozesse nachhaltig und belastbar zu steuern. Bewährte, hierarchische Systeme, werden in ihrer prinzipiellen Struktur dabei kaum verändert. Die Erfahrungen aus verschieden ERP-Einführungen zeigen signifikante Veränderungen in der Ablauforganisation, jedoch keine Änderung im Aufbau der Gesamtorganisation. Bei der erfolgreichen Implementierung neuer Systeme und deren kontinuierliche Optimierung hilft Laterale Führung eingebettet in hierarchischen Strukturen. Das Dilemma bleibt, einerseits flexible Anpassungsfähigkeit gewährleisten und andererseits eine stabile Grundkonfiguration des Systems und eine Kontinuität der Wertschöpfung zu sichern.

Literatur

Bleicher K (1999) Das Konzept integriertes Management: Visionen – Missionen – Programme, St. Galler Management-Konzept, Bd. 1, 5. Aufl. Campus, Frankfurt a. M.

Cevey B, Prange P (1998) Vom Nutzen der Veränderung: Personalentwicklung und Organisationsentwicklung im Zeichen des Wandels. In: Spalink H (Hrsg) Werkzeuge für das Change Management: Prozesse erfolgreich optimieren und implementieren. FAZ Wirtschaftsbücher, Frankfurt a. M., S 113–142

Crozier M, Friedberg E (1977) L'acteur et le systeme. Seuil, Paris

Emiliani ML, Stec DJ (2005) Leaders lost in transformation. Leadersh Organ Dev J 26(5):370–387

Gebhardt B, Hofmann J, Roehl H (2015) Zukunftsfähige Führung. Bertelsmann, Gütersloh

Gilley A, Gilley J, McMillan H (2009) Organizational change: motivation, communication, and leadership effectiveness. PIQ 21(4):75–94

Herold et al. (2008) The effects of transformational and change leadership on employees' commitment to a change: A multilevel study. https://doi.org/10.1037/0021-9010.93.2.346

Higgs M, Rowland D (2005) All changes great and small: exploring approaches to change and its leadership. J Change Manag 5(2):121–151

Hohlmann B (2007) Organisation SAP Soziale Auswirkungen technischer Systeme, Shaker Düren

Karp T (2006) Transforming organisations for organic growth: the DNA of change leadership. J Change Manag 6(1):3–20

Kohnke O, Bungard W (2005) SAP-Einführung mit Change Management. Gabler, Wiesbaden

Kotter JP (1996) Leading change. Harvard Business School Press, Boston

Kübler-Ross E (1969) On death and dying. Macmillan, New York

Kühl S (2010) Rationalitätslücken als Ansatzpunkt einer soziologischen Beratung. In: Stefan Kühl und Manfred Moldaschl (Hrsg) Organisation und Intervention. Ansätze für eine sozialwissenschaftliche Fundierung von Organisationsberatung. München, Mering, Rainer Hampp Verlag S. 215–244

Kühl S (2017) Laterales Führen. Springer, Wiesbaden

Kühl S, Moldaschl M (2010) Organisation und Intervention: Ansätze für eine sozialwissenschaftliche Fundierung von Organisationsberatung. Organisation, Intervention, Evaluation. Hampp, München

Kühl S, Schnelle T (2009) Führen ohne Hierarchie. Macht, Vertrauen und Verständigung im Prozess des Lateralen Führens. OrganisationsEntwicklung 2:51–60

Kühl S, Schnelle T, Schnelle W (2004) Führen ohne Führung. Harv Bus Manag 1:70–79

Loke L (2019) SAP-Beratung wird noch anspruchsvoller. Computerwoche. https://www.computerwoche.de/a/sap-beratung-wird-noch-anspruchsvoller,3546696. Zugegriffen: 14. März 2019

Luhmann N (2016) Der neue Chef. Suhrkamp, Berlin

Madukanya V, Bungard W (2006) Change Management: bei SAP-Implementierungsprojekten? Wirtschaftspsychol aktuell 1:47

Pinnow DF (2008) Führen, worauf es wirklich ankommt. Springer Gabler, Wiesbaden

Rosenberger B (2017) Modernes Personalmanagement. Springer Gabler, Wiesbaden

Rother M (2009) Die Kata des Weltmarktführers – Toyotas Erfolgsmethoden. Campus, Frankfurt a. M.

Steiger T (2004) Das Rollenkonzept der Führung. In: Steigert T, Lippmann E (Hrsg) Handbuch Angewandte Psychologie für Führungskräfte, Bd. 1, 2. Aufl. Springer, Berlin, S 43–73

Weinert A (1989) Führung und soziale Steuerung. In: Roth E (Hrsg) Organisationspsychologie, Enzyklopädie der Psychologie, Bd. 3. Hogrefe, Göttingen, S 552–577

Womack J, Jones D (2004) Lean Thinking – Ballast abwerfen, Unternehmensgewinn steigern. Campus, Frankfurt a. M.

Gustav Giest (M. A.) ist Dozent für Change Management & Leadership an der Rheinischen Fachhochschule Köln. Nach dem Studium der Sozialwissenschaften an der Universität Tübingen leitete er das Interviewer Ressort im Institut für Demoskopie in Allensbach. Nach verschiedenen Tätigkeiten in der Marktforschung und bei Unternehmensberatungen bekleidete er von 1989 bis 2012 unterschiedliche Managementfunktionen bei dem Automobilhersteller Ford (z. B. als Leiter Führungskräfteentwicklung und als Change Expert bei der globalen Einführung von Lean Manufacturing sowie als Manager, Change Leadership und Lean Process in globalen ERP/SAP Projekten). Gustav Giest publiziert zu den Themen: Gruppenarbeit in der Industrie, Personalmanagement in Europa sowie Persönlichkeit als Erfolgsfaktor in Führungsprozessen.

Teil II

Future Business Management

Digitalisierung – Warum redet plötzlich jeder über Nullen und Einsen?

7

Stephan Erlenkämper

7.1 Warum kaufen Kunden – warum verkaufen Anbieter?

Will man analysieren, warum die Digitalisierung Einfluss auf das Wirtschaftsgeschehen im Allgemeinen und den wirtschaftlichen Erfolg einzelner Anbieter im Besonderen haben könnte, gilt es zunächst zu ergründen, warum Kunden kaufen – oder auch nicht. Schließlich ist die Realisierung von Umsätzen für einen Anbieter notwendige Bedingung für ökonomischen Erfolg. Umsatz entsteht aus geschäftlichen Transaktionen, die durch einen Vertrag, d. h. durch zwei korrespondierende Willenserklärungen, zustande kommen. Folglich ist es die erste Erfolgsgrundlage eines jeden Anbieters, Nachfrager zu finden, die bereit sind, die angebotene Leistung zu erwerben (Klunzinger 1997).

Die einschlägige Marketingliteratur führt hierzu aus, dass ein Nachfrager dann eine Kaufabsicht zeigen wird, wenn der von ihm wahrgenommene Nettonutzen einer Transaktion positiv ist, d. h. er durch Realisierung der Transaktionen c. p. einen Nutzenzugewinn erfahren wird (Meffert 1998). Dabei wird Nettonutzen als die Differenz zwischen dem Nutzen der Transaktion und den für die Transaktion aufzuwendenden Transaktionskosten verstanden. Sowohl bei dem Transaktionsnutzen, wie auch bei den Transaktionskosten handelt es sich einerseits um Größen rein subjektiver Wahrnehmung des jeweils einzelnen Nachfragers und sowohl Transaktionsnutzen als auch -kosten können zugleich monetäre und vorökonomische Komponenten umfassen (Simon 1995; Plinke 1995).

Resultiert aus dem Abgleich von subjektiv wahrgenommenen Transaktionsnutzen und -kosten ein positiver Residualwert in Form eines subjektiven Nettonutzens, kommt eine Durchführung der Transaktion für den Nachfrager grundsätzlich infrage. Nun steht

S. Erlenkämper (✉)
Rheinische Fachhochschule Köln (RFH), Köln, Deutschland
E-Mail: stephan.erlenkaemper@rfh-koeln.de

© Springer-Verlag GmbH Deutschland, ein Teil von Springer Nature 2019
M. Groß et al. (Hrsg.), *Zukunftsfähige Unternehmensführung*,
https://doi.org/10.1007/978-3-662-59527-5_7

aber ein Anbieter mit seinem Angebot in der Regel nicht allein bzw. der Nachfrager hat die Auswahl zwischen verschiedenen Alternativen, die in seiner subjektiven Sicht in substitutiver Beziehung stehen – einschließlich der Option des Nichtkaufs. So wird der Nachfrager die vorgeschilderte Nettonutzenarithmetik für jede wahrgenommene Option durchführen und sodann diejenige Option ergreifen, die den höchsten Nettonutzenzugewinn verspricht.

Die Wahrscheinlichkeit, dass sich ein Nachfrager für das Angebot eines spezifischen Anbieters entscheiden wird, steigt folglich mit der subjektiven Nettonutzenwahrnehmung, die der Nachfrager dem Angebot des jeweiligen Anbieters attestiert. Dies impliziert im Umkehrschluss, dass die Erfolgsaussicht des Anbieters auf Abschluss einer Transaktion steigt, desto größer die Übereinstimmung zwischen dem vom Kunden subjektiv wahrgenommenen Leistungsversprechen des Anbieters abzüglich der subjektiv wahrgenommenen Transaktionskosten ist. Desto näher der Anbieter mit seinem Angebot den Vorstellungen des Kunden kommt, desto eher wird der Kunde bereit sein, das jeweilige Angebot wahrzunehmen. Die Marketingliteratur greift diesen Umstand als „Kundennähe" bzw. als „Effektivität" (Plinke 1995). Drucker formuliert hierzu, bei der Effektivität drehe es sich um „doing the right things" – man möge als Anbieter diejenigen Dinge tun, die der Kunde goutiert und die ihn über seine subjektive Wahrnehmung von Nutzen und Kosten überzeugen, dasjenige Angebot mit höchstmöglichem Nettonutzen gewählt zu haben. Zur Steigerung des vom Kunden wahrgenommenen Nettonutzens bzw. seiner Effektivität kann der Anbieter also sowohl die Nutzenkomponenten näher an den Kunden rücken, in dem er z. B. Leistungsbestandteile individualisiert, oder sich bemühen, die für den Kunden resultierenden Transaktionskosten zu reduzieren, in dem er z. B. den Preis senkt (Drucker 1973).

Damit die Realisierung von Umsätzen für einen Anbieter aber zu ökonomischem Erfolg führt, muss dieser neben der notwendigen Bedingung der Effektivität gleichzeitig als hinreichende Bedingung Sorge tragen, dass geschlossene Transaktionen für ihn rentabel sind. Die mit einer Transaktion (einer Kundenbeziehung) verbundenen Gesamtkosten dürfen die Erlöse der Transaktion (der Kundenbeziehung) nicht übersteigen. Diese Sichtweise bezieht sich auf die internen Produktions- und Leistungserstellungsstrukturen des Anbieters. Drucker führt in diesem Zusammenhang aus, dass es um „doing things right" gehe und bezeichnet diese Perspektive als Effizienz der Marktbearbeitung. Zur Steigerung der Effizienz der Marktbearbeitung kann der Anbieter beispielhaft versuchen, Economies of Scale und Scope zu realisieren (Drucker 1973).

Für sich genommen sind die Perspektiven von Effektivität und Effizienz vermeintlich trivial und leicht steuerbar. Komplexität erlangt hingegen der Versuch, beide Zieldimensionen gleichzeitig zu erfüllen, dadurch, dass die jeweiligen Maßnahmen einander widersprechen können. Während es aus Effektivitätssicht eine gute Idee sein mag, ein Produkt zu individualisieren, stört dies gleichzeitig die Effizienz, da es möglicherweise Skalenvorteile erodiert. Eine Erhöhung des Preises steigert ganz unmittelbar die Rentabilität einer Transaktion und somit die Effizienz – mindert aber über die Transaktionskosten den vom Kunden wahrgenommenen Nettonutzen und somit die Effektivität. Effektivität und Effizienz stehen folglich in einem Zielkonflikt (Backhaus 1999).

Für den Anbieter gilt es nun, diejenige Leistungskonfiguration ausfindig zu machen, die c. p. die Effektivität stärker steigert, als dass sie die Effizienz mindert – et vice versa. Trifft er die Abwägungen derart geschickt, dass er gegenüber seinen Wettbewerbern sowohl ein höheres Effektivitäts- als auch Effizienzniveau erreicht, resultiert ein Alleinstellungsmerkmal, das Backhaus als „komparativen Konkurrenzvorteil (KKV)" bezeichnet (Backhaus 1999). Ein typischer Anbieter der, zumindest für den Moment, eine solche Position erreicht haben mag, scheint Apple zu sein. Einerseits erfreuen sich die Produkte offenbar erheblicher Beliebtheit, was auf gute Effektivität schließen lässt, und andererseits scheint das Unternehmen auch ökonomisch sehr erfolgreich zu sein, was auf eine hervorragende Effizienz hindeutet.

Die Kombination von Effektivitäts- und Effizienzaspekten ist jedoch alles andere als einfach – und dieser Zielkonflikt wird in der marketingrelevanten Literatur an verschiedenen Stellen und in unterschiedlichsten Kontexten immer wieder thematisiert. Während Drucker noch recht normativ postuliert, man solle „die richtigen Dinge richtig tun", relativiert Porter mit dem Modell der U-Kurve den Zusammenhang zwischen Effektivität und Effizienz und schließt die gleichzeitige Realisierung von Kosten- und Qualitätsvorteilen wirtschaftlich als „zwischen den Stühlen sitzend" sogar als ökonomisch nachteilig aus (Porter 2004).

7.2   Was hat das nun mit Digitalisierung zu tun?

Den Zusammenhang von Effektivität und Effizienz greifen auch Evans und Wurster (2000) auf, wenn Sie im Kontext der Informationsökonomie analysieren, dass es schon immer möglich gewesen sei, mit großer Reichhaltigkeit zu kommunizieren – in dem man z. B. ein persönliches Gespräch führt. Diese von den Autoren als Kommunikationssreichhaltigkeit bezeichnete Dimension entspricht folglich der Effektivitätssicht der früheren Diskussion. Spiegelbildlich sprechen sie von Kommunikationsreichweite und beziehen sich damit auf die Effizienz. Auch hohe Kommunikationsreichweite war schon immer problemlos möglich – man denke nur an Fernsehwerbung. Analog des Zielkonflikts zwischen Effektivität und Effizienz im klassischen Marketing sehen Sie eine Kombination von hoher Kommunikationsreichhaltigkeit und hoher Kommunikationsreichweite als – zumindest wirtschaftlich – zunächst unerreichbar an, da beide Dimensionen im sog. „Trade-Off der klassischen Informationsökonomie" stehen (Evans und Wurster 2000).

Wie die Evans und Wurster (2000) ausgeführt haben, sorgen zunehmende Vernetzung und Etablierung von Kommunikationsstandards dafür, dass sich dieser Zielkonflikt entschärft. Typische Beispiele hierfür sind heute in Form interaktiver Webanwendungen allgegenwärtig. Man denke z. B. an die Abermillionen Suchen bei Google, die nicht nur individuelle Suchbegriffe entgegennehmen, sondern darüber hinaus auch noch

Umweltfaktoren, wie die Person des Suchenden oder seine geografische Position berücksichtigen und mit höchst individuellen Ergebnislisten antworten. Selbstredend stoßen Reichweite und Reichhaltigkeit nach wie vor an Grenzen, aber sie haben die in der analogen Offline-Kommunikation erreichbaren Niveaus zweifelsohne lange hinter sich gelassen.

Die von Evans und Wurster (2000) aufgeführten „Enabler" dieser Entwicklung in Form der zunehmenden Vernetzung und der Etablierung von Kommunikationsstandards weisen nun den Weg in das theoretische Gebäude der Digitalisierung. Der Wortbedeutung nach impliziert Digitalisierung nichts anderes als die Übersetzung ehemals analoger, stetiger Signale in einen unmissverständlichen Binärcode aus Einsen und Nullen. Diese Transformation stetiger Frequenzkurven in binäre „Treppen" mag manchem Musikliebhaber noch aus den 1980er Jahren, in denen leidenschaftliche Diskussionen über Bitzahlen des Digital-/Analogwandlers von CD-Spielern geführt wurden, bekannt vorkommen. Mit zunehmenden Rechenleistung und Übertragungsbandbreiten ist diese Diskussion zwar in den Hintergrund gerückt, gleichwohl ist sie aber gleichermaßen Grundlage der von Evans und Wurster (2000) genannten Vernetzung und Etablierung von Kommunikationsstandards.

Einer Vernetzung von Dingen geht der Wunsch voraus, dass diese Dinge untereinander Daten austauschen können. Die digitale Abbildung von und die aus der Unmissverständlichkeit resultierende, nunmehr nicht mehr erforderliche bzw. mögliche Interpretation der Daten setzt voraus, dass sich die Kommunikationspartner vorab auf einen Kommunikationsstandard einigen. Digital übertragene Daten sind, einen bekannten und von beiden Kommunikationspartnern gleichsam befolgten Kommunikationsstandard vorausgesetzt, unmissverständlich und eindeutig – und ihre Übertragung erfolgt verlustfrei. Eine vergleichbare Übertragung von Schallwellen als Beispiel eines analogen Signals ist hingegen stets mit Informationsverlust verbunden – und die digitale Übertragung nimmt, nicht zuletzt dank modernen Kompressionstechnologien, sogar deutlich weniger Datenvolumen in Anspruch, als die Übertragung analoger Signale (Schössler 2000). Somit hat die digitale Abbildung analoger Daten die Entstehung von Kommunikationsstandards unterstützt.

Allerdings vermag die schiere Möglichkeit eines Austauschs standardisierter Informationen noch nicht dafür zu sorgen, dass es tatsächlich zu einer Kommunikation zwischen Maschinen kommt. Hierzu ist mit der Vernetzung der zweite von Evans und Wurster (2000) genannte „Enabler" zusätzlich erforderlich: Letztlich muss eine der beiden Maschinen, zwischen denen eine Kommunikation etabliert werden soll, die Kommunikation beginnen und die andere Maschine ansprechen (können). An dieser Stelle sind in den letzten Jahren sog. (Web-)Services bzw. „serviceorientierte Architekturen" entstanden. Maschinen verschiedenster Art bieten ihre Dienste bzw. Funktionen in Netzwerken an und warten darauf, von anderen Maschinen angesprochen zu werden. Benötigt eine Maschine die Funktion einer anderen Maschine, kann sie ihren gewünschten Kommunikationspartner entweder direkt ansprechen, oder einen geeigneten

Kommunikationspartner über einen Servicebroker (sog. UDDI) ermitteln. Soll sodann eine Kommunikation etabliert werden, kann die anfragende Maschine die erforderlichen Parameter der Kommunikation über standardisiert bereitgestellte Beschreibungsdokumente (WSDL) erfragen und die jeweilig gewünschte Funktion aufrufen.

Die Digitalisierung analoger Daten als technischer Prozess der Transformation von Daten in Binärmuster war und ist somit Voraussetzung dafür, dass Maschinen autark und ohne Interpretationsspielraum Kommunikationsbeziehungen eröffnen und ihre wechselseitigen Funktionen aufrufen bzw. nutzen können. Was sich zunächst nach einem abstrakten Zukunftsszenario anhören mag, ist im Alltag bereits ganz allgegenwärtig und sei – ohne Anspruch auf technische Vollständigkeit – an zwei Beispielen illustriert:

- Während früher ein Schwimmer im Tank eines Autos letztlich über eine Welle/ Bowdenzug ein mechanisches Signal an die Tankanzeige geliefert und ihren Zeiger bewegt hat, liefert er heute ein digitales Messergebnis an das zentrale Informationssystem des Fahrzeugs. Dort ist die Information nun für alle Subsysteme des Autos verfügbar – sei es die nun ebenfalls digital gesteuerte Tankanzeige, der Bordcomputer, der die geringe Restreichweite anmahnt, oder das Navigationssystem, das selbstständig vorschlägt zur nächsten Tankstelle zu navigieren.
- Aber auch jenseits prinzipiell geschlossener Systeme, wie dem des Automobils, sind serviceorientierte Architekturen im Alltag bereits ganz selbstverständlich: Die Bestellung in einem Online-Shop kann bereits in der Auswahlphase durch Services dritter Anbieter unterstützt werden. Spätestens bei Aufgabe einer Bestellung können aber nur die wenigsten Anbieter auf Einschaltung Dritter überhaupt verzichten. Sei es für die Funktion „Mit Facebook anmelden", bei dem der Webshop die Legitimationsfunktion einer anderen Maschine nutzt, oder die Auslösung der Zahlung. In der Regel wird der Webshop hierbei im Hintergrund eine Kommunikation mit einem Paymentprovider initiieren und (mindestens) eine ID und den erforderlichen Betrag nennen. Sodann gibt der Kunde seine Zahlungsdaten in ein vom Paymentprovider bereitgestelltes und in die Shopseite eingebettetes Fenster ein, der Paymentprovider prüft und veranlasst die Belastung des Zahlungsmittels mit dem vorgenannten Betrag und signalisiert dem Shopsystem, ob die Belastung erfolgreich war. Dieses spiegelt das Ergebnis sodann dem Kunden, verarbeitet im Erfolgsfalle die Bestellung und erwartet den Zahlungseingang unter der initial mitgeteilten ID von dem Paymentprovider.

Die vorstehenden Ausführungen mögen zeigen, dass die Digitalisierung Auswirkungen jenseits der Wortbedeutung der Transformation analoger Daten in binäre Muster hat. Vielmehr löst sie den Zielkonflikt der Informationsökonomie (Evans und Wurster 2000) und bietet die technische Grundlage für eine dynamische, autarke Kommunikation zwischen Maschinen, die somit in die Lage versetzt werden, ihre jeweiligen Spezialfunktionen anlassbezogen anzubieten resp. aufzurufen.

7.3   Und warum ist Digitalisierung nun plötzlich allgegenwärtig?

In Anlehnung an Porter (2014) wird der Wertschöpfungsprozess eines Unternehmens oftmals in Form einer Wertschöpfungskette visualisiert. Porter differenziert zwischen Primäraktivitäten, die unmittelbar der eigentlichen Leistungserstellung dienen und sich – in Abhängigkeit des jeweilig verfolgten Geschäftsmodells – z. B. in Forschung und Entwicklung, Einkauf, Lagerhaltung, Produktion, Vertrieb, etc. unterteilen und unterstützenden Aktivitäten, wie Personalwirtschaft, Buchhaltung, Datenverarbeitung, etc., deren Ausübung die Primäraktivitäten ermöglicht (Porter 2014). Gleichermaßen respektiert das Modell, dass Unternehmen nicht allein stehen und sieht mit der horizontalen (Fokus auf Betriebe gleicher Produktionsstufe), der vertikalen (Fokus auf vor- oder nachgelagerte Wertschöpfungsstufen) und der lateralen (Fokus auf unterschiedliche Produktionsstufen) Integration Verknüpfungen mit korrespondierenden Wertschöpfungsketten vor. Bedeutsam hierbei ist aber, dass es sich stets um hierarchische Verknüpfungen im Sinne einer Integration handelt, was sich durch die Betonung der Zusammenführung unter gemeinsamer Unternehmensleitung niederschlägt. Trotz Berücksichtigung der verschiedenen Verknüpfungsmöglichkeiten folgt dieses klassische Modell folglich einem Verständnis von Wertschöpfungsketten als implizit geschlossener Ökosysteme.

Dieses Verständnis überrascht nicht – schließlich ist der Koordinationsbedarf zwischen Wertschöpfungsstufen hoch und hierarchische Verknüpfungen sind ein Mittel, den Koordinationsaufwand zu beherrschen. In der heutigen Zeit, unter Einsatz der Mittel der Digitalisierung und ihren Beiträgen zu Vernetzung und Kommunikationsstandards, haben sich die Möglichkeiten nicht-hierarchischer Koordination erleichtert, wodurch dynamische und sogar selbstorganisierte Optionen der Verknüpfung einzelner Wertschöpfungselemente zu dynamischen Wertschöpfungsnetzwerken entstanden sind.

An dieser Stelle sei beispielhaft auf das „Programmatic Advertising", einer aktuellen Form der dynamischen Ausspielung von Online-Werbung, verwiesen. Statt als Werbetreibender im Vorfeld eine feste Werbeplatzierung buchen zu müssen, wird die Werbeeinblendung im Moment des Aufrufs der Webseite durch einen Besucher unter allen Werbetreibenden auf einer Plattform versteigert. Hierzu werden besondere Charakteristika des Besuchers genannt und die potenziellen Werbetreibenden können ihre Gebote unter Berücksichtigung dieser Eigenschaften abgeben. In Sekundenbruchteilen ermittelt die Plattform den Auktionsgewinner und spielt die Werbung auf der Webseite aus (o. V. 2019a). So kombiniert dieser Prozess verschiedenste Teilnehmer miteinander in einer Wertschöpfungskette – obwohl die verschiedenen Parteien (besuchte Webseite, Plattform und Werbetreibende) in keinerlei hierarchischer Beziehung zueinander stehen, die fokale Kombination zuvor möglicherweise noch nie da gewesen war und möglicherweise auch nie wieder in dieser Konstellation auftreten wird.

Allgegenwärtig sind mittlerweile sogenannte „long-tail"-Angebote. Während die klassische ABC-Analyse argumentiert, dass Anbieter mit einer nur kleinen Auswahl von Waren ihre maßgeblichen Umsatzanteile bestreiten und es folglich betriebswirtschaftlich richtig erscheint, Sortimente zu limitieren, hebt Anderson hervor, dass die bei diesem Ansatz ignorierten Sortimentsbestandteile bei kumulierter Betrachtung ihrerseits ein durchaus beträchtliches Umsatzpotenzial bergen, das auch wirtschaftlich erreichbar scheint, so es gelingt, die mit der Aufnahme zusätzlicher Artikel üblicherweise auftretenden Grenzkosten zu vermeiden (Anderson 2009). Mit Amazon, eBay, Airbnb, Uber & Co. wird dieser Gedanke von den heute sehr verbreiteten Plattformmodellen vollzogen: Statt im Sinne der hierarchischen Verknüpfung von Wertschöpfungsketten als einzelner Anbieter alle bezogenen Artikel selber im eigenen Namen und auf eigene Rechnung einzukaufen (resp. Infrastrukturen und Kapazitäten aufzubauen und zu unterhalten), zu lagern und im Bestellungsfalle an den Kunden zu versenden, werden Dritte in die eigene Wertschöpfungskette eingebettet. Die Leistung des jeweiligen Zulieferers wird in die eigene Angebotspräsentation informatorisch integriert und im Bestellungsfalle wird der jeweilige Auftrag an den Dritten weitergeleitet – der ihn sodann mit unterschiedlicher Integrationstiefe erfüllt. Zwischenzeitlich sind wiederum derivative Plattformen entstanden, auf denen Anbieter ihre Leistungen einmal registrieren und diese sodann die Leistungen an beliebige Marktplätze ausspielen. In der Konsequenz bilden sich Wertschöpfungsketten erst dynamisch in dem Moment der Beauftragung.

Aus vertraglicher Perspektive ist das Angebot von Waren und Dienstleistungen im fremden Namen/auf fremde Rechnung selbstredend nicht neu, man denke nur an den klassischen Immobilien- oder Börsenmakler. Die technische/informatorische Integration zeigt in heutigen Modellen jedoch einen wesentlich höheren Automatisierungsgrad. Dies betrifft einerseits die möglicherweise automatische Auswahl von Partnern und andererseits die aufgrund der reduzierten Grenzkosten der Verknüpfung nunmehr mögliche Granularität. Im Gegensatz zu den „klassischen" Webservices, die funktional in der Regel einen abgeschlossenen Funktionsbereich im Sinne einer klassischen Primäraktivität umfassen, wie z. B. den vollständigen Zahlungsvorgang oder die Auftragserfüllung, gehen Microservices noch einen Schritt weiter und bieten Möglichkeiten auch innerhalb einer Wertschöpfungsaktivität spezifische Einzelschritte auszulagern. Hierbei kann es sich z. B. um Legitimationsvorgänge (sog. OAuth-Services), das Speichern von Kundendaten oder das Ermitteln von Produktempfehlungen handeln (Newman 2015).

In der Summe sorgen diese technischen Möglichkeiten für eine maßgebliche Reduzierung der Grenzkosten in der Koordination und Ansprache dritter Wertschöpfungselemente. Dadurch ist es dem jeweiligen Anbieter möglich, Funktionen zu nutzen, ohne dafür selber Infrastrukturen aufbauen und auslasten zu müssen, was ganz unmittelbar seine ökonomische Situation verbessert. Die aus der kumulierten Auslagerung an Serviceanbieter resultierende, steigende Auslastung der Infrastrukturen können diese in Form sinkender Grenzkosten an die Auftraggeber weiterreichen, was für diese – zunächst ceteris paribus – ganz unmittelbar in einer Steigerung ihrer Effizienz mündet. Die sinkenden Durchschnittskosten ziehen wiederum weitere Nachfrager an, wodurch die Skalierungsmöglichkeiten der Serviceanbieter weiter steigen – et vice versa (Arthur 2009).

Besonders interessant ist nun aber, dass die Möglichkeiten der Auslagerung nicht nur Effizienzvorteile bieten – sie haben gleichermaßen Auswirkungen auf die mögliche Effektivität der Servicenachfrager, denn diese können nun wiederum neue Leistungsangebote auf Grundlage der Servicenutzung konfigurieren, die die Attraktivität ihrer Angebote für Kunden erhöht und neue Kundensegmente anspricht.

Somit werden sie in die Lage versetzt, gleichzeitig Effektivitäts- und Effizienzvorteile zu erlangen – und diese Kombination ist in dieser Form neu und wird erst durch die technischen Grundlagen der Digitalisierung ermöglicht. Während Porter und die Vertreter der klassischen Marketingliteratur argumentieren, dass Effektivität und Effizienz in einem Zielkonflikt stehen, zeigt sich nun zum einen die Möglichkeit eines gleichzeitigen Fortschritts in beiden Dimensionen. Zum Zweiten reichen die Auswirkungen sogar noch weiter, denn zieht man die vorstehende Argumentation zusammen, zeigt sich, dass sich die realisierten Effektivitäts- und Effizienzvorteile sogar gegenseitig verstärken können: Desto weitreichender die Auslagerungen erfolgen, desto besser können die Serviceanbieter skalieren, desto stärker sinken die Grenzkosten der Serviceerbringung, desto günstiger wird die Servicenutzung für das jeweilige servicenutzende Unternehmen, das durch die Servicenutzung gleichzeitig die Kundennähe seines Angebots steigert. Diese wechselseitigen Verstärkungen sind jedoch nicht nur unmittelbar auf ökonomischer Ebene der Technologie des Serviceangebots zu beobachten, sondern gleichsam auch auf

- der Ebene der Nutzenwirkung für den Endnachfrager: Durch serviceorientierte Architekturen können Geschäftsmodelle miteinander vernetzt werden, woraus indirekte Netzwerkeffekte resultieren. Dies sei an dem Beispiel des OAuth-Service von Facebook illustriert: Facebook bietet einen (Micro-)Service mit Hilfe dessen sich Facebookkunden gegenüber dritten Anbietern legitimieren können, ohne dort eine manuelle Registrierung vornehmen zu müssen. Mit Angebot dieses Service erweitert Facebook den Nutzen der Mitgliedschaft für Kunden, was bei dem den Service nutzenden Partner zu steigenden Conversions und besserem Nutzererlebnis führt – und wiederum den Nutzen einer Facebookmitgliedschaft für Kunden steigert.
- strategischer Ebene: Das Angebot effektivitätssteigernder Funktionserweiterungen war in der „alten Welt" stets mit Investitionen in Form von fixem Aufwand zum Systemaufbau verbunden. Die aus der stets fraglichen Amortisation dieser Investitionen resultierende Einstiegshürde hat den Wettbewerb gebremst. Durch die serviceorientierten Architekturen entfallen nun aber diese Einmalinvestitionen und ehemals fixer Aufwand wird variabilisiert, was zu sinkenden Einstiegshürden und sich intensivierendem Wettbewerb führt.

Es liegt in der Natur der Sache, dass die nunmehr einfachere Einbeziehung dritter Services bzw. die Modularisierung und dynamische Konfektion von Wertschöpfungsprozessen nicht einzelnen Anbietern vorbehalten, sondern für praktisch jeden verfügbar sind. Allerdings setzt die Nutzung der Services voraus, dass sich der den Service nutzen wollende Anbieter entsprechend öffnet, in die Vernetzung eintritt und die eigene

Datenhaltung entsprechend der erforderlichen Standards konfiguriert. Wie sich im Kontext der momentan geführten Omni-Channel-Debatte gut erkennen lässt, scheitern viele etablierte Unternehmen bereits an dieser Hürde. Diesbezüglich sei auf die Arbeiten von Christensen verwiesen (Christensen 1997): Im Rahmen des „Innovator's Dilemma" stellte er fest, dass etablierte Unternehmen einem inkrementellen Innovationsraster folgen – was nach internen Gegeben- und Gebundenheiten aus ökonomischer Sicht auch mehr als nachvollziehbar erscheint. Schließlich mag es aus Sicht eines jahrelang erfolgreichen Unternehmens nicht nachvollziehbar sein, warum man den in der Vergangenheit eingeschlagenen Pfad nun verlassen und alles auf eine Karte mit ungewisser Zukunft setzen sollte. Letztlich stellen entsprechende Historien wirtschaftliche, strategische und auch mentale Wechselkosten dar. Neue Anbieter hingegen verspüren diesen strategischen Lock-In nicht und können neuen Ansätzen vorbehaltlos und mit weitaus geringerer Opportunität folgen. So erscheint es auch völlig plausibel, dass es mit Tesla ein neuer Anbieter war, der die Automobilbranche in Aufruhr versetzt hat – während sich die etablierten Anbieter noch fragen, warum sie denn plötzlich die Abermilliarden Entwicklungskosten von Benzinmotoren als nicht mehr zukunftsfähig abschreiben sollten. Maßgeblich ist, dass sich durch radikale Innovationen (sog. Disruptionen), dem Sprung auf einen völlig neuen Ansatz, Fortschritte erreichen lassen, die im Wege der inkrementellen Innovation nicht aufholbar sind. Dies impliziert, dass sich die den neuen Ansätzen folgenden Unternehmen zunehmend von den bisherigen Anbietern absetzen werden.

Selbstredend – und auch dies liegt wiederum in der Natur der Sache der offenen Vernetzbarkeit – wird sich auch zwischen den neuen Anbietern ein Wettbewerbsgleichgewicht einstellen. Dieses neue Gleichgewicht ist jedoch durch zwei Charakteristika geprägt, die wirtschafts- und gesellschaftspolitisch hinterfragt werden müssen und wohl Ursache der in der Öffentlichkeit geführten Digitalisierungsdebatte sind:

- Wie bereits dargestellt, bietet der inkrementelle Innovationsweg keine Möglichkeit, radikale Innovationsschübe aufzuholen. Dies impliziert, dass etablierte Unternehmen immer weiter abgehängt werden und c. p. nicht überleben werden. Diese Effekte zeigen sich aktuell im stationären Einzelhandel in aller Deutlichkeit. Etablierte Anbieter sind durch historische Opportunitäten (z. B. unflexible vertragliche Konstellationen, wie langlaufende Mietverträge, geschlossene IT-Systeme oder schlichtweg um ein betriebsblindes Festhalten an der herkömmlichen Strategie) in der alten Welt gebunden.
- Andererseits stehen die neuen Möglichkeiten zwar prinzipiell jedem Anbieter offen, sodass c. p. eine „demokratisierende" Wirkung angenommen werden könnte. Nicht zuletzt durch das gebremste Vorgehen und/oder Ausscheiden vieler etablierter Anbieter zeigt der Markt jedoch eine gegenläufige Tendenz zu natürlichen Monopolen. Erinnert sei an Google (Verwaltung der Online-Welt durch Nutzeranalyse und Werbung), Amazon (Handel und IT-Cloud-Services), Facebook (soziale Vernetzung) oder Airbnb (Hotelgewerbe und Tourismus). Die Beispiele zeigen, dass es einzelnen Anbietern in ihrer jeweiligen Nische bereits gelungen ist, marktbeherrschende Stellungen einzunehmen – und der Abstand zum Wettbewerb wird mit jedem Tag größer.

In der Summe zeigen die aktuellen Tendenzen, so sehr sie gesellschaftspolitisch zu hinterfragen sind, dass die Digitalisierung als technische Grundlage und die auf ihr aufbauende Vernetzung und dynamische Allokation von Wertschöpfungsnetzwerken eine gleichzeitige Steigerung der Customer Experience (Effektivität) bei gleichzeitiger Erhöhung der operativen Exzellenz (Effizienz) ermöglicht. Nicht nur, dass damit die klassische Sichtweise des „zwischen den Stühlen sitzend" widerlegt ist, die ehemals in einem Zielkonflikt stehenden Elemente der Effektivität- (Qualitätsführerschaft) und der Effizienz (Preisführerschaft) können nun in einen sich wechselseitig verstärkenden Zusammenhang gebracht werden.

7.4   Digitalisierung führt zu einer neuen „Denke": Open Source, Sharing Economy und Agilität

Die bisherige Betrachtung hat gezeigt, dass sich durch die dynamische Verknüpfung von Wertschöpfungsbeiträgen verschiedener Anbieter Vorteile für alle Parteien ergeben: Serviceanbieter erreichen allein unerreichbare Auslastung und Skalenniveaus, das leistungsanbietende Unternehmen wird durch diese Services in die Lage versetzt, seine Kundennähe zu steigern und gegenüber der Selbsterstellung Aufwand und Risiko der Investitionsamortisation zu sparen und der Endkunde erhält eine günstigere Gesamtleistung, die seine individuellen Bedürfnischarakteristika besser reflektiert. Insofern scheint die dynamische Allokation eine zunächst gute Idee für alle Beteiligten zu sein.

Allerdings stellt sie ihrerseits auch Anforderungen an die Beteiligten: Der Kunde muss in die Lage versetzt werden, die neue Auswahl und den erweiterten Funktionsumfang tatsächlich als Vorteil zu erleben und zu goutieren. Lange Zeit galt hier, dass steigende Auswahl positiv mit Wohlstandszugewinn korreliert ist. Dies mag zutreffen, wenn der Endkunde statt zwischen den ehemals zehn verschiedenen Fernsehgeräten des Händlers im Ort im Elektrofachmarkt zwischen 25 verschiedenen Optionen wählen kann. Wird er aber plötzlich mit einem Sortiment von hunderten oder gar tausenden Optionen konfrontiert, verkehrt sich der Zusammenhang in sein Gegenteil und die zunehmende Auswahl verursacht Überforderung und Paralyse (Swartz 2004). Hier ist der Anbieter gefragt, intelligente, entscheidungsvereinfachende Verfahren zu entwickeln.

Die Anbieter ihrerseits werden ihre verschiedenen Wertschöpfungskomponenten nur dynamisch allokieren können, wenn entsprechende, digitale und standardisierte Schnittstellenanforderungen eingehalten werden. Hierzu ist es jedoch erforderlich, Interna offenzulegen und neuen Prozessverständnissen zu folgen – was in der Regel zunächst auf Widerstand und Ablehnung stößt. Der Serviceanbieter wiederum muss für den Systemaufbau einen großen Initialaufwand stemmen und wird diesen amortisieren wollen. Entsprechend spielt für ihn Geschwindigkeit aus gleich mehreren Gründen eine wichtige Rolle:

- Selbstredend möchte er den für den Systemaufbau eingegangenen Initialaufwand möglichst schnell auf möglichst viele Schultern (Servicenachfrager) verteilen
- Zum Zweiten schafft er durch Schnelligkeit Markteintrittsbarrieren für Wettbewerber und nutzt den Hang des Marktes zum natürlichen Monopol
- Und zum Dritten wird er dem Primat des „fail fast" folgen – einer Überlegung, die der Vorgehensweise der klassischen Forschung & Entwicklung, in der große Projekte von Anfang bis Ende als einmaliger Prozess sequenziell prozessiert werden, zu wider läuft. Tatsächlich ist es aber aus wirtschaftlichen Überlegungen heraus nur sinnvoll, wenn die Option des Scheiterns möglichst frühzeitig eintrifft. Schließlich gibt es aus rein rational-wirtschaftlichen Überlegungen heraus keine schlechtere Option, als am Ende eines langen Projektweges zu erkennen, dass die entwickelte Leistung am Markt keine Abnehmer findet, denn in diesem Fall wurden Geld und Zeit vernichtet, währenddessen der Markt weitergezogen ist und seinen Wettbewerbsvorsprung möglicherweise weiter ausgebaut hat. Folglich sollte die Option des Scheiterns quasi provoziert und Zwischenergebnisse fortwährend auf Marktakzeptanz geprüft werden. Im schlechtesten Fall wird erkannt, dass die sich in Entwicklung befindliche Leistung keine Marktakzeptanz finden wird – aber desto früher dies erkannt wird, desto besser. Vor allem können durch diese fortwährenden Evaluationen aber Erkenntnisse des Marktes gesammelt und „on-the-fly" in die Leistungsentwicklung integriert werden. Dieser letztgenannte Aspekt findet unter dem Stichwort der „Agilität" momentan große Reflexion. Ursprünglich aus dem Bereich des IT-Projektmanagements stammend, stellt er heute große Anforderungen an Unternehmensführung, -organisation und -kultur.

Aber nicht nur auf Anbieterseite zeigt die Digitalisierung Wirkung auf organisationale, kulturelle und emotionale Komponenten. Auf der Nachfragerseite scheinen sich ebenfalls strukturelle Verschiebungen zu ergeben, wenn Bohrmaschinen, Autos, Ferienwohnungen, etc. zunehmend nicht mehr gekauft, sondern „geshared" werden (Taeihagh 2017; Rifkin 2007), wobei dieser eingedeutschte Begriff nur vordergründig den Aspekt einer kostenfreien Überlassung impliziert. Tatsächlich handelt es sich um ausdifferenzierte Mietmodelle mit erheblich reduzierten Eintrittshürden und Transaktionskosten (Tuttle 2014). Statt die Miete eines Automobils im Vorfeld für mehrere Tage mit fester Abhol- und Rückgabestation buchen zu müssen, stehen in vielen Großstädten bereits heute große Flotten von PKW am Straßenrand, die der Nachfrager spontan nutzen und am individuellen Zielort einfach abstellen kann. Die Abrechnung erfolgt sodann vollautomatisch und nutzungsbezogen nach Zeit und zurückgelegter Wegstrecke. Aus funktionaler Perspektive handelt es sich folglich (nur) um eine feinere Aufgliederung des klassischen Mietmodells. Der Volksmund sinniert an dieser Stelle jedoch über die sog. „Sharing-Economy", diskutiert, dass Nachfrager möglicherweise überhaupt kein Interesse mehr an dem Erwerb von Eigentum bestimmter Gegenstände zeigen und führt dies auf die im Laufe der Generationen mutmaßlich geänderten Wertmodelle zurück (Prosinger 2015).

Aus der Entfernung betrachtet erscheint zweifelhaft, ob tatsächlich ein plötzlich sinkender Eigentumswunsch der Nachfrager hier ursächlich ist, oder ob nicht vielmehr
die aus der Digitalisierung resultierenden Entwicklungen neuer Geschäftsmodelle den
Nachfragern vor Augen geführt haben, dass sich ein gegenüber früheren Zeiten unverändertes Bedürfnis nun mit wesentlich weniger starren Produkt- und Geschäftsmodellen
befriedigen lässt. Hat der Nachfrager einmal gelernt, dass sein Anliegen mit besseren
Kompromissen beantwortbar ist, verliert das bisherige Angebot plötzlich seine Wertschätzung. Oder anders formuliert: Bedürfnis (Mobilität, Loch in der Wand, Musikstück
X hören) und typische Problemlösung (PKW kaufen, Bohrmaschine kaufen, CD kaufen)
bleiben unverändert – aber im relativen Vergleich verliert die bisherige Problemlösung
Wertschätzung, wenn der konkrete Mobilitätswunsch durch ein zur konkreten Bedürfnissituation passendes Angebot (Mobilität: passendes Fahrzeug – Cabriolet, Kombi,
etc.; Loch in der Wand: Bohrmaschine für kurze Zeit mieten statt kaufen; Musikstück:
jetzt streamen statt morgen die CD kaufen) per nutzungsgerechter Abrechnung und ohne
Koordinationsaufwand befriedigt werden kann. Statt gesellschaftlichen Wertewandel zu
unterstellen, könnte alternativ über den nunmehr mündigeren Verbraucher diskutiert werden, der überhaupt nie ein Auto, eine Bohrmaschine oder eine CD hat kaufen wollen – es
für ihn jedoch stets die im Spiegel der jeweiligen Zeit bzw. des vorhandenen Angebots
einzig verfügbaren Optionen der Bedürfnisbeantwortung waren.

Folgt man dieser Überlegung, erscheint Digitalisierung plötzlich in einem völlig
anderen Kontext: Wenngleich Digitalisierung ihre technischen Wurzeln natürlich in
der Informationstechnologie hat, dreht sie sich mitnichten um IT. Vielmehr liefert sie
Möglichkeiten und Antworten, bessere Leistungskonfigurationen günstiger zu realisieren. Tatsächlich handelt es sich also um ein strategisches Thema, das mit entsprechender
Tragweite und Verantwortung im Unternehmen verfolgt werden sollte.

7.5   Digitalisierung kratzt bislang nur an der Oberfläche

Es wurde gezeigt, dass Digitalisierung über die von ihr ausgehenden, disruptiven Optionen zur dynamischen Allokation von Wertschöpfungsaktivitäten nicht nur Effektivität
und Effizienz zu steigern vermag, sondern diese sogar aus dem klassischen Zielkonflikt
in einen sich wechselweise verstärkenden Zusammenhang bringen kann. Diese Konstellation ist revolutionär und mag nachvollziehbar machen, dass Digitalisierung in die
Reihe großer Innovationen, wie der Industrialisierung, der Elektrifizierung oder der
Dampfmaschine eingereiht wird. Hinterfragt man aber kritisch, an welchen Stellen sich
die Digitalisierung heute zeigt, so erlebt man zunächst eine Überraschung:

- Zweifelsohne hat die Digitalisierung im Medienbereich bereits erhebliche Auswirkungen hinterlassen. Der Handel mit Informationsprodukten, seien es Print, Ton,
  Bild, Video, Software oder sonstige Informationsprodukte wurde von der Digitalisierung

bereits maßgeblich durchdrungen – sowohl im Hinblick auf die Verkaufsstellen, als auch auf die Darreichungsform.
- Ein zweiter Bereich mit bereits großem Digitalisierungsanteil ist das juristische Verpflichtungsgeschäft unabhängig von der betrachteten Produktkategorie. In nahezu allen Vertragskonstellationen lassen sich Willenserklärungen heute digital abgeben.

Zusammenfassend ist diese Konstellation so naheliegend, wie enttäuschend: Ohnehin als Informationskomponenten vorliegende Elemente (Medienprodukte/Willenserklärungen) wurden in die digitale Sphäre überführt. Aber wenn das auf das Verpflichtungsgeschäft folgende Erfüllungsgeschäft ansteht, werden Waren unverändert physisch transportiert. Dies erscheint auf den ersten Blick völlig plausibel und man könnte dem Glauben verfallen, die Digitalisierung wäre an ihrem Ende angekommen. Diese Sichtweise wäre gefährlich und würde der Tragweite der Digitalisierung nicht gerecht werden.

Damit die Digitalisierung ihre Schlagkraft entfalten kann, müssen analoge Signale der Realität in die digitale Sphäre überführt und nach ihrer Verarbeitung in die analoge Welt zurückgeführt werden. Heutige Fotokameras verfügen beispielsweise über digitale Bildsensoren, die die erste Transformation übernehmen. Die Rücktransformation in analoge Produkte (Fotoabzüge) ist durch geändertes Nutzerverhalten entweder obsolet geworden, wenn Fotos auf Displays betrachtet werden, oder erfolgt punktgenau über entsprechende Automaten bzw. den eigenen Drucker. Die Qualität dieser so „on demand" erstellten Fotoabzüge erscheint beachtlich – insbesondere, wenn man berücksichtigt, dass farbiger Tintenstrahldruck überhaupt erst seit ca. 25 Jahren für den Massenmarkt verfügbar ist und in den ersten Generationen von fotorealistischer Druckqualität weit entfernt war.

An dieser Stelle zeigt sich eine Analogie zu generativen Fertigungsmethoden, die der Volksmund unter der Bezeichnung „3D-Druck" subsumiert. Es ist bereits seit vielen Jahren möglich, dreidimensionale Körper in bzw. aus verschiedensten Materialien zu „drucken". Hierzu zählen u. a. Zellstoff, Kunststoff, verschiedene Metalle und Keramiken. Durch schichtweisen Materialauftrag überführen diese Geräte digital vorliegende Konstruktionspläne in analoge, physische Produkte und übernehmen somit den zweiten Transformationsaspekt. Vor diesem Hintergrund erscheint es geradezu naiv, anzunehmen, dass das heute vielfach noch analoge Erfüllungsgeschäft von der Digitalisierung nicht durchdrungen werden wird, was zu der Prognose führt, dass die heutige Unterscheidung zwischen Informationsprodukten und physischen Produkten letztlich erodieren wird. Dies birgt erhebliche, strategische Implikationen, wenn die heutigen Gesetzmäßigkeiten und Strategien für Contentprodukte in der Zukunft auf praktisch alle Artikel und somit auch für das Erfüllungsgeschäft anwendbar sein werden.

Weiterführend impliziert dies, dass das physische Produkt selber zum austauschbaren „Commodity" degenerieren wird. Neue Strategien sind gefragt – und der Markt zeigt schon heute viele Beispiele.

So sind im Endkundenmarkt beispielsweise Anstrengungen der Automobilhersteller zu beobachten, ehemals klassische, physische Ausstattungskomponenten, wie Navigationssysteme und Fahrhilfen in Services zu überführen. Statt bei der Anschaffung eines Autos binär entscheiden (und bezahlen) zu müssen, ob ein Navigationssystem verbaut werden soll, wird die erforderliche Hardware schon heute vielfach als Serienausstattung verbaut – die zur Inbetriebnahme erforderliche Software jedoch durch einen Code geschützt, der erst gegen Zahlung übergeben wird. Es erscheint nur als ein kleiner Schritt, hier entsprechende pay-per-use Systeme zu ergänzen und Navigationsleistung z. B. über die geführt gefahrenen Kilometer oder tatsächliche Nutzungszeit abzurechnen (o. V. 2019b).

Im Industriebereich ist heute vielfach die Rede von „Industrie 4.0", was letztlich nichts anderes impliziert, als dass eingesetzte Produktionsmaschinen ihrerseits per Service ansprechbar werden. Somit lassen sich einerseits die hinlänglich diskutierten, dynamischen Wartungsmodelle (statt einem festen Zeitraster folgend fordert bzw. beauftragt die Maschine selbst einen Wartungsservice bei Erforderlichkeit) realisieren. Andererseits – und dieser Aspekt erscheint ungemein weitreichender – birgt diese Serviceschnittstelle aber auch die Möglichkeit, Maschinenkapazität selbst fungibel zu machen. An dieser Stelle sei beispielhaft auf Siemens verwiesen (Helmrich 2016): Während das Kerngeschäft seit Jahrzehnten im Anlagengeschäft angesiedelt ist, hat der Anbieter selber begonnen, eine cloudbasierte Lösung aufzubauen, innerhalb derer verschiedenste Maschinen ungenutzte Kapazitäten anbieten können. Zweifelsfrei handelt es sich dabei eine großartige Lösung für den Eigentümer der Maschine, der sein gebundenes Kapital nun besser amortisieren kann und für den Kapazitätsnachfrager, der nun unkompliziert und an zentraler Stelle Kapazitäten buchen kann. Andererseits stellt es einen strategisch zunächst überraschenden Aspekt aus Sicht des maschinenverkaufenden Anbieters dar, denn möglicherweise wird sich der potenzielle Maschinenkäufer nun direkt die erforderlichen Maschinenkapazitäten über die vom Verkäufer selbst betriebene Plattform beschaffen können und von dem Kauf einer Maschine absehen. Die Sichtweise von Siemens zeigt eine große Analogie zu einer populären Aussage von Steve Jobs, der ausführte: „Kannibalisiere dich lieber selbst, sonst tut es ein anderer" (Jobs 2016). Denn sicher ist: Irgendjemand wird eine solche Lösung anbieten werden – und das kann durch Nichtrealisierung durch den heutigen Anbieter nicht vermieden werden. Es stellt sich schlicht die Frage, welcher Anbieter in der Zukunft die neuen Geschäftsmodelle betreiben wird – und an dieser Stelle erlangt die vorstehend schon angesprochene Geschwindigkeit erhebliche Bedeutung.

Ferner lenkt dieser Umstand den Blick auf das strategische Element der Digitalisierung: die Notwendigkeit der Anpassung eigener Geschäftsmodelle. Die populärwissenschaftliche Literatur zitiert gerne Beispiele, dass z. B. auch Stahl, Eisenbahnweichen oder Dachrinnen von der Digitalisierung betroffen sein werden (Keese 2014). Hiermit ist nicht gemeint, dass Züge zukünftig auf digitalen Schienen fahren werden, sondern dass die Digitalisierung auch diesen Markt vollständig umwälzen wird. Dies mag die Beschaffung betreffen (Plattformmodelle), den Betrieb (Industrie 4.0) oder völlig neue Ansätze zur Befriedigung des Bedürfnisses des Nachfragers. Airbnb besitzt keine Hotels, Lieferando keine Herde und Skype keine Telefonleitungen – aber sie substituieren dennoch klassische Wertschöpfungsketten durch völlig neue Leistungskonfigurationen, die den unveränderten Bedürfnissen einen „besseren" Kompromiss bieten.

7.6 Wie gehen wir damit um? Falsch. Und das ist gefährlich

Diese Entwicklungen haben natürlich auch etablierte Anbieter erkannt und verfolgen mit Argusaugen, was in der „digitalen Welt" vorgeht. Dort entdecken sie Ideen, wie „Lieferung per Drohne", „Blockchain" und „Künstliche Intelligenz", um nur einige zufällige Stichworte aufzugreifen. In der Konsequenz sind zwei Verhaltensweisen zu beobachten: Wahlweise verfallen die Anbieter in Kopfschütteln und Paralyse über wahrgenommene Abstrusität und technischen Aufwand mancher Idee – oder sie stürzen sich in Aktionismus und Pragmatismus bei dem Versuch, der jeweiligen Idee imitierend nachzulaufen. Aus der Distanz sei provozierend gefragt, welche Verhaltensweise weniger falsch ist.

Die vorstehende Ausarbeitung hat gezeigt, dass es bei der Digitalisierung – wenngleich sie ihre technischen Wurzeln in der Informationstechnologie hat – primär nicht um informationstechnologische Errungenschaften geht, sondern um ihren strategischen Einsatz. Die technologische Realisierung ist Mittel zum Zweck, aber selber nicht unmittelbar oder notwendigerweise in sich selbst wertstiftend. Keine Drohne, kein voll integrierter Omni-Channel-Ansatz und keine App wird ein angegriffenes Geschäftsmodell retten, wenn die jeweilige Maßnahme nicht dabei hilft, Kundenbedürfnisse besser zu befriedigen und/oder die ökonomische Situation zu verbessern. Es geht nicht um Einsatz isolierter, computergestützter und möglichst ausgeklügelter technischer Maßnahmen, sondern um Nutzung der technischen Optionen zur strategischen Disruption.

Insofern ist es die vordringliche Aufgabe eines jeden Unternehmensleiters, sich die Frage zu stellen, ob man unter Einbezug aller heute denkbaren Optionen tatsächlich die beste Leistung für den Kunden bietet. Diese Überlegung ist nicht neu, sondern diese kritische Reflexion sollte eigentlich tägliche Kernaufgabe sein. Stattdessen verliert man sich aber gerne in technischen Detaildiskussionen über Drohnensteuerung. Die Diskussion über unbemannte Flugkörper ist aber schlichtweg die falsche – vielmehr geht es geht um die Geschwindigkeit und Flexibilität der Auslieferung, d. h. die Befriedigung des Kundenbedürfnisses. Dies erkannt habend könnte schon eine (digitale) Kooperation mit dem nächstgelegenen Pizzaservice für einen stationären Händler zu vergleichbaren Ergebnissen führen – der Pizzaservice tourt ohnehin durch die Stadt und könnte sicherlich auch Produkte ausliefern – gegen eine erhöhte Stoppdichte in seinen Touren wird er nichts einzuwenden haben.

Es sei die mutige Behauptung aufgestellt, dass es nur eine Frage der Zeit ist, wann der erste Teller, das erste Mobiltelefon oder die erste Jeans als digitale Raubkopie auftreten wird. Anbieter, die hiervon nicht so unvorbereitet getroffen werden wollen, wie die Musikindustrie dies vor 20 Jahren erlebt hat, sollten sich unverzüglich Gedanken machen, wie sie sich an die Spitze der Entwicklung stellen können, auch und gerade wenn die neuen Stoßrichtungen und Ansätze den bisherigen Sichtweisen völlig zuwiderlaufen.

Meffert versteht Marketing als marktorientierte Unternehmensführung und fordert, dass das Unternehmen, zunächst die Bedürfnisse des Marktes analysieren und sodann eine geeignete Leistungskonfiguration entwerfen sollte (Meffert 1998). Aus diesem Blickwinkel besteht letztlich kein Unterschied zwischen Marketing und Digitalisierung, denn zusammenfassend lässt sich Digitalisierung umgangssprachlich fassen als „options to generate more value at less outlay" – und damit gilt im Kern: Digitalisierung ist nichts anderes als Marketing. Vermutlich käme jedoch kein Unternehmer auf die Idee, die Verantwortung für die Marketingstrategie an die IT-Abteilung zu delegieren.

Alles was getan werden kann, wird getan werden. Und wenn es nicht der heute marktführende Anbieter ist, der es tut, dann wird es ein anderer tun. Klar ist nur, dass nicht verhindert werden kann, dass es getan werden wird. „It's still day one!" (Agarwal 2018).

Literatur

Agarwal A (2018) It's still day 1… https://www.businesstoday.in/from-the-mag/its-still-day-1-says-amit-agarwal-svp-and-country-head-amazon-india/story/266632.html. Zugegriffen: 11. Febr. 2019

Anderson C (2009) The Long Tail – Nischenprodukte statt Massenmarkt. dtv, München

Arthur B (2009) The nature of technology: what it is and how it evolves. Free Press, New York

Backhaus K (1999) Industriegütermarketing. Vahlen, München

Christensen CM (1997) The innovator's dilemma: when new technologies cause great firms to fail. Harvard Business School Press, Boston

Drucker PF (1973) Management: tasks, responsibilities, practices. Harper Business, New York

Evans P, Wurster TS (2000) Blown to bits. Highbridge Audio, Boston

Helmrich K (2016) Die digitale Transformation der Industrie, HandelsblattJournal Sonderveröffentlichung von Handelsblatt und Euroforum, 21. Oktober, S 8

Jobs S (2016) Motivating thoughts of Steve Jobs. Prabhat Prakashan, New Delhi

Keese C (2014) Silicon Valley: Was aus dem mächtigsten Tal der Welt auf uns zukommt. Knaus, München

Klunzinger E (1997) Einführung in das Bürgerliche Recht. Grundkurs für Studierende der Rechts- und Wirtschaftswissenschaften. Vahlen, München

Meffert H (1998) Marketing: Grundlagen marktorientierter Unternehmensführung. Konzepte – Instrumente – Praxisbeispiele. Gabler, Wiesbaden

Newman S (2015) Microservices: Konzeption und Design. mitp, Frechen

o. V. (2019a) First Price Auction – Entwicklungen, Chancen und Herausforderungen. In: Bundesverband Digitale Wirtschaft (BVDW) e. V. (Hrsg). https://www.bvdw.org/fileadmin/user_upload/BVDW_LF_ProgAdv_20190116_fin.pdf. Zugegriffen: 11. Febr. 2019

o. V. (2019b) Audi-Digitalstrategie: Extras für gewisse Stunden. http://www.spiegel.de/auto/aktuell/audi-digitalstrategie-extras-fuer-gewisse-stunden-a-1105990.html. Zugegriffen: 11. Febr. 2019

Plinke W (1995) Grundlagen des Business-to-Business Marketing. In: Kleinaltenkamp M, Plinke W (Hrsg) Technischer Vertrieb. Springer, Berlin, S 3–134

Porter ME (2004) Competitive strategy: techniques for analyzing industries and competitors. Free Press, New York

Porter ME (2014) Wettbewerbsvorteile: Spitzenleistungen erreichen und behaupten. Campus, Frankfurt a. M.

Prosinger W (2015) Die Kulturrevolution vom Leihen und Teilen. https://www.tagesspiegel. de/politik/sharing-economy-die-kulturrevolution-vom-leihen-und-teilen/12436332.html. Zugegriffen: 11. Febr. 2019

Rifkin J (2007) Access – Das Verschwinden des Eigentums. Campus, Frankfurt a. M.

Schössler J (2000) Die Digitalisierung von Fernsehprogrammen: Perspektiven für private Veranstalter. Deutscher Universitätsverlag, Wiesbaden

Simon H (1995) Preismanagement kompakt. Gabler, Wiesbaden

Swartz B (2004) The paradox of choice. Harper Collins, New York

Taeihagh A (2017) Crowdsourcing, sharing economies, and development. J Dev Soc 33(2): 191–222

Tuttle B (2014) Can we stop pretending the sharing economy is all about sharing? http://money.com/ money/2933937/sharing-economy-airbnb-uber-monkeyparking/. Zugegriffen: 11. Febr. 2019

Prof. Dr. Stephan Erlenkämper, geboren 1975 absolvierte im Anschluss an sein Abitur zunächst eine Ausbildung zum Bankkaufmann, bevor er an der RWTH Aachen und der Katholischen Universität Eichstätt-Ingolstadt Betriebswirtschaftslehre studierte. Im Anschluss blieb er der bayerischen Universität für drei weitere Jahre als wissenschaftlicher Mitarbeiter am Lehrstuhl für Absatzwirtschaft und Marketing verbunden und promovierte 2005 mit einer Dissertation zu den „Preisdeterminanten von Online-Auktionen – am Beispiel von eBay".

Danach wechselte er in die Wirtschaft und war in verschiedenen Stationen für Industrie und Handel an der Schnittstelle zwischen betriebswirtschaftlichen und informationstechnologischen Fragestellungen tätig. Zuletzt war er Mitgliedlied der Geschäftsleitung der Mayerschen Buchhandlung KG und verantwortete dort die Ressorts IT, Logistik, Organisation, eCommerce und Direktvertrieb. Parallel zu seiner berufspraktischen Tätigkeit engagierte er sich in den vergangenen 10 Jahren als Lehrbeauftragter u. a. an der Universität Eichstätt-Ingolstadt, der Technischen Hochschule Ingolstadt, der Fachhochschule Aachen und der Munich Business School. Seit 2016 ist er Professor der Rheinischen Fachhochschule in Köln und verantwortet als Studiengangsleiter den B.A. Retail Management I.

Sein besonderes Interesse gilt den Herausforderungen und Auswirkungen der Digitalisierung auf Prozesse, Produkte und Marketing, die er im Rahmen seiner berufspraktischen Tätigkeiten erlebt und mitgestalten konnte. Als leidenschaftlicher Taucher verbringt er seine Freizeit vorzugsweise unter Wasser.

Zukunftsfähige Kommunikationspolitik im Online-Marketing

8

Dietmar Barzen

8.1 Online-Planung

Die wachsende Anzahl an Medienkanälen hat in den letzten Jahren zu einer zunehmenden Bedeutung des Online-Marketing geführt. Auch kleine und mittlere Unternehmen (KMU) mit begrenztem Werbebudget entdecken die preiswerten Möglichkeiten des Online-Marketing, insbesondere der Online-Kommunikation.

Die grundlegende Veränderung der Online-Kommunikation von Unternehmen liegt in der bi-direktionalen, massenhaften und personalisierten Interaktion mit potenziellen Kunden, aktuellen Kunden und in der Reaktivierung alter Kunden. Der Kunde kann über den gesamten Kundenlebenszyklus an allen relevanten Touchpoints abgeholt werden. Da man i. d. R. nicht genau weiß, wie der Kunde sich im Internet bewegen wird, empfiehlt es sich, alle relevanten Kunden-Touchpoints im Sinne eines Total-Customer-Experience-Managements abzudecken.

Online-Kommunikation beruht technisch auf drei wesentlichen Säulen:

1. Den **Logfile-Daten** aus denen folgende Informationen herausgelesen werden können: *Datum/Uhrzeit, IP-Adresse, IP-Adresse der letzten besuchten Seite, Browser, Betriebssystem, Name der angeforderten Seite, Übertragungsvolumen.* Insbesondere die IP-Adresse ist für das Geomapping bei der Suchmaschinen-Werbung wesentlich.
2. Die **Cookie-Daten** werden unterteilt in *permanent Cookies und Session Cookies.* Pixel-Tracking mittels 1 × 1 Pixel großer Grafiken, die das Userverhalten dauerhaft protokollieren, ist ohne Einwilligung des Users verboten. Über Cookies kann das

8

D. Barzen (✉)
Rheinische Fachhochschule Köln (FRH), Köln, Deutschland
E-Mail: barzen@rfh-koeln.de

© Springer-Verlag GmbH Deutschland, ein Teil von Springer Nature 2019   141
M. Groß et al. (Hrsg.), *Zukunftsfähige Unternehmensführung,*
https://doi.org/10.1007/978-3-662-59527-5_8

Userverhalten analysiert werden, z. B. welche Seiten der User wiederholt besucht, welche Interessen, Einstellungen er hat. Über Cookie-Daten erfolgt eine Segmentierung der Nutzerprofile.

3. Die dritte Säule bilden klassische **Registrierungsdaten,** sobald der Nutzer sich im Internet auf einer Plattform registriert. Hier werden klassische Marktforschungsdaten abgefragt: *soziodemografische Daten, geografische Daten und ggf. auch psychografische Daten sowie ggf. Daten zum Verhalten* (Markenverhalten, Preiselastizität, Mediennutzungsverhalten, Freizeitverhalten, Einkaufsstättenpräferenz etc.)

Online-Kommunikation unterliegt den gleichen Planungsabläufen wie Offline-Kommunikation (siehe Abb. 8.1). Auf eine präzise Situationsanalyse (wo steht das Unternehmen im Markt) folgt die Zielformulierung (wo will das Unternehmen hin) mit operationalisierten Zielen oder sog. Key-Performance-Indikatoren (KPIs). Den langfristigen Weg zum Ziel bestimmt die Kommunikationsstrategie, die durch Kommunikations-Maßnahmen anschließend umgesetzt wird. Schließlich erfolgt die Kontrolle der Zielerreichung und die Abweichungsanalyse mit Korrekturen für den nachfolgenden Planungszeitraum.

Die Aufteilung der Werbebudgets berücksichtigt sachliche und zeitliche Aspekte im Rahmen der Mediaplanung (siehe Abb. 8.2). Es werden die Werbeobjekte, -mittel, -träger und Mediagattungen zeitlich aufeinander abgestimmt, um eine möglichst große Werbewirkung zu erzielen. Parallel zu der Festlegung der Werbemittel erfolgt die Copy-Strategie, die den kreativen oder qualitativen Teil der Werbung beinhaltet (Morys 2018). Der Consumer-Benefit, die Product-Attributes, der Reason-Why sowie Tonality und Flair der Werbung werden zielgruppengerecht kreiert. Ziel der Werbung ist es, Aufmerksamkeit und Recall zu erzeugen und somit Brand-Awarness und im besten Fall Conversion zu erzielen. Ein besonderer Vorteil der Online-Kommunikation liegt in der Möglichkeit bei datengestützter Werbung, unterschiedliche Copy-Strategien an unterschiedliche Zielgruppen in Realtime auszuspielen.

Die Medienkanäle der Kommunikationspolitik wurden in den letzten Jahren wesentlich durch die Online-Instrumente erweitert (Lammenett 2017). Nachfolgend wird ein Überblick über die Online-Instrumente geboten, die mit den Offline-Kommunikationsmaßnahmen und dem restlichen Marketing-Mix zu einem sinnvollen Gesamtplan zusammengefügt werden (siehe Abb. 8.3).

Vom gesamten Online-Marketing-Budget im deutschen Markt fließen 2018 mit rund 3,1 Mrd. € die meisten Online-Werbegelder in das Search Engine Advertising (SEA), gefolgt von Display-Werbung mit rund 1,8 Mrd. €. In Social-Media-Werbung fließen 2018 rund 554 Mio. € der Online-Spendings und die Video-Bewegtbildwerbung erreicht rund 418 Mio. € (Digital Market Outlook 2017).

Die in der Statistik nicht erfassten Beträge des E-Mail-Marketing lagen gemäß einer Studie der Deutschen Post/TRS Infratest 2017 bei rund 1,2 Mrd. € auf Platz drei

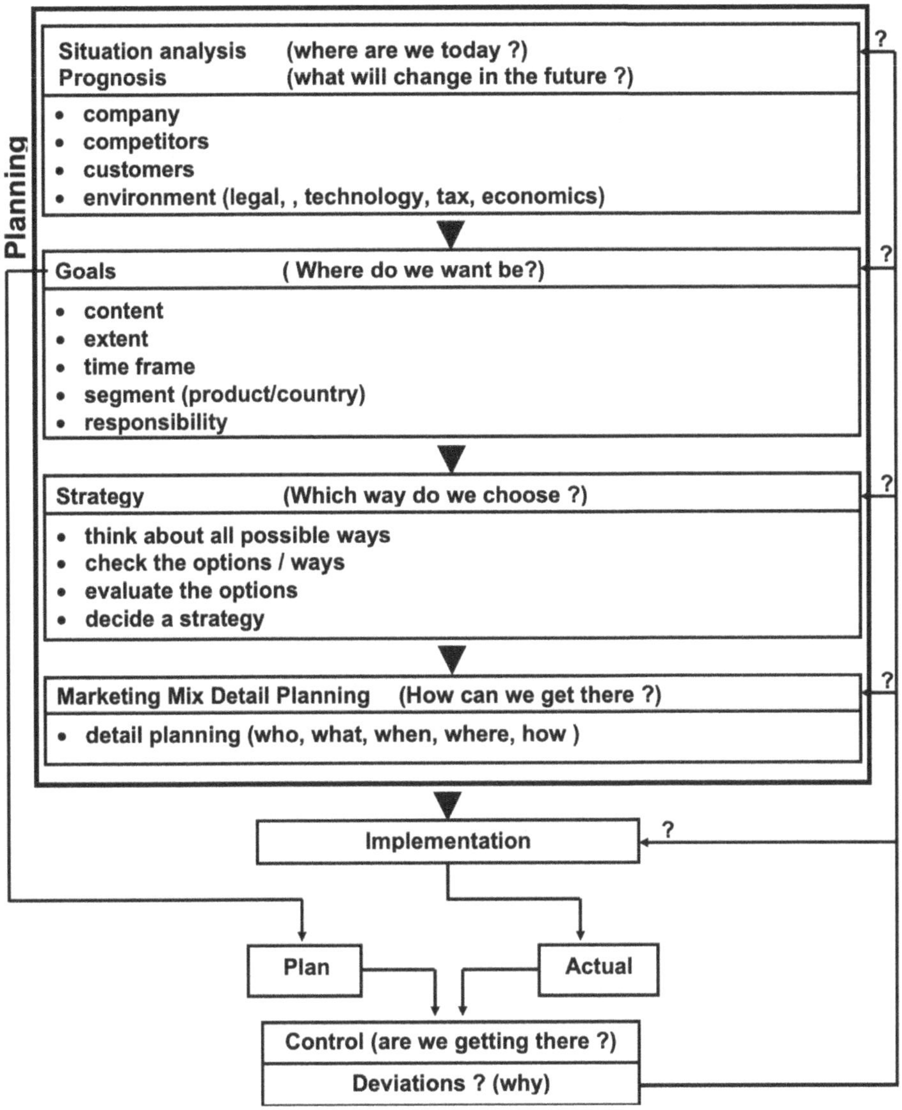

Situation analysis	**(where are we today ?)**
Prognosis	**(what will change in the future ?)**

- company
- competitors
- customers
- environment (legal, , technology, tax, economics)

▼

Goals   **(Where do we want be?)**

- content
- extent
- time frame
- segment (product/country)
- responsibility

▼

Strategy   **(Which way do we choose ?)**

- think about all possible ways
- check the options / ways
- evaluate the options
- decide a strategy

▼

Marketing Mix Detail Planning   **(How can we get there ?)**

- detail planning (who, what, when, where, how)

▼

Implementation

Plan   **Actual**

Control (are we getting there ?)

Deviations ? (why)

Abb. 8.1 Ablauf der Marketing- und Online-Marketingplanung. (Eigene Darstellung)

der Online-Budgets. Budgets für Influencer und Content-Marketing werden statistisch derzeit nicht erfasst und können nur geschätzt werden. Sie liegen über alle Branchen betrachtet vermutlich im unteren einstelligen Prozentbereich der Online-Marketing-Budgets (Abb. 8.4).

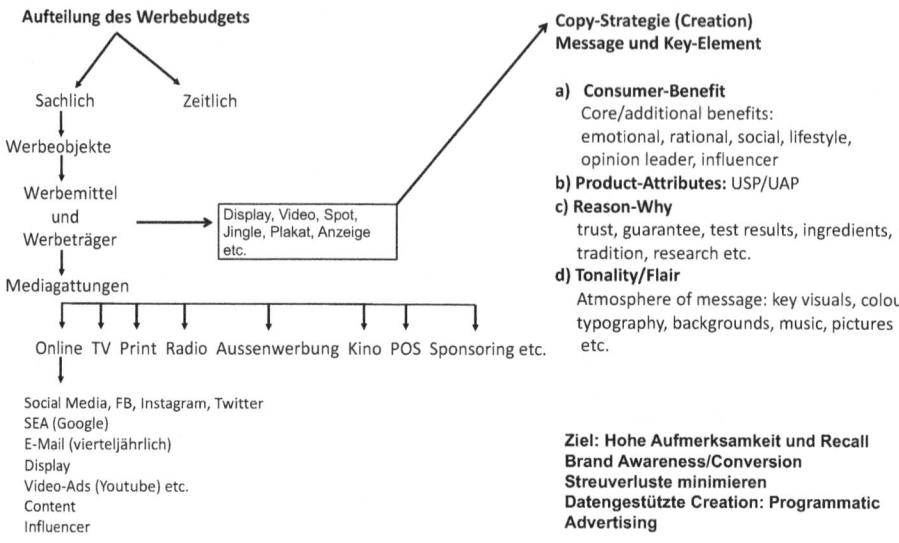

Abb. 8.2 Aufteilung der Werbebudgets und Copy-Strategie. (Eigene Darstellung)

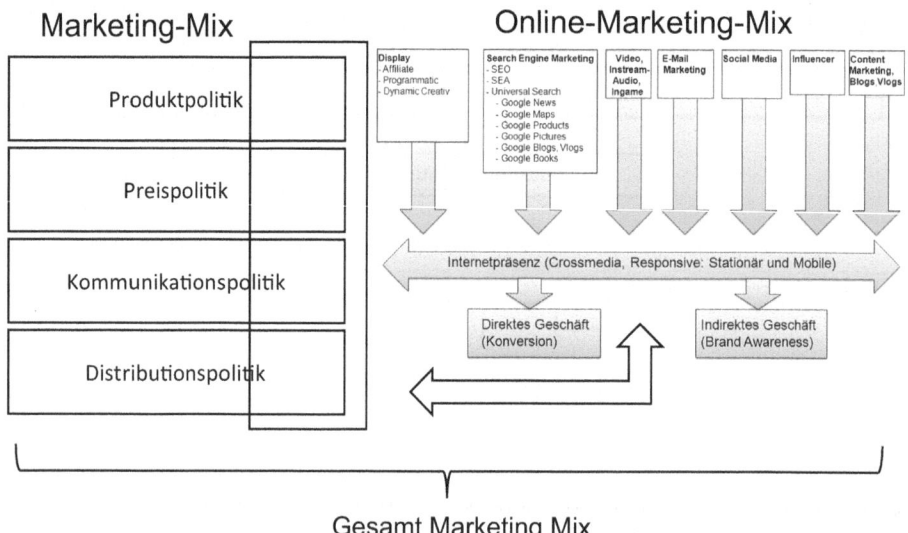

Abb. 8.3 Die Integration des Online-Marketing-Mix in den gesamten Marketing-Mix. (Erweiterte Darstellung in Anlehnung an Lammenett)

Prognose der Umsätze im Markt für Digitale Werbung in Deutschland in den Jahren 2015 bis 2021 (in Millionen Euro)

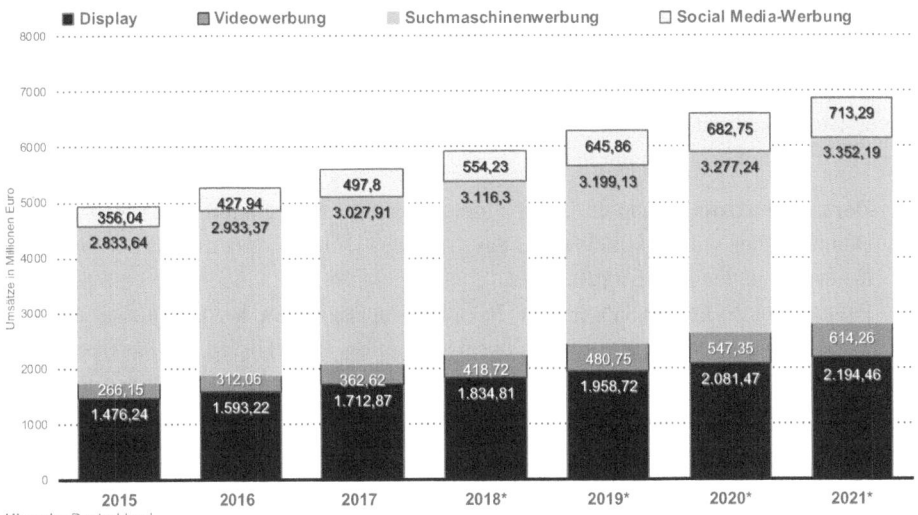

Hinweis: Deutschland

Weitere Angaben zu dieser Statistik, sowie Erläuterungen zu Fußnoten, sind auf Seite 26 zu finden.

Quelle: Statista (Digital Market Outlook); ID 456157

Abb. 8.4 Prognose der Umsätze im deutschen Markt für Online-Werbung ohne E-Mail-Marketing. (Quelle: Digital Market Outlook, Statista 2017)

8.2   SEO

Im Rahmen der organischen Search Engine Optimization (SEO) bemühen sich Unternehmen eine hohe Sichtbarkeit auf den vorderen Rängen der Suchmaschinenanzeigen zu erreichen, denn im Regelfall werden maximal nur die ersten drei Rankings voll wahrgenommen und die Sichtbarkeit geht nach Rank 30 gegen Null (Alpar et al. 2015).

Bei Google besteht die Suche vereinfacht aus **drei Prozessen:**

1. **Das Crawling** beschreibt den Prozess zur Vorbereitung der Aufnahme einer Webseite in die Suchmaschine. Damit eine Webseite in Google aufgenommen wird, muss diese Google erst bekannt sein. Dazu durchsucht der Googlebot täglich Milliarden Webseiten, damit diese dem Google-Index hinzugefügt werden können. Hierfür verwendet der Googlebot einen algorithmischen Prozess.
2. **Die Indexierung** verarbeitet per Googlebot alle gecrawlten Webseiten und fügt sie dem Google-Index hinzu. In einem Indexeintrag wird für jede Webseite deren Inhalte und URL beschrieben.

3. Im letzten Schritt erfolgt die **Bereitstellung der Ergebnisse.** Beim Durchführen einer Suchanfrage durchsuchen die Computer von Google den Index nach übereinstimmenden Webseiten und gibt eine Liste an Ergebnissen zurück.

Laut Google werden die Ergebnisse nach der Relevanz für die Nutzer aufgelistet. Die Relevanz bemisst Google mit Hilfe von über 200 Faktoren, die das Unternehmen bewusst intransparent hält. Es ist aber davon auszugehen, dass die folgenden Faktoren einen Einfluss auf das Ranking haben:

1. **Domain Faktoren:** Dieser Gruppe unterliegen Rankingfaktoren bezogen auf die Domain. Hier wird beispielsweise das Alter der Domain oder die Verwendung von Keywords in der Domain betrachtet.
2. **Page-Level Faktoren:** Zu dieser Faktorengruppe zählen beispielsweise die Verwendung relevanter Keywords im Tag, Description Tag, H1-Tag (größte Überschrift in HTML), Grammatik und Rechtschreibung sowie die Ladezeit der Webseite.
3. **Site-Level Faktoren:** Zu den Site-Level Faktoren zählen unter anderem die Seiten-Struktur, die Benutzerfreundlichkeit der Seite und die mobile Optimierung, die bei Google eine hohe Priorität besitzt. Weiterhin umfasst diese Gruppe Elemente, die die Vertrauenswürdigkeit der Webseite einschätzen lassen.
4. **Backlink-Faktoren:** Backlinks sind Verweise, die von einer Webseite auf eine andere verweisen. Als Rankingfaktor werden hier die Qualität und die Quantität der Backlinks betrachtet.
5. **Nutzerinteraktion:** Hier steht im Mittelpunkt wie oft und wie lange ein Nutzer eine Webseite nutzt.
6. **Spezielle Algorithmus-Regeln:** In dieser Faktorengruppe werden spezielle Algorithmus- Regeln, die für das Ranking verantwortlich sind aufgezählt. Dazu zählt beispielsweise, dass Suchanfragen aktuell sein sollen und daher neue Seiten für bestimmte Suchanfragen präferiert werden. Auch der Browserverlauf eines Nutzers von häufig besuchten Seiten steuert die Relevanz.
7. **Social Signal:** Zu dieser Faktorengruppe zählen alle Aktivitäten im Zusammenhang mit Social Media. Dazu zählen beispielsweise die Anzahl der Tweets und Facebook-Shares.
8. **Brand Signals:** Bekanntheit und Glaubwürdigkeit steigert die Klickrate einer Webseite, folglich werden diese als relevant für Nutzer eingestuft. Zu den Brand Signals zählen beispielsweise eine offizielle Unternehmensseite bei LinkedIn oder viele Follower bei Twitter.
9. **On-Site Spam-Faktoren:** Unter dieser Gruppe werden Faktoren auf der Seitebeschrieben, die zu einer schlechten Platzierung führen. Dazu zählen beispielsweise Werbung im oberen Teil der Webseite, Verlinkungen zu Spam-Seiten und versteckte Affiliate-Links.
10. **Off-Page Spam-Faktoren:** Die Off-Page Spam-Faktoren befassen sich mit allen externen Faktoren der Webseite, die zu einer schlechteren Platzierung führen. Dazu zählen viele Links vom gleichen Server und ein hoher Anteil an Links von durch Google bereits als schlecht bewertet Seiten.

Eine etwas andere Sichtweise auf das Ranking bei Google weist eine Studie von Search-metrics aus dem Jahr 2016 auf. Diese wird mit der Aussage eingeleitet, dass allgemeine Rankingfaktoren nicht mehr existieren. Rankingfaktoren sind für einzelne Industrien und für jede Suchanfrage individuell. Die Studie kommt zu dem Ergebnis, dass individuelle Content-Relevanz und Nutzerintention beim Ranking entscheidend sind. Diese zwei unterschiedlichen Betrachtungsweisen unterstreichen noch einmal die Komplexität beim Ranking (Erlhofer 2018).

Universal Search

Bis vor einigen Jahren gab es bei Google nur Adwords-Anzeigen und die organischen Such-maschinenlistings. Heute gibt es mehr Kategorien je nach gesuchtem Keyword und Device (stationär oder mobile): Alle, Maps, Videos, Bilder, News, Shopping, Blogs, Flüge etc.

Damit gibt es heute mehr Möglichkeiten auf die erste Suchergebnisseite zu gelangen. Alle Elemente werden nie gleichzeitig dargestellt und deren Position hängt vom Aus-gabegerät ab. Die klassische Suchmaschinenoptimierung hat damit Konkurrenz bekommen und muss ganzheitlich als Universal Search betrachtet werden. Gleichzeitig wird es damit aber auch schwieriger, ein zufriedenstellendes Ranking allein mit SEO zu bekommen. Aufgrund der Bedeutung und Komplexität des Universal Search werden heute i. d. R. Expertenteams mit unterschiedlicher Optimierungsausrichtung eingesetzt (Von Heeren 2018).

8.3   SEA

Aufgrund der in der digitalen Welt häufig auftretenden Monopolstellung fließen nahezu 90 % aller weltweiten Suchmaschinen-Werbegelder zu Google. Folglich erwirtschaftet der Google-Mutterkonzern Alphabet einen Umsatz von über 138 Mrd. US$ und ein Ope-rating Net Income von über 30 Mrd. US$ (Alphabet 2018), wobei der überwiegende Anteil aus dem voll-automatisiertem Search-Engine-Advertising (SEA) kommt. SEA nutzen vor allem KMUs verschiedenster Branchen weltweit. Somit ist das Kerngeschäft von Google branchenunabhängig und relativ konjunkturstabil.

Mithilfe seiner gigantischen Hard- und Softwaremaschinerie zählt Google alle Wör-ter im Internet und verkauft die Wörterhäufigkeiten und deren Zuordnung zu den rele-vanten Internetseiten im Rahmen von SEA zurück an die Werbetreibenden. Dabei nutzt GOOGLE Hadoop-Data-Processing und die Map-Reduce-Architektur als Framework zur Datenerfassung.

Ausgehend von den eingetippten Keywords der Suchenden spielt Google die Wer-bung gezielt aus (Pelzer und Gerigk 2018). Der Werbetreibende kann Geomapping einsetzen, da Google über die Logfile-Analyse die Werbeanzeigen geografisch exakt ausspielen kann. So ist es beispielsweise KMUs möglich, eine SEA-Anzeige nur an Suchende im Umkreis von z. B. 5 km auszuspielen. Internationale Großkonzerne kön-nen hingegen auch weltweit SEA-Anzeigen in verschiedenen Sprachen für ganze Länder oder Kontinente buchen. Dieses Geomapping macht SEA sowohl für KMUs als auch für Großkonzerne interessant.

Darüber hinaus können die Werbetreibenden das abzuklickende Tagesbudget gezielt vorgeben, die Keywords, die Sprachen, Tag, Uhrzeit, die Erscheinungshäufigkeit und die Gerätetypen auf denen die Werbeanzeige erscheinen soll (Google Ad Academy 2019). Die Ziel- und Kostenkontrolle der KPIs kann mittels Google-Analytics getrackt werden. SEA führt zu einem hohen Targeting mit geringen Streuverlusten bei geringen Reichweiten (Kreutzer 2018a, b).

Um sicherzustellen, dass ein Mehrwert für den Suchenden geschaffen wird, bieten Werbetreibende im Auktionsverfahren um das beste Ranking. Dabei spielt der sogenannte **Qualitätsfaktor** eine Rolle (Pelzer und Gerigk 2018). Dieser setzt sich zusammen aus:

- **Erwarteter Klickrate** (CTR = **Click-Through-Rate**): eine hohe erwartete Klickrate ist ein Hinweis auf einen guten Anzeigentext und einen Zusammenhang zur gestellten Suchanfrage
- **Anzeigenrelevanz:** tatsächlicher Qualitätszusammenhang zwischen Suchanfrage und Anzeigentext
- **Nutzererfahrung mit der Landingpage:** Hier analysieren Robots die Qualität der Landingpage incl. Keywords, Struktur und Ladegeschwindigkeit.

Ein hoher Qualitätsfaktor von 10 ist sehr gut, ein niedriger von 1 ist schlecht. Durch die Gewichtung der Gebote (hier CPC = Cost per Click) mit dem Qualitätsfaktor können Werbetreibende trotz eines niedrigeren Gebotes durch einen hohen Qualitätsfaktor im Anzeigenranking aufsteigen (vgl. Abb. 8.5).

Zusammenhang zwischen Klickpreis und Qualitätsfaktor

CPC x QF = Rangwertziffer

Werbe-treibender	Maximaler CPC in Euro	Qualitäts-faktor (QF)	Rangwert-ziffer	Anzeigen-rang
A	1,00	1	1,00 (=1,00x1)	3
B	0,70	3	2,10 (0,70x3)	1
C	0,50	4	2,00 (0,50x4)	2
D	0,30	2	0,60 (0,30x2)	4

Abb. 8.5 Der Qualitätsfaktor bei SEA. (Eigene Darstellung)

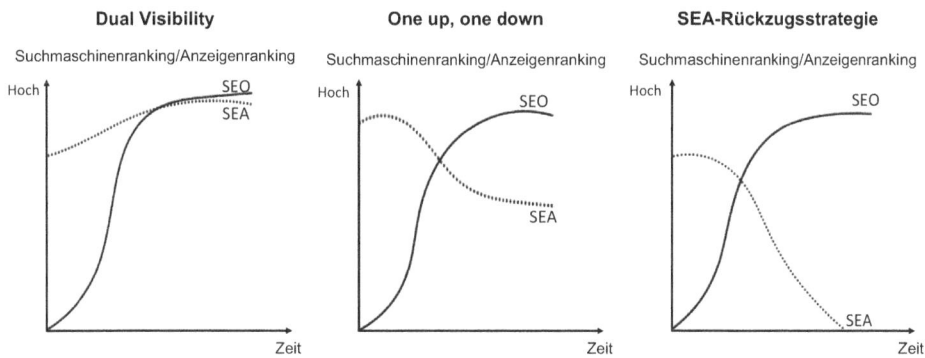

Abb. 8.6 SEA und SEO-Strategien. (Eigene Darstellung in Anlehnung an Alpar et al. 2015)

Weniger geeignet erscheint SEA bei Low-Involvement-Produkten mit geringem Informationssuchverhalten sowie bei Neueinführungen ohne Bekanntheitsgrad. Die permanenten Analysen und Optimierungen von SEA-Anzeigen sind aufwendig und zeitintensiv. Conversion-Tracking ist bei Google i. d. R. nur innerhalb von 30 Tagen nach Erscheinen der Anzeige noch möglich. Dies kann zu Problemen bei der Wirkungsmessung von High-Involvement-Produkten mit längeren Carry-Over-Effekten führen. Im Durchschnitt liegt die Click-Through-Rate (CTR) über alle Branchen bei rund 2 % (Hassler 2016; Google 2019).

SEA und SEO stehen in einem strategischen Verhältnis. Alpar, Koczy und Metzen verweisen in diesem Zusammenhang auf 3 Grundstrategien zwischen SEO und SEA:

1. Dual Visibility: Top-Positionen in SEA und SEO
2. One up, one down: Budgetverteilung in Abhängigkeit der Performance
3. SEA-Rückzugsstrategie: SEO ersetzt langfristig SEA (Abb. 8.6)

Sortiert nach Anzeigenleistung, Kontoqualität, Kosten und Leistungen ergeben sich die folgenden KPIs im Rahmen von SEA (siehe Abb. 8.7).

8.4 Display

In Deutschland fließen 2018 rund 1,8 Mrd. € in Display-Advertising, dem Schalten von Werbung auf Werbeflächen anderer, nicht-eigener Websites. Grundsätzlich unterscheidet man Display-Werbung in Affiliate-Werbung und Programmatic-Werbung. Bei der Affiliate-Werbung wird i. d. R. bei strategischen Partnern eine Werbefläche langfristig angemietet und über Provisionen vergütet. Ziel ist es hierbei, durch die Reichweite des Partnerunternehmens Kunden und Interessenten im Web zu gewinnen. Durch einen Adserver können Impressions und Klicks gemessen werden.

Mess- gegenstand	KPI	Beschreibung	Berechnung
Anzeigenleistung und Kontoqualität	Klicks	Anzahl der Klicks auf die Anzeige	Google Adwords Statistik
	Impressions	Anzahl der gesehenen Anzeigen	Google Adwords Statistik
	Klickrate (Click-through rate/CTR)	Verhältnis von Impressionen zu Klicks in %	Google Adwords Statistik oder $\dfrac{\text{Einblendungen bzw. Impressions}}{\text{Klicks} * 100\%}$
	Qualitätsfaktor (QF)	Voraussichtliche Klickrate, Anzeigenrelevanz und Zielseitenerfahrung der Keywords	Google Adwords Statistik
	Position/ Page Rank	Durchschnittliche Position im Ranking	Google Adwords Statistik
Kosten und Leistung	Kosten pro Klick (Cost-per-Click/ CPC)	Tatsächlicher Preis, der für den Klick auf eine Anzeigen bezahlt wurde	Google Adwords Statistik
	Konversionsrate (Conversionrate/ CVR)	Verhältnis von Klicks zu Conversions	Google Adwords Statistik
	Kosten pro Konversion (Cost-per-Acquisition/CPA)	Optimierung des Werbebudgets	Google Adwords Statistik oder $\dfrac{\text{Werbekosten}}{\text{Anzahl der Konversionen}}$

Abb. 8.7 KPIs für SEA. (Eigene Darstellung)

Aufgrund der niedrigen Aufmerksamkeit und Click-Through-Raten (CTR) von Display-Werbung, wird diese insbesondere zur Steigerung der Markenbekanntheit und zum Aufbau des Markenimages eingesetzt. Dahinter stehen werbepsychologische Effekte wie Mere- und Prior-Exposure sowie Halo-Effekte oder Überlegungen zur Vermeidung kognitiver Dissonanzen in der Nachkauf-Phase.

Um die Aufmerksamkeit und CTR zu steigern, werden heute rund fünfzig Prozent der gesamten Display-Werbung programmatic ausgespielt (Busch 2016). Programmatic-Advertising ist ein automatisierter, datengestützter Planungsprozess und auktionsbasierter Einkauf von Werbeinventar mit automatisierter Aussteuerung an Zielgruppen in Echtzeit über technische Systeme. Durch kurze und schnelle Prozessschritte werden die Display-Anzeigen zielgruppengerecht in Realtime auf passenden Webseiten ausgespielt, Streuverluste minimiert sowie TKPs (Tausender Kontaktpreise) optimiert.

Im Kern geht es bei Programmatic um die Automatisierung von Werbebuchungen in Realtime unter Aspekten der Customer Journey und des Yield-Management. Werbetreibende und Agentur (Nachfrager) sowie Vermarkter und Publisher (Anbieter) werden über zwei Server zusammengebracht, ähnlich einer elektronischen Börse.

Da die Formen und Flächen der Display Werbung millimetergenau standardisiert sind (z. B. Wallpaper, Skyscraper, Rectangle), können Werbetreibende und deren Agenturen die Display-Werbung im Vorfeld produzieren und auf eine sog. **Demand-Side-Plattform**

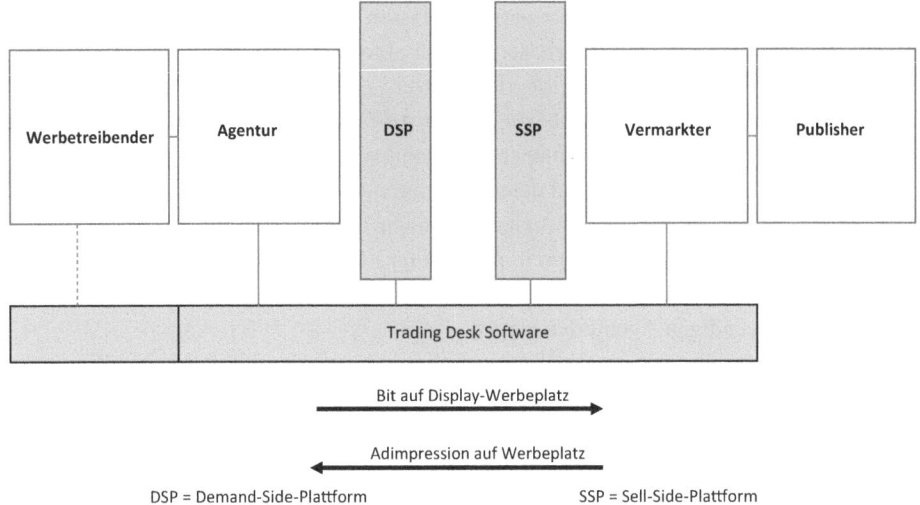

Abb. 8.8 Programmatic-Advertising mittels SSP und DSP. (Eigene Darstellung)

(DSP) hochladen. Auf der Verkaufs-Seite gibt es von den Vermarktern und Publishern eine sog. **Sell-Side-Plattform (SSP),** auf der die Werbeflächen-Angebote, die Zielgruppen der Websites und das Contentumfeld genau beschrieben werden (vgl. Abb. 8.8). Über eine Trading-Desk-Software können nun Werbetreibende und Agenturen ihre Werbeinventare zielgruppengerecht ausspielen. Algorithmen errechnen den Wert jedes Werbekontakts vor dem Kauf des Werbeplatzes unter Berücksichtigung zahlreicher Parameter. Die auf dem Ad-Server bereitgestellten Werbeformate werden anschließend in Realtime automatisch integriert. Der Verkaufsprozess erfolgt im Gebotsverfahren.

Bei der Optimierung der Kampagne und der preislichen Bewertung der Adimpressions werden eine Vielzahl von Parametern von den Sellern berücksichtigt:

• Display-Format
• Platzierung
• Sichtbarkeit
• Content-Umfeld des Publishers
• Cookie-Informationen des Users
• Klickrate
• Konversionsrate
• Tageszeit
• Geomapping
• Browser des Nutzers
• Nutzerendgerät (Mobile, Tablet, Desktop)
• Verweildauer (über Logfiles)

Insbesondere aus den Cookie-Informationen lassen sich soziodemografische Rückschlüsse sowie Interessenprofile für Usergruppen ableiten. Die Grundlage für das Geotargeting kommt aus der IP-Adresse der Nutzer. Alle Demand-Partner werden bei Open-Market-Places in Echtzeit einbezogen. Der Ad-Exchange erfolgt voll automatisiert mit individuellen TKPs- und Performance-Kampagnen.

Die Werbetreibende-Industrie und deren Agenturen wie auch die Online-Publisher und deren Vermarkter profitieren von Effizienzgewinnen durch Programmatic- Advertising. Die Transaktionskosten werden durch plattformgestützten Echtzeithandel und Yield-Management reduziert. Programmatic-Advertising bedeutet auch digitale Transformation von ehemals aufwendigen Agenturleistungen.

Der Nutzen von Programmatic kommt insbesondere bei multinationalen Kampagnen zum Vorschein. Die Vorteile im Vergleich zu manuellem Mediaeinkauf und manuellem Kampagnenmanagement sind die Zeiteinsparungen beim Mediaeinkauf bei lokalen Publishern sowie die höhere Effizienz und Kontrolle bei der Kampagnensteuerung.

„Think global, act local" – immer mehr Advertiser sind in mehreren Ländern, wenn nicht sogar global aktiv. Eine Steuerung und Umsetzung der internationalen Online-Marketing-Aktivitäten sind ohne Einsatz von Programmatic-Advertising sehr aufwendig. Mit der Nutzung von Realtime-Advertising verbinden sich Advertiser mit allen programmatisch verfügbaren Inventarquellen weltweit. Publisher haben analog mit dem Einsatz einer SSP die Möglichkeit, ihre Werbeplätze global zu monetarisieren – ohne einen kosten- und ressourcenintensiven lokalen Vertrieb oder die Weitergabe an internationale Werbenetzwerke. In den USA laufen heute über 70 % der Display-Werbung über Realtime-Server, in Deutschland ca. 50 % – stark wachsend.

Eine besondere Möglichkeit innerhalb von Programmatic ist der situative Austausch unterschiedlicher, vorbereiteter Copy-Strategien einer Brand mit verschiedenen Bild-Motiven, Kunden-Benefits oder Produkt-Attributes für differenzierte Zielgruppen. Diese relativ neue Möglichkeit bezeichnet man als „Dynamic-Creative" und passt die Display-Werbung noch stärker an verschiedene Zielgruppen an.

Programmatic-Advertising verändert die Voraussetzungen und Prozesse im internationalen Media-Buying. Während bis vor einiger Zeit mit Google und Facebook nur zwei global vereinheitlichte Werbeanbieter zur Verfügung standen, erweitert sich die Palette der Online-Marketing-Kanäle durch Realtime Advertising auf alle Display-, Video-, Mobile- und Social-Inventare, die an eine SSP angebunden sind.

Set-up und Start einer multinationalen Kampagne in mehreren Dutzend Ländern erfordert je nach Komplexität des Projektes nur eine Vorlaufzeit von einigen Tagen. Mit dem Einsatz von dynamischen Werbemitteln können Sprache und Inhalt lokalisiert werden. Der Zugang zu internationalen sowie lokalen Publishern über eine Einkaufsplattform generiert Effizienz auf der Einkaufs- und der Kampagnenoptimierungsseite für mehrere Online-Marketing-Kanäle.

Die nachfolgende Abbildung fasst wesentliche KPIs der Display-Werbung zusammen (siehe Abb. 8.9).

Mess-gegenstand	KPI	Beschreibung	Berechnung
Reichweite	Page Impressions/ Page Views	Aufrufe der Website	z.B. Statistik von Google Analytics
	Opportunity-to-see (OTS)	Durchscnittskontakte mit der Werbung	$\dfrac{\text{Anzahl der Ad-Impressions}}{\text{Anzahl der Unique Users}}$
	Ad Impressions/ Ad Views	Sichtkontakt mit dem Werbemittel	Reporting zu der Anzeige
Engagement & Qualität	Ad-Clicks / Klicks	Klick auf verlinktes Werbemittel	Reporting zu der Anzeige
	Click-Through-Rate (CTR)	Prozentuale Relation zwischen Klicks und Ad-Impressions	$\dfrac{\text{Anzahl der Klicks}}{\text{Anzahl der Ad-Impressions}}$
	Site-Stickiness/ Verweildauer	Durchschnittliche Verweildauer auf Website	z.B. Statistik von Google Analytics
	Conversion Rate	Prozentualer Anteil, der gewünschte Handlung vollzieht	$\dfrac{\text{Anzahl der Personen mit gewünschter Handlung}}{\text{Gesamtzahl der Besucher}}$
Kosten	Cost-per-Mille (CPM)/ Tausend-Kontakt-Preis (TKP)	Kosten pro 1.000 erzielte Kontakte	$\dfrac{\text{Preis}}{\text{Bruttoreichweite * 1.000}}$
	Cost-per-Click (CPC)	Kosten pro Klick	$\dfrac{\text{Kosten}}{\text{Anzahl der Kicks}}$
	Cost-per-Action (CPA)/ Cost-per-Conversion	Kosten für gewünchte Handlung	$\dfrac{\text{Kosten}}{\text{Conversions}}$

Abb. 8.9 KPIs für Display-Advertising. (Eigene Abbildung)

Als Vorteile von automatischen Buchungen kann der Werbende seine Botschaft zielgenau platzieren, nach Region, Alter oder anderen Variablen. Ermöglicht wird dies durch das Sammeln von Daten eines Internetnutzers. Schaut der sich ein Reiseportal an und geht dann auf eine Nachrichtenseite, erscheinen Werbebanner z. B. zu Mallorca oder Thailand. Werbetreibende Unternehmen können per automatischen Buchungen auch große Werbebudgets „ohne Streuverluste" platzieren.

Für Verlage und andere Werbeflächenanbieter sind Handelsplattformen ebenfalls von Vorteil. Es gibt keine „Restposten", der gesamte Bestand an Werbefläche kann verkauft werden. Kleinere Anbieter erhalten Zugang zu größeren Budgets, auch ohne Netzwerke oder persönliche Kontakte.

Eine große Sorge der Publisher ist die Qualität der Werbung, die automatisch und in Millisekunden auf ihren Websites landet. OpenX wendet Technikfilter an, dazu durchkämmt ein Redaktionsteam die Anzeigen, um unerwünschte Werbekunden wie Erotikanbieter oder Schlepperkolonnen auszuloten.

Werbetreibende sorgen sich vor Betrug. Mit Schadsoftware schleichen sich Kriminelle in privat genutzte Computer ein. Unbemerkt vom Nutzer entwickeln die sogenannten „Bots" eine rege Aktivität, surfen und klicken auf Werbung. In Wahrheit steht hinter diesen Klicks jedoch kein Nutzer, der sich die Werbung anschaut. Diese „künstlich generierte Reichweite verkaufen die Betrüger anschließend an Werbenden und Websites". Um dies zu vermeiden haben große Werbetreibende wie Procter & Gamble, Johnson & Johnson, Kelloggs, Walmart, Warner Brothers etc. in den USA die TAG (Trustworthy Accountability Group) gegründet, die wie eine Art TÜV die angegebenen Reichweiten der Publisher und Vermarkter kontrolliert.

Das Geschäftsmodell der Display-Werbung wird zukünftig vermutlich stärker reguliert, da die EU-Kommission im Rahmen eines 16-Stufen-Plans zur Verwirklichung eines einheitlichen digitalen Binnenmarktes neben der bereits in Kraft getretenen **EU-Datenschutzgrundverordnung (DSGVO)** auch die sog. **E-Privacy-Verordnung** auf den Weg bringen wird.

Demnach muss Zugangssoftware den Zugriff durch Dritte, die nicht der angeforderte Dienst (Webseite) sind, Drittverarbeitungen auf einer Webseite sperren. Damit wird jede wirtschaftlich erforderliche Datenverarbeitung (z. B. durch Cookies) kraft Gesetzes zu 100 % blockiert. Einwilligungen, die im Zuge der Webseitennutzung („Besuch einer Webseite") erteilt werden, laufen ins Leere, denn sie sind nicht selbstvollziehend. Jeder Cookie muss und kann nur vom Browser „freigeschaltet" werden. Drittverarbeitungen von Cookies außerhalb der besuchten Publisher-Website durch Vermarkter, Agenturen und Werbetreibende würden somit stark eingeschränkt und wahrscheinlich US-Browser-Anbieter übervorteilt.

In der Diskussion um die Ausgestaltung der zukünftigen E-Privacy-Verordnung geht es letztlich darum, wirtschaftliche Werbeinteressen und Verbraucherschutz-Interessen abzuwägen. Sollte die E-Privacy-Verordnung im vorliegenden Entwurf verabschiedet werden, so wird der Schaden für die deutsche Internetwirtschaft auf ca. 300 Mio. € geschätzt.

8.5   Video, Audio-Instream, Ingame

Eine weitere Form des Online-Marketing ist das Video-Advertising bzw. die Videowerbung. Video-Ads können mit traditionellen TV-Spots verglichen werden, die im digitalen Umfeld in Form eines Videos platziert werden. Die Platzierung erfolgt auf unterschiedliche Weise. Bei In-Stream Video Ads werden die Anzeigen vor (Pre-Rolls), zwischen (Mid-Rolls) oder nach (Post-Rolls) dem Video-Content auf den entsprechenden Portalen gezeigt.

Auf der weltweit größten Video-Plattform YouTube können drei Varianten von Videospots gebucht werden:

1. **TrueView In-Stream-Videoanzeigen:**
   Eine überspringbare Videoanzeige, die vor dem eigentlichen Video erscheint.
2. **Bumper-Anzeigen:**

Eine 6-s-Videoanzeige, die besonders auf Smartphones wirkungsvoll ist. Dieses Format wird verwendet, wenn die Nutzer mit einer kurzen, eingängigen Botschaft erreicht werden sollen.

3. **TrueView Discovery-Anzeigen:**
   Werden verwendet, damit Anzeigen in den YouTube-Suchergebnissen, auf der Start-seite von YouTube und neben ähnlichen Videos erscheinen.

Eine Sonderform stellen die **Interactive-Video-Ads** dar, die eine Interaktivität beispiels-weise durch Klicken oder Teilnahme an einem Gewinnspiel ermöglichen.

Eine weitere Art Video-Ads zu platzieren, sind **In-Banner-Video-Ads.** Diese Anzeigen werden in andere Werbemittel, wie Banner integriert und werden entweder parallel zum eigentlichen Content abgespielt oder in den Vordergrund gerückt, wobei ersteres vom Nutzer akzeptiert, letzteres eher abgelehnt wird.

Video-Advertising ist insbesondere bei **emotionaler Markenführung** geeignet, um ins Gedächtnis der Konsumenten zu gelangen und die Kaufbereitschaft zu stei-gern. Zielgruppen-Werbung funktioniert ähnlich wie SEA. Videokampagnen können in Google AdWords eingerichtet werden, in dem man den Standort auswählt, an dem die Anzeigen erscheinen sollen, sowie die Altersgruppe und die Interessen der Zielgruppe, z. B. das Thema „Essen" oder „Reise" (Schwarz 2017).

Im Folgenden werden die KPIs zur Messung von Video-Ads dargestellt:

Maximaler CPV (Cost per Video)
Das Gebot ist der Höchstbetrag, den man pro Aufruf zu zahlen bereit sind. Er wirkt sich auf den Anzeigenrang aus.

Maximaler CPM: (Cost per 1000-Impressions)
Das Gebot ist der Höchstbetrag, den man zu zahlen bereit ist, wenn die Anzeige 1000-mal ausgeliefert wurde (Cost-per-1000-Impressions). Er wirkt sich auf den Anzeigenrang aus.

Klickleistung
Klicks, Klickrate (Click-Through-Rate – CTR).

Interaktionsleistung
Interaktionen, Interaktionsrate.

Reichweite und Häufigkeit
Einzelne Cookies, Häufigkeiten für Impressionen und Wiedergaben.

Videopublikum (Quartil-Statistik)
Video zu 25 %/50 %/75 %/100 % abgespielt.

YouTube-Interaktion
Erzielte Aufrufe, erzielte Abos, erzielte Teilen-Vorgänge.

Grundsätzlich wird nur bezahlt, wenn die Nutzer sich die Anzeige auch ansehen.

Beispielsweise, wenn jemand eine True-View-Videoanzeige für mindestens 30 s aufruft oder mit der Anzeige interagiert, indem er entweder auf

- ein Overlay mit Call-to-Action
- eine Infokarte
- oder ein Companion-Banner klickt.

Funktionsweise des ROI
Der ROI in der Onlinewerbung (nicht zu verwechseln mit dem Kapital-ROI) ist das Verhältnis der Kosten zum Nettogewinn. Im Allgemeinen ist der ROI der wichtigste Messwert für Werbetreibende, da er auf den individuellen Werbezielen basiert und den tatsächlichen Effekt der Werbemaßnahmen für das eigene Unternehmen zeigt.

Seine Berechnung richtet sich nach den Zielen der Kampagne.

Eine mögliche Berechnungsmethode des ROI ist folgende:

(Umsatz − Selbstkosten)/Selbstkosten

Nehmen wir an, dass ein Produkt in der Herstellung 100 € kostet und für 200 € verkauft wird. Über SEA-Werbung wird das Produkt sechsmal verkauft. In diesem Fall belaufen sich Ihre Gesamtkosten auf 600 € und Ihr Umsatz beträgt 1200 €. Angenommen, es fallen SEA-Kosten in Höhe von 200 € an, sodass sich Ihre Gesamtkosten nun auf 800 € belaufen. Dadurch ergibt sich ein ROI, der sich wie folgt berechnen lässt:

$$(1200\,€ - 800\,€)/800\,€ = 400\,€/800\,€ = 50\,\%$$

Eine weitere Form bildet die **In-Stream-Audio-Werbung.** Sie ist i. d. R. sehr emotional und spricht den Hörer in seinem selbstgewählten Umfeld an. Wörter und Musik erzeugen starke Bilder im Kopf, auch bei Nebenbei-Nutzung.

In-Stream-Audio-Werbung wirkt auch stark bei passiver Benutzung des Angebots. Durch den nahtlosen Gebrauch von stationären und mobilen Endgeräten im Tagesablauf sind die Touchpoints vielfältig und in Kombination mit den richtigen Formaten und Targetingansätzen sehr wirkungsvoll.

Standardwerbeformat der Instream-Audio-Werbung sind:

1. **Pre- und Instream-Audio-Ads:** Pre-Spots (10, 20 und 30 s), werden vor dem Start des Audio-Stream ausgeliefert. Instream-Spots (15–60 s) werden im laufenden Stream als Single-Ad oder im Werbeblock platziert. Technisch können Spots verwendet werden, die auch im UKW-Programm laufen.
2. **Audio-Display-Ads:** bezeichnen die Auslieferung eines klickbaren Display-Ads, synchron zu Pre- oder Instream Audio-Ads. Die Audio-Ads unterstützen somit die

Display-Ads (Wallpaper, Rectangels etc.) auditiv. Sie können auch in Radio- und Musik-Apps eingebunden werden.

Darüber hinaus gibt es **Sonderwerbeformen** der In-Stream-Audio-Werbung:

1. **Presenting** Ist die ganze oder teilweise finanzielle Unterstützung einer Sendestrecke, einer Sendung, oder eines kompletten Sendeangebots. Es beinhaltet i. d. R. die Nennung des Kunden und seines Claims am Anfang und am Ende der Sendung. Neben vorproduzierten Presentings werden auch live vom Moderator vorgetragene Presentings eingesetzt.
2. **On-Air-Promotions** Hierunter fallen Gewinnspiel mit vom Kunden ausgelobten Preisen. Auf das Gewinnspiel kann in moderierten Teasern oder vorproduzierten Trailern hingewiesen werden, i. d. R. mit Nennung des Kunden und seines Claims.
3. **Infomercials** Sie umfassen die Integration von Kundennennungen, Werbeaussagen und Produktinformationen mit einer speziellen Platzierung im laufenden Programm.

Sie müssen erkennbar vom laufenden Programm abgesetzt werden. Sie werden vollständig vom Kunden finanziert und gelten rechtlich als Werbung. Kombinationen mit klickbaren Audio-Display-Ads sind möglich. Infomercials werden häufig bei komplexen oder erklärungsbedürftigen Produkten verwendet und sind i. d. R. 30 bis 90 s lang. Sie muten redaktionell an und werden oft mit Experten-O-Tönen kombiniert, um eine hohe Glaubwürdigkeit und Akzeptanz zu erzielen. Instream-Audio-Ads werden ähnlich wie Display-Ads zunehmend **programmatic** ausgespielt.

Eine weitere Form bilden die **In-Game-Ads** in Computer-, Online- und Videospielen. Der Werbetreibende kann seine Botschaft über Sounds, Videos, Bilder, Texte oder virtuelle Nachbildungen seiner Produkte an die spielaffine Zielgruppe verbreiten. Ein wesentlicher Vorteil ist hier, dass die **Spieler i. d. R. nicht wegzappen.** Grundsätzlich unterscheidet man hier:

1. *Statische Ads:* Die Werbemotive werden bereits bei der Entwicklung des Spiels in eine fest verankerte Position im Spiel eingefügt, z. B. als Plakat, Werbebanner, auf Autos, Gebäuden etc.
2. *Dynamische Ads:* Die Werbebotschaften werden bei Onlinespielen flexibel in programmierte Platzhalter geschaltet und können geo- (regional, national) oder zeitcodiert (Stunden, Tage, Wochen, Monate etc.) gebucht und ausgetauscht werden.

Ad-Games sind speziell im Auftrag eines Markenartiklers entwickelte Spiele, deren primäres Ziel es ist, die Marke in den Blick der Spieler zu rücken.

In Game Ads kombinieren die Emotionalität des Sport-Sponsorings mit der Messbarkeit des Online-Marketing. Der Game-Markt erreicht breite Zielgruppen, durch alle Altersgruppen, Bildungsschichten und Geschlechter.

8.6   E-Mail-Marketing

E-Mail-Marketing gehört heute zu den Standard-Kommunikationsmaßnahmen vieler Unternehmen, insbesondere im E-Commerce (Beilharz et al. 2017). Gemäß einer Studie der Deutschen Post/TRS wurden 2017 rund 1,2 Mrd. € für E-Mail-Marketing ausgegeben. Die Mehrheit der Unternehmen versendet E-Mails über E-Mail-Plattformen (z. B.emarsys, Episerver, CleverReach, Mailchimp oder Salesfore).

E-Mail-Marketing ist dem Direktmarketing zuzuordnen. Ziel ist es, bestehende Kundenkontakte auszubauen oder zu festigen. Die Adressgüte ist dabei ein erster entscheidender Faktor, denn zahlreiche E-Mails landen im Spamfilter der Kunden (Bucher 2016). Darüber hinaus spielt der Zeitpunkt eine wesentliche Rolle und die Frage, ob z. B. ein Newsletter **unregelmäßig,** nur bei neuen Produkten oder Aktionen, oder **regelmäßig** über wichtige Geschehnisse oder Events informieren soll. Auch die Form ist wesentlich für den Erfolg von E-Mail-Marketing. Sollen **mehrstufige Mailings, Triggermailings** (z. B. bei Events, Messen etc.), oder **Transaktionsmailings** verschickt werden. Ferner besteht die Möglichkeit, eine Integration von **Call-to-Action** vorzunehmen, z. B. Hyperlinks, verlinkte Bilder oder Videos, die den Abonnenten auf die entsprechende Landing-Page des Unternehmens weiterleiten. Auch Rätsel und Umfragen können eingebaut werden. Zur Verbesserung der i. d. R. niedrigen Responserate tragen **Incentives, Rabattcodes, Early-Bird-Prices, Like-Rabatte und eine personalisierte Anrede** bei (Kreutzer 2018a, b).

Beim E-Mail-Marketing muss rechtlich bedacht werden, dass eine E-Mail i. d. R. wirklich nur an Kunden geschickt werden darf, wenn diese ihre ausdrückliche Genehmigung hierfür gegeben haben. Zudem sind die Unternehmen durch das **Telemedien-Gesetz** § 2 Abs. 2 zu einer eindeutigen Absenderadresse verpflichtet und dürfen den Empfänger nicht in die Irre führen. Die werbliche Absicht darf zudem nicht verschleiert werden.

In eigenen Eye-Tracker-Studien konnte nachgewiesen werden, dass der **Blicklauf typischerweise einer groben F-Form** folgt. Demnach verfolgt das Auge zunächst den oberen Bereich durch eine horizontale Bewegung. Danach geht der Blick zurück zum linken Bildschirmrand, wo eine kurze vertikale Betrachtung erfolgt. Anschließend folgt eine weitere horizontale Blickbewegung, die jedoch kürzer ist als die im Bereich der Kopfzeile. Anschließend wird die restliche E-Mail am linken Bildschirmrand vertikal gescannt. Die Kernbotschaft sollte idealerweise in den ersten beiden Abschnitten platziert werden und wichtige Informationen sollten nicht rechts positioniert werden.

Der Header sollte in die wichtige Kopfzeile und aufgrund seiner Bedeutung attraktiv gestaltet sein. So kann im Header das Logo des Unternehmens transportiert werden, wodurch sich seitens der Leser direkt die Frage nach dem Absender klärt. Wesentliche Ziele und KPIs des E-Mail-Marketing sind nachfolgend zusammengefasst (siehe Abb. 8.10).

Mess-gegenstand	KPI	Beschreibung	Berechnung
Relevanz & Attraktivität des Contents	Brutto-Öffnungsrate	Anzahl der Personen, die den Newsletter geöffnet haben	$\frac{\text{Öffnungen}}{\text{Versandmenge}} *100$
	Netto-Öffnungsrate	Anzahl der Personen, die den Newsletter geöffnet haben	$\frac{\text{Öffnungen}}{\text{Zustellmenge}} *100$
	Öffnungsfaktor	Zeigt an, wie oft ein einmal geöffneter Newsletter durchschnittlich aufgerufen wurde	$\frac{\text{Unique Öffnungen}}{\text{Gesamte Öffnungen}}$
	Click-Through-Rate (CTR)	Klicken auf Links im Newsletter	$\frac{\text{Klicks}}{\text{Versandmenge}} *100$
	Klicks zu Öffnungen	Klicks ins Verhältnis zu Öffnungen	$\frac{\text{Klicks}}{\text{Öffnungen}}$
	Klicks pro Link	Gibt an, wie oft ein Link in einem Newsletter durchschnittlich angeklickt wurde	$\frac{\text{Klicks}}{\text{Anzahl Links}}$
	Lesedauer	Durchschnittliche Lesedauer des Newsletters	Information des E-Mail Programms
	Abmelderate	Prozentualer Anteil der Empfänger, der sich abmeldet	$\frac{\text{Abmeldungen}}{\text{Zustellmenge}} *100$
Qualität der Adressliste	Zustellrate	Zustellrate ergibt sich aus dem Verhältnis von Zustellmenge zu Versandmenge	$\frac{\text{Versandmenge-Unzustellbare Mails (Bounces)}}{\text{Versandmenge}} *100$
	Bounce-Rate	Prozentuale Verhältnis von Versandmenge zu Bounces	$\frac{\text{Unzustellbare Mails (Bounces)}}{\text{Versandmenge}} *100$
	Weiterleitungsrate	Wenn ein Empfänger Newsletter-Inhalte an seine Kontakte weiterleitet	$\frac{\text{Weiterleitungen}}{\text{Öffnungen}} *100$
	Retention Rate	Empfängerbindung über einen bestimmten Zeitraum	$\frac{\text{Anzahl der Empfänger in t1}}{\text{Anzahl der Empfänger in t0}} *100$
Empfehlungs-bereitschaft	Social Contact Rate	Klicks durch Weiterempfehlungen an Freunde	$\frac{\text{Klicks auf Links in geteilten Beiträgen}}{\text{Social Sharings}}$
	Social Sharing Rate	Gibt an, wie oft Inhalte, die auf Sozialen Netzwerken weiterempfohlen wurden, von den Empfängern angesehen wurden.	$\frac{\text{Social Sharings}}{\text{Öffnungen}} *100$
	Conversion Rate	Prozentualer Anteil, der gewünschte Handlung vollzieht	$\frac{\text{Conversions}}{\text{Klicks}} *100$
Mobile Nutzung	Mobile Rate	Prozentualer Anteil an Öffnungen über mobile Endgeräte	$\frac{\text{Mobile Öffnungen}}{\text{Gesamte Öffnungen}} *100$

Abb. 8.10 KPIs für E-Mail-Marketing. (Eigene Darstellung)

8.7   Social-Media

Social-Media basiert auf einem Many-to-Many-Kommunikationsmodell, das für viele betriebliche Anwendungen in der gesamten Wertschöpfungskette relevant ist. Im Forschungs- und Entwicklungsbereich wird heute Trend- und Ideenforschung, Crowdsourcing und -Testing, im Personalbereich Employer-Branding, Recruiting, Co-Working und Wissensmanagement, im Marketing Marktforschung, Branding, Word-of-Mouth, Kundenmanagement, Krisenmanagement, Content-Management und Pressemeldungen, im Vertrieb Lead-Generierung, Recommendation- und Customer-Journey-Management und im Finanzbereich Crowdfunding, Investor-Relations-Management und Betrugsdetektion über Social-Media abgewickelt (Grabs und Bannour 2018).

Ein wesentlicher Asset von Social-Media sind äußerst leistungsstarke Suchfunktionen. Grundsätzlich lassen sich sieben Basisfunktionen von Social-Media unterscheiden: Sharing, Presence, Relationship, Identity, Reputation, Conversation und Groups (vgl. Kietzmann und Hermkens 2011).

Eine eigene **Systematisierung** orientiert sich **an den primären Merkmalseigenschaften** von Social Media und unterscheidet:

- **Bewegtbild-Netzwerke** (Youtube, Vimeo, Netflix etc.)
- **Bild-Netzwerke** (Instagram [Stories], Snapchat, Pinterest, Flickr etc.)
- **Audio-Netzwerke** (Spotify, Soundcloud etc.)
- **Blogging-Netzwerke** (Twitter, Tumblr etc.)
- **Professionelle Netzwerke** (Linkedin, Xing, Slide Share etc.)
- **Beziehungs-Netzwerke** (Facebook etc.)
- **Bewertungs-, Verbraucher und Frageportale** (CIAO, Amazon etc.)
- **Branchenbezogene Bewertungsportale** (Yelp, Foursquare etc. für Restaurants oder Holidaycheck, TripAdvisor für Tourismus etc.)
- **Messenger-Dienste** (WhatsApp, FB-Messenger, Skype, Snapchat, WeChat etc.)
- **Collaboration-Dienste** (Microsoft Teams, MindMaster etc.)

Weltweiter Marktführer im Social-Media Bereich ist Facebook zusammen mit seinen Tochterfirmen Instagram, WhatsApp, Messenger und Oculus (VR). Das Unternehmen erzielte 2017 einen Umsatz von über 40 Mrd. $ und ein Net Income von 15,9 Mrd. $ mit Social-Media-Werbung (Vgl. Annual Report Facebook 2017). Im Annual Report 2017 weist das Unternehmen eine durchschnittliche Tagesreichweite von 1,4 Mrd. aktiven Nutzern aus. Die folgende Abb. 8.11 zeigt das Ranking nach den aktiven monatlichen Nutzern im August 2017 im Vergleich zu anderen Social-Media-Plattformen. Rechnet man die Konzerntöchter WhatsApp, FB-Messanger und Instagram zusammen, so wird die weltweite **monopolartige Stellung von Facebook** deutlich. Von den insgesamt 44 Mrd. $, die 2017 weltweit in Social-Media-Werbung flossen, konnte Facebook insgesamt 40 Mrd. generieren.

Ranking der größten Social Networks und Messenger nach der Anzahl der monatlich aktiven Nutzer (MAU) im August 2017 (inMillionen) weltweit

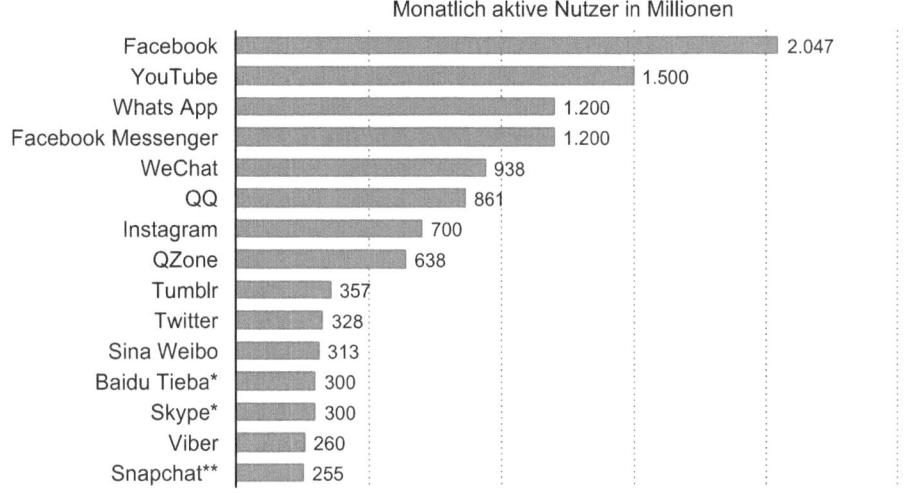

Quelle: We Are Social; Hootsuite 2017

Abb. 8.11 Social-Media-Reichweiten. (Eigene Darstellung basierend auf „We are Social" 2017)

Gemessen am **Umsatz pro Nutzer** erzielt jeder Nutzer auf **Facebook einen Jahresumsatz von 23,20 $,** gefolgt von Twitter mit 7,40, Youtube von 7,20 und Snapchat von 5,70 und Pinterest von 3,00 $. Über Social-Media-Kanäle erreichen Unternehmen Zielgruppen, die sich zunehmend den klassischen Medien entziehen. Man unterscheidet zwischen organischen Social-Media-Aktivitäten direkt auf den Unternehmenssites und anorganischen z. B. durch Influencer, Kunden und Partner etc. Die Präsenz in Social-Media-Plattformen sollte aus Unternehmenssicht gut durchdacht sein, denn es stellen sich zahlreiche Fragen z. B.:

- Welche Ziele und KPIs werden verfolgt?
- Sollen die Social-Media-Aktiväten in- oder outgesourced werden?
- Wie viel Social-Media-Manager werden benötigt?
- Wie gut müssen die Social-Media-Manager geschult sein (technisch und psychologisch)?
- Bei internationalen Unternehmen: zentral oder dezentral in den Ländern?
- Bei internationalen Unternehmen: Sprache und Ansprache?
- Ist ein 24/7 Service notwendig?
- Wie schnell soll die durchschnittliche Reaktionszeit sein?

- Sollen regelmäßig Aktionen auf Social-Media stattfinden (z. B. Gutscheincodes, Mafo)?
- Wie sehen die Social-Media-Guidelines aus?
- Welche Organisationsform ist die beste? (Zentral, Dezentral, Hub and Spoke, Holistic oder Dandelion-Modell).

Aus Marketing-Perspektive ist die **Themennutzung der User ein wesentlicher Punkt** für die Entscheidung auf welchen Plattformen ein Unternehmen aktiv werden soll. Die folgende Abb. 8.12 zeigt die unterschiedlichen Ausprägungen nach Themengebieten auf der Grundlage einer eigenen explorativen Studie mit 777 Befragten (überwiegend Studenten) und standardisierten Fragen vom Dezember 2017. So erwartet man auf Facebook vor allem Aktuelles von Freunden, Informationen über Veranstaltungen, Events und Partys sowie Tipps zum Ausgehen und Essen. Beauty, Mode und Lifestyle findet hingegen mehr auf Instagram statt und Technik und Entertainment auf Youtube.

Hat ein Unternehmen sich grundsätzlich für Social-Media entschieden, bieten sich vielfältige Werbeformate. Von klassischen Text- und Bild-Anzeigen, Video und mobile-optimierte Video-Anzeigen, Karusell-Formate mit mehreren Bildern oder Videos, Sponsored-Stories in Form von Slideshows und Sammlungen (vgl. Abb. 8.13).

Nachfolgend werden die relevanten KPIs im Social-Media-Marketing den strategischen Zielen zugeordnet (vgl. Abb. 8.14). Verfolgt ein Unternehmen allein Reichweite, so sind Reach, Conversion-Reach, Fans und Follower entscheidend. Stehen Kundendienst und Servicequalität im Vordergrund, dann sind die Resolution-Rate und -Time sowie der Satisfaction-Score relevante Operationalisierungsgrößen.

Rechtlich hat das **Netzwerkdurchsetzungsgesetz** in Deutschland klar geregelt, dass Plattformen für ihre Inhalte verantwortlich sind. Dennoch ruft die marktbeherrschende

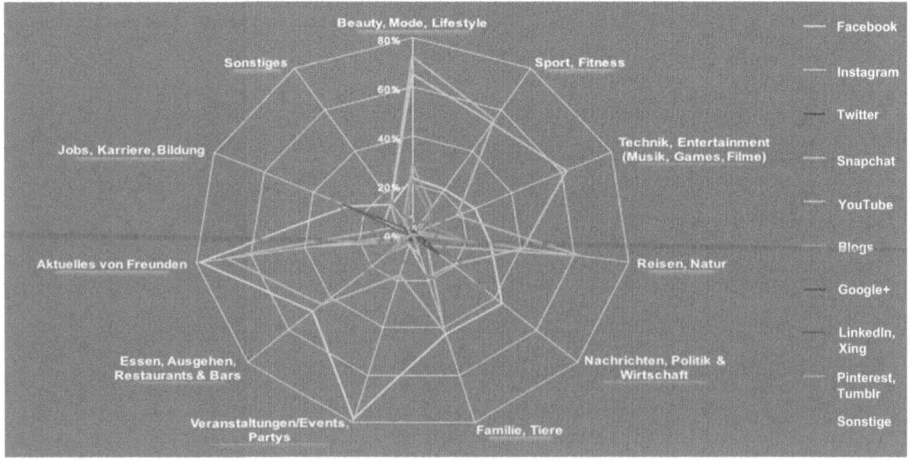

Abb. 8.12 Social-Media-Plattformen nach Themengebieten. (Eigene Darstellung)

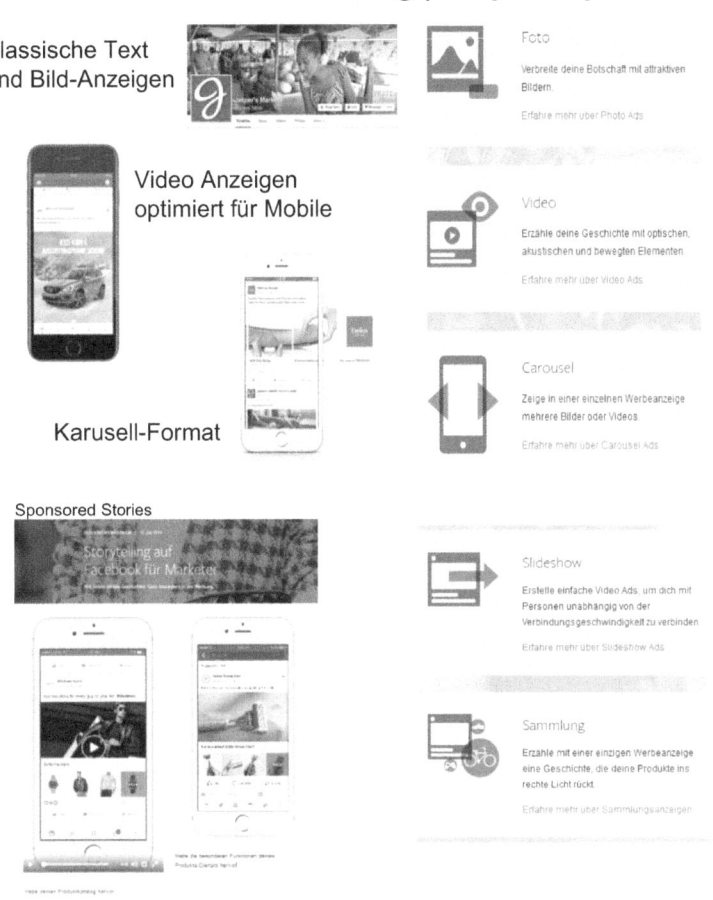

Abb. 8.13 Social-Media-Werbeformen auf Facebook. (Quelle: Facebook 2018)

Stellung von Facebook in einer Marktwirtschaft das **Kartellamt** auf den Plan, da **Ausmaß und Gestaltung der Datensammlung und Verwendung** bei Facebook mutmaßlich gegen zwingende Datenschutzwertungen verstößt und missbräuchlich sind. Transparenz, Selbstbestimmung und Freiwilligkeit gehören sicherlich zu den Diskussionspunkten.

Wenn sich jemand im Internet aufseiten Dritter bewegt, also etwa auf Seiten von Händlern, Parteien oder medizinischen Beratungsangeboten, dann **registriert Facebook das über Mechanismen, die der Nutzer nicht erkennen kann. Denn selbst wenn auf einer Website ein Like- oder Share-Button nicht betätigt wird, erfasst Facebook diese Bewegung auf eine Fremdseite, sobald sich der User über sein Facebook-Account registriert und die Daten von Drittseiten werden über Analysetools dem**

Social Media				
Strategische Ziele	**Mess-gegenstand**	**KPIs**	**Bedeutung**	**Berechnung der KPIs**
Markenpflege und -präsenz	Dialoge und Interaktion	Share of Voice	Anteil eines bestimmten Themas am Gesamtvolumen der Konversationen in % pro Periode	$\dfrac{\text{Markenerwähnung}}{\text{Gesamterwähnung (Marke+ Konkurrent A,B,C,..)}}$
		Audience Engagement	Zielgruppen-engagement bzw. Interaktionsgrad pro Beitrag	$\dfrac{\text{(Anzahl der Kommentare + Shares + Likes)}}{\text{Anzahl der Views}}$
		Page Engagement Rate	Egagement der Fans einer Page	$\dfrac{\dfrac{\text{Summe an Likes, Kommentaren und Shares}}{\text{Anzahl an Fans}}}{\text{Anzahl der Tage im ausgewählten Zeitraum}}$
		Post Engagement Rate	Reaktion der Fans auf einzelne Beiträge	$\dfrac{\dfrac{\text{Summe an Likes, Kommentaren und Shares aller Beiträge}}{\text{Anzahl der Tage im ausgewählten Zeitraum}}}{\dfrac{\text{Summe an Likes, Kommentaren und Shares aller Beiträge}}{\text{Anzahl Fans}}}$
		Conversational Exchange	Anzahl der Kommentare und Antworten auf einen Beitrag	Anzahl an Kommentaren und Antworten (ggf. Vergleich der Entwicklung im Zeitablauf oder mit Wettbewerb)
		People Talking About	Anzahl an Interaktionen in Verbindung mit der Marke	Anzahl der Nutzer, die in der Periode eine Interaktion (Like, Share, Kommentar etc) getätigt haben (ggf. Vergleich der Entwicklung im Zeitablauf oder mit Wettbewerb)
	Reichweite	Conversion Reach	Diskussions-reichweite	$\dfrac{\text{Summe aller Diskussionsteilnehmer}}{\text{Kalkulierte Diskussionsteilnehmer}}$
		Fans /Follower	Anzahl an Fans oder Follower	Totale Anzahl der Frans/Follower oder durchschnittliches Wachstum pro Tag
		Reach	Reichweite der Beiträge	Totale Anzahl der erreichten Personen (ggf. Vergleich der Entwicklung im Zeitablauf)
Kunden-zufriedenheit und Kunden-loyalität	Marken-botschfter	Interaction Score	Interaktionsrate	$\dfrac{\text{Alle interagierenden, aktiven Nutzer}}{\text{Gesamtzahl der erreichen Nutzer}}$
		Active Advocates	Aktive Markenbotschafter bzw. -fans pro Periode	$\dfrac{\text{Anzahl der aktiven Markenfans (letzten 30 Tage)}}{\text{Summe aller Markenfans}}$
		Advocate Influence	Einfluss der Markenbotschafter	$\dfrac{\text{Einmaliger Einfluss von Marekenfans}}{\text{Summe aller Einflüsse von Markenfans}}$
		Advocacy Impact	Wirkungsgrad der Markenbotschafter/ Markenfan-Effekt	$\dfrac{\text{Anzahl aller von Markenfans initiierten Diskussionen}}{\text{Summe aller Markenfans}}$
		Content amplification	Geteilte Inhalte von Usern	Häufigkeit, mit der Inhalte geteilt werden (ggf. Vergleich der Entwicklung im Zeitablauf)
	Kundendienst und Service-Qualität	(Issue) Resolution Rate / Lösungsrate	Anzahl der gelösten Serviceanfragen	$\dfrac{\text{Anzahl aller erfolgreich beantworteten Kundenanfragen}}{\text{Anzahl aller Serviceanfragen}}$
		Resolution Time	Dauer bis eine eine Serviceanfrage gelöst wurde	$\dfrac{\text{Bearbeitungsdauer für eine Kundenanfrage}}{\text{Summe aller Serviceanfragen}}$
		Satisfaction Score	Grad der Kundenzufriedenheit	$\dfrac{\text{Kundenfeedback (A,B,C...n)}}{\text{Gesamtes Kundenfeedback}}$
	Stimmung	Sentiment Ratio	Stimmungs-barometer/ Stimmungsanalyse/ Tonalität	$\dfrac{\text{(Positive: Neutrale: Negative Markenerwähnungen)}}{\text{Summe aller Markenerwähnungen}}$
		Net Reputation Score	Ansehen der Marke	% aller positiven Beiträge − % der gesamten Beiträge
Innovations-führerschaft	Innovationen	Topic Trends	Thematische Trends und diskutierte Kernthemen pro Periode	$\dfrac{\text{Anzahl aller spezifischen Trenderwähnungen}}{\text{Anzahl aller Topic Trends}}$
		Idea Impact	Wirkungsgrad neuer Produktideen	$\dfrac{\text{Summe aller positiven Kommentare, Erwähnungen, Teilungen und Likes}}{\text{Summe aller Kampagnendiskussionen, Erwähnungen, Teilungen und Likes}}$
Differenzierung vom Wettbewerb	Sichtbarkeit	Activity Ratio	Aktivität der Marke abbilden	$\dfrac{\text{Anzahl der Markenbeiträge in der Periode}}{\text{Anzahl der Gesamtbeiträge (Marke+ Wettbewerber A,B,C..n)}}$

Abb. 8.14 KPIs Social-Media. (Quelle: Facebook 2018)

Facebook-Konto zugeführt. Der Nutzer stimmt zu, ohne sich des Ausmaßes der Datensammlung bewusst zu sein und über die Verwertung hinreichend aufgeklärt zu werden. Aufgrund der Marktbeherrschung hat er keine Ausweichmöglichkeit.

Chamath Palihapitiya, ehemaliger Top-Manager bei Facebook, hat bei einer Podiumsdiskussion an der Universität Stanford eingeräumt, dass er seine Arbeit bei dem größten sozialen Netzwerk bereut. Er warnte vor Facebook und betonte zugleich, dass selbst seine Kinder das Netzwerk nicht benutzen dürften. Facebook biete keinen echten Diskurs, dafür Unwahrheiten, Hasskommentare und Fake-News. Er sehe in einem sozialen Netzwerk wie Facebook keinen gesellschaftlichen Diskurs. Das sei ein globales Problem. „Die von Dopamin gesteuerten Feedback-Schleifen, die wir kreiert haben, zerstören, wie die Gesellschaft funktioniert", sagte er Ende 2017 vor Studenten der Elite-Uni in Stanford. Nach dem **Datenleak** von 50. Mio. Nutzerprofilen an Cambridge Analytics 2018 zur Manipulation im US-Wahlkampf, haben zahlreiche prominente Nutzer ihre Facebook -Profile gelöscht. Auch ausländische Geheimdienste aus China und vor allem Russland nutzen zunehmend Social-Media zur Einflussnahme bei Wahlen in westlichen Demokratien. Letztlich arbeitet der Nutzer für Facebook, indem er Content liefert, von dem das Unternehmen profitiert.

8.8 Influencer

Influencer-Marketing ist ein weiteres Instrument im Online-Marketing von Unternehmen, die mit meist jungen Influencern werben und sich damit eine zielgerichtete Kundenansprache erhoffen (Jahnke 2018). Sie spannen ganz normale Menschen für ihre Werbezwecke ein, die sich allerdings in einem wesentlichen Punkt von ihren Mitmenschen unterscheiden: Sie schreiben, filmen oder fotografieren für soziale Netzwerke wie Facebook, Instagram, Snapchat und Youtube und unterhalten eine große Zuschauerschar. Ihre Namen sind z. B. Caro Daur (1,1 Mio. Abonnenten auf Instagram), LeFloid (3,1 Mio. Abonnenten auf Youtube) oder die Zwillinge Lisa und Lena (11,6 Mio. Follower auf Instagram).

Die Influencer haben mitunter eine Reichweite, die mit der von klassischen Medien konkurrieren kann. Und sie sprechen eine sehr junge Zielgruppe an, die für die Werbeindustrie nur schwer zu erreichen ist – weil sie sich seit Jahren den klassischen Medien verweigert. Vor allem in den Themen Lifestyle, Reisen und Kosmetik haben die digitalen Einflussnehmer Spitzenwerte in der Reichweite (Funke 2018). Der Influencer Werbemarkt hat großes Potenzial: 20 bis 50 % aller Kaufentscheidungen werden durch Mundpropaganda getroffen. Der wesentliche Punkt ist, dass der Influencer zur Marke passen muss, sonst ist der Einsatz kontraproduktiv. Insbesondere bei intensivem und komplexen Kaufentscheidungen können Infuencer entscheidend sein. Aber auch bei geringem Kunden-Involvement und Markenunterschieden oder in der Nachkaufphase ist der Einsatz von Influencern sinnvoll (vgl. Abb. 8.15).

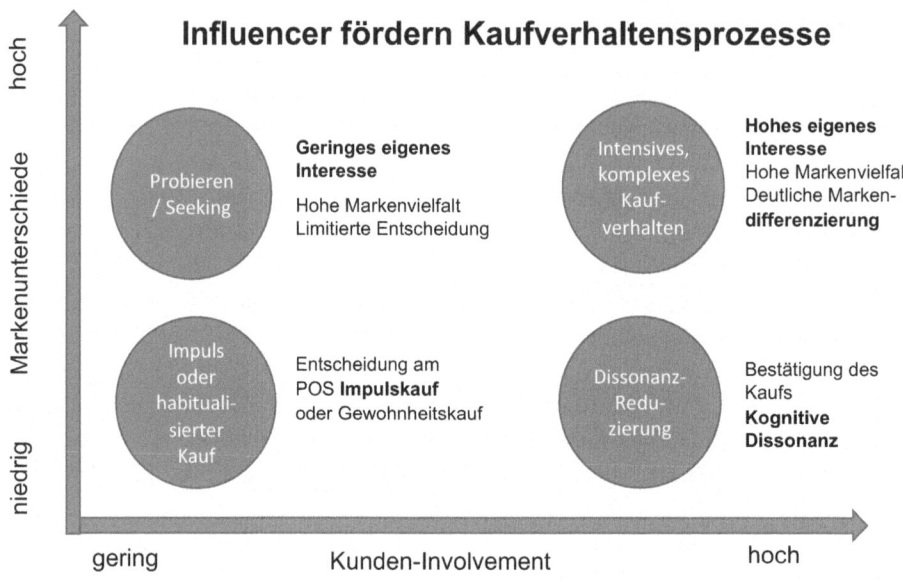

Abb. 8.15 Influencer fördern Kaufverhaltensprozesse. (Eigene Darstellung)

Große Kosmetikkonzerne bauen **Influencer-Kampagnen** heute in ihren **Media-plan** fest mit ein und veranstalten eigene **Influencer-Events,** vergleichbar mit Händler-schulungen. Influencer gelten als ideale Vorbilder. Experten schätzen, dass die globalen Werbeausgaben für die Einflussnehmer im Jahr 2016 ca. zwei Mrd. Dollar betrugen. 2019 sollen es weltweit bereits fünf Milliarden Dollar sein. Genaue Statistiken existieren nicht, auch nicht in Deutschland, denn es gibt (derzeit) keinen Verband für Influencer, der solche Daten erhebt.

Die meisten Influencer sagen nicht: Gib mir Geld, und dann spreche ich über das Produkt, sondern es sind Menschen, die Fans haben und die über das, was sie sagen, eine Wirkung haben, weil sich andere an ihnen orientieren. Sie haben eine hohe Glaubwürdigkeit. Erfolgreiche Influencer sind auch nur bedingt käuflich, denn sie wissen, wenn sie nicht mehr authentisch sind, verlieren sie ihre Glaubwürdigkeit und machen damit ihr Geschäftsmodell kaputt. Bei gesponserten Inhalten muss eine rechtliche Trennung zwischen redaktionellen und werblichen Inhalten in den sozialen Netzwerken erfolgen. Jedoch ist dies schwer zu kontrollieren. **Influencer und Schleichwerbung** werden oft in einem Atemzug genannt. Berichten Influencer positiv z. B. über ein bestimmtes Fitnessgetränk, weil sie von dem Produkt wirklich überzeugt sind – oder weil sie einen Vertrag mit dem Hersteller haben? In der Theorie müsste dies klar gekennzeichnet sein, in der Praxis fehlen solche Hinweise oft. So mahnte die Landesanstalt für Medien in Baden-Württemberg den Youtuber Sami Slimani ab, weil er vermeintlich gesponserte Inhalte nicht gekennzeichnet hatte. Dabei ist die Rechtslage eindeutig:

Zeigen Influencer gegen Geld oder eine geldwerte Leistung ein bestimmtes Produkt in ihren Postings, handelt es sich um Werbung, die gemäß **Gesetz gegen unlauteren Wettbewerb** (UWG) klar gekennzeichnet werden muss. Einige Influencer halten sich daran, manche weisen gar nicht darauf hin und andere verstecken die Markierung am Ende des Beitrags, was laut Landesmedienanstalten nicht ausreicht. Für Unternehmen kann die Grauzone zum Risiko werden: Es droht nicht nur Ärger mit Aufsichtsbehörden und Abmahnanwälten, auch leidet neben der Glaubwürdigkeit des Influencers die eigene Marke. Instagram hat darauf reagiert und eine Neuerung eingeführt: Nutzer können über eine Markierung die Zusammenarbeit mit einem Unternehmen kenntlich machen. Das schafft nicht nur Sicherheit, sondern gibt auch dem Unternehmen die Möglichkeit, die effektive Reichweite des Influencers zu überwachen. Die beauftragenden Unternehmen haften aber ebenfalls. Denn im Gesetz gegen unlauteren Wettbewerb heißt es, bei Zuwiderhandlungen von „Beauftragten" seien auch Ansprüche gegen den Inhaber des Unternehmens begründet. **Schickt ein Unternehmen einem Influencer ein Produkt kostenlos zu, zahlt ihm Geld oder gewährt ihm andere Gegenleistungen, müssen Internetbeiträge als Werbung gekennzeichnet sein.** Vereinbarungen, die Influencer dazu verpflichten, Werbung nicht zu kennzeichnen, sind sittenwidrig. Den betroffenen Unternehmen droht zudem ein großer Imageschaden, wenn Schleichwerbung bekannt wird.

Produkte, die ein Influencer selbst gekauft hat und die er aus Überzeugung mit den Followern teilt, bedürfen keiner Kennzeichnung. In diesem Fall handelt es sich nicht um explizite Werbung, sondern um die Meinungsäußerung eines Influencers. Bei der Präsentation von Produkten oder PR-Samples, die dem Influencer kostenlos vom produzierenden Unternehmen zur Verfügung gestellt wurden, werden zwei Kategorien unterschieden: Im ersten Fall steht das Produkt im Mittelpunkt der Präsentation des Influencers, im zweiten wird es nur am Rande einer Gesamtpräsentation, sozusagen nebenbei gezeigt. Hier ist also zu differenzieren, ob das **Produkt des Unternehmens im Fokus des Posts steht oder nicht.** Falls das Produkt nicht im Fokus steht, wird je nach Wert des Produktes unterschieden. Bei einem **Wert von über 1000 € besteht Kennzeichnungspflicht,** da es sich hier um eine Art von Produktplatzierung handelt. Produkte unter diesem Wert, die nicht im Fokus der Präsentation stehen, sind dagegen nicht kennzeichnungspflichtig (Ulbricht 2017).

Erhalten Influencer eine **Gegenleistung** vom produzierenden Unternehmen, muss unterschieden werden, ob das Produkt im Fokus des Posts steht oder nicht. Ist das Produkt komplett im Fokus der Präsentation, handelt es sich um eine **Dauerwerbesendung** oder ein Werbevideo, da eine Bezahlung vorausgegangen ist. In diesem Fall muss die Präsentation als Dauerwerbesendung gekennzeichnet sein. Bei der indirekten Präsentation eines Produktes kompensiert durch eine Gegenleistung handelt es sich um das klassische **Product-Placement.** Je nach Form der Produktplatzierung muss sie als solche gekennzeichnet werden. Laut Landesanstalt für Medien gibt es verschiedene Möglichkeiten, eine Produktplatzierung zu kennzeichnen. Wie bei Product-Placement im Fernsehen ist auch im Internet eine Kennzeichnung ausreichend, wenn **mindestens drei Sekunden ‚P'** beispielsweise in einem Video zu Beginn und zum Ende erscheint. ‚P' steht als Abkürzung für Produktplatzierungen und kann zusätzlich durch die Worte „unterstützt mit Produktplatzierungen" ergänzt werden.

8.9   Content-Marketing

Seit jeher brauchen gute Copy-Strategien im klassischen Marketing Content. Um den Consumer-Benefit, die Product-Attributes und den Reason-Why zu transportieren, wurden immer schon Bilder, Bewegtbilder, ansprechende Texte, Farben, Musik und Key Visuals benötigt.

Durch Social-Media und die Möglichkeit, jederzeit selbst kommunizieren zu können, ist der Begriff „Content-Marketing" erheblich erweitert worden. Ob redaktionelle **Blog-Artikel, Whitepaper, Unternehmens-E-Books, Podcasts, Videos, Video-Blogs (Vlogs), Infografiken, Gamification-Anwendungen, Produktstories, Webinare, spezielle Landingpages oder Apps.** mit Zusatznutzen wie Musik, Entspannungs-Yoga oder Rezepten – es ergeben sich heute jede Menge kreative Möglichkeiten, B2B oder B2C Zielgruppen mit gutem Content zu begeistern und an den verschiedenen Touchpoints der Customer Journey abzuholen bzw. mittels Push-Notification zu erreichen. Die Beispiele sind vielfältig: Das künstlerische Tutu-Projekt der TELEKOM, in dem Bob Carey für seine an Brustkrebs erkrankte Frau Linda Freude spendende Fotos aufnahm oder die saisonal eingesetzte NIVEA-Muttertagskampagne „Für immer ein Teil von Dir" wurden millionenfach angeklickt. Die Edeka-Stories „Supergeil", „Kassensymphonie" oder der Weihnachtsclip „Heimkommen", (über 48 Mio. Youtube Klicks) sowie die Red Bull Aktionen werden als Leuchttürme für Content-Marketing exemplifiziert. Dabei geht es primär um die **Ökonomie der Nutzer-Aufmerksamkeit und um den Transfer dieser Aufmerksamkeit auf die Brand.** Dass Werbung immer mehr in den redaktionellen Kontext reinrutscht, ist ein Phänomen der heutigen, werbeüberfluteten Zeit. Die Konsumenten haben wenig Lust auf noch mehr klassische Werbung, also wird Werbung so getarnt, als wäre sie Unterhaltungs- oder Informations-Content. Dabei sind auch rechtliche Grenzen zu betrachten.

Das Thema „Content-Marketing" hat viele Facetten und fordert die Unternehmen auf vielfältige Weise heraus. Kreative und Agenturen müssen ihre Copy-Strategie neudenken und permanent Content liefern, der einerseits zur Marke passt und andererseits aktivierende, emotionale oder kognitive Prozesse im Gehirn der Kunden auslöst. Zudem stellt sich im Content-Marketing die Frage nach der Wiederholbarkeit, denn jede noch so gute Story ist irgendwann auch „tot"…und was dann? Wo bleibt dann die so wichtige **Kontinuität in der Markenkommunikation?** Ist Content-Marketing daher nur ein (z. B. saisonaler) Baustein im Rahmen der Gesamtkampagne, oder kann man allein durch gutes Content-Marketing eine Marke dauerhaft aufbauen und Marktanteile gewinnen? Zunehmend schaffen es neue und unbekannte Marken allein über gutes

Content-Marketing ihre Brand zu etablieren, ohne hohe Werbeausgaben auf gekauften Werbeplätzen. Wie nachhaltig dies jedoch ist, bleibt abzuwarten.

Im Fast-Moving-Consumer-Goods-Markt (FMCG) fließen geschätzt ca. 1–2 % der Budgets in Content-Marketing. Tendenz steigend. Im Mittelpunkt des Content-Marketing stehen transaktions- und informationsorientierte KPIs, die sich im Kern an den KPIs des Social-Media-Marketing orientieren (vgl. Abb. 8.14).

8.10 Marketing-Automatisierung

Bei marketinggetriebenen Data-Economy-Geschäftsmodellen ist der Grad der Nutzeridentifikation ein maßgeblicher Faktor für die Bestimmung des Wertes einer Kampagne. Gerade im Online-Marketing entscheidet die Trefferquote einer bestimmten Zielgruppe über den Erfolg der Kampagne. Diese Tatsache bestimmt den Trend, **registrierungsbasierten Daten einen höheren Wert zuzusprechen als anonymen Daten.** Mit dem Grad der Nutzeridentifikation wachsen die Spielräume für mögliche Einsatzszenarien und damit der Wert der Daten. Gleichzeitig steigen jedoch die gesetzlichen Bestimmungen und damit die Einschränkung des Handlungsraums. Vor diesem Hintergrund gewinnen **Marketing-Automatisierungs-Systeme** wie Eloqua, Marketo, Hubspot oder Salesforce an Bedeutung. Dies sind Software-Systeme, die die Prozesse der Planung, Durchführung und Analyse von Marketingkampagnen möglichst automatisiert, mehrstufig und mehrkanalfähig im Sinne eines Closed-Loop-Marketing unterstützen. Dabei greift Marketing-Automation auf bestehende Tools und Daten der vorgestellten Einzelinstrumente des Online-Marketing zurück und integriert diese zu einem Gesamt-Mediaplan incl. der Performance-Messung relevanter KPIs.

8.11 Fazit

Insgesamt wird deutlich, dass Online-Kommunikation im Vergleich zur Offline-Kommunikation technologisch anspruchsvoll ist, dass zahlreiche rechtliche Aspekte in Betracht gezogen werden müssen und dass Online-Kommunikation ein gutes Targeting mit geringen Streuverlusten aufweist, allerdings auch keine hohen Reichweiten wie TV-Werbung erzielt. Eine **zielgruppengerechte Kombination von Online- und Offline-Maßnahmen und die durchdachte Integration in den gesamten Marketing-Mix ist daher essenziell für die Zielerreichung.**

Ein Problem der Online-Kommunikation liegt in der **mangelnden Kontrolle des Content-Umfelds,** in dem die Werbung ausgespielt wird. Insbesondere dann, wenn die Werbung programmatic-automatisiert ausgespielt wird, kann es schnell zu einem skurrilen oder nicht passenden Match von Content und Werbung kommen. Dies ist für die Markenführung kontraproduktiv und ein Grundproblem bei rein datengestützter Werbeausspielung.

Darüber hinaus sind **Klickbetrug und Non-Human-Traffic** bei der Online-Werbung ein Problem. Im E-Mail-Marketing und in der Programmatic-Display-Werbung kann ein **zu häufiges Retargeting** ungewollte Dissonanzen beim Konsumenten hervorrufen und letztlich zur Markenablehnung statt Markenpräferenz führen. Insgesamt bietet Online-Marketing jedoch viele Vorteile, insbesondere für kleine und mittelständische Unternehmen mit geringem Werbebudget.

Literatur

Alpar A, Koczy M, Metzen M (2015) SEO-Strategie, Taktik und Technik: Online-Marketing mittels effektiver Suchmaschinenoptimierung. Gabler, Wiesbaden

Alphabet Inc (2019) Annual Report 2018

Beilharz F et al (2017) Der Online-Marketing-Manager: Handbuch für die Praxis. O'Reilly, Heidelberg

Bucher M (2016) Erfolgreicher Einstieg ins professionelle E-Mail-Marketing. Gabler, Berlin

Busch O (2016) Programmatic advertising: the successful transformation to automated, data-driven marketing in real-time. Gabler, Berlin

Digital Market Outlook, Statista 2017

Erlhofer S (2018) Suchmaschinen-Optimierung: Das umfassende Handbuch. Das SEO-Standardwerk im deutschsprachigen Raum. On- und Offpage-Optimierung für Google und Co. Rheinwerk Computing, Bonn

Facebook Inc (2018) Annual Report 2017

Funke SO (2018) Influencer-Marketing: Strategie, Briefing, Monitoring. Rheinwerk Computing, Bonn

Google Ad Academy (2019) Fast and easy training from Google. https://landing.google.com/academyforads/#?modal_active=non. Zugegriffen: 20 Apr. 2019

Grabs A, Bannour KP (2018) Follow me! Erfolgreiches Social Media Marketing mit Facebook, Instagram und Co. Rheinwerk Computing, Bonn

Hassler M (2016) Web Analytics: Metriken auswerten, Besucherverhalten verstehen, Website optimieren. mitp, Heidelberg

Jahnke M (2018) Influencer Marketing: Für Unternehmen und Influencer: Strategien, Plattformen, Instrumente, rechtlicher Rahmen. Springer Gabler, Berlin

Kietzmann J, Hermkens K (2011) Social media? Get serious! Understanding the functional building blocks of social media. Bus Horiz 54(3):241–251

Kreutzer R (2018a) E-Mail-Marketing kompakt: E-Mail-Adressen gewinnen, Kampagnen entwickeln und kontrollieren, die passende Software finden. Gabler, Berlin

Kreutzer R (2018b) Praxisorientiertes Online-Marketing: Konzepte, Instrumente, Checklisten. Gabler, Berlin

Lammenett E (2017) Praxiswissen Online-Marketing: Affiliate- und E-Mail-Marketing, Suchmaschinenmarketing, Online-Werbung, Social Media, Facebook-Werbung. Springer Gabler, Wiesbaden

Morys A (2018) Die digitale Wachstumsstrategie: 10 Prinzipien für ein profitables Online-Geschäft. Gabler, Berlin

Pelzer G, Gerigk D (2018) Google AdWords: Das umfassende Handbuch. Rheinwerk Computing, Bonn

Schwarz T (2017) Erfolgreiches Online-Marketing. Haufe Lexware, Freiburg

Ulbricht C (2017) Praxishandbuch Social Media und Recht: Rechtssichere Kommunikation und Werbung in sozialen Netzwerken. Haufe Lexware, Freiburg
von Heeren R (2018) Das Google Analytics Praxishandbuch 2018: Professionelle Web-Analyse mit Google Analytics. Webmaster, Nürnberg

Prof. Dr. Dietmar Barzen ist Vizepräsident für den Bereich Medien an der Rheinischen Fachhochschule Köln (RFH). Bereits 1995 kam Prof. Barzen als Lehrbeauftragter an die RFH, an der er seit 2000 als Professor doziert. Prof. Barzen baute den Fachbereich Medien mit den Studiengängen Media Management, Medien Design, Retail Management, Digital Business Management, International Marketing & Media Management und User Experience auf.

Nach dem Studium der Betriebswirtschaft mit dem Schwerpunkt Data-Mining und Marketing an den Universitäten Hamburg und Münster, promovierte er zu dem Thema „Marketing Budgetierung". Nachdem Barzen mehrjähriger Projektpartner einer internationalen Consultingfirma war, wechselte er zur Bertelsmann AG ins Corporate Development, wo er international verschiedene Projekte begleitete. Im Rahmen eines großen Acquisition-Projekts arbeitete er drei Jahre für Bertelsmann in New York.

Blockchain – Implementierung von Finanzierungsnetzwerken im Rahmen von Kryptoprojekten

9

Harald Meisner

9.1 Einleitung

Die Lehre der Internetökonomie geht davon aus, dass der Austausch von Waren und Dienstleistungen über das Netz grundlegend optimiert wird. Das Netz wird in seiner Grundform zu einem Marktplatz aller Möglichkeiten. Dazu wurden Transaktions- und Kommunikationsprotokolle (TCP-IP) entworfen, die den technischen Rahmen bilden und einen standardisierten Datenaustausch ermöglichen: Von dem ersten Web (Web 1.0, dem Web der Dokumente) zum zweiten Web (Web 2.0, dem Web der Interaktion und des vereinfachten Datenaustauschs) bis hin zum dritten Web (Web 3.0, dem semantischen Web, das maschinenlesbare Inhalte ermöglicht, die Suche auf alle Datenformate erweitert und eine „tiefe, intelligente" Suche realisieren hilft). Letztendlich geht das Web 3.0 mithilfe der Blockchain noch einen entscheidenden Schritt weiter: Es geht nicht mehr um die Vermittlung von Inhalten und Informationen, sondern es geht um die Vermittlung von Vermögenswerten.

In diesem Rahmen haben sich viele technologische Möglichkeiten entwickelt, die wir heute als „Digitalisierung" aller Lebens- und Arbeitsbereiche beschreiben. Eine Digitalisierung würde jedoch ohne das Netz keine disruptive Veränderung der Wertschöpfungs- und Prozessperspektive mit sich bringen. Das Netz ist der Nexus der technologischen Entwicklung und die vielen vernetzten Computer und Nutzer gewinnen allein durch ihre Netzeigenschaften an Bedeutung. Natürlich können auch Rechnerleistungsentwicklungen (siehe das Gesetz von Moore, nachdem sich die Rechnerleistungen alle 18 Monate verdoppeln) erhebliches Potenzial entwickeln, aber erst im Netz entfaltet sich die neue Qualität dieser Technologien.

H. Meisner (✉)
Rheinische Fachhochschule Köln (FRH), Köln, Deutschland
E-Mail: meisner@rfh-koeln.de

© Springer-Verlag GmbH Deutschland, ein Teil von Springer Nature 2019
M. Groß et al. (Hrsg.), *Zukunftsfähige Unternehmensführung,*
https://doi.org/10.1007/978-3-662-59527-5_9

In diesem Zusammenhang wird auch von P2P-Ansätzen gesprochen (Meisner 2017). Peer-to-Peer bedeutet die Interaktion von Rechnern und Akteuren, also eine dezentrale Informationsaustausch- und Entscheidungsarchitektur. Diese Ansätze spielen für die Blockchain eine entscheidende Rolle. Das Wesen der Internetökonomie wird dadurch am besten ausgedrückt, dass das Internet selbst der Schmelztiegel technologischer Adaptionen wird und insofern einen ökonomischen Wert erzeugt. Die Netzwerkwirtschaft verschmelzt technologische Wohlfahrtsfaktoren mit mikroökonomischen Faktoren, die die Interpretation des Netzes als „Wohlfahrtsmaschine" ermöglichen.

9.2   Blockchain und Anwendungen

Die Blockchain kann als folgerichtige Erweiterung und Weiterentwicklung des Netzwerkgedankens aufgefasst werden. Eine Blockchain beschreibt eine dezentrale Datenbankstruktur, die zwischen die Teilnehmer eines Netzwerkes (z. B. das Bitcoin Netzwerk) geschaltet wird und die Authentizität jedes Übertragungsvorgangs sichert. Die gebündelte Rechenleistung aller im Netzwerk befindlichen Rechner überprüft die Korrektheit der Transaktion und schreibt die Transaktionshistorie fort.

Anders ausgedrückt: die Blockchaintechnologie bildet eine dezentrale Registrierungsstruktur ab, die einer dezentralen Buchhaltung gleichkommt (im Englischen „Distributed Ledger Technology" genannt). Mit ihr wird gewährleistet, dass eine vollständige Erfassung sämtlicher Transaktionen in der Historie gegeben ist und dass jede Transaktion von der Mehrheit des Netzwerkes überprüft werden kann. Die Authentizität wird im Moment der Transaktion durch ein „Proof of Work" genanntes Validierungsverfahren sichergestellt (Nakamoto 2008). Dieses basiert auf der Möglichkeit, die Korrektheit des Ergebnisses einer komplexen Rechnung mit relativ geringem Zeit- und Rechenaufwand prüfen zu können. Kopien der Daten können auf allen Rechnern, die mit der Blockchain verbunden sind, gespeichert werden. Die Technologie wurde 2008 von Satoshi Nakamoto entwickelt (womöglich ein Pseudonym für ein Team oder eine Person). Diese Technologie ist darauf ausgerichtet, Datensicherheit durch Kryptografie zu ermöglichen (Drescher 2017).

Die kryptologischen Verfahren zielen auf eine eindeutige Identifikation von Eigentumsrechten und Menschen durch eine Art digitalem Fingerabdruck ab (vereinfachte Beschreibung für eine Hashfunktion). Eine Hashfunktion kann eine Zeichenfolge beliebiger Länge in eine Zeichenfolge fester Länge abbilden. In der Blockchain wird eine Hashfunktion vom Typ „Secure Hash Algorithm 256" (SHA 256) verwandt. Entscheidend ist, dass die generierte Information keine Rückschlüsse auf die ursprüngliche Datei oder Information ermöglicht (Giese und de Boer 2016). In der Blockchain wird ein asymmetrisches Verschlüsselungsverfahren genutzt, das die Sicherheit erheblich erhöht: aus einem privaten Schlüssel wird über eine bestimmte mathematische Operation (beim Bitcoin ist es eine Eliptische Kurvenmultiplikation) ein öffentlicher Schlüssel generiert, der aber nie auf die Ursprungsdatei zurück verfolgt werden kann (Giese und de Boer 2016). Der öffentliche Schlüssel kann von jedem eingesehen werden und auch benutzt werden, aber nur der Eigentümer des privaten Schlüssels kann genau nur mit diesem diesen Eigentumsnachweis führen. Dieses Verschlüsselungsverfahren wird in der Blockchain dazu verwandt, Transaktionen zu autorisieren und Konten zu identifizieren (Drescher 2017). Somit ist sie der Kern der Sicherstellung von Funktionalität und führt zu einer reinen Peer-to-Peer-Anwendung. Vertrauen zu zentralen **Vermittlern ist nicht mehr erforderlich** (Berentsen und Schär 2017).

Wie wird die Blockchain entwickelt? Der Prozess wird Mining genannt. **Das Mining** sorgt für eine chronologische Reihenfolge der Blockkette. Eine bestimmte Anzahl von Transaktionen wird in den Block aufgenommen. Das Mining ist ein wichtiger Prozess, der Transaktionen verifiziert, indem über komplexe mathematische Verfahren die Echtheit geprüft wird. Der Miner ist ein Akteur mit einer am Netzwerk beteiligte Rechnereinheit. Die Authentizität eines Blocks wird im Moment der Transaktion durch ein Validierungsverfahren (Proof of Work) sichergestellt (Nakamoto 2008). Nach durchschnittlich 10 min sind beim Bitcoin die Zahlungen durch Eintragung in die dezentrale Blockchain unwiderruflich bestätigt (Berentsen und Schär 2017).

Die Blockkette stellt sicher, dass durch Einzelpersonen keine Veränderungen an der Kette vorgenommen werden. Außerdem soll das sogenannte „Double Spending" verhindert werden, damit jede Werteinheit tatsächlich nur einmalig ausgegeben wird. Insofern kann die Kette als sicher erachtet werden, weil Manipulationen nur vorgenommen werden können, wenn einzelne Akteure über 51 % des Netzwerkes kontrollieren, was bei einem großen Netzwerk nur schwer möglich ist.

Problematisch sind bei hohem Datenaufkommen eine mögliche Verzögerung der Bestätigung der Transaktion und der hohe Energieaufwand, der mit dem Mining verbunden ist. Das Kapazitätsproblem, auch Skalierungsproblem genannt, wird heute als eines der größten Herausforderungen dieser Technologie gesehen. Bei der größten Blockchainplattform Ethereum ist daher geplant, das „Proof Concept" umzustellen auf „Proof of Stake": (deutsch etwa „Anspruchsnachweis" oder „Anteilsnachweis"; kurz PoS). PoS bezeichnet ein Verfahren, mit dem ein Blockchainnetzwerk einen Konsens darüber erzielt, welcher Teilnehmer den nächsten Block erzeugen darf. Dabei wird eine gewichtete Zufallsauswahl eingesetzt, wobei die Gewichte der einzelnen Teilnehmer aus Teilnahmedauer und/oder Vermögen (dem „Stake") ermittelt werden. Im Gegensatz zum bei Bitcoin und Ethereum eingesetzten „Proof of Work" kommt „Proof of Stake" ohne zeit- und energieintensives Mining aus. Zudem ist es nahezu unmöglich, das Netzwerk allein durch Besitz von Rechenleistung zu übernehmen. Die Funktionalität der Blockchain ist nach Tapscott und Tapscott (2016) im Wesentlichen ausgerichtet auf:

- Die Wertverifizierung über eine kryptografische Sicherung
- Die Ermöglichung von Zahlungstransfers und Warentransfers ohne Mittler mit dem Ziel der Transaktionskostensenkung

- Die Aufbewahrung von Werten (Assets aller Art) die sich auf die bisherigen Akteure im Finanzwesen wie Retail Banking, Broker, Investmentbank u. ä. beziehen.
- Die Verleihung, den Tausch und das Investment von Werten
- Die Abrechnung und Bewertung von Assetbewegungen

All diese Funktionen sind für das Finanzwesen ausschlaggebend und können umfassend Einfluss auf die zukünftige Gestaltung der Finanzarchitektur haben. Insofern eröffnet diese Technologie die Möglichkeit, enge Bande zwischen Investoren, Anlegern und Unternehmen zu schnüren (Finanzierungsnetzwerke im engeren Sinn: P2P-Netzwerke).

Wir sollten an dieser Stelle auch noch zwischen öffentlichen und privaten Blockchains unterscheiden (Giese und de Boer 2016):

- **Private Blockchains** begrenzen die Transaktions- und Leserechte auf einen bestimmen Nutzerkreis. Die Erlaubnisse können mit bestimmten Zugangsprüfungen oder mit einer bestimmten Rechteverteilung verknüpft sein. Das Regelwerk wird vorher von den Initiatoren festgelegt. Diese Arten von Blockchains könnten für Finanzierungsnetzwerke genutzt werden und sicherer gestaltet werden als öffentliche Blockchains. Zudem ist auch kein Mining vorgesehen und die Transaktionen können schneller durchgeführt werden.
- **Öffentliche Blockchains** sind ohne Zugangsbeschränkungen und Einschränkungen versehen und stellen die „wahre Blockchain" mit allen Aspekten des Mining und der Verfahrensabläufe – wie oben dargestellt – dar. Ethereum ist die bekannteste öffentliche Blockchain.

Ethereum ist das interessanteste Blockchainprojekt. Vitalik Buterin hat es 2013 mit einem Weißbuch („White Paper") ins Leben gerufen und entwickelt. Das gesamte Ethereumnetzwerk ist eine Verknüpfung von Rechnern und Entwicklern. Tatsächlich kann es als eine Einheit, die „Ethereum Virtual Machine" (EVM) verstanden werden. Alle Transaktionen, die in diesem Netzwerk stattgefunden haben und jemals stattfinden werden, werden automatisch aktualisiert und in einem offenen und verteilten Hauptbuch aufgezeichnet (siehe weiter unten die Wirkungsweise von Smart Contracts).

Ethereum ist der Protagonist sogenannter dezentraler Apps. Diese Applikationen werden über Smart Contracts ausgeführt und ermöglichen manipulationsfreie und autonome Prozessabwicklungen. Die dezentralen Organisationen in diesem Zusammenhang gestatten Nutzern eine vollständige Peer-to-Peer-Anwendung im Rahmen vieler Aktivitäten, also auch im Sinne von Investment- und Finanzierungsaktivitäten. Ethereum ist auch mit einer Währung verknüpft (Ether), die als Transaktionsvehikel, aber auch als Sicherungsinstrument genutzt werden kann. Für den erfolgreichen Einsatz muss allerdings noch geklärt werden, wie die einzelnen Interessen und Werte aufeinander bezogen werden und wie die technischen Bedingungen für ein solches Netzwerk protokolliert werden können.

9.3   Was sind Smart Contracts?

Smart Contracts sind eigentlich Softwarecode: dieser bildet z. B. einen physischen Vertrag (ein Wertpapierarrangement, ein Retailkredit oder eine Leasingvereinbarung) ab, der algorithmisch aufbereitet wird. Dieser Code wird in ein Netzwerkgebilde integriert. Im Rahmen dieser Aufbereitung werden die beteiligten Transaktionspartner (ggfs. zusätzlich noch Regulierer) identifiziert und die Transaktion wird direkt – unter Zuhilfenahme der Blockchaintechnologie – zwischen den Beteiligten durchgeführt. Hierbei werden die o. g. digitalen Verschlüsselungstechniken eingesetzt, die sicher stellen, dass der entsprechende Vertragsbestandteil bei der richtigen Einheit realisiert wird – also der Schuldner nach einer Reihe von Bedingungen seinen Kredit erhält oder die Aktie, die Anleihe oder der Future den Besitzer wechselt. Die richtige Einheit ist die Einheit, die über die Blockchain nachgewiesenermaßen die Eigentumsrechte an dem Vermögensgegenstand besitzt bzw. nach Vertrag besitzen soll.

Insbesondere bei komplexen Produkten wie „Asset Backed Securities" oder bei Wertpapieremissionen entfallen erhebliche Mittlerleistungen (Clearingstellen, Zentrale Instanzen) und damit Kosten. Da kein Vertrauen in diverse Mittler mehr unterstellt werden muss (dieses wird durch Kryptografie ersetzt), steht einer rein technischen Abwicklung nichts mehr im Wege. Mit dieser Innovation hofft man, ineffiziente Prozesse zu vereinfachen, die Abwicklungsgeschwindigkeit für Kreditprojekte und Wertpapieremissionen zu beschleunigen und Betrugsversuche zu verhindern. Auch wenn es schwer vorstellbar ist, dass Banken bei Kreditabwicklungen und Wertpapiergeschäften heute zum Teil noch Faxe oder andere ältere Technologien einsetzen, so erklärt dies den Druck auf die Dienstleister, diese Prozesse zu verbessern. In Zukunft werden auch neuartige Dienstleister Bedeutung gewinnen, weil sie die Technologie adaptieren und kundenfreundliche Prozesse anbieten können (so wie Wirecard bei den Kaufabwicklungs- und Zahlungsprozessen). Hinzu kommt, dass es auch für die Regulierung kostengünstiger und leichter wird, ihre Aufsicht zu führen.

> **Beispiel**
>
> In dem Fall einer Kreditaufnahme über mehrere Kreditgeber (sogenannte syndizierte Darlehen) werden die Datensysteme aufeinander bezogen und integriert und die Daten der Unternehmen und der beteiligten Banken (Unternehmensdaten, Ratingdaten bzw. Daten einer Due Diligence, Vertragsdaten und Closingdaten) mit den jeweiligen Rechten über Smart Contracts verteilt und gesteuert und letztendlich wird ein standardisierter Prozess abgebildet (Meisner 2017).

In einem Finanzierungsnetzwerk, das wir später im Zuge der Initial Coin Offerings (ICO) beschreiben, können umfängliche Funktionen mit Blockchain und Smart Contracts realisiert werden. Wichtig dafür ist (Meisner 2017):

- Finanzprodukte werden als Informationsprodukte aufgefasst und in Software abgebildet. Damit sind sie auch Wertprodukte.
- Es werden Standards entwickelt, die auf breite Zustimmung treffen und erhebliche Netzwerkeffekte entfalten. Mit den Protokollen der DLT- und Blockchaintechnologie sind diese gegeben, ähnlich wie bei dem Internetprotokoll TCP-IP.
- Der herkömmliche Workflow wird in einem elektronischen Prozessgebilde gespiegelt.
- Die dezentrale Datenbankvernetzung dominiert den Workflow und ermöglicht den Peer-To-Peer-Austausch von Informationen und die Steuerung von Vertragsbestandteilen im Rahmen einer dezentralen Kontrolle (mittels „Proof of Work" oder auch „Proof of Stake").
- Modularisierungen und schnelle Datenverbindungen führen zu erheblichen Senkungen von Transaktionszeiten und -kosten.

9.4   Was ist ein Initial Coin Offering (ICO)?

Die Blockchain im Verbund mit einer Reihe von technischen Protokollen und Anwendungen bildet die Grundlage zur Etablierung von ICO (vgl. hierzu auch Abb. 9.1).

Im Zentrum stehen die Netzwerke und Protokolle, die wiederum den Servicebereich stützen und die Anwendungen ermöglichen. Die Anwendungspalette ist umfassend ausgeprägt und deutet auf eine umfassende Innovation für die Finanzindustrie hin. Ein Anleger für Kryptowährungen wird einen Wallet[1] haben, Paymentlösungen nutzen und jede Aktivität für eine Vermögensübertragung wird über die Registrierungstools der Blockchain initialisiert.

Ein ICO ist verknüpft mit der Emission von sogenannten „Token", letztendlich virtuellen Gutscheinen. Projekte, die bislang überwiegend mit Blockchainanwendungen zu tun hatten, geben diese Token heraus, um sich Geldmittel zu beschaffen. An dieser Stelle wird die Übersetzung aus der Perspektive einer Unternehmensfinanzierung schon schwierig, weil diese Token nicht eindeutig aus einer finanzwirtschaftlichen Perspektive definiert werden können. Es gibt:

- *Utility Token,* die für den Austausch innerhalb des Netzwerkes im Sinne von Nutzungsgebühren eingesetzt werden können z. B. Gas bei Ethereum
- *Currency Token,* die eher Zahlungsmittel darstellen wie Bitcoin oder Ripple
- *Security Token* – also wertpapierähnliche Token – von denen es wegen der Regulierung noch nicht so viele gibt wie z. B. der von Bitwala, die aber in Zukunft eine größere Bedeutung haben werden.
- *Donation Token* für Spenden.

---

[1]Ein Wallet ist eine elektronische Brieftasche, der Aufbewahrungsort für Kryptowährungen.

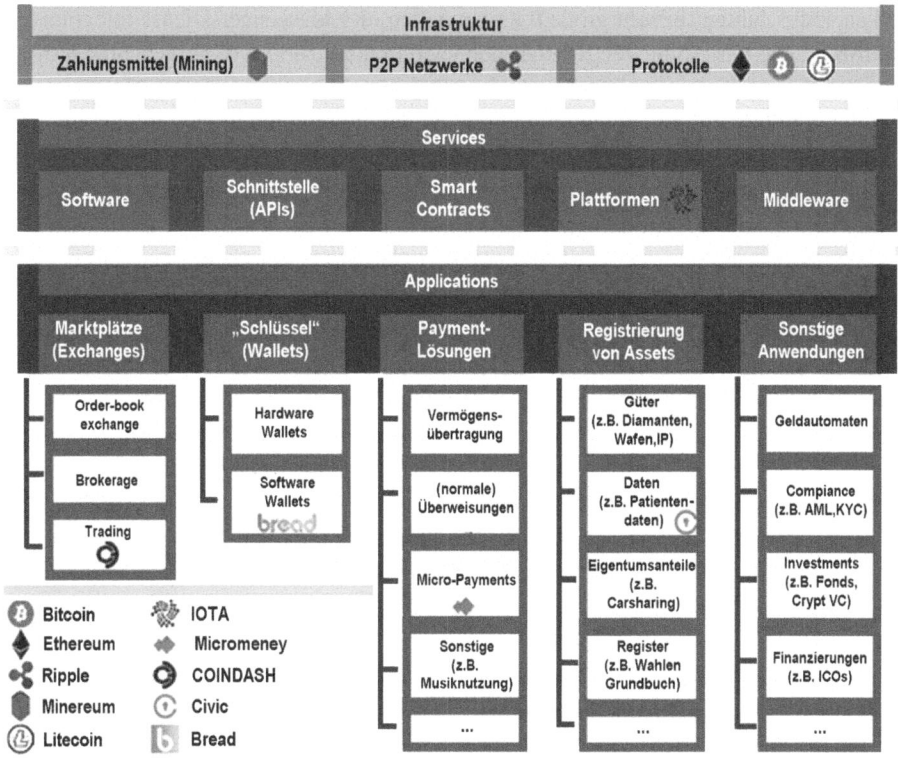

Abb. 9.1 Grundlagen der Kryptowährungen. (Angelehnt an Kotas 2018)

Wenn man diese Art der Finanzierung aus einer Phasenperspektive betrachtet, ist sie am ehesten der Frühphase einer Finanzierung anzusetzen – noch vor der Phase einer Finanzierung von Venture Capital oder auch Business Angles. Diese Einschränkung bringt es mit sich, dass der Charakter dieser Finanzierung auf eine Umgebung bezogen wird, die von starker Unsicherheit und gegebenenfalls auch starker Spekulation geprägt ist.

Das Thema der Regulierung werden wir im kommenden Kapitel besonders untersuchen. Wenn wir uns die Zahlen anschauen, dann sind diese schon beeindruckend:

- 2017 wurden weltweit Token im Wert von über 6,23 Mrd. $ emittiert (ICO-Data o. J.)
- 2018 waren es rund 7,85 Mrd. $ laut ICO-Data bzw. über 21,5 Mrd. US$ (Coinschedule o. J.).

Die offensichtlich großen Abweichungen bei den Volumina zeigen auf, dass es keine wirklich gesicherten Datenquelle gibt. Hier ist dringend eine Konsolidierung der Datenseiten angezeigt, die verlässliche Informationen bieten. Es gab 2018 einen erheblichen Zuwachs, obgleich die Wachstumskurve abgeflacht ist. Allerdings sind in den Zahlen zu

2018 auch die Zahlen für sehr große ICOs enthalten (der Messenger-Dienst Telegram mit 1,7 Mrd. $). Die Verteilung der 2018-Zahlen nach Industrie ergibt (CoinSchedule o. J.):

- Rund 25 % Infrastrukturprojekte – vor allem auch Blockchain,
- rund 25 % Finance – Infrastruktur (Exchange, Tokenausgabe, Banken, Payment),
- rund 10 % Communication und
- rund 10 % Gaming, Entertainment und Commerce.

Dies zeigt tendenziell die technischen Nutzungsumgebungen auf. Von den 1082 Projekten konnten lt. Coinschedule (o. J.) rund 45 % die Fundingziele nicht ganz erreichen (zwischen 50 und 100 %) und 52 % haben weniger als 50 % erreicht. Ein PWC-Studie vom Juni 2018 sieht in der regionalen Verteilung die Cayment Islands (über 4 Mrd. $) vor den British Virgin Islands (2,2 Mrd. $) und Singapore (1,19 Mrd. $) vorne, gefolgt von den USA, UK und Schweiz. Russland und Deutschland erscheinen in dieser Aufstellung nicht mehr (Diemers et al. 2018).

Wie ist es nun um die Erfolgsquote der ICOs bestellt? Es gibt eine Studie vom Boston College vom Mai 2018, die auf hohe Renditen von über 80 % für einen durchschnittlichen Anleger kommt und die ein recht positives Bild zeichnet (Benedetti und Kostovetsky 2018). Eine Studie der Satis-Group vom Juli 2018 zeigt einen Scamanteil von fast 80 % an allen geplanten ICOs aus und nur rund 7 % erfolgreiche Projekte, allerdings sieht das Bild bei einer Volumenbewertung nach jener Studie anders aus: nur 11 % des Fundingvolumens ging an identifizierte Scams.[2] Es ist also auch hier festzustellen, dass eine umfassende Einschätzung nur schwer vorzunehmen ist. Die genutzte Blockchain ist überwiegend Ethereum mit über 80 % (EY 2017). Ein großes Problem sind die Geschwindigkeit und die Kosten je Transaktion, auch wenn dies in den Veröffentlichungen der Blockchainbefürworter eher heruntergespielt wird. Je mehr Projekte auf die Blockchain drängen, desto problematischer ist das Konzept des „Proof of Work".

Was sich zeigt ist, dass das Volumen des ICO-Wachstums bemerkenswert ist und auch die Fundingumgebung sehr dynamisch ist (technische Anwendungen im Netzumfeld). Was schwerer zu beurteilen ist, was genau die Investoren in diese Token treibt und inwieweit rationale Kalküle durch Verzerrungen beeinträchtigt werden.

9.5   Motive für Kryptokäufe

Was könnte eine ökonomische Erklärung für diesen Boom sein? Wie bereits angedeutet, ist das Motiv für diese Art von Finanzierung stark von Risiken und Spekulationen beeinflusst. Ein möglicher Aspekt könnte sein, dass Windfall-Profite der ersten Monate des

---

[2]Siehe die Studie der Satis Group: http://www.papers.ssrn.com/sol3/papers.cfm?abstract_id=3182169; S. 24–26.

Jahres 2017 die starke Entwicklung angeschoben haben. Windfall-Profite entstehen bei unvorhergesehenen Gewinnen aus günstigen Marktlagen, die zu Vermögenszuwächsen führen. Die Investoren fühlen sich reicher und investieren ggfs. mehr. Die Korrelationsdaten unterstützen eine solche These, denn Bitcoin und viele Kryptowährungen sind stark miteinander positiv korreliert. Die Nutzung von Kryptowährungen in einer eigenen Umgebung (eigene Systeme) ist Ausdruck einer eigenen Assetklasse.

Diese Marktlagengewinne können auch im Lichte der Behavioral Finance – Theorie gesehen werden. Anleger oder Akteure verbuchen verschiedene Aktivitäten auf mentalen Konten. Dies hat Einfluss auf ihr ökonomisches Verhalten (Thaler und Sunstein 2017). So wird zum Beispiel der Verlust einer Theaterkarte anders bewertet als der Cashverlust in der gleichen Wertgröße (ist die Karte verloren worden), wird der Akteur dies dem Unterhaltungskonto zuschreiben und laut einer Studie von Tversky und Kahnemann (1981) keine zweite Karte mehr kaufen – anders wenn er den Cashbetrag verloren hat, hier wird er tendenziell eher bereit sein, eine neue Karte zu kaufen. Mentale Konten lassen sich auch bei Budgetüberlegungen von Haushalten nachzeichnen wie auch bei der Verwendung von Kreditkarten (Thaler und Sunstein 2017).

Der Ansatz der „mentalen Konten" ist engstens verwoben mit der Prospekt-Theorie und den Framingaspekten in der Behavioral-Finance-Theorie. Diverse Untersuchungen aus dem Bereich der Wahrnehmungsforschung zeigen, dass unterschiedliche Interpretationen aus derselben Situation hervorgehen können, je nachdem wie sie formuliert wurden oder auf welche Referenzpunkte sie sich beziehen (Meisner 2017). Grob gesagt, suchen die Menschen nach Selbstbestätigung bei ihren Entscheidungen, haben eine Verlustaversion und haben eine verzerrte Wahrnehmung in vielen ökonomischen Bereichen.

Wenn folglich ein Investor in einem Segment – wie dem Kryptobereich – investiert, das auch wegen seiner technischen Gegebenheiten vollständig anders gestaltet ist, so ist davon auszugehen, dass er dafür ein eigenes mentales Konto hat. Insofern werden die Gewinne und Verluste auf diesem Konto verbucht und nicht direkt mit den anderen Investitionskonten verknüpft (insofern ein interessanter, neuer Aspekt im Rahmen der Portfoliotheorie). Da Verlustaversion herrscht, wird er sich – wie bei Aktien – zu spät von verlustreichen Kryptowährungen trennen und eher bereit sein, Gewinne zu realisieren bzw. neue Engagements im Kryptobereich eingehen: er verhält sich folglich im Verlustbereich risikofreudig und im Gewinnbereich risikoscheu. Hierzu stehen empirische Untersuchungen aus.

Untersucht wird aber auch der Aspekt FOMO, also Fear of Missing out (Angst, etwas zu verpassen). Diese menschliche Neigung steht in Zusammenhang der Nutzung technischer Geräte und der Verwendung sozialer Medien und hat auch Bezugspunkte zu den Kryptowährungen. Auch hier stehen noch tiefer gehende Studien aus. Es ist jedoch davon auszugehen, dass FOMO ein Ansatzpunkt für eine Erklärung des Verhaltens der Anleger im Kryptobereich sein kann.

9.6   Tokenbewertung

Die bisherige Erfahrung zeigt, dass eine Tokenbewertung sehr schwer ist. Zum einen ist die Kostenbestimmung nicht ganz so einfach (im Wesentlichen wird Rechnerleistung (inklusive Strom) als variable Größe genommen) und dazu kommen noch Fixkosten für Rechner und andere Supporteinheiten. Bei Ether ergeben sich dabei variable Kosten in Höhe von rund 150 US$ je Ether (CryptoCompare o. J.), wobei die erwarteten steigenden Preise die Gewinnmöglichkeiten für die Kryptowährungen durch die komplexer werdenden Rechenaufgaben beschränken und die stark schwankenden Kryptopreise ihr Übriges dazu tun, den Minern das Leben zu erschweren.

Ein Token ist für die Investoren in erster Linie ein Spekulationsobjekt und dies erklärt auch die hohe Volatilität bei den Kryptowährungen – jede Information, die Markteinflüsse oder regulatorische Veränderungen zum Gegenstand hat, führt zu starken Schwankungen der Preise. In diesem Umfeld nachhaltige Cashflows oder Multiplikatoren zu kalkulieren, ist relativ aussichtslos.

Tokens haben auch eine doppelte Natur, die die Bewertung erschwert. Investoren erwarten – wie ausgeführt – einen Anstieg der Tokenpreise. Nutzer der Token hingegen rechnen mit einem Rückgang der Kosten für damit verknüpfte Dienstleistungen – gerechnet in Token. Die widersprüchliche Erwartungshaltung erschwert Werteeinschätzungen. Einerseits werden überwiegend „Utility-Token" (vor allem auch aus regulatorischen Gründen) herausgegeben, zum anderen werden die mit den Token gehandelten Dienstleistungen und Produkte teurer, wenn die Token höher bewertet werden – immer aus monetärer Sicht einer Fiatwährung, die nicht ganz außer Acht gelassen werden soll. Die hohe Dynamik in dem Markt könnte sich demnach negativ auf eine Weiterverbreitung der Tokenidee abseits der Blockchainwelt auswirken.

9.7   Regulierung von ICOs

Die Regulierung von ICOs basiert in Deutschland zurzeit auf den gängigen Gesetzen des Kreditwesengesetzes (KWG), Vermögensanlagengesetz (VermAnlG) und Wertpapierhandelsgesetzes (WphG), aber auch das Geldwäschegesetz und ähnliche Regelungen greifen. Die dargelegten Probleme mit Kryptowährungen machen es schwer, einheitliche Regulierungsstandards für dieses Segment zu entwickeln. Die deutsche Regulierungsbehörde BaFin hat im Februar 2018 Hinweise zur rechtlichen Einordnung der herausgegebenen Token veröffentlicht (BaFin 2018a). Eine eigenständige Klassifizierung der Token wäre eine Möglichkeit, die allzu vielfältigen Interpretationsmöglichkeiten überschaubar zu machen und dem Markt einen Ordnungsrahmen zu geben. An dieser Stelle soll jedoch keine rechtliche Würdigung der Regulierungstatbestände erfolgen, sondern eine ökonomische Betrachtung.

Es ist klar, dass Kryptomärkte reguliert werden müssen. Dazu muss ggfs. teilweise die Anonymisierung im Handel mit Kryptowährungen aufgehoben werden, was ja auch schon bei den Plattformen über Identifizierungen der Investoren realisiert wird. „Know-your-Customer" (KYC) ist das entsprechende Codewort, das bereits mit vielfältigen Softwareeinsätzen realisiert werden kann, aber noch Verbesserungsbedarf aufzeigt. Bei einem ICO wird man nicht umhinkommen, diese Standards anzuwenden, zumal der Kauf neuer Token zumeist über Ether und Bitcoin realisiert wird.

Die große Frage ist, inwieweit die herausgegebenen Utility-Token nicht doch einen Wertpapierersatz darstellen, denn – wie oben dargestellt – die Anleger wollen diese eben nicht nur zu Transaktionen einsetzen, sondern auch an der Wertsteigerung partizipieren. Es wurde bereits hervorgehoben, dass sich diese Motive in einem Spannungsverhältnis befinden. Der unklare Status der Utility Token ist ein Hindernis für die regulatorische Einordnung. Sollte die Regulierung die Token als „Wertpapier" einstufen, dann müsste ein Prospekt erstellt werden.[3]

Eine wichtige Weiterentwicklung sind die sogenannten „Decentral Autonome Initial Coin Offerings (DAICO)", die eine stufenweise Finanzierung eines Projektes ermöglichen, je nach Fortschritt des Projektes. Die Investoren können auch einen Ausstieg aus dem Projekt und eine Zurückzahlung des Kapitals beschließen. Diese Möglichkeit könnte Befürchtungen von Investoren zerstreuen, dass es sich bei dem Projekt, das sie finanzieren, um ein Betrugsprojekt (Scamprojekt) handelt.

Ein entscheidender Punkt wird sein, ob die Funktion einer Qualitätssicherungsplattform implementiert werden kann, die im Auftrag der Investoren das Projekt begutachtet und den Fortschritt der Projekte untersucht und kommunizieren kann. Die Etablierung dieser Funktion wäre natürlich mit Zusatzkosten verbunden, die die Investoren und die Token Emittenten gemeinsam tragen müssten. In Märkten mit „adverser Selektion" können starke Verzerrungen der Wahrnehmung die Konsequenz sein, wenn die Investoren keine nachvollziehbaren Qualitätssignale aufnehmen können. Ein solcher Dienst – nennen wir ihn einmal „Electronic Financial Quality Information Service" (EQIS) – könnte Informationsdefizite verringern helfen. Die genaue organisatorische Ausrichtung müsste noch untersucht werden: am ehesten wären hier Modelle mit Datenbanken und Softwaretools zu überlegen, die mit Hilfe von „Artificial Intelligence" (AI) solche Dienste erbringen. Dies könnte auch in Zusammenarbeit mit Wirtschaftsprüfern geschehen, die solche Prozesse begleiten könnten. Eine Aufteilung der Kosten ist zwingend notwendig, um die Unabhängigkeit dieser Dienste zu bewahren.

---

[3]Die Prospektpflicht gilt ab einem Emissionsvolumen – nach aktueller Rechtslage – von 8 Mio. €, wobei über 100 T € ein sog. Wertpapier-Emissionsblatt erstellt werden muss (BaFin 2018b).

9.8   Ein Modell für eine Blockchainanwendung: Finanzierungsnetzwerke

Netzwerke spiegeln eine eigene ökonomische Gattung wieder, weil sie Anbieter und Nachfrager miteinander vernetzen – zum beiderseitigen Vorteil. Wenn nun Kapital-anbieter (auch Crowdinvestoren oder Investoren für ICOs) und Kapitalnachfrager (also Firmen, die Kapital benötigen) über ein Netzwerk Finanzierungsbeziehungen aufnehmen können, ergeben sich Möglichkeiten der Beseitigung von Informationsdefiziten und der Realisierung von Netzwerkeffekten (Skaleneffekte sowie Kostensenkungspotenziale). Hier kommen die Blockchain und die damit verbundenen ICOs in das Modell:

- Die Blockchain nutzt strukturiert und effizient Datenressourcen und kann – in dem Ausmaß, wie das gewünscht wird – Datensicherheit gewähren und Vertrauensmängel beseitigen.
- Smart Contracts wickeln kostengünstig das Zahlungsprozedere ab und bieten eine automatisierte Möglichkeit des Vertrags- und Konditionenaustauschs.
- Reportingfunktionen können ebenfalls über Smart Contracts abgebildet werden, zudem können Steuererklärungen automatisiert werden.
- Leistungen, die innerhalb eines Unternehmensverbundes erbracht werden, können mit Token (Utilitytoken) bezahlt werden – das bedeutet eine Liquiditätsschonung in Fiat-geld.
- Weitergehende Finanzierungsinstrumente wie Factoring und Leasing können in das Netzwerk integriert werden.
- In dem ersten Schritt finanzieren Investoren bei der Ausgabe von Utility Token von außen erst einmal weiterhin mit Fiatgeld – erhalten aber die Möglichkeit, auch Netzwerk-eigene Token zu erwerben, um Leistungen innerhalb des Netzwerkes zu bezahlen oder bezahlt zu bekommen.
- Wenn die regulatorischen Unsicherheiten beseitigt werden, können auch Security-To-ken herausgegeben werden und eine direkte Unternehmensfinanzierung ermöglichen. Hier wären auch vereinfachte Prospektvorgaben wünschbar, die keine zu hohen Emissionskosten verursachen.

Offensichtlich dominieren die technischen Bedingungen die ökonomischen Abläufe. Im Zentrum stehen darüber hinaus die Regulierung der Kryptosphäre und die Bereit-schaft der Akteure, Daten des Geschäftserfolges bzw. des geplanten Geschäftserfolges offen zu legen und dies in einem Umfeld, das die Sicherheit der Daten gewährleistet. Zu dem Letzteren hatten wir die Qualitätssicherungsplattformen thematisiert, die auch eine Datensicherheit und Datenschutz gewährleisten können.

In einem Netzwerk könnten die Herausgabe von Aktien, Genussscheinen, Nach-rangdarlehen, Kreditdarlehen oder auch Schuldscheinen – als herkömmliche Finanz-instrumente – verknüpft werden mit der Herausgabe von Token; gleichsam könnten Factoring- und Leasingangebote auf die gleichen Datenquellen zurückgreifen, die sich aus der Nutzung der Blockchain ergeben. Das zuvor erwähnte elektronische Qualitäts-sicherungssystem (EQIS) würde die notwendigen Daten aus der Datenbank generieren und diese für die Finanzierer und Investoren aufbereiten und mit Angaben zu Korrelationen und Risikopotenzialen in Verknüpfung mit anderen Finanzierungen und Investments versehen. Die Dynamik der Finanzierungsmöglichkeiten auch für kleine Unternehmen würde zunehmen und vielseitige Alternativen ermöglichen. Das Netzwerk hätte quasi auch die Funktion eines Treasurers, den sich nur große Konzerne leisten können, gleichsam könnte es auch viele Bankfunktionen mit übernehmen (Absicherungsgeschäfte, internationalen Zahlungsverkehr etc.). Mit Hilfe von Künstlicher Intelligenz könnten belastbare Cashflowprognosen erstellt werden.

Erfolgreiche Unternehmen und Finanzierungsnetzwerke erfahren eine Aufwertung ihrer Token, während weniger erfolgreiche Unternehmen das Gegenteil erleben. Denkbar – und teilweise schon geplant – wären hier spezielle Derivate oder Versicherungsprodukte, die eine Schwankung abfedern könnten. Hierzu sind noch umfangreiche Forschungsarbeiten erforderlich. Die Kosten für die Derivate könnten gegebenenfalls sehr hoch ausfallen und den Token belasten, weil einige Investoren nicht bereit sind, eine solch teure Absicherung zu bezahlen; dieser Derivatemarkt wird zu Beginn auch nicht sehr liquide sein.

Bislang fanden die ICOs überwiegend in technisch fokussierten Bereichen statt, die auch mit der Blockchain verknüpft waren. Die Bedingungen dieser ICOs sind zweifelsohne nicht auf jede beliebige andere Branche übertragbar. Andererseits werden sich immer mehr blockchainbezogene Anwendungen in den Unternehmensstrukturen von vielen Branchen wiederfinden und damit die Etablierung von Finanzierungsnetzwerken möglich erscheinen lassen.

Erfahrungen mit sogenannte dezentralen Organisationen (DAOs) gibt es einige wenige.[4] Diese Art von virtuellen Unternehmen, die quasi nur aus Code bestehen und keine Organisation oder Firmensitz haben, sind nur im Umfeld von Ethereum ausprobiert worden. Dennoch ist die Art und Weise, wie bei dem ursprünglichen DAO-Token für Investitionen in Unternehmen eingesetzt werden, bemerkenswert, weil hier der Schwarm (die Crowd) entscheidet, in welche Projekte investiert wird. Wichtig ist in dem Zusammenhang, dass überwiegend nur mit Bitcoin oder Ethereum in Token investiert werden kann. Ein Modell für die Implementierung eines Finanzierungsnetzwerkes könnte folgendermaßen aussehen:

- *In einem ersten Schritt* könnte die Qualitätssicherung im Vordergrund stehen. Hierzu wäre es notwendig, Standards für diese Ebene zu entwickeln und die Funktion des EQIS zu beschreiben bzw. entsprechende Algorithmen zu dokumentieren. Hierzu wäre die Implementierung auf der Basis eines White Papers erforderlich.

[4]DAO gut erklärt und definiert in diesem Beitrag: https://blockchainwelt.de/dao-dezentrale-autonome-organisation-was-ist-das/.

- *In einem zweiten Schritt* könnten dann Finanzierungsanbahnungen vorgenommen werden – vor dem Hintergrund der Bewertungsvorbereitungen im ersten Schritt. Hierauf könnten alle möglichen Finanzierungsvarianten wie eine Aktienemission, das Crowdlending, das Crowdinvesting, das Leasing oder Factoring sowie weitere Fremdfinanzierungsmaßnahmen zurückgreifen. Die Finanzierung eines Unternehmens könnte in letzter Konsequenz als dezentrale Applikation im Netzwerk (DApp) organisiert werden – so wie es oben dargelegt wurde unter Nutzung von Smart Contracts. Die Herausgabe von Equity Token wäre da nur konsequent.

Ein Finanzierungsnetzwerk wäre folglich ein Netzwerk von Unternehmen und Finanzdienstleistern, aber auch unabhängigen Nutzern, die Peer-To-Peer-Daten austauschen und Finanzierungen ermöglichen. Grundvoraussetzung dafür ist, dass Unternehmen ihre Daten teilen und dennoch geschützt sind. Diese Voraussetzung kann erfüllt werden, wenn die Nutzer selbst nicht alle Daten einsehen, sie aber verlässliche Informationen über die Erfolgsaussichten einer Finanzierung erhalten (siehe oben die Qualitätsplattform in Zusammenhang mit EQIS).

9.9   Fazit

Dieser Beitrag versucht, aus den technischen Möglichkeiten des Web 3.0 – vor allem bezogen auf die Blochchain – eine P2P-Finanzierungsidee zu entwickeln, die kostengünstige Finanzierungen für Unternehmen verknüpft mit einer attraktiven Portfolioausweitung für Anleger – auch für Kleinanleger. In einer Welt, die in Zukunft geprägt sein wird von Anwendungen des Machine Learning und der Künstlichen Intelligenz, die verbunden sein wird mit Big Data und dem Internet der Dinge, ist es dringend notwendig, dynamische Finanzierungsumgebungen zu schaffen und einer Vielzahl von Anlegern die Partizipation an den Wertentwicklungen zu ermöglichen. Das Thema Vermögensverteilung ist dabei nur ein Randaspekt dieser Abhandlung, wird aber für die gesellschaftliche Frage von hoher Bedeutung sein.

In einer sich schnell entwickelnden Ökonomie spielen Unternehmens- und Projektgründungen eine bedeutende Rolle, weil diese der Motor dieser Entwicklungen sein werden. Was liegt da näher, als diese technischen Instrumente auch für die Unternehmensfinanzierung zu nutzen. Es wird in Zukunft wohl immer einfacher, Projektprognosen mit Hilfe von AI zu erstellen und damit auch Cashflowprognosen. Die Beurteilung von Geschäftsmodellen wird somit exakter. Andererseits sind nicht nur Gründer von diesen Techniken betroffen, sondern alle Unternehmen in dynamischen Umgebungen – vor allem auch kleine und mittlere Unternehmen. Diese können in ihrer eher dezentralen Ausrichtung von den genannten Finanzierungsnetzwerken profitieren. Dies ist allerdings nur denkbar, wenn es einen Kulturwandel bezogen auf die Datennutzung gibt.

Es ist keine Schwarzseherei, wenn man die disruptive Dimension dieser Entwicklungen in ihren Konsequenzen für Banken beschreibt: die Anzahl der Banken wird weiter zurück gehen, die Kunden werden noch stärker ihre Geschäfte über das Netz machen und sich auch verstärkt Nischenanbietern – sogenannten Fintechs – zuwenden. Roboadvisors unterstützen die Kunden bei der Geldanlage und natürlich ergeben sich hier Schnittstellen zu alternativen Finanzierungsnetzwerken.

Literatur

Antonopoulos M (2017) Mastering Bitcoin. O'Reilly Media, Sebastopol
BaFin (2018a) Initial Coin Offerings: Hinweisschreiben zur Einordnung als Finanzinstrumente. https://www.bafin.de/SharedDocs/Downloads/DE/Merkblatt/WA/dl_hinweisschreiben_einordnung_ICOs.html. Zugegriffen: 5. Febr. 2019
BaFin (2018b) Wertpapierprospekte: Neues Gesetz bringt Liberalisierung. https://www.bafin.de/SharedDocs/Veroeffentlichungen/DE/Fachartikel/2018/fa_bj_1807_Wertpapierprospekte.html. Zugegriffen: 5. Febr. 2019
Benedetti H, Kostovetsky L (2018) Cryptoasset market coverage initiation: network creation. https://research.bloomberg.com/pub/res/d28giW28tf6G7T_Wr77aU0gDgFQ. Zugegriffen: 5. Febr. 2019
Berentsen A, Schär F (2017) Bitcoin, Blockchain und Kryptoassets. Books on Demand, Basel
CoinSchedule (o. J.) Crypto token sales market statistics. https://www.coinschedule.com/stats. Zugegriffen: 5. Febr. 2019
CryptoCompare (o. J.) https://www.cryptocompare.com/mining/calculator/eth?HashingPower=20&HashingUnit=MH%2Fs&PowerConsumption=140&CostPerkWh=0.12&MiningPoolFee=1. Zugegriffen: 5. Febr. 2019
Diemers D, Arslanian H, McNamara G, Dobrauz G, Wohlgemuth L (2018) Initial coin offerings – a strategic perspective. https://www.pwc.ch/de/publications/2018/20180628_PwC%20S&%20CVA%20ICO%20Report_DE.pdf. Zugegriffen: 5. Febr. 2019
Drescher D (2017) Blockchain-Grundlagen: Eine Einführung in die elementaren Konzepte in 25 Schritten. mitp, Frechen
EY (2017) EY research: initial coin offerings (ICO's). https://www.ey.com/Publication/vwLUAssets/ey-research-initial-coin-offerings-icos/$File/ey-research-initial-coin-offerings-icos.pdf. Zugegriffen: 5. Febr. 2019
Giese P, de Boer D (2016) Die Blockchain Bibel: DNA einer revolutionären Technologie. CreateSpace Independent Publishing Platform, Kleve
ICO-Data (o. J.) Funds raised in 2018. https://www.icodata.io/stats/2018. Zugegriffen: 5. Febr. 2019
Kotas C (2018) Kryptowährungen als Digital Assets – eine Zwischenbilanz. Zeitschrift für das gesamte Kreditwesen 2:24–28
Meisner H (2017) Finanzwirtschaft in der Internetökonomie. Gabler, Wiesbaden
Nakamoto S (2008) Bitcoin: a peer-to-peer electronic cash sytem. https://bitcoin.org/bitcoin.pdf. Zugegriffen: 5. Febr. 2019
Tapscott D, Tapscott A (2016) Blockchain revolution: how the technology behind bitcoin is changing money, business, and the world. Portfolio, Frankfurt
Thaler RH, Sunstein CR (2017) Nudge: Wie man kluge Entscheidunen anstößt. Ullstein Taschenbuchverlag, Berlin
Tversky A, Kahneman D (1981) The framing of decisions and the psychology of choice. Sci N Ser 211(4481):453–458

Prof. Dr. Harald Meisner ist Professor für Finanzwirtschaft an der Rheinischen Fachhochschule in Köln. Sein Forschungs- und Interessenschwerpunkt liegt seit 2004 im Themengebiet „Finanzwirtschaft in der Internetökonomie"; so lautet auch das 2017 von ihm im Springer-Verlag erschienene Buch.

Prof. Meisner arbeitet auch bei Finanzierungsprojekten mit den Themenschwerpunkten Crowdfunding und Blockchain mit.

Teil III

Future Mindset & Skills

Zukunftsfähigkeit messen und gestalten mit dem Future Work Navigator

Ruth Stock-Homburg und Carmen Lukoschek

10.1 Warum wir uns gerade heute mit der Zukunftsfähigkeit von Unternehmen und Mitarbeitern beschäftigen sollten?

Dass sich die Arbeitswelt im Wandel befindet, ist schon lange nicht mehr von der Hand zu weisen. Digitale Start-Ups, wie AirBnB im Hotelgewerbe oder Uber in der Transportbranche, verändern die Spielregeln grundlegend. Parallel fordern etablierte Unternehmen, wie beispielsweise der Internetgigant Google mit den ersten selbstfahrenden Automobilen oder der Technologiekonzern Toshiba mit Indoor-Farming Konzepten, andere Branchen mit außergewöhnlichem Erfolg heraus. Entsprechend hat die Digitalisierung nicht nur die Geschäftswelt tief greifend verändert, sondern Märkte in vielen Branchen nahezu auf den Kopf gestellt (Calantone et al. 2003; Xu et al. 2007).

Während die alte Arbeitswelt verschwindet, zeichnet sich die neue Arbeitswelt aber bislang nur in ihren Grundzügen durch Flexibilisierung, Transparenz und eine zunehmende globale Dynamik ab. Unternehmen stehen damit mehr denn je vor der Herausforderung, scheinbar gegenläufige Anforderungen zu jonglieren. Um in diesen volatilen Zeiten eine solide Unternehmensbasis zu schaffen, müssen Unternehmen einerseits auf Effizienz im Tagesgeschäft setzen, zeitgleich aber durch Innovationskraft neue Geschäftsmodelle sicherstellen, sodass sie ihren Wettbewerbern einen Schritt voraus sind (O'Reilly und Tushman 2008; Teece et al. 1997). In anderen Worten – Unternehmen müssen „zukunftsfähig" agieren. An genau dieser Zukunftsfähigkeit setzt

R. Stock-Homburg (✉) · C. Lukoschek
Teschnische Universität Darmstadt, Darmstadt, Deutschland
E-Mail: ruth.stock-homburg@bwl.tu-darmstadt.de

C. Lukoschek
E-Mail: carmen.lukoschek@bwl.tu-darmstadt.de

© Springer-Verlag GmbH Deutschland, ein Teil von Springer Nature 2019
M. Groß et al. (Hrsg.), *Zukunftsfähige Unternehmensführung,*
https://doi.org/10.1007/978-3-662-59527-5_10

der von Stock-Homburg (2014) entwickelte Future Work Navigator (FWN) an. Zukunftsfähigkeit beschreibt dabei das Ausmaß, in dem Unternehmen bzw. einzelne Mitarbeiter
auf zukünftige Herausforderungen der Arbeitswelt vorbereitet sind und ihr kurz- und
langfristiges Handeln darauf ausrichten. Der FWN konzentriert sich auf zwei Ebenen:

- die Zukunftsfähigkeit von Unternehmen sowie
- die Zukunftsfähigkeit einzelner Mitarbeiter.

Zukunftsfähigkeit von Unternehmen ist gerade heute wichtig, um sich an veränderte
„Spielregeln" im Markt anzupassen oder diesen ein bis zwei Schritte voraus zu sein.
Beispielsweise werden die anstehenden Einsatzmöglichkeiten Künstlicher Intelligenz in
nahezu allen Branchen zu Umwälzungen innerhalb etablierter Märkte führen, die Unternehmen mit geringer Zukunftsfähigkeit nicht bewältigen können.

Zukunftsfähigkeit von Individuen ist unabdingbar, um im unternehmensinternen und
-externen Arbeitsmarkt bestehen zu können, also Beschäftigungsfähig zu bleiben und
von den rasanten Entwicklungen nicht „abgehängt" zu werden. Eine wichtige Tugend ist
hier die neue Wortschöpfung „Neugierlassenheit". Permanente Neugierde auf und Interesse an neuen Entwicklungen im Sinne von Beweglichkeit einerseits und Gelassenheit
die Dinge mit Bedacht anzugehen andererseits.

10.2   Woran können wir Zukunftsfähigkeit erkennen?

Die Facetten der Zukunftsfähigkeit werden in dem Future Work Navigator (FWN)
abgebildet, der von Stock-Homburg (2014) auf der Basis des Ansatzes der organisationalen Ambidextrie (Gibson und Birkinshaw 2004; Tushman und O'Reilly 1996) und dem
Ansatz dynamischer Fähigkeiten (Teece et al. 1997) entwickelt wurde.

Der Ansatz der organisationalen Ambidextrie beschreibt, wie Unternehmen gleichzeitig ihre Effizienz und ihre Innovativität managen können, um dadurch wandlungsfähig
zu bleiben (Helfat und Raubitscheck 2000; O'Reilly und Tushman 2008). Die Ambidextrietheorie unterscheidet dabei zwei zentrale strategische Bausteine: die Anpassung
(engl. exploitation) und die Gestaltung (engl. exploration) (March 1991).

Die Anpassung beschreibt den Grad, in dem Unternehmen in der Lage sind, ihr
Tagesgeschäft erfolgreich zu managen. Sie setzt auf Kontrolle, Effizienz und Sicherheit, um ein hohes Maß an Produktivität im Tagesgeschäft zu gewährleisten. Dagegen
beschreibt Gestaltung den Grad, in dem ein Unternehmen neue Konzepte erprobt. Hierbei geht es um die Erschließung neuen Wissens, Erkenntnisgewinnung und Vielfalt.
Gestaltung ist ein zentraler Treiber von Innovationen und der Wandlungsfähigkeit eines
Unternehmens (Lavie et al. 2010; Raisch und Birkinshaw 2008). Ambidextrie bedeutet,
dass Unternehmen Anpassung und Gestaltung integrieren (Lavie et al. 2010).

Abb. 10.1 Die vier Dimensionen von Zukunftsfähigkeit. (Stock-Homburg 2014)

Die im Ansatz der organisationalen Ambidextrie unterschiedenen drei Dimensionen wurden von Stock-Homburg (2014) um eine vierte Dimension, die Zukunftsorientierung, erweitert. Abb. 10.1 veranschaulicht die vier zentralen Dimensionen der Zukunftsfähigkeit von Unternehmen, die in dem FWN unterschieden werden. Einen Überblick über den FWN liefert das folgende Video: https://youtu.be/pQNFwUIPinI.

1. *Zukunftsorientierung* erfasst die konsequente Ausrichtung der Aktivitäten eines Unternehmens auf zukünftige Erfordernisse relevanter Märkte und die Bedürfnisse zukünftig arbeitender Menschen. Zukunftsorientierung zeigt sich neben der systematischen Analyse von Trends in Absatz- und Arbeitsmärkten auch in der expliziten Verankerung von Zukunftsorientierung in der Strategie eines Unternehmens. Wichtig hierbei ist, dass Zukunftsorientierung nicht durch einzelne Unternehmenseinheiten, also fragmentiert, praktiziert werden kann, sondern von der Unternehmensspitze getrieben und im gesamten Unternehmen gelebt werden muss.
2. *Anpassung* beschreibt das kontinuierliche Optimieren existierender Arbeitsweisen und Produkte im Sinne eines effizienten Managements des heutigen Geschäfts. Sie zeigt sich darin, dass Unternehmen in ständiger Bewegung bleiben und sich nicht auf vergangenen Erfolgen ausruhen, sondern ihr Tagesgeschäft stets auf sichere Beine stellen.
3. *Gestaltung* beschreibt, inwieweit Unternehmen schon heute mit neuen Arbeitswelten experimentieren und neue Geschäftsmodelle erproben. Eine Vielzahl an Unternehmen experimentiert beispielsweise mit neuen Arbeitskonzepten (wie z. B. unternehmensinternen Crowds, agilem Arbeiten, neuen Formen der Unternehmensdemokratie) in ausgewählten Unternehmensbereichen im Rahmen von Inkubatoren, die schließlich großflächig im Unternehmen verbreitet werden, oder rollen unternehmensweite Kampagnen aus.
4. *Integration* gibt an, wie gut das Unternehmen heutige und zukünftig erfolgversprechende Arbeitskonzepte miteinander verbindet. Gerade in letzterem Fall ist es

wichtig, dass neue Arbeitskonzepte nicht losgelöst vom Tagesgeschäft praktiziert, sondern sinnvoll integriert werden. Die Kunst liegt folglich darin, unterschiedlich arbeitende Unternehmensbereiche aufeinander abzustimmen. Allerdings dominieren häufig in gewachsenen Unternehmen effizienzorientierte Prozesse, wohingegen neue, z. B. agile, Arbeitskonzepte nur in vereinzelten Unternehmensbereichen, wie der Produktentwicklung, erprobt werden. An den Schnittstellen dieser Bereiche treffen oft völlig unterschiedliche Welten aufeinander, die für eine Gewährleistung von Zukunftsfähigkeit miteinander in Einklang zu bringen sind.

Basierend auf den vier Dimensionen von Zukunftsfähigkeit liefert der FWN einen systematischen Ansatz zur Messung und Steigerung von Zukunftsfähigkeit in Unternehmen. Unter folgendem Link – https://www.leap-in-time.de/zukunftsfaehigkeit-bewerten/ – kann man die Zukunftsfähigkeit des eigenen Unternehmens systematisch bewerten.

Als länder- und branchenübergreifendes Erhebungsinstrumentarium ist der FWN seit 2013 an der TU Darmstadt in einer Vielzahl an Studien erprobt und weiterentwickelt worden. Dabei zeigen die Ergebnisse dieser Zukunftsstudien, dass sich alle vier Dimensionen auf die Innovativität und den wirtschaftlichen Erfolg von Unternehmen auswirken (Abb. 10.2). Unternehmen, denen es also gelingt, sich in allen vier Dimensionen stark zu positionieren sind innovativer und erfolgreicher als solche, die nicht in ihre Zukunftsfähigkeit investieren. Zugleich zeigen die Ergebnisse aber auch, dass es nicht ausreicht, den Fokus selektiv auf einzelne Dimensionen zu legen, da hierdurch nicht alle Erfolgspotenziale eines Unternehmens ausgeschöpft werden. So liegt beispielsweise eine wichtige Voraussetzung dafür, sinnvoll mit neuen Arbeitskonzepten zu experimentieren (Gestaltung), darin, die Arbeit von heute effizient zu gestalten (Anpassung).

Gemäß dem Ansatz „nur was sich messen lässt, lässt sich auch verändern", umfasst der FWN einen dreistufigen, sequenziellen Prozess, der die Phasen Erkennen, Verstehen und Gestalten unterscheidet. Haben Unternehmen also gelernt die vier Dimensionen von Zukunftsfähigkeit zu erkennen, geben die Darmstädter Zukunftsstudien Orientierung, wie Zukunftsfähigkeit international, aber auch branchenspezifisch verteilt ist (Stock-Homburg et al. 2016a, b, 2017; Stock-Homburg und Lukoschek 2016).

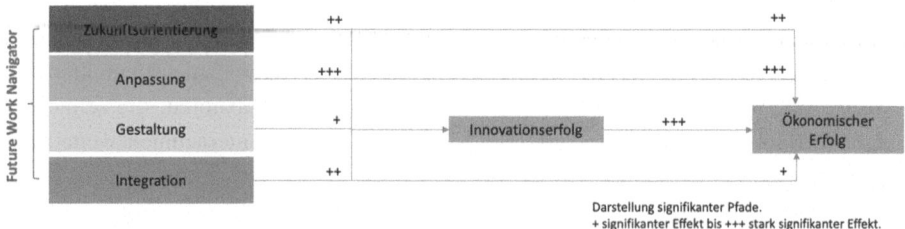

Abb. 10.2 Zukunftsfähigkeit als strategischer Erfolgsfaktor. (Darmstädter Zukunftsstudien 2015–2018)

10.3   Wo stehen wir in Sachen Zukunftsfähigkeit?

Die Ergebnisse der Darmstädter Zukunftsstudien basieren auf Erhebungen aus acht Ländern, die systematisch die Zukunftsfähigkeit von Unternehmen über die vier beschriebenen Dimensionen und im Hinblick auf neun Stellschrauben erfassen. Dabei unterstützen die einzelnen Stellschrauben Unternehmen darin, sich holistisch, dynamisch und agil aufzustellen, um dem zunehmend unberechenbaren Wettbewerbsdruck standzuhalten und zukünftigen Herausforderungen der Arbeitswelt gerecht zu werden (Abb. 10.3).

Ein zentrales Element zur Umsetzung einer zukunftsorientierten Strategie ist die *zukunftsfähige Mitarbeiterführung*. Zukunftsfähige Führungskräfte sensibilisieren ihre Mitarbeiter für zukünftige Entwicklungen in Märkten, begeistern sie für Technologien und sind offen für die Arbeitswelt von Morgen. Sie ermutigen ihre Mitarbeiter, eigenständig, aber effizient zu arbeiten sowie sich selbst zu führen und schaffen den Spagat zwischen Effizienz und Innovativität in ihrem Verantwortungsbereich.

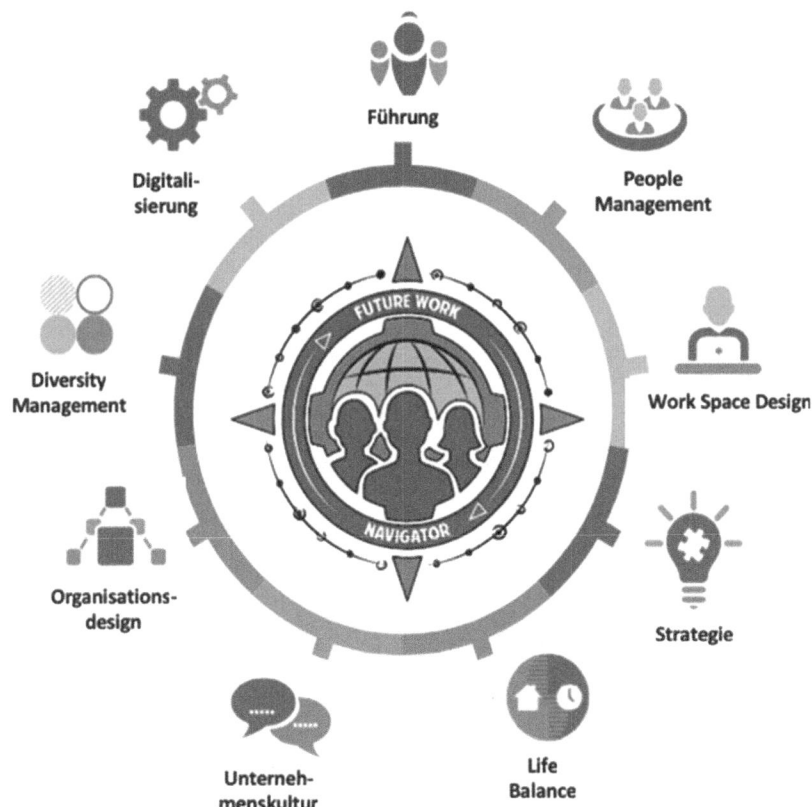

Abb. 10.3 Stellschrauben der Zukunftsfähigkeit. (Eigene Darstellung)

Ein *zukunftsfähiges People Management* zeichnet sich durch ein Bewusstsein dafür aus, dass Menschen zunehmend zum „Nadelöhr" im Hinblick auf Unternehmenswachstum werden. Zukunftsorientierte Unternehmen investieren daher systematisch in Programme, die Menschen auch im Job persönliche Entwicklung und Selbstverwirklichung ermöglichen. Einerseits steigern sie damit die Effizienz ihrer Mitarbeiter und andererseits deren Möglichkeiten kreativ zu werden und unkonventionelle Ideen bzw. Arbeitsweisen zu entwickeln.

Work Space Design ist die „Körpersprache einer Organisation". Diese kann über eine Reihe von Faktoren, wie zum Beispiel Arbeitsplatzdesign, Mobiliar oder Kommunikation ausgedrückt werden. Zukunftsfähige Organisationen optimieren existierende Arbeitswelten und experimentieren zugleich mit neuen Arbeitskonzepten, die Flexibilität, Kreativität und Abwechslung fördern. Für Unternehmen, die ihre Arbeitsplätze zukunftsorientiert gestalten, ist es daher wichtig, welche Einrichtung (insbesondere Büromöbel und -technologien) auch in fünf bis zehn Jahren noch die dynamischen Bedürfnisse der Mitarbeiter abbilden. Eine Orientierung liefert der von Stock-Homburg (2018) entwickelte COMFURNACY-Ansatz zur systematischen Bewertung von Büroelementen. In dem Ansatz spielt die Zukunftsfähigkeit von Büroelementen neben sechs weiteren Dimensionen eine wichtige Rolle (Abb. 10.4).

Abb. 10.4 Stellschrauben des „future proof office" nach COMFURNACY. (Eigene Darstellung)

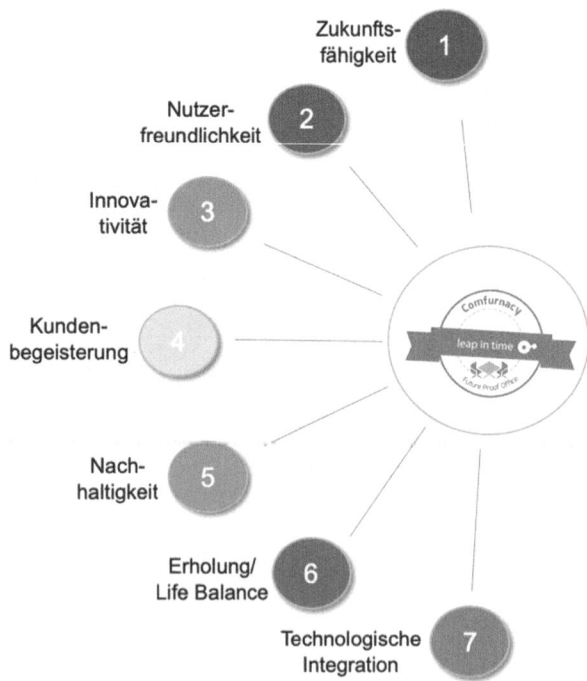

In einem mehrstufigen Bewertungsprozess wird überprüft, inwieweit Büroelemente zukünftigen Anforderungen an die Arbeitswelt sowie zukünftigen Bedürfnissen von Mitarbeitern gerecht werden.

Die *zukunftsfähige Strategie* adressiert die langfristigen Ziele einer Organisation. Sie kennzeichnet sich durch die übergeordnete strategische Verankerung der 4 Dimensionen des FWN im Unternehmen aus.

Arbeitende Menschen, die sich selbst verwirklichen wollen und Sinn in ihrer Arbeit suchen, legen auch größten Wert darauf, durch ihre Arbeitstätigkeit nicht „verbraucht" zu werden. Zukunftsfähige Unternehmen investieren daher in die *Life Balance* ihrer Beschäftigten. Life Balance bedeutet nicht nur, dass Unternehmen Programme, wie Gesundheitsmanagement, Unterstützung bei familiärer Betreuung oder Sabbaticals, implementieren, sondern insbesondere, dass sie eine mitarbeiterorientierte Kultur fördern, beispielsweise durch die Ermöglichung von „Me-Time" (Stock-Homburg et al. 2016c).

Der innere Spirit einer Organisation drückt sich in deren *Unternehmenskultur* aus. In zukunftsfähigen Unternehmen dienen Werte, Normen und Artefakte als Inspirator(en) für Mitarbeiter und Führungskräfte, sich mit Zukunftsentwicklungen proaktiv auseinanderzusetzen, unkonventionelle Ideen zu entwickeln sowie eigenverantwortlich zu handeln. Zeitgleich verankern zukunftsfähige Unternehmen ihre *soziale Verantwortung* in ihrer Unternehmenskultur. Ein wichtiger Aspekt spielt hierbei die Nachhaltigkeit des Unternehmens. Wir reden viel über Zukunft und Technologie, aber wenn zwischendurch unsere Umwelt auf der Strecke bleibt, wird keine Künstliche Intelligenz und kein Roboter helfen können! An dieser Stelle können gerade Unternehmen, die rund Dreiviertel der Emissionen ausmachen, viel bewegen. In jüngster Zeit sind zahlreiche Umweltinitiativen entstanden, die sowohl der Gesellschaft als auch Unternehmen Ansatzpunkte bereitstellen, nachhaltiger zu handeln. Beispielsweise können Unternehmen im Rahmen des PHEPP12-Programms (Planet HEalth Protection Program; www.phepp12.de) 12 Monate lang jeweils eine Maßnahme pro Monat gemeinsam mit ihren Mitarbeitern für die Umwelt umsetzen (z. B. Papier einsparen, ToGo-Becher in ihren Bistros vermeiden etc.). Wenn diese Maßnahmen fest implementiert und beibehalten werden, erhalten Unternehmen im Rahmen von PHEPP12 ein Zertifikat.

Zukunftsfähiges Organisationsdesign bedeutet, dass es Unternehmen gleichermaßen gelingt, Strukturen zu schaffen, die heutige Arbeitsprozesse effizient unterstützen und es parallel ermöglichen, neue Arbeitsweisen zu erproben. Ein wichtiges Element kann beispielsweise das Experimentieren mit neuen Organisationsformen sein, wie die Wahl von Führungskräften im Rahmen von Unternehmensdemokratie.

Schließlich ist es unabdingbar für Unternehmen, die Vielfalt der Belegschaft in ihrer Zukunftsstrategie abzubilden. So konzentrieren sich Unternehmen mit zukunftsfähigem *Diversity Management* nicht nur auf die aktuelle Belegschaft, sondern gehen auch auf zukünftige Talente sowie entsprechende Trends in relevanten Märkten und Branchen ein.

Eine wichtige Querschnittsfunktion unter den Stellschrauben der Zukunftsfähigkeit nimmt die *Digitalisierung der Arbeitswelt* ein. Grundsätzlich gilt es in diesem Bereich über das gesamte Unternehmen hinweg zu klären, wie Technologien eingesetzt werden können, um Arbeitseffizienz einerseits und -innovativität andererseits zu fördern. Die technologische Unterstützung der Arbeitsprozesse bedingt allerdings, dass Unternehmen mehr Informationen von Mitarbeitern benötigen, um technologische Umgebungen optimal auf diese ausrichten zu können. Zukunftsfähige Unternehmen, die beispielsweise auf den Einsatz von Sensortechnologien, angefangen von Sicherheitsüberwachung/Zugangsbeschränkungen bis hin zur Steuerung von Arbeitsumgebungen (z. B. Wärme- oder Lichtsteuerung in Abhängigkeit der anwesenden Personen), setzen, berücksichtigen daher in ihrer Technikgestaltung neben nutzungsbezogenen auch rechtliche und ethische Aspekte.

Gerade die Erfassung personenbezogener Daten ist hier von besonderer Relevanz. Während der Einsatz von Technologien in verschiedenen Bereichen einerseits bessere Arbeitsbedingungen bringt, erhöht er jedoch andererseits den verantwortungsvollen Umgang mit personenbezogenen Daten der Stakeholder des Unternehmens, insbesondere den Daten von Mitarbeitern und Kunden. Eine aktuelle Studie von Stock-Homburg und Holthaus (2019) zeigt, dass zukunftsfähige Unternehmen sich dadurch auszeichnen, dass sie ihre Mitarbeiter in Bezug auf Privacyaspekte grundlegend schulen und die Privatsphäre von Mitarbeitern und Kunden hinreichend schützen. Auf der Seite www.choivacy. de können Mitarbeiter die Privacy Aktivitäten ihres eigenen Unternehmens bzw. ihr Vertrauen in die Privacy-Aktivitäten von Unternehmen, bei denen sie Kunden sind, bewerten.

10.3.1 Zukunftsfähigkeit weltweit

Der internationale Vergleich von Zukunftsfähigkeit zeigt, dass sich mit Blick auf unterschiedliche Länder zum Teil erhebliche Unterschiede feststellen lassen (Abb. 10.5). So weisen die Ergebnisse aus acht Ländern interessanterweise Indien (FWN-Score über vier Dimensionen von 81 %) als absoluten Vorreiter in allen vier Dimensionen der Zukunftsfähigkeit aus, unmittelbar gefolgt von den USA (FWN Score von 75 %). Dieses Ergebnis zeigt, dass sich Indien immer stärker von der verlängerten Werkbank für industrielle Produkte zu einer führenden Wirtschaftsnation mit zum Teil immer moderneren Arbeitsbedingungen – vor allem im Bereich der Wissensarbeit – entwickelt. Ein möglicher Grund ist in der hohen Anzahl an Talenten, insbesondere im IT-Bereich, die jährlich die indischen Universitäten verlassen, zu sehen. Indische Unternehmen wollen vor allem den Abgang ihrer klügsten Köpfe in den Westen verhindern und investieren so in zukunftsfähige Arbeitskonzepte. Zudem wollen sie Talente aus dem Westen, vor allem den USA und Europa, anwerben. Dies zeigt sich in dem hohen Wert in der Dimension Gestaltung. Das Mittelfeld im Ländervergleich bilden Brasilien, Südkorea, China und Russland.

Schlusslichter sind Deutschland (FWN Score 64 %) und Japan (FNW Score 50 %). Besonders auffällig ist sowohl bei den Ergebnissen in Japan als auch in Deutschland die Diskrepanz zwischen den Dimensionen Anpassung und Gestaltung. In beiden Ländern liegt der Fokus eindeutig auf der Optimierung der Arbeitsprozesse. Nicht umsonst haben die meisten Qualitätsmanagementkonzepte, wie z. B. das Toyota-Produktionsmanagement-System,

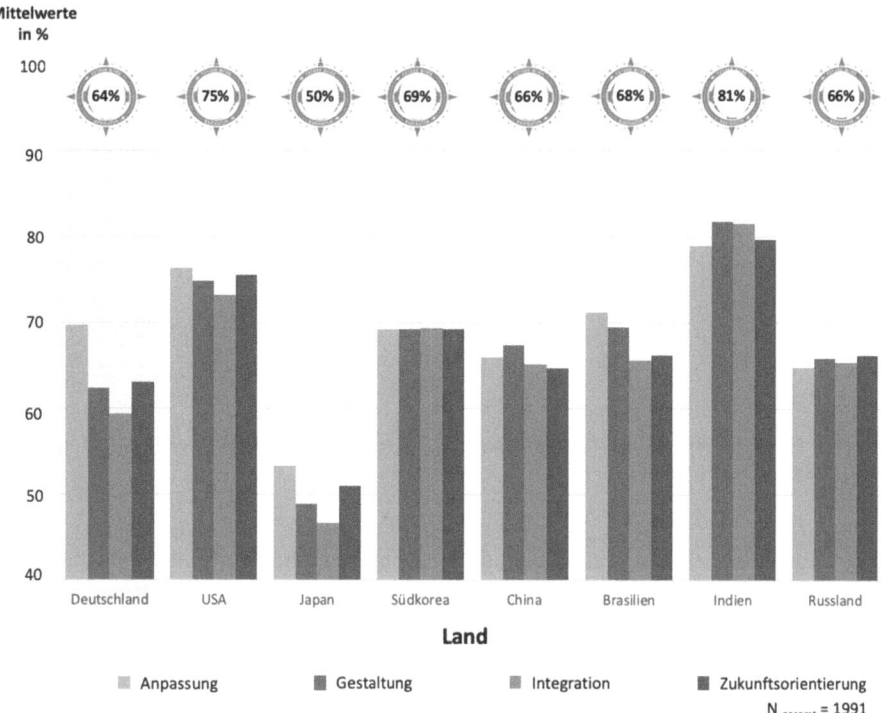

Abb. 10.5 Zukunftsfähigkeit von Unternehmen im Ländervergleich. (Eigene Darstellung)

ihren Ursprung in Japan bzw. wurden in Deutschland weiterentwickelt. Der Ländervergleich zeigt zudem, dass eine zentrale Herausforderung für Unternehmen weltweit darin besteht, bestehende auf Effizienz ausgelegte Arbeitskonzepte mit neuen, auf Innovation ausgelegten, Arbeitskonzepten zu verknüpfen, um so ihre Integrationsfähigkeit zu steigern.

10.3.2 Zukunftsfähigkeit im Branchenvergleich

Um eine differenzierte Betrachtung einzelner Branchen zu ermöglichen, werden seit 2016 die Darmstädter Zukunftsstudien für die DACH Region durch das Forschungsinstitut Leap in Time, einem Spin-Off der Technischen Universität Darmstadt, gemeinsam mit kununu, der größten Arbeitgeber-Bewertungsplattform in Europa, durchgeführt. Im Rahmen der jährlichen Erhebungen werden dabei zwischen 1 bis 1,9 Mio. Xing- und kununu-Nutzer nach einer Bewertung ihres aktuellen Arbeitgebers befragt und die Zukunftsfähigkeit von bis zu 8000 Unternehmen erhoben. Der Blick auf die deutschen Branchen zeigt dabei ganz eindeutig, dass es in allen Branchen Vorreiter gibt, die heute schon auf die Herausforderungen von Morgen vorbereitet sind und mit der internationalen Konkurrenz Schritt halten können.

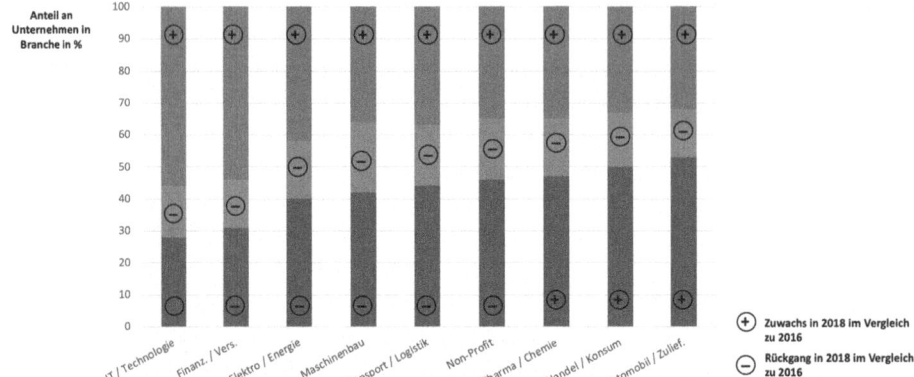

Abb. 10.6 Prozentualer Anteil zukunftsfähiger Unternehmen in einzelnen deutschen Branchen im Jahresvergleich 2016–2018

Die Ergebnisse stark vertretener deutscher Branchen sind in Abb. 10.6 im Jahresvergleich von 2016 zu 2018 dargestellt. Wie bereits in vorherigen, nach Branchen differenzierten Betrachtungen der Zukunftsfähigkeit (Stock-Homburg et al. 2017), stellt die Abbildung den prozentualen Anteil an Unternehmen in drei Bereichen dar.

- Der **rote Bereich** umfasst Unternehmen mit starken Defiziten im Bereich Zukunftsfähigkeit, die einen umfassenden Handlungsbedarf aufweisen.
- Der **orangene Bereich** umfasst Unternehmen, die einen punktuellen Handlungsbedarf aufweisen. Es zeigt sich, dass diese Unternehmen für Zukunftsthemen sensibilisiert sind, diesbezüglich aber kaum Maßnahmen eingeleitet haben.
- Der **grüne Bereich** umfasst Unternehmen, die bereits heute gut auf die Zukunft der Arbeitswelt vorbereitet sind und entsprechend die Erhaltung des Status-quo anstreben sollten.

Auffällig ist, dass im Jahresvergleich zu 2016 im Jahr 2018 alle Branchen einen Zuwachs an Unternehmen im grünen Bereich verzeichnen können. Analog dazu hat sich das Mittelfeld über alle Branchen weiter ausgedünnt. Im Bereich von Unternehmen mit hohem Handlungsbedarf in Sachen Zukunftsfähigkeit verzeichnen einzig die Branchen Pharma/Chemie, Handel und Automobil einen Zuwachs. Gleichwohl wird diesem Effekt aber durch den zeitgleichen Zuwachs an gut aufgestellten Unternehmen entgegengewirkt.

Wie in den letzten Jahren zeichnen sich die IT-Industrie und der Finanzdienstleistungssektor in Sachen Zukunftsfähigkeit aus. Beide sind folglich als Lernmodelle für andere Branchen zu empfehlen. Mag dieses Ergebnis gerade für den Finanzdienstleistungssektor überraschen, so ist doch festzuhalten, dass sich gerade dieser in den letzten Jahren zunehmend mit Digitalisierungsthemen beschäftigt hat und von Start-ups, wie Fintechs, getrieben wurde.

Ferner zeigt eine differenzierte Betrachtung der einzelnen Dimensionen des FWN, dass diese nach wie vor nicht in allen Branchen Hand in Hand gehen. Der Handel weist beispielsweise eine starke Fokussierung auf das Jetzt und Heute auf, wohingegen nur vereinzelt mit neuen Arbeitskonzepten experimentiert wird. Dies ist ein durchaus überraschendes Ergebnis vor dem Hintergrund sich ständig ändernder Kundenbedürfnisse und der hohen Dynamik durch Digitalisierung. Aber auch andere Branchen weisen ein Defizit hinsichtlich einer Balance zwischen Anpassung und Gestaltung auf, wie beispielsweise die Elektroindustrie, der Maschinenbau sowie die Automobilbranche. Unternehmern dieser Branchen setzen noch stark auf die kontinuierliche, aber einseitige Optimierung ihrer existierenden Arbeitsweisen und Produkte. Gleichwohl stellt die Automobilbranche einen Sonderfall dar: während Automobilzulieferer analog ihrer Kollegen aus dem Maschinenbau stark auf Optimierung setzen, zeichnen sich die Investitionen der Automobilhersteller (OEM) in neue Technologien und Geschäftsmodelle in ihrer hohen Zukunftsfähigkeit ab.

Demgegenüber wird in der Pharma/Chemie Branche und dem Öffentlichen Sektor zunehmend über das Thema Zukunft geredet und strategisch debattiert; in Sachen Umsetzung bleibt allerdings noch viel zu tun. Auch hapert es hier noch daran heutige und neu erprobte, zukünftige Arbeitskonzepte miteinander zu verbinden, wie sich in den vergleichsweise niedrigen Werten für die Dimension Integration zeigt. Letztere Feststellung kann ebenfalls für die Transport- und Logistikbranche gemacht werden.

10.4   Wo können wir ansetzen, um Zukunftsfähigkeit zu gestalten und zu verankern?

Während es in jeder der betrachteten Branchen Vorreiter gibt, von denen andere Unternehmen lernen können, ist es doch unabdingbar, dass sich Unternehmen aller Branchen neuen Geschäftsmodellen gegenüber öffnen und ihre Zukunftsfähigkeit kontinuierlich und proaktiv gestalten. Einen hilfreichen Orientierungsrahmen bilden dabei die neun Stellschrauben des FWN, die Unternehmen darin unterstützen strategisch (z. B. über Mitarbeiterführung), psychologisch (z. B. über Einstellungen ihrer Mitarbeiter) als auch physisch (z. B. über ihr Work Space Design) Zukunftsfähigkeit zu verankern und zu steigern.

10.4.1 Zukunftsfähige Mitarbeiterführung – Die Treppe wird von oben gefegt

Die Zukunftsfähigkeit steht und fällt mit der hohen Identifikation und der Begeisterungsfähigkeit der Führungskräfte eines Unternehmens. Zur Steigerung ihrer Zukunftsfähigkeit sollten Unternehmen daher auf eine zukunftsfähige Mitarbeiterführung setzen. Führungskräfte tragen maßgeblich zur Begeisterung von Mitarbeitern für

Zukunftsthemen, der Ermutigung zur Erprobung neuer Arbeitskonzepte sowie der Etablierung von Zukunftsthemen bei. Entsprechend nehmen sie eine Schlüsselposition in der Gestaltung von unternehmerischer Zukunftsfähigkeit ein.

Während jedoch der positive Einfluss von Führung (Typ 2 – Führungskräfte) auf effizienzbezogenen Erfolgsgrößen, also auf Produktivität im Tages- und Kerngeschäft, umfassend erforscht ist, weisen Führungsstudien zu innovationsbezogenen Erfolgsgrößen eine verhältnismäßig hohe Ergebnisheterogenität auf (Kesting et al. 2015; Rosing et al. 2011). Mitunter liegt dies darin begründet, dass universale Führungsansätze, wie Transaktionale/Transformationale Führung, Partizipative Führung oder die LMX-Theorie, nicht hinreichend auf einzelne Stufen des Innovationsprozesses eingehen – folglich Führungskräfte entweder die Ideengenerierung oder die -implementierung unter ihren Mitarbeitern vorantreiben (Hughes et al. 2018; Rosing et al. 2011). Doch auch neuere innovationsorientierte Führungsansätze, die auf die Schöpfung und Erprobung neuer Konzepte setzen (Typ 3 – Führungskräfte), wie Innovation Leadership (Carmeli et al. 2010) oder Innovation-oriented Leadership (Stock-Homburg et al. 2013), sind mit ihrem eher einseitigen Fokus auf Innovationsgrößen noch kein Garant für die Sicherstellung unternehmerischer Zukunftsfähigkeit (Abb. 10.7).

In Anlehnung an den Ansatz organisationaler Ambidextrie zeichnet sich zukunftsfähige Mitarbeiterführung dadurch aus, dass Führungskräfte gleichzeitig auf Effizienz und Innovativität ihrer Einheiten setzen und so sicherstellen, dass diese wandlungsfähig bleiben (Typ 4 – Führungskräfte). Einen Führungsansatz der diese beiden Anforderungen miteinander vereint, stellt Dual Innovation Leadership dar (Lukoschek et al. 2018). Im Gegensatz zu universalen oder einseitig innovations-fokussierten Führungsansätzen, weisen sogenannte Dual-Innovation-Führungskräfte zwei komplementäre, aber sich ergänzende Führungsverhalten auf. So treiben sie einerseits Ideengenerierung unter ihren Mitarbeitern voran. Beispielsweise kreieren sie Freiräume für ihre Mitarbeiter,

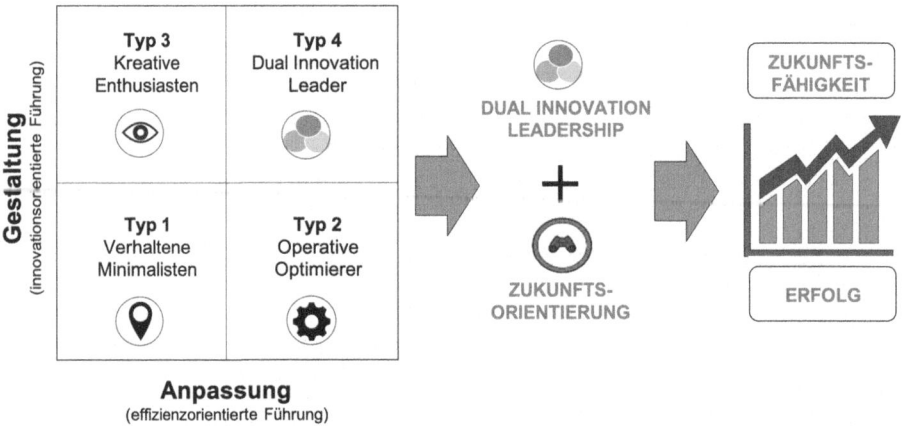

Abb. 10.7 Zukunftsfähige Mitarbeiterführung. (Eigene Darstellung)

sodass diese ihre Kreativität frei entfalten können und angehalten sind alternative Denk- und Verhaltensmuster zu erproben. Andererseits stellen Dual-Innovation-Führungskräfte eine systematische Ideenrealisierung sicher, indem sie ihren Mitarbeitern in dieser Phase Strukturen vorgeben, die eine effiziente Umsetzung gewährleisten.

Tatsächlich belegen erste empirische Untersuchungen (Lukoschek et al. 2018), dass ein solch komplementärer Verhaltensansatz, der zwei gegenläufige Führungsverhalten miteinander verbindet, innovations- als auch effizienzbezogene Erfolgsgrößen fördert, indem Mitarbeiter angehalten werden Innovationen zu entwickeln, die bestehende Produkte und Prozesse optimieren oder diese radikal ersetzen. Mit Dual Innovation Leadership als einem möglichen Ansatz zukunftsfähiger Führung, steht Unternehmen ein Führungsansatz zur Verfügung über den sie den Spagat zwischen Effizienz und Innovativität meistern und langfristig ihren Erfolg und ihre Zukunftsfähigkeit steigern können.

10.4.2 Zukunftsfähige Mitarbeiter – Zukunftsorientierung beginnt bei jedem einzelnen

Neben der zukunftsfähigen Mitarbeiterführung liegt eine wichtige Voraussetzung dafür, dass Unternehmen Zukunftsfähigkeit entwickeln, darin, dass Mitarbeiter „mitziehen". Anhand des FWN lassen sich dafür drei wichtige Dimensionen auf individueller Ebene unterscheiden, welche die Zukunftsfähigkeit von Mitarbeitern beschreiben (vgl. ausführlich www.leap-in-time.de):

- *Individuelle Zukunftsorientierung* beschreibt, inwieweit sich Mitarbeiter mit Zukunftstrends und technologischen Entwicklungen auseinandersetzen. Dabei geht es nicht nur um Entwicklungen im eigenen Aufgabenbereich, sondern auch um eine Offenheit gegenüber Entwicklungen in anderen Unternehmensbereichen und relevanten Branchen.
- *Individuelle Anpassung* ist das Ausmaß, in dem Mitarbeiter ihr Tagesgeschäft effizient managen. Hohe Anpassung zeichnet sich unter anderem durch gut strukturierte Arbeitsweisen, permanente Weiterbildung im Bereich des eigenen Aufgabenfeldes sowie einen guten Überblick über die Produkte und Dienstleistungen des Unternehmens aus.
- *Individuelle Gestaltung* ist das Ausmaß, in dem Mitarbeiter offen für neue Arbeitskonzepte bzw. Technologien sind und diese aktiv in ihren Arbeitsalltag integrieren.

Aus den unterschiedlichen Ausprägungen der drei Dimensionen ergeben sich sechs Zukunftsfähigkeitstypen, die in Abb. 10.8 dargestellt sind.

Zukunftsorientierte verfolgen die neuesten Trends. Sie besitzen ein tiefes Technologieverständnis, sind fasziniert von Technik und denken vernetzt. Sie kombinieren alte und neue Methoden sowie Trends aus unterschiedlichen Bereichen und schaffen es, zugleich neugierig auf Neues und effizient im Tagesgeschäft zu sein.

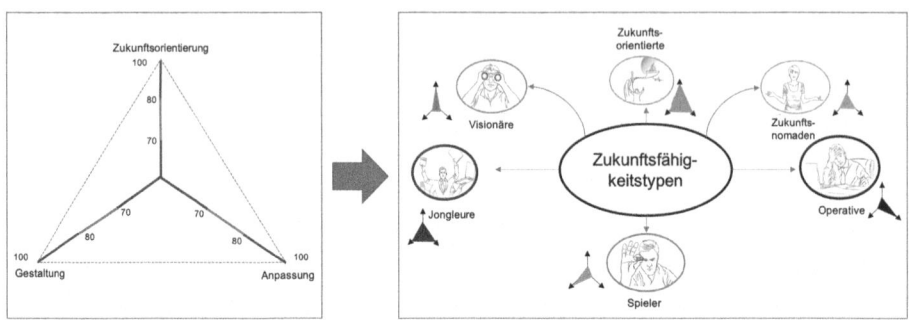

Abb. 10.8 Typologisierung von Mitarbeitern nach ihrer individuellen Zukunftsfähigkeit. (Stock-Homburg 2019)

Visionäre haben eine starke Zukunftsorientierung, verfolgen und kennen die neuesten Trends und haben stets die langfristigen Konsequenzen ihres Handelns im Blick – sie denken sozusagen „zwei Schritte voraus".

Das Gegenteil von Visionären sind *Zukunftsnomaden*. Dieser Mitarbeitertyp sieht wenig Nutzen in neuen Arbeitsmethoden und schenkt Zukunftsthemen wenig Beachtung. Zukunftsnomaden fühlen sich häufig von aktuellen Entwicklungen und Veränderungen in Unternehmen abgehängt, was sie wiederum unzufrieden macht.

Operative charakterisiert eine hohe Ausprägung der Anpassungsdimension. Diese Mitarbeiter konzentrieren sich stark auf das Tagesgeschäft und das „Abarbeiten" von Aufgaben. Nicht selten leiden sie an „operativer Verstopfung", d. h. sie können ihren Blick nicht auf neue Konzepte richten, weil sie mit ihrem Tagesgeschäft ausgelastet bzw. sogar überlastet sind. Diese Mitarbeiter geben neuen Ideen und Arbeitsmethoden kaum Raum. Sie haben es im Grunde verlernt zu Spielen.

Das Gegenteil der Operativen sind die sogenannten *Spieler*. Bei diesem Mitarbeitertyp ist die Gestaltungsdimension deutlich stärker ausgeprägt als die anderen beiden Dimensionen. Spieler sind neugierig und benötigen permanent Input (hohe Tendenz zur Langeweile). Sie sind häufig unter den Ersten, wenn es um das Ausprobieren neuer Arbeitskonzepte bzw. Technologien geht. Mit ihrer hohen Begeisterungsfähigkeit stecken sie andere an und nehmen oft Vorreiterrollen ein.

Gleichermaßen hoch ausgeprägt sind Anpassung und Gestaltung bei den *Jongleuren*. Diese Mitarbeiter sind „Macher", verfügen über gut eingespielte Prozesse und sind offen für neue Arbeitsweisen und Techniken.

10.4.3 Zukunftsfähiges Work Space Design – es wird bunt und individuell

Um Zukunftsfähigkeit fest in Unternehmen zu verankern und zukunftsfähiges Arbeiten zu unterstützen, bedarf es neben der Unterstützung durch die Führungsetage und einer

SMART LIVING & WORKING SETTING   ACTIVITY-BASED WORKING   WORK & PLAY SETTING

Abb. 10.9 Drei Arbeitswelten der Zukunft. (Stock-Homburg 2014)

entsprechenden Einstellung der Mitarbeiter auch einer zukunftsfähigen Arbeitsplatzgestaltung. Diese sollte sowohl effizientes Arbeiten ermöglichen als auch das Experimentieren mit neuen Arbeitskonzepten fördern.

Für Wissensarbeiter, die primär konzeptionell und nur begrenzt körperlich arbeiten,
zeichnen sich drei Arbeitswelten ab, an denen sich Unternehmen zur Verankerung und
Förderung von Zukunftsfähigkeit orientieren können: Activity-based Working, Work-
&-Play Setting und Smart Living-&-Working (Stock-Homburg 2014; Stock-Homburg
und Lukoschek 2016). Diese Arbeitswelten werden im Leap in Time Lab in Darmstadt
(www.leap-in-time.de) erforscht und erlebbar gemacht (Abb. 10.9).

Activity-based Working umfasst vielfältige Arbeitskontexte mit dem Ziel, die
Flexibilität des Arbeitens zu erhöhen. Dieses Arbeitskonzept ermöglicht Mitarbeitern
das optimale Bearbeiten unterschiedlicher Aufgabenarten über verschiedene Arbeitsumgebungen. Beispielsweise können für konzeptionelles Arbeiten oder ungestörtes
Telefonieren Rückzugsecken geschaffen werden, wohingegen routinierte Arbeiten am
klassischen Shared-Desk Setting ausgeführt werden. Demgegenüber können Meetings
am Smart Table sowie in Teambereichen abgehalten werden. Kennzeichnend für Activity-based Working ist ein non-territorialer Ansatz, nach dem Arbeit nicht auf einen
bestimmten, eingegrenzten Raum limitiert ist und Mitarbeiter einen fest zugewiesenen
Platz Inne haben. Vielmehr können Arbeitende denjenigen Bereich wählen, der ihre Auf-
gabenerfüllung optimal unterstützt.

Das Work-&-Play Setting integriert Arbeit und Spiel, um spielerisches Lernen,
Kreativität und Experimentierfreudigkeit arbeitender Menschen zu fördern. Effizientes
Arbeiten wird dadurch nicht bedeutungslos, nimmt aber eine nachrangige Position ein.
Folglich ist das Arbeitskonzept insbesondere in kreativen Unternehmensbereichen, wie
Forschung und Entwicklung, unternehmensinternen Inkubatoren oder für agil arbeitende
Einheiten geeignet. Kennzeichnend für das Work-&-Play Setting ist die Ausstattung der
Räumlichkeiten mit außergewöhnlichem Mobiliar: Neben wenig konventioneller Ein-
richtung sind insbesondere unkonventionelle Gegenstände zu finden, wie Hängematten,

Tische aus Bauklötzen oder Kletterwände. Der wesentliche Unterschied zu den anderen Arbeitswelten liegt darin, dass sich Mitarbeiter nicht in einer vorgefertigten Arbeitswelt einfinden, sondern, dass sie vor deren Nutzung, mit dem gegebenen Mobiliar eine neue Arbeitswelt kreieren können. Dadurch kann der Arbeitsbereich täglich optimal auf die jeweils anfallende Aufgabe ausgerichtet werden und unterstützt die Kreativität der Nutzer.

Smart Living-&-Working bildet die private Sphäre zukünftig arbeitender Menschen ab. Mitarbeiter, die sich in diesem Arbeitskontext bewegen, können diesen entweder zum Arbeiten von zu Hause im Rahmen von Arbeitsplatzflexibilisierung oder als Freiberufler nutzen. Ziel dieses Arbeitskonzeptes ist es, die Flexibilität von Mitarbeitern im Hinblick auf Arbeitsort und -zeit zu steigern und so eine möglichst optimale Integration von Privat- und Arbeitsleben zu ermöglichen. Dabei zeigen Studien, dass insbesondere die Selbstbestimmung durch die Arbeitenden sowie klare Absprachen bezüglich der Erreichbarkeit förderlich für die Integration sind.

10.5   Fazit – mit einem „Mutanfall" zur Zukunftsfähigkeit

Um mit den tief greifenden Veränderungen der Arbeitswelt Schritt zu halten, ist für Unternehmen und Organisationen eine Öffnung hin zu neuen Geschäftsmodellen unabdingbar. Unternehmen müssen zukünftig mehr denn je ihr Kerngeschäft mit neuen Ansätzen kombinieren – sich also zukunftsfähig aufstellen. Dabei zeigen die Ergebnisse der Darmstädter Zukunftsstudien, dass Zukunftsfähigkeit zwar festen Einzug auf den strategischen Agenden erhalten hat; gleichwohl viele Unternehmen aber noch vor der Frage des „Wie" stehen. Der FWN gibt Unternehmen vor diesem Hintergrund eine Kompassnadel an die Hand, die eine systematische Vorbereitung auf die Arbeitswelt der Zukunft unterstützt. Abschließend lassen sich dabei drei übergeordnete Implikationen zur Steigerung von Zukunftsfähigkeit ziehen:

1. Zukunftsfähigkeit setzt eine Dualität in Denken und Handeln voraus. Neben einer Optimierung des täglichen Geschäftes, sollten Unternehmen daher stets selbstkritisch ihre Geschäftsmodelle hinterfragen und sich offen für Neues zeigen.
2. Zukunftsfähigkeit ist ein holistischer Ansatz. Entsprechend muss Zukunftsfähigkeit im gesamten Unternehmen, nicht nur einzelnen Silos, „geatmet und gedacht" werden. Experimentieren Unternehmen in ihrem Kerngeschäft in kleinen, ausgegliederten Einheiten, so sollten diese mittelfristig integriert werden, um einen nahen und regelmäßigen Austausch zwischen konventionellen und innovationsorientierten Einheiten zu gewährleisten.
3. Zentrale Stellschrauben, die eine Verzahnung zwischen konventionellen und innovationsorientierten Einheiten ermöglichen und vorantreiben, sind zukunftsfähige Mitarbeiterführung, Zukunftsorientierung der Mitarbeiter sowie ein unterstützendes Work Space Design.

Der Arbeitsplatz der Zukunft ist flexibel, verspielt und individuell; er ist tief greifend digitalisiert und baut auf einem offenen, bilateralen Führungsverständnis auf, in dem Zukunftsfähigkeit gelebt, Mitgestaltung gefordert und Experimentierfreude eines jeden Einzelnen unterstützt wird. Ganz in diesem Sinne, sollten sich Unternehmen dessen bewusst sein, dass es nicht gilt die Zukunft vorherzusagen, aber gleichwohl sich systematisch und mutig auf diese vorzubereiten (Perikles 500–429 v. Chr.).

Literatur

Calantone R, Garcia R, Dröge C (2003) The effects of environmental turbulence on new product development strategy planning. J Prod Innov Manag 20(2):90–103

Carmeli A, Gelbard R, Gefen D (2010) The importance of innovation leadership in cultivating strategic fit and enhancing firm performance. Leadersh Quart 21(3):339–349

Gibson C, Birkinshaw J (2004) The antecedents, consequences, and mediating role of organizational ambidexterity. Acad Manag J 47(2):209–226

Helfat CE, Raubitschek RS (2000) Product sequencing: co-evolution of knowledge, capabilities, and products. Strateg Manag J 21:961–979

Hughes DJ, Lee A, Tian AW, Newman A, Legood A (2018) Leadership, creativity, and innovation: a critical review and practical recommendations. Leadersh Quart 29(5):549–569

Kesting P, Ulhoi JP, Song LJ, Niu H (2015) The impact of leadership styles on innovation management – a review and synthesis. J Innov Manag 3(4):22–41

Lavie D, Stettner U, Tushman ML (2010) Exploration and exploitation within and across organizations. Acad Manag Annals 4(1):109–155

Lukoschek CS, Gerlach G, Stock-Homburg R, Xin K (2018) Leading to sustainable organizational unit performance: antecedents and outcomes of executives' dual innovation leadership. J Bus Res 91:266–276

March JG (1991) Exploration and exploitation in organizational learning. Organ Sci 2:71–87

O'Reilly CA, Tushman ML (2008) Ambidexterity as a dynamic capability: resolving the innovator's dilemma. Res Organ Behav 28:185–206

Raisch S, Birkinshaw J (2008) Organizational ambidexterity: antecedents, outcomes, and moderators. J Manag 34(3):375–409

Rosing K, Frese M, Bausch A (2011) Explaining the heterogeneity of the leadership innovation relationship: ambidextrous leadership. Leadersh Quart 22(5):956–974

Stock-Homburg R (2014) Der Future Work Navigator. https://www.leap-in-time.de/zukunftsfaehigkeit-von-unternehmen/

Stock-Homburg R (2018) Comfurnacy-Ansatz zur systematischen Bewertung von Büroelementen. Working Paper

Stock-Homburg R (2019) Typologisierung von Mitarbeitern nach ihrer individuellen Zukunftsfähigkeit. Working Paper

Stock-Homburg R, Holthaus C (2019) CHOIVACY – Ein mehrdimensionaler Ansatz zur Bewertung des Privacy-Managements von Unternehmen. Datenschutz und Datensicherheit (DuD) 43(1):35–40

Stock-Homburg R, Lukoschek C (2016) Dezentral, divers, verspielt. Personalmagazin 7/16:48–51

Stock-Homburg R, Totzauer F, Zacharias NA (2013) A closer look at cross-functional R&D cooperation for innovativeness: innovation-oriented leadership and human resource practices as driving forces. J Prod Innov Manag 31(5):924–938

Stock-Homburg R, Groß M, Roller D (2016a) Agilität und Effizienz richtig ausbalancieren – Wettbewerbsvorteile durch integriertes Personalmanagement. Personalführung 7–8:18–24

Stock-Homburg R, Klug H, Lukoschek C (2016b) Die Zukunftsfähigkeit erfordert größeren Handlungsbedarf. Innovative Verwalt 12:14–17

Stock-Homburg R, Strecker M, Bieling G (2016c) Organizational work-family support as universal remedy? A cross-cultural comparison of China, India and the United States. International J Hum Resour Manag 27(11):1192–1216

Stock-Homburg R, Lukoschek C, Müller S (2017) Auf die Zukunft vorbereitet. personalmagazin 3(17):14–18

Teece DJ, Pisano G, Shuen A (1997) Dynamic capabilities and strategic management. Strateg Manag J 18(7):509–533

Tushman ML, O'Reilly CA (1996) Ambidextrous organizations: managing evolutionary and revolutionary change. Calif Manag Rev 38(4):8–30

Xu Q, Chen J, Xie Z, Liu J, Zheng G, Wang Y (2007) Total innovation management: a novel paradigm of innovation management in the 21st century. J Technol Transf 32(1–2):9–25

Univ.-Prof. Dr. Dr. Ruth Stock-Homburg ist Leiterin des Fachgebiets Marketing & Personalmanagement an der Technischen Universität Darmstadt und Gründerin des Leap in Time Labs, einem Work-Life Research Zentrum, das sich der Erforschung der Zukunft der Arbeitswelt widmet. Ihre wissenschaftlichen Arbeiten auf den Gebieten der marktorientierten Unternehmensführung und des Personalmanagements wurden national bzw. international mehrfach ausgezeichnet.

Dr. Carmen Lukoschek publizierte während ihrer Zeit als wissenschaftliche Mitarbeiterin an der Technischen Universität Darmstadt (Fachgebiet Marketing & Personalmanagement, Prof. Dr. Dr. Stock-Homburg) zahlreiche Beiträge in Wissenschafts- und Praxiszeitschriften. Ihre Forschungsschwerpunkte liegen dabei in den Bereichen Innovation, Digitale Transformation und Führungsforschung.

Lernen mit Virtual Reality: Chancen und Möglichkeiten der digitalen Aus- und Fortbildung

Kai Buehler und Andreas Kohne

11.1 Digitalisierung im Bereich des Lernens

Das Thema „Bildung 4.0" ist in aller Munde und zieht sich von den (Berufs-)Schulen über die Universitäten bis hin in die Unternehmen. Die Entwicklung ist aber nicht neu. Digitale Medien wurden schon früh im Kontext der Wissensvermittlung eingesetzt. So gibt es bereits seit den 80er Jahren das Computer Based Training (CBT), welches später durch das Web Based Training (WBT) abgelöst wurde. Im Jahr 1998 prägte Jay Cross den Begriff „E-Learning" für das Lernen mittels neuer Medien über das Internet. (Cross 2004). Zuerst erhofften sich die Pioniere des E-Learnings, dass jegliches Wissen digital über das Internet zu vermitteln sei. Heute wissen wir, dass der klassische Präsenzunterricht und das Vermitteln von zwischenmenschlichen Fähigkeiten nie vollständig digital zu ersetzen sind (Garrison 2008). In den letzten Jahren hat sich nach dieser Erkenntnis das sogenannte „Blended-Learning" (engl. gemischtes Lernen) durchgesetzt. Hierbei werden klassische Präsenzeinheiten mit digitalen Lerneinheiten angereichert. Zum Beispiel kann ein E-Learning Modul vor einer gemeinsamen Präsenz-Trainingseinheit vorgeschaltet werden, um alle Teilnehmer auf den gleichen Wissensstand zu bringen. Nach der praktischen Einheit kann der erlernte Stoff im Nachgang digital verfestigt und abgeprüft werden. Das dahinterliegende Konzept nennt sich „Flipped Classroom" (engl. umgedrehter Unterricht) (Tucker 2012). Es besagt, dass die klassische, früher in Präsenz stattfindende theoretische Wissensvermittlung heutzutage digital per E-Learning

K. Buehler (✉)
Rheinische Fachhochschule Köln, Köln (FRH), Deutschland
E-Mail: buehler@rfh-koeln.de

A. Kohne
Materna TMT GmbH, Dortmund, Deutschland
E-Mail: andreas.kohne@materna-tmt.de

stattfinden kann und im Unterricht praktische Anwendungen mit dem Trainer erprobt werden. Weiterhin hat sich im Bereich des E-Learnings in den vergangenen Jahren ein neues Konzept etabliert, wonach über entsprechende Online-Plattformen E-Learning-Kurse für hunderte oder sogar tausende von Lernenden parallel angeboten werden. Inzwischen ist es sogar möglich, amtlich anerkannte Abschlüsse an solchen Online-Universitäten zu erlangen. Solche Kurse werden als „MOOCs" (Massive Open Online Courses) bezeichnet (Schulmeister 2013).

Neu im Bereich der Digitalisierung ist das Lernen mit Augmented und Virtual Reality (AR/VR) Technologie hinzugekommen. AR (Augmented Reality) ermöglicht dabei, digitale Medien (3-D-Modelle, Filme, Texte und Animationen) mit einem realen Bild in Echtzeit zu verbinden. Dafür wird die Realität durch eine Kamera gefilmt, die Bilddaten werden digital ergänzt (to augment, engl. etwas ergänzen/anreichern) und dann über ein Ausgabegerät wie den Bildschirm eines Smartphones, eines Tablets oder über eine spezielle AR-Brille wiedergegeben. Bei VR (Virtual Reality) sieht der Anwender in einer speziellen VR-Brille ein zu 100 % computergeneriertes Bild. Die Realität um den Anwender wird komplett ausgeblendet. Ein entsprechendes Beispiel zeigt Abb. 11.1. Die AR/VR-Technologie hat viele Anwendungsbereiche: Vom Marketing, über den Vertrieb bis hin zur Planung finden sich lohnende Beispiele. Im Folgenden wird der Fokus auf das Lernen mithilfe dieser Technologie gelegt.

Dabei ist das Lernen mit AR/VR-Technologie nicht als eigenständiger Bereich zu verstehen; vielmehr stellen AR und VR mächtige Technologien zur Anreicherung der didaktischen Medienvielfalt dar. Daher ist es wichtiger denn je, bei der Planung und Durchführung moderner Fortbildungsmaßnahmen eine ausgeprägte Medienkompetenz aufseiten der Pädagogen, Lehrer, Trainer und Lernenden zu besitzen.

Das Lernen mit Hilfe von AR und VR kann mit den richtigen Konzepten, genau wie das E-Learning, orts- und zeitunabhängig geschehen. In vielen Fällen lohnt aber die Integration von AR/VR als Technologie in Blended Learning Konzepte. Hierbei können die im Vorfeld gelernten Kenntnisse gemeinsam mit einem Trainer in VR gemeinsam digital erprobt werden.

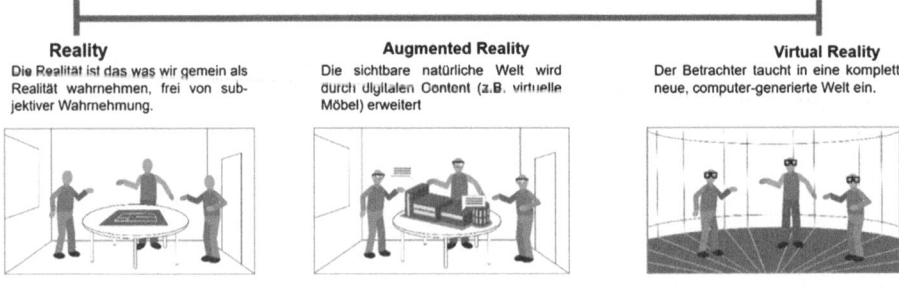

Abb. 11.1 Unterschied zwischen Augmented und Virtual Reality. (Quelle: Materna Information and Communications SE 2019)

Große Unternehmen weltweit nutzen bereits die Vorteile von VR-Training. So schult zum Beispiel die Deutsche Bahn ihre Zugbegleiter im Rahmen eines VR-Trainings in der Bedienung der Rollstuhlhebevorrichtung in den ICEs. Hierbei sind fast 30 manuelle Schritte notwendig, die in VR beliebig oft einstudiert und wiederholt werden können. Dies reduziert vor allem die Kosten, da bisher nur an realen Zügen trainiert werden konnte. Die amerikanische Supermarktkette Walmart nutzt bereits mehrere VR-Trainings für ihr Angestellten. So werden die entsprechenden Mitarbeiter im Vorfeld bereits digital in der korrekten Bestückung der Regale ausgebildet. Weiterhin gibt es Schulungen zum Umgang mit Kunden bei großem Andrang wie zum Beispiel bei Schlussverkäufen. Die Mobilfunkfirma Horizon nutzt ebenfalls sehr erfolgreich VR-Trainings, um die Mitarbeiter in den Filialen auf einen bewaffneten Überfall vorzubereiten. Diese Beispiele zeigen, wie die neue Technologie für unterschiedlichste Lernszenarien einsetzbar ist.

Neben den didaktischen und kommerziellen Vorteilen bietet AR/VR-Training in den Zeiten des Fachkräftemangels weitere positive Effekte. So kann der Einsatz von AR/VR-Technologie in der internen Aus- und Fortbildung im Recruiting erfolgreich beworben werden. Weiterhin trifft der Einsatz moderner Lernmedien die Erwartungshaltung der Angestellten an einen zeitgemäßen Einsatz digitaler Technologie am Arbeitsplatz und sorgt somit für eine Bindung an das Unternehmen. Die Erwartung der Angestellten im Unternehmen moderne digitale Medien und Technologien einsetzen zu können, die mindestens den privaten Standard widerspiegeln, wird dabei als Consumerization bezeichnet (Kohne et al. 2015).

Im Folgenden wird insbesondere der Bereich der VR-Lernumgebungen für die digitale Wissensvermittlung beschrieben. Dabei werden neben den unterschiedlichen Anwendungsfeldern auch die didaktische Integration im Rahmen von Blended Learning Kursen aufgezeigt.

11.2 Warum VR-Lernumgebungen?

11.2.1 Zielsetzung und Abgrenzung

Bei einer VR (Virtual Reality) -Lernumgebung *(synonym auch VR-Lernwelt/VR-Lernplattform)* handelt es sich um eine geschlossene, computerbasierte Lernumgebung in 3D. Die Intention von VR-Lernumgebungen ist es, eine realitätsgetreue Abbildung einer Situation herzustellen, mit der ein User interagiert und durch gezieltes Feedback Wissen durch Reflexion aneignet (Bruns 2003).

VR-Lernumgebungen stellen damit eine erweiterte Möglichkeit des virtuellen Klassenzimmers dar, in welchem der Lernende proaktiv handeln kann und selbst zu einem Teil der Lernerfahrung wird. Während das virtuelle Klassenzimmer eine größere Gruppe an Lernenden mittels Videokonferenzen organisiert oder durch Diskussionsforen und Mailings Arbeitsaufträge und Lernmaterialien verteilt, wird der Lernende in VR-Umgebungen in eine Situation hineinversetzt, in der er mit einer Problematik konfrontiert wird und den richtigen Umgang interaktiv erlernen muss (Pan 2006). Dieser situative Umgang mit dem Lernobjekt ermöglicht dem Lernenden, die Umgebung individuell zu gestalten, zu verändern und Einfluss auf sie zu nehmen. Da insbesondere die lernende Person aus der Ich-Perspektive handelt, wird eine direkte Authentizität und Unmittelbarkeit der Lernerfahrung erzeugt. Mehr noch kreieren taktile und auditive Stimuli ein just-in-time-Feedback. Der Lernende kann direkt reagieren, indem er sein eigenes Handeln reflektiert und daraus einen Lernerfolg zieht.

Auch die Weise der Darstellungsformen unterstützen den explorativen Charakter von VR-Lernumgebungen, indem VR-Objekte auf Basis einer bildlich-analogen Weise modelliert werden. Sprich VR-Objekte können in ihrer wirklichen Größe, Umfang und in ihrer Detailtreue dargestellt werden, womit auch zuvor Nicht-Sichtbares dem User zum Studieren zur Verfügung steht. Das kann beispielsweise die Veranschaulichung von biologischen Prozessen im Körper des Menschen sein oder die Darstellung von elektronischen Wellen in einem Raum. Im Vergleich dazu sind 2-D-Lernmedien oftmals durch eine starke Reduzierung des Sachverhalts gekennzeichnet. Problematisch wird es insbesondere bei 2-D-Darstellungen dann, wenn die Objekte willkürlich skaliert werden und der eigentliche Lernerfolg in dem Transfer von einer abstrakten Ebene in einer wirklichen Anwendung resultiert. Die Wirklichkeit wird mit 2-D-Darstellungen verzerrt, indem irrelevante Details ausgeblendet werden und lernrelevante Informationen hervorgehoben werden. Auch wenn diese Problematik bei 2D vorherrscht, heißt das im Umkehrschluss nicht, dass 2-D-Medien nicht nützlich sind. Auch hier kommt es wieder auf das übergeordnete Lernziel an und mit welchem Medienmix welche Lernintention erreicht werden soll. So können 2D Medien wie Grafiken, Animationen oder auch reiner Text dabei helfen, allumfassendes Wissen anzueignen und damit Zusammenhänge zu erkennen, während 3-D-Objekte durch ihre detailgetreuen Abbildungen abstrakte Sachverhalte erfahrbar machen und komplexe Situationen auf einer „nichtimaginären" Darstellungsebene realitätsgetreu veranschaulichen. Auch Spracherkennungssysteme wie Amazon Alexa kommen vermehrt zum Einsatz in virtuellen Welten, um die Illusion aufrechtzuerhalten sich in einem „realen" Raum zu bewegen.

Eine Besonderheit von VR-Lernumgebungen ist es zudem, Echtzeit-Interaktionen zu ermöglichen und insbesondere auch kostenintensive oder gesundheitsgefährdende Situationen virtuell nachzuahmen. VR-Systeme sind hierbei in der Lage, auf die Gesten des Users zu reagieren und ihm unmittelbar die Chance auf Interaktion zu geben. Die Vertrautheit der Situation in der künstlichen Welt führt zu einem hohen Wiedererkennungswert in der Realität. Insbesondere die Erfahrungen in Flugsimulatoren, die als erste und ursprünglichste Form von virtuellen Lernumgebungen betrachtet werden können, zeigen, dass der Lernerfolg durch Simulation unmittelbar auf den Alltag transferiert werden kann.

▶ **Learning** VR-Lernumgebungen sind computerbasierte 3-D-Lernräume, in denen der Lernende durch die Konfrontation mit einer Situation proaktiv lernt. Durch die realitätsnahe Abbildung von Situationen können gelernte Techniken sofort in der Alltagspraxis umgesetzt werden. VR-Lernumgebung weisen folgende Eigenschaften auf:

- Sie sind dreidimensional
- Sie ermöglichen eine wirklichkeitsgetreue Veranschaulichung von Objekten
- Die Bilder im Raum sind dynamisch und erfahrbar
- Sie können Gesten eines Users wahrnehmen und direkt auf diese Aktivitäten reagieren
- Sie können Situationen simulieren, die im wirklichen Zustand zu gefährlich wären oder zu teuer sind nachzuahmen

11.2.2 Positive Lerneffekte von VR/AR Lernen

Welche Vorteile bieten VR-Lernumgebungen?
VR-Lernumgebungen können dann sinnvoll zum Einsatz kommen, wenn ein praxisorientiertes Training von Prozessen, Anwendungen oder Verhaltensweisen gefragt ist. Insbesondere die **Lerntaxonomie** von Benjamin Bloom gibt Aufschluss darüber, wie wichtig das Training von praktischen Handlungsabläufen ist. Auf Basis neurobiologischer Lernprozesse unterscheidet Benjamin Bloom drei unterschiedliche Lernstufen, die angewandt in ihrer Kombination einen nachhaltigen und langfristigen Lerneffekt erzielen. Neben der reinen Wissensvermittlung, die unter der **kognitiven** Taxonomie zusammengefasst wird, fokussiert sich die **affektive** Taxonomie auf die Emotionsherstellung mit dem Lerngegenstand (Bloom 1965). Beide Aspekte, die reine Wissensvermittlung (kognitiv) und die Verbindung mit positiven Lernerfahrungen (affektiv), ermöglichen explizites Wissen anzueignen. Also Wissen, das wir sprachlich wiedergeben können und mehr noch in der Lage sind, damit Sachverhalte zu identifizieren. Doch wenn es nun darum geht, diese Informationen und das Wissen in die Praxis umzusetzen, benötigt man anwendungsorientiertes Training. Die sogenannten **psychomotorischen** Aspekte des Lernens geben dem Gelernten einen Handlungsrahmen und überwinden das Risiko, lediglich „träges Wissen" anzueignen. Besonders VR-Lernumgebungen eignen sich vor dem Hintergrund ihrer intuitiven und immersiven Eigenschaften dazu, angeeignetes Wissen praktisch zu erlernen. Die Koordination von Bewegungsabläufen wird durch Nachahmung oder durch Instruktion trainiert. Auch die wirklichkeitsgetreue Darstellung von Objekten sowie der haptischen Illusion schaffen Trainingsfelder, die ein hohes Level an Eigenständigkeit fördern. Mehr noch gewährleistet der hohe Wiedererkennungswert des eigenen Arbeitsplatzes in VR Situationen in der Realität schneller einschätzen zu können. Die Transferleistung vom theoretischen Gegenstand zu anwendungsorientierter Tätigkeit wird damit hinfällig. Ein weiterer Vorteil: Der Lernende kann ein neues Leistungsniveau erreichen und damit selbst als Trainer sein Wissen weitergeben.

VR-Umgebungen stellen zudem das Individuum in den Mittelpunkt der Lernerfahrung. Während bei Präsenztrainings große Gruppen vorherrschen und der Lernende warten muss oder sogar nicht die Chance erhält, am Objekt zu trainieren, können die Lernenden in VR-Trainingswelten anhand ihres selbstbestimmten Tempos einen individuellen Lernerfolg erzielen. Aus didaktischen Gesichtspunkten sollte dabei auch der

Austausch für Lernende untereinander und mit dem Trainer ermöglicht werden, um
Fehler im Training zu vermeiden und Wissensgrundlagen zu überprüfen. Solange soziale
Interaktionen mit und durch Virtual Reality technisch noch nicht ausgereift sind, sind
Face-to-Face Einheiten wie Präsenzphasen für den weitreichenden Lernerfolg immer
noch unabdingbar. Nichtsdestotrotz können durch gemeinsame VR-Einheiten mit einem
Trainer an der Seite, fehlerhafte Handgriffe korrigiert werden. Somit ist eine sinnvolle
Implementierung von VR-Lerneinheiten in ein didaktisches Gesamtkonzept erfolgver-
sprechend. Die Kombination aus digitalen Lernbausteinen wie E-Learning oder VR/
AR-Lernumgebungen und klassischen Präsenzeinheiten wird dabei als Blended Learning
bezeichnet.

Die Integration eines virtuellen Trainings in Präsenzphasen ist auch mit Blick auf
Kosteneinsparmöglichkeiten attraktiv. Präsenzphasen können durch den Einsatz von
extra geschulten Trainingspersonal kostspielig sein. Neben den Kosten für Tagessätze für
den Trainer kommen Weiterbildungskosten hinzu. Auch die Ortsabhängigkeit spielt bei
einem Training eine besondere Rolle. Maschinen, die im Volleinsatz sind, können nicht
zu Trainingszwecken genutzt werden. Wertvolle Produktionszeit würde dadurch geopfert
werden; Kosten steigen für Unternehmen. Mit virtuellen Trainingsorten können die
Lernenden ohne die Angst, etwas zu beschädigen direkt am Objekt trainieren und reale
Produktionsprozesse werden nicht beeinträchtigt. Durch die Visualisierung virtueller
Welten können somit für das Arbeitsumfeld sinnvolle und realitätsnahe Einsatzszenarien
und Trainingsumgebungen in der Aus- und Weiterbildung ermöglicht und dabei kostenintensive Konstruktionen und Anschaffungskosten für Übungsgeräte minimiert werden.
Virtuelle Lernumgebungen schaffen damit mehr Flexibilität und Raum für exploratives
Lernen ihrer Teilnehmer. Weiterhin können VR/AR-Experimente ausgewählte phy-
sikalische Versuche in einer dreidimensionalen, realitätsnahen und inhaltlich korrekten Darstellung simulieren, die aufgrund von Gesundheitsrisiken oder prohibitivem
Kostenaufwand im Unterricht nicht real durchgeführt werden können. Gerade gesundheitsgefährdende Situationen in Ausbildungsberufen, z. B. Reparatur von Starkstrom-
leitungen, können über den Einsatz von VR- und AR-Lernumgebungen nachgebildet und
damit mögliche Gesundheitsrisiken in der Aus- und Weiterbildung vermieden werden.

▶   **Learning** Vorteile von VR-Lernumgebungen:

- Realitätsgetreue Demonstration von Objekten
- direktes Training am Objekt
- Training von Situationen und Verhaltensweisen
- Hohes Maß an Anwendbarkeit verringert Transferleistung von Wissen
- Erweitert das E-Learning um den Faktor anwendungsorientiertem Training
- Kosteneffizienz
- Zeitersparnis
- Risikominimierung bei gesundheitsgefährdenden Situationen

Was sind die Vorteile für den Lernenden?

Verschiedene Studien zum Thema Lernen mit Virtual Reality zeigen, dass mit der Erweiterung einer dritten Ebene neue Denk- und Verknüpfungsmuster bei den Lernenden hergestellt werden. Beispielhaft kann hier die Schärfung der Hand-Augen-Koordination genannt werden, die durch die direkte Handhabung oder der Möglichkeit von Rotationen von 3-D-Objekten geübt wird. Winn & Jackson zeigen, dass insbesondere die Nutzungs-motivation gesteigert wird, obwohl dabei offenbleibt, ob dieser Effekt durch die Neu-artigkeit des Mediums hervorgerufen wird oder ob das Medium selbst diese Wirkung erzielt. Wie es den Anschein macht, steigert sich die Nutzungsmotivation und die damit verbundene Lernerfahrung insbesondere dann, wenn Lernmedien ein immersives Lernen unterstützen (Winn und Jackson 1999). Immersives Lernen versteht sich als das Ein-tauchen in einen Wissensstand, der mit einer starken intensiven Konzentration einher-geht. VR-Lernumgebungen besitzen aufgrund von Interaktionsmöglichkeiten und dem Bedürfnis der Selbstkontrolle über den Lerngegenstand im großen Maß an immersiven Eigenschaften. Die intrinsische Motivation, Sachverhalte verstehen zu wollen, wird damit aktiviert und gefördert. Insbesondere die Abschirmung der Sinne wie Sehen und Hören mit Hilfe von Head Mounted Displays (HMD) lassen den User in eine neue Welt eintauchen.

Aussagekräftigere Ergebnisse in Bezug auf einen gesteigerten Lernerfolg mit 3-D-Objekten bietet die Vergleichsstudie von Bamford (2011). Hierbei wurden zwei Schülergruppen untersucht. Die eine Schülergruppe lernte mit traditionellen 2-D-Lehrmedien. Die andere Gruppe bekam die Möglichkeit mit 3-D-Modellen zu ler-nen. Es zeigte sich, dass diejenigen Schüler mit 3-D-Lernerfahrungen in der Lage waren, Sachverhalte schneller und prägnanter in Wort und Schrift zu beschreiben. Mehr noch steigerte sich das Erinnerungsvermögen. Im Vergleich zur anderen Gruppe konnte die 3-D-Klasse in 4 Wochen mehr und schneller Lernstoff aufnehmen. Insbesondere die Denkweise verändert sich in dem Sinne, dass die Schüler vermehrt in räumlichen Pers-pektiven lernen zu denken (Bamford 2011). Sprich zur Beschreibung eines Sachverhaltes benutzten sie öfters ihre Hände und beschrieben Problematiken auf einer räumlichen Ebene. Diese Ergebnisse veranschaulichen, dass das Lernen in einer VR-Umgebung eine Änderung in der Lernwahrnehmung ermöglicht. Diese neue Kompetenz in räumlichen Kategorien zu denken, ermöglicht beispielsweise bei Wartungen von Maschinen Proble-matiken schneller zu identifizieren und damit eine entsprechende Weiterbearbeitung zu veranlassen.

Auch in einer Studie von chinesischen Wissenschaftlern im Jahr 2016 wurde belegt, dass der Einsatz von VR Anwendungen positive Auswirkungen auf den Lernerfolg von Schülern und Auszubildenden im Bereich Astrophysik zeigt. Gerade Fächer wie Ana-tomie oder Kosmologie lassen sich durch 3-D-Visualisierungen und interaktive Lern-inhalte leichter vermitteln und besser kognitiv erfassen als durch bloße Darstellung von 2-D-Grafiken und Textbüchern. In der Studie wurden Schüler derselben Klassen in Grup-pen mit und ohne VR-Lernunterstützung eingeteilt. Der Vergleich der Ergebnisse der einzelnen Gruppen unterstützte die Hypothesen der Wissenschaftler: Schüler derselben Klassen erzielten höhere Lernerfolge durch den Einsatz von VR-basiertem Lernen im Vergleich zu traditionellen Lernmethoden. So bestanden 90 % der Schüler den Test, die mit VR-Unterstützung gelernt hatten, wohingegen nur 40 % der Schüler der anderen Gruppen den Test erfolgreich bestanden. Zudem erhöhten sich auch das kurzfristige und langfristige Erinnerungsvermögen bei Schülern, die mittels VR-basierter Lernmethode lernten (Beijing Bluefocus 2016).

Erfolgreich werden VR-Lernumgebungen auch im Bereich der medizinischen Ausbildung eingesetzt. Die wirklichkeitsgetreue Nachbildung von Organen und ihre Positionierung im Körper helfen den Studierenden, Lernobjekte explorativ zu studieren. Mithilfe dieser VR-Lernumgebungen kann auch das frühzeitige Erkennen von Krankheiten trainiert werden, ohne echte menschliche Körper einsetzen zu müssen. So nutzen beispielsweise Kardiologen der Stanford Universität immersive VR-Anwendungen, um komplexe, angeborene Herzfehler zu erklären. Dabei können sich die Studierenden Explosionsgrafiken anschauen, in das virtuelle Herz „hineingehen", um der Blutzirkulation zu folgen und zu verstehen, wie bestimmte Defekte die normalen Funktionen des Herzens beeinflussen. Studenten geben dabei an, dass VR diese schwierig erlernbaren Krankheiten für die Lernenden verständlicher und zugänglicher macht (o. V. 2018).

Verglichen mit traditioneller Erziehung bietet VR-basierte Schulung damit klare Vorteile sowohl bei der theoretischen Wissensvermittlung als auch bei der praktischen Vermittlung von Fähigkeiten. Bei der Vermittlung von theoretischen Lerninhalten bietet sie die Möglichkeit, abstrakte Probleme konkret zu machen und theoretisches Denken zu unterstützen.

Bei der praktischen Ausbildung bietet VR- und AR-basiertes Lernen über die Bereitstellung von immersiven Lernerfahrungen die Möglichkeit, die operativen Fähigkeiten von Lernenden zu schärfen und die Beteiligung in der Klasse zu erhöhen, was das Lernen insgesamt unterhaltsamer, sicherer und aktiver macht.

▶ **Learning** Dreidimensionales Wahrnehmen lässt den Lernenden neue Strukturen erkennen und fördert räumliche Denkweisen. Problematiken können schneller erfasst und Handlungsweisen zur Lösung effizienter aufgerufen werden. Vorteile für den Lernenden durch VR-Lernumgebungen:

- Echtzeit-Interaktion
- Der Lernende navigiert sich aktiv und explorativ durch den Raum, kann gleichzeitig auch Beobachter sein
- Durch die Einbindung von zusätzlich taktilen und auditiven Just-in-Time-Feedbacks entsteht ein selbstgesteuertes Lernen
- Fördert immersives Lernen, was zu einem stärkeren Lernerfolg führt
- Situativer Umgang wird erprobt
- Mehr Spaß am Lernen

11.3   Chancen und Anwendungsfelder für VR/AR Lernen

11.3.1 Einsatzbereiche im Unternehmen

In einer Befragung der Rheinischen Fachhochschule Köln wurden mittelständische, deutsche Unternehmen befragt, in welchen wertschöpfenden Unternehmensbereichen sie die VR/AR (Virtual und Augmented Reality) Technologie heute und in Zukunft einsetzen wollen (Buehler und Scholten 2017). Von den an der Befragung teilgenommenen Unternehmen gab über die Hälfte an, aktuell noch keine VR/AR-Anwendungen einzusetzen. Der Einsatz der VR/AR-Technologien im Bereich Produktentwicklung, Schulung und Trainings hat bisher den höchsten Stellenwert für die produzierenden Unternehmen. Dies ist nicht verwunderlich, da in beiden Bereichen die Stärken von VR/AR-Anwendungen voll ausgeschöpft werden können. Bei der Produktentwicklung können die Teams dezentral neue Entwicklungen im virtuellen Raum diskutieren und in Echtzeit ändern, ohne dass sie Dienstreisen zu anderen Niederlassungen durchführen müssen. Somit lassen sich Entscheidungsprozesse deutlich verkürzen und Prototypen können kosten-effizienter entwickelt werden.

Bis zum Jahr 2020 planen die Unternehmen die VR/AR-Technologien vermehrt im Bereich Schulung und Training (52 %) sowie Wartung und Service (44 %) einzusetzen (Abb. 11.2). Im Bereich Wartung und Service kommt besonders die AR-Technik zur Anwendung. So arbeiten Unternehmen wie Thyssen-Krupp bereits mit der Microsoft Hololens an Geschäftsmodellen, um an ihren Aufzügen Wartungen und Service-Arbeiten durchzuführen. Dank der Gestensteuerung und Voice Erkennung über die AR-Datenbrille kann die Durchführung einer Wartungsarbeit deutlich optimiert werden. Der Techniker bekommt alle Informationen freihändig angezeigt, ohne auf ein Tablet-Display schauen und es bedienen zu müssen. Auch im Bereich Produktion und Logistik (36 %) wird der Technologie erfolgversprechende Zukunftschancen, insbesondere durch Prozessopti-mierungen und damit Kosteneinsparungen, eingeräumt. Einige Unternehmen setzen

Abb. 11.2 Einsatzbereiche von VR in deutschen Unternehmen bis 2020. (Quelle: Buehler und Scholten 2017)

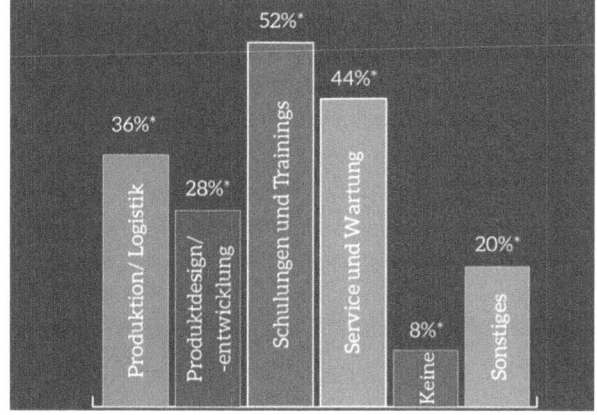

im Rahmen von initialen Projekten bereits die Pick-by-Vision Technologie ein, bei der mit Hilfe von AR-Brillen Mitarbeiter Informationen eingespielt bekommen, wo sich Produktionsteile befinden und wie sie eingebaut werden sollen.

Insgesamt bleibt jedoch zu beobachten, dass der Bildungssektor das Thema Virtual Reality noch nicht vollständig aufgegriffen hat. Grund für den bislang geringen Einsatz von VR-Lernumgebungen in schulischen, universitären Kontexten oder in der betrieblichen Aus- und Weiterbildung liegen meist in den hohen Anschaffungskosten der Endgeräte. Bislang werden VR-Lernumgebungen eher als Trend als eine marktrelevante Kategorie für den Bildungsbereich beschrieben. Hier erweisen sich auch die geringe Anzahl an Dienstleistern auf dem Markt, die das Kompetenzfeld Lernen und Virtual Reality besetzen und damit der nur spärlich vorhandene Content als Herausforderungen. Nichtsdestotrotz beweisen die positiven Eigenschaften von VR-Lernumgebungen, wie das immersive Lernen, der direkte Transfer von Handlungsweisen in die Realität und die Möglichkeit der realitätsgetreuen Darstellungsweise, wie groß das Potenzial für ein zukunftsorientiertes Lernen mit Virtual Reality ist.

11.3.2 Umsetzungsaspekte von virtuellen Lernwelten

Die Vielzahl an VR-Anwendungsmöglichkeiten erlaubt den branchenübergreifenden Einsatz. Insgesamt können VR-Lernumgebungen dort eingesetzt werden, wo.

1. etwas trainiert werden soll (**Training**)
2. wo etwas erkundet werden soll (**Exploration**)
3. wo etwas konstruiert werden soll (**Konstruktion**)
4. wo etwas nachempfunden werden soll (**Wahrnehmung**)

Diese vier Felder spiegeln sich in verschiedenen Lernwelten wider:

1. **Trainingswelten:** Trainingswelten mit einer virtuellen Umgebung gibt es schon seit geraumer Zeit. Ein bekanntes Beispiel ist der Flugsimulator, in dem auch Gefahrensituationen nachgeahmt werden. Die Intention von Trainingswelten ist es hierbei, handlungsbezogene Fertigkeiten zu erwerben und zu verfeinern, um auch in der Realität adäquat auf Gefahrensituationen reagieren zu können. Der Fokus des Trainings liegt also in dem Erlernen von bestimmten Prozessen und ihren detaillierten Durchführungsschritten. Weitere Beispiele lassen sich in auch in anderen Branchen finden. So nutzt die Automobilbranche AR/VR-Schulungen, um Werksmitarbeiter in den jeweiligen Montageschritten zu unterweisen, ohne kostspielige Automobilteile verwenden zu müssen. Auch die Hersteller großer, komplexer, teurer und gefährlicher Maschinen und Produkte, z. B. Turbinen, Kernkraftwerke, Eisenbahnen nutzen immer

häufiger AR/VR-Umgebungen, um ihre Techniker auf mögliche Wartungsarbeiten beim Kunden vorzubereiten, ohne sie im ersten Schritt direkt mit den Maschinen und Produkten arbeiten zu lassen. Zusätzlich zu diesen eher technischen Schulungen lassen sich AR/VR-Schulungen auch in sozialen oder kommunikativen Berufen gewinnbringend einsetzen. So können Arbeitskräfte in Pflegeberufen im Umgang mit Patienten und im Hinblick auf die Einhaltung von Hygienevorschriften geschult werden. Weiterhin können in Multiplayer VR-Umgebungen oder anhand von Avataren auch Vertriebsabläufe vermittelt werden.

2. **Explorationswelten:** Diese Welten dienen dazu, dem Lernenden ein flexibles Informationsarrangement zu bieten, das er eigenständig erkunden kann. Dabei kann er frei sein Tempo entscheiden und aus einer persönlichen, instinktiven Perspektive handeln. Die Intention von Explorationswelten ist es, Zusammenhänge und Ordnungen zu verstehen und strukturelles Wissen zu vermitteln. Explorationswelten lassen sich hervorragend in Museen oder Kunstausstellungen einsetzen, um die jeweiligen Ausstellungsstücke in ihrer natürlichen Umgebung oder zeitlichen Epoche darzustellen. Auch können zum Beispiel die Auswirkungen des Vulkanausbruchs bei Pompei oder Dinosaurier in ihrem natürlichen Habitat visualisiert werden. Weiterhin kann der Klimawandel anhand eines virtuellen Ausflugs zum Nordpol vermittelt werden.

3. **Konstruktionswelten:** Konstruktionswelten dienen den Lernenden als eine Umgebung, in der sie Objekte selbst erschaffen oder modular miteinander kombinieren können. Anwendungsbeispiele lassen sich vor allem in der Medizin, Biologie und Chemie finden. Hier können unterschiedliche Substanzen gefahrlos miteinander kombiniert und deren Reaktionen untersucht werden. Dabei wird das mögliche Gefahrenpotenzial komplett vermieden und trotzdem können für die Realität gültige Konzepte vermittelt werden. Weitere Beispiele lassen sich in den Bereichen Architektur und Baugewerbe finden, wo die Prinzipien der Statik oder des Gerüstbaus praktisch erlernt werden, ohne die Betroffenen bei möglichen Einstürzen selbst zu gefährden.

4. **Wahrnehmungswelten:** Wahrnehmungswelten dienen dazu, Dinge, die nicht sichtbar sind, weil sie zu klein sind oder zu schnell an unserm menschlichen Auge vorbeigehen, sichtbar zu machen. Mehr noch können bestimmte Körperwahrnehmungen durch Virtual Reality Umgebungen nachempfunden werden, um bestimmte Verhaltensweisen anzutrainieren. Auch Größenverhältnisse können in einer Virtual Reality Umgebung detailliert gestaltet werden und dabei Menschen an Orte versetzen, die physisch nicht möglich (z. B. Reise durch die Blutbahnen des Körpers) wären. Auch Orte, die nur durch kostenaufwendiges Reisen erreichbar wären (z. B. Mondlandschaft) lassen sich jetzt mit VR-Umgebungen erkunden. Wahrnehmungswelten dienen auch als Innovationsplattform, die zeigen, wie die Zukunft aussehen könnte. Anwendungsfälle lassen sich wieder in vielen Bereichen finden: Von der Biologie (Veranschaulichung von mikrobiologischen Prozessen), über die Geologie (Darstellung der Größenverhältnisse der Chinesischen Mauer) bis hin zu Anwendungen

in der Psychotherapie, bei der Patienten mit Hilfe von VR-Umgebungen gegen Höhenangst therapiert werden.

Bei der technischen Umsetzung von virtuellen Lernumgebungen zur Implementierung in der Praxis kann mit bestehenden Software Plattformen wie Unity oder Unreal Engine gearbeitet werden, sodass auf bereits entwickelten Umgebungen aufbaut werden kann. So bietet die UnrealEngine nicht nur Open-Source-Zugriff auf den Code für Weiterentwicklungen, sondern auch weit entwickelte Visualisierungen bei voller Interaktivität. Gleichzeitig funktioniert sie auf allen Plattformen und Betriebssystemen, inklusive Smartphone und Tablet. Sofern bereits 3-D-Modelle von Produkten existieren, können Produktionszeiten sowohl bei der Erstentwicklung als auch bei Inhaltsaktualisierungen gesenkt und damit teure Neu- bzw. Doppelentwicklungen vermieden werden.

Beim Aufbau der Testumgebung und des Datenservers sollte durch die Aggregation von Daten und anonymisierte Testszenarien sichergestellt werden, dass der Schutz der Privatsphäre sowie die Prinzipien der Datensicherheit, des Datenschutzes und der Datensparsamkeit gewahrt bleiben.

Für den Betrieb der VR- und AR-Umgebungen können Highend-Lösungen zum Einsatz kommen, beispielsweise Oculus Rift in Verbindung mit dem Eingabegerät Oculus Touch. Oculus Rift ist eine weit verbreitete, handelsübliche Hardware-Lösung für interaktive VR-Anwendungen, sodass Verfügbarkeit, Stabilität und Support auch für die nächsten Jahre gewährleistet sein sollte. Angesichts der hohen Verbreitung im Markt, sowie sinkender Hardware-Kosten gehen wir zum Veröffentlichungszeitpunkt von Anschaffungskosten im niedrigen dreistelligen Bereich für eine vollständig mobile VR-Lösung aus. Gleichzeitig ist die Technologie zukunftssicher: Facebook hat, als Inhaber von Oculus, bereits Neuentwicklungen auf Basis der bestehenden Modelle sowie abwärtskompatible Nachfolgemodelle angekündigt.

Dennoch sollten im Rahmen eines Einführungsprojekts auch alternative Hardware evaluiert werden (VR- und AR-Technologien, Hologramme, Input-Geräte), um sicherzustellen, dass die beste und ökonomischste Lösung für den Einsatzzweck verwendet wird.

▶ **Learning** VR-Lernumgebungen können vier verschiedene Intentionen haben. Sie können als Trainings,- Explorations,- Konstruktions,- oder Wahrnehmungswelt gestaltet sein. Dabei erlauben sie es:

- Komplexe Prozesse, Zusammenhänge und Abläufe zu schulen
- Vergangene Zeiten zum Leben zu erwecken
- Trial-and-Error Szenarien gefahrlos abzubilden
- Größenverhältnisse zu verdeutlichen und erlebbar zu machen
- Soziale Interaktion zu simulieren
- Psychotherapeutische Konfrontationstherapien zu unterstützen

11.3.3 Herausforderungen managen

Die Kombination verfügbarer VR-/AR-Technologien mit didaktischen Konzepten zur Darstellung neuer Lernwelten wird bislang nur spärlich in der Aus- und Weiterbildung eingesetzt. Damit neu entwickelte Einsatzszenarien in der Aus- und Weiterbildung Erfolge zeitigen, bedarf es der Integration der VR/AR-Lernapplikationen in den Lehrplan. Mit Rücksichtname auf die didaktischen Rahmenbedingungen und Vorgaben bei der Entwicklung der Lehr- und Lernkonzepte können die Anwendungsszenarien eine punktgenaue Unterstützung für das individuelle Lernen leisten. Dies wird dadurch realisiert, dass die unterschiedlichen Lernszenarien sinnvoll und gemäß des Unterweisungsplans aufeinander aufbauen und mit unterschiedlichen Einstiegspunkten – je nach vorhandener Vorbildung – konzipiert werden. So kann auch die Heterogenität und die unterschiedlichen Vorerfahrungen der Teilnehmenden individuell berücksichtigt werden. Ziel ist es letztlich, alle Lehrenden über die Anwendung von VR- und AR-Lernumgebungen zu motivieren und auf die Lernreise mitzunehmen.

Lernen in VR und AR kann in unterschiedliche Lernarrangements integriert werden. In einem Blended-Learning-Programm erwerben die Teilnehmer während der E-Learning-Phasen grundlegendes Wissen im Selbststudium. In den Präsenzabschnitten wird das Erlernte in der entsprechenden virtuellen Welt angewandt. Durch die kommunikative Komponente des Programms wird ein kollaboratives Arbeiten unterstützt. Eine handlungsorientierte Gestaltung der Lehr- und Lernumgebung, eine Aktivierung der Lernenden, z. B. durch Möglichkeiten der inhaltlichen Mitgestaltung der eigenen Lernumgebung oder der sozialen Interaktion sowie eine Einbettung in den beruflichen Kontext spielen eine wichtige Rolle. Mit Einsatz der VR- und AR-Technologien kann letztlich der Nachweis erbracht werden, dass ein tatsächlicher didaktischer-methodischer Mehrwert gegenüber anderen Lehrformen existiert und die Qualität der Aus- und Weiterbildung messbar zunimmt. Durch Nutzung neuer VR- und AR-Lehr- und Lernkonzepte soll die nachhaltige Förderung zur eigenständigen Wissensaneignung verbessert werden. Über eine begleitende formative Projektevaluation kann der didaktisch-methodische Mehrwert der eingesetzten VR-/AR-Technologie kontinuierlich überprüft werden.

Auch ist die Zusammenstellung eines geeigneten Methodenmix, der sich an den Lernvoraussetzungen der Teilnehmer orientiert und handlungsorientierte und praxisnahe Aufgabenstellungen über VR/AR Anwendungen realisiert, zentral für die erfolgreiche Einführung. Die neuen VR- und AR-Technologien sollten dabei integraler Bestandteil des Lehrplans sein, wobei sie klassische Lehrmethoden nicht ersetzen, sondern diese digital aufwerten. Problematisch kann sich in diesem Kontext die geringe Vorerfahrung der dozierenden Ausbilder im Umgang mit VR-/AR-Technologien erweisen. Für den Einsatz der neuen Technologien im Unterricht sind somit auch gezielte didaktisch-methodische Schulungen der Ausbilder erforderlich. Aufgrund der oftmals einfachen und intuitiven Anwendung der VR/AR-Technologien können Dozenten weiterqualifiziert werden und als Multiplikatoren eingesetzt werden, die ihr Wissen anhand von Workshops, Videos, Tutorials und Dozenten-Leitfäden an weitere interessierte Ausbilder weitergeben können.

Problematisch erweisen sich für Interessierte, die weiterhin hohen Anschaffungs-kosten der Hardware als auch die mangelnde Verfügbarkeit von lernspezifischen und qualitativ hochwertigen virtuellen Inhalten. Weiterhin klagen Nutzer oftmals über Motion Sickness bei längerer Verwendung von VR- und AR-Geräten. Als Motion Sick-ness wird dabei das Auftreten von Schwindel und Übelkeit bezeichnet, welches durch die Unterschiede in der visuell vermittelten und real vom Körper erlebten Bewegung hervorgerufen wird (Hettinger und Riccio 1992). Gerade die in VR- und AR- verfüg-baren Visualisierungsmöglichkeiten ermöglichen jedoch, dass Themen mit größerer Begeisterung schneller verstanden werden und gleichzeitig ein interaktives Erlebnis stattfinden kann. Es ist zu erwarten, dass die gesteigerte Nachfrage und mehr Wett-bewerb zukünftig zu Preissenkungen und Qualitätssprüngen bei VR- und AR-Hard- und Software führen sollten.

▶   **Learning** AR/VR-Lernumgebungen lassen sich in vielen Anwendungsfeldern
    in Form von Blended Learning Einheiten integrieren. Die zugrunde liegende
    Technologie ist weitestgehend standardisiert und technologisch beherrsch-
    bar. Zusätzlich zur Anschaffung entsprechender Hardware und Bildungs-
    programmen müssen die lehrenden Personen im Einsatz mit der neuen
    Technologie geschult werden.

    Didaktische Vorteile von AR/VR-Lernen:
    • Unsichtbare Sachverhalte lassen sich realitätsnah abbilden
    • Nutzer kann sich explorativ und frei bewegen
    • Multimediale Zusatzinhalte lassen sich einbinden
    • Integration von Gamification motiviert den Lerner
    • Kollaboratives Lernen wird unterstützt

11.4   Ausblick

VR- und AR-Lernumgebungen ermöglichen uns heute, auf die individuellen Fähigkeiten und Vorwissen des Einzelnen einzugehen und ihn gezielt weiter zu fördern. Über die Visualisierungsmöglichkeiten dieser neuen Technologien können die intrinsische Moti-vation des Lernenden geweckt und neue Themen mit Begeisterung schneller und nach-haltiger gelernt werden. Durch die vielfältigen neuen Möglichkeiten dieser Technologien kann eine neue Lernkultur entstehen.

Allerdings mangelt es heute an praktischen Integrationskonzepten, Gestaltungs-anforderungen für virtuelle Lernwelten und aussagekräftigen Ergebnissen zu Lerneffekten von VR-, AR-Lernanwendungen bzw. deren Teilmechanismen. Auch Fragen der Orga-nisation derartiger Lehr-/Lernwerkzeuge im Rahmen institutioneller Lehr-/Lernprozesse sind bisher weitestgehend unerforscht. Hier bedarf es weiterer Forschungsprojekte, die unter anderem aktuelle und neue Ansätze für VR-, AR-Lehr-/Lernszenarien zur Aus- und Weiterbildung entwickeln.

Neben der reinen Wissensvermittlung und Aneignung von handwerklichen Fähigkeiten könnte VR und AR zukünftig auch genutzt werden, um positive Verhaltensänderungen zu bewirken und Social Skills weiterzuentwickeln. Subtile VR-Erfahrungswelten können dabei beispielsweise auf einer unterbewussten Ebene Empathie steigern und das menschliche Miteinander in der realen Welt verbessern.

Jeder Mensch ist ein Genie auf seiner Weise – VR und AR können der Schlüssel sein, dieses Genie zu wecken.

Literatur

Bamford A (2011) The 3D in education white paper. https://cdn2.eonreality.com/wp-content/uploads/2018/04/The-3D-in-Education-White.pdf. Zugegriffen: 23. Juli 2018

Beijing Bluefocus E-Commerce Co., Ltd and Beijing iBokan Wisdom Mobile Internet Technology Training Institution (2016) A case study – the impact of vr on academic performance. Beijing Bluefocus E-Commerce Co., Ltd and Beijing iBokan Wisdom Mobile Internet Technology Training Institution, Peking

Bloom B (1965) Taxonomy made easy. Bloom's taxonomy of educational objectives. Longman

Bruns FW (2003) Lernen in Mixed Reality. ABWF (Hrsg) Kompetenzentwicklung. Waxmann Verlag, Berlin, S 71–112

Buehler K, Scholten J (2017) Einsparpotenziale durch Virtual und Augmented Reality in deutschen Unternehmen. Studien der Rheinischen Fachhochschule Köln, Köln

Cross J (2004) An informal history of eLearning. On the Horizon 12(3):103–110

Garrison R, Vaughan N (2008) Blended learning in higher education: framework, principles, and guidelines. Wiley, San Francisco

Hettinger L, Riccio G (1992) Visually induced motion sickness in virtual environments. Presence: Teleoperators & Virtual Environ 1(3):306–310

Kohne A, Ringleb S, Yücel C (2015) Bring your own Device: Einsatz von privaten Endgeräten im Beruflichen Umfeld – Chancen, Risiken und Möglichkeiten. Springer Vieweg, Wiesbaden

o. V. The stanford virtual heart – revolutionizing education on congenital heart defects. http://www.stanfordchildrens.org/en/innovation/virtual-reality/stanford-virtual-heart. Zugegriffen: 18. Juli 2018

Pan Z, Cheok AD, Yang H, Zhu J, Shi J (2006) Virtual reality and mixed reality for virtual learning environments. In: Pan Z, Aylett R, Diener H, Jin X, Göbel S, Li L (Hrsg) Technologies for e-learning and digital entertainment. Edutainment 2006. Lecture Notes in Computer Science, Bd 3942. Springer, Berlin

Schulmeister R (2013) MOOCs-Massive Open Online Courses: Offene Bildung oder Geschäftsmodell?. Waxmann, Münster

Tucker B (2012) The flipped classroom. Educ Next 12(1):82–83

Winn W, Jackson R (1999) Fourteen propositions about educational uses of virtual reality. Educ Technol 39(4):5–14

Prof. Dr. Kai Buehler beschäftigt sich an der Rheinischen Fachhochschule Köln seit 2016 mit den Themen Digital Entrepreneurship, Startup Geschäftsmodelle und Digitale Transformation. Er ist Studiengangsleiter des Masterstudiengangs Digital Business und verantwortlich für Unternehmenskooperationen.

Seine berufliche Karriere begann er bei der Strategieberatung Droege Group, bevor er im Jahr 2000 die plan_b media AG mitgründete. Als CEO baute er das Start-up zu einem führenden Anbieter von mobilen Entertainment-Diensten aus. Von 2005 bis 2016 arbeitete er in New York, Silicon Valley und Los Angeles, wo er als Gründer und CEO verschiedene Startups im Technologie und Medien-Bereich erfolgreich aufbauen und verkaufen konnte.

Seine akademische Laufbahn begann er mit dem Studium der Wirtschaftswissenschaften an der Universität Köln und Paderborn. Nach Abschluss zum Diplom-Kaufmann im Jahr 1996 an der Universität Paderborn begann er seine wissenschaftliche Mitarbeit am Lehrstuhl für Marktorientierte Unternehmensführung an der Technischen Universität Dresden. Herr Buehler promovierte an der Universität Paderborn (VWL) sowie an der Chinese University of Hong Kong mithilfe eines Promotionsstipendiums des Deutschen Akademischen Austauschdienstes (DAAD) und als Stipendiat des Heinz-Nixdorf-Programms über das Thema „Investitionsstandort China: Die chinesische Standortpolitik als Bestimmungsfaktor ausländischer Direktinvestitionen".

Dr. Andreas Kohne ist Leiter Business Development bei Materna TMT. Zuvor war er Assistent der Geschäftsleitung und Business Development Manager bei der Muttergesellschaft Materna Information & Communications SE; parallel dazu promovierte er. Vor seinem Einstieg bei dem Dortmunder Unternehmen im Jahr 2008 war er im Forschungs- und Entwicklungslabor von IBM in Böblingen tätig. Andreas Kohne studierte Kern-Informatik an der TU Dortmund mit dem Nebenfach BWL. Neben seiner Arbeit schreibt er Fachbücher in den Bereichen IT und Management.

Analog statt Digital! Die Anforderungen an den Supply-Chain-Manager der Zukunft

12

Andreas Fries

12.1 Einleitung

> „Within 5–10 years, the supply chain function may be obsolete, replaced by a smoothly running, self-regulating utility" (Lyall et al. 2018).

Ist dies die unabwendbare Zukunft für die Supply-Chain-Funktion oder erleben wir eine aktuelle Renaissance des menschlichen und „analogen" Supply-Chain-Strategen geprägt durch ausgeprägtes Geschäftsverständnis, starke Kommunikationsfähigkeit und laterale Führungskompetenz?

Unbestritten ist der starke Druck in der Praxis, Supply-Chain-Aufgaben in Beschaffung, Produktion und Logistik straffer und effizienter zu gestalten, um einen nachhaltigen Beitrag zur Erreichung einer starken EBIT-Marge und somit einer hohen Kapitalrendite des Unternehmens zu leisten. Dies erfolgt in erster Linie über Effizienzhebel wie Standardisierung, aber auch zunehmend des Einsatzes von Automatisierung. Durch den Einsatz von Information Technology (IT) können im Bereich der Beschaffung enorme Optimierungspotenziale und Ressourceneinsparungen realisiert werden. Bereits vor knapp 15 Jahren wurde durch eine Studie in den USA belegt, dass produzierende Unternehmen durch Investitionen in Höhe von ca. 1,5 Mrd. US$ in ihre IT-Systeme Kosteneinsparungen von knapp 20 Mrd. US$ realisieren konnten (Wannenwetsch 2014). Auch Unternehmen wie IBM, Volkswagen, Boeing und General Electric haben bereits erfolgreich unter Beweis gestellt, dass eine hohe Performanceverbesserung durch den Einsatz von IT-Software im operativen Einkauf erzielt werden kann. Zeitgleich belegt eine Studie aus dem Jahr 2011, dass in Deutschland unter 230 Einkaufsleitern nur 20 % über eine adäquate

A. Fries (✉)
Rheinische Fachhochschule Köln (FRH), Köln, Deutschland
E-Mail: andreas.fries@rfh-koeln.de

© Springer-Verlag GmbH Deutschland, ein Teil von Springer Nature 2019
M. Groß et al. (Hrsg.), *Zukunftsfähige Unternehmensführung,*
https://doi.org/10.1007/978-3-662-59527-5_12

Einkaufssoftware verfügen (Wildemann 2008). Wir befinden uns in einigen Industrien (z. B. Automotive und Flugzeugbau) bereits am Übergang von der dritten zur vierten industriellen Revolution. Eine intelligente Verknüpfung als zentrale Ausprägung der Industrie 4.0 ist folglich eine stringente Fortentwicklung industrieller Wertschöpfungssysteme im Sinne der Supply Chain, in welcher computerbasierte Maschinen und Anlagen mithilfe des Internets untereinander verbunden werden und eigenständig kommunizieren können (BITKOM/Fraunhofer IAO 2014). Sorgt die Praxis folglich für eine schleichende Abschaffung des Faktors Mensch in der Wertschöpfungskette?

In der Wissenschaft zeigt sich hierzu ein uneinheitliches Bild. Einerseits existieren Strömungen, die von einer weitreichenden Automatisierung der Supply-Chain-Aufgaben ausgehen. Diese Haltung prägt insbesondere die US-amerikanische Forschung (vgl. hierzu auch das Eingangszitat von Lyall et al. 2018). Demgegenüber steht jedoch der zunehmend in der europäischen Forschung vertretene Ansatz, analoge und fachbereichsübergreifende Kompetenzen stärker in Einklang mit digitalen Fähigkeiten zu bringen. Stellvertretend sei an dieser Stelle auf die später noch im Detail untersuchten Studien von Lydia Bals verwiesen (Bals et al. 2017). So kommt die Forschergruppe in ihren empirischen Studien zu dem Ergebnis, dass der Supply-Chain-Manager der Zukunft immer mehr als Business Partner und enger Vertrauter des Geschäftsverantwortlichen agieren muss. Hierbei ist es als moderner Supply-Chain-Manager unabdingbar, auf eine starke Kommunikation und Führungskompetenz in komplexen Wertschöpfungsnetzwerken zurückzugreifen.

Die für den vorliegenden Artikel abgeleitete Forschungsfrage ergibt sich folglich aus der oben dargestellten Widersprüchlichkeit der praktischen und wissenschaftlichen Ergebnisse:

„Inwiefern überwiegen die analogen die digitalen Kompetenzen in Hinsicht auf das HR-Anforderungsprofil des Supply-Chain-Managers der Zukunft?"

Die folgenden drei Subforschungsfragen werden in der Folge untersucht:

1. „Welchen Einfluss haben die aktuellen Trends auf das HR-Anforderungsprofil des SC Managers der Zukunft?"
2. „Welche analogen Kompetenzen werden zukünftig vermehrt im SCM benötigt?"
3. „Welche digitalen Kompetenzen werden zukünftig vermehrt im SCM benötigt?"

12.2 Stand der Forschung zu den Anforderungen an den Supply-Chain-Manager der Zukunft auf Basis aktueller Trendstudien

Wie zu Beginn des Beitrags ausgeführt, besteht bereits ein umfassender Literaturdiskurs zu Anforderungsprofilen des Supply-Chain-Mitarbeiter der Zukunft. Hier reichen die Veröffentlichungen von Szenarien einer vollständigen Automatisierung und Rationalisierung von Supply-Chain-Teilfunktionen bis hin zu gegenteiligen Modellen, welche die strategische Bedeutung des persönlichen Austauschs entlang der Netzwerkpartner als den entscheidenden Hebel betonen. Um diesen teils widersprüchlichen Forschungsstand zu skizzieren, wird auf eine Auswahl amerikanischer und europäischer Studien zurückgegriffen, welche einen repräsentativen Überblick über den Stand der Forschung geben sollen.

12.2.1 Stand der US-amerikanischen Forschung

Aus der amerikanischen Forschung werden vier Studien dargestellt (siehe Tab. 12.1), zwei stärker quantitative und zwei konzeptionelle Studien.

Die quantitativ durchgeführte Studie von Bolstorff et al. (2016) wurde in Zusammenarbeit mit der Association for Operations Management (APICS) durchgeführt, einer der führenden Vereinigungen für Supply-Chain-Professionals im englischsprachigen Raum. Die Veröffentlichung richtet sich an Supply-Chain-Praktiker und fasst die Antworten von insgesamt 253 befragten Probanden bezogen auf ihre Karriereentwicklung und ihren aktuellen Herausforderungen im Supply-Chain-Job zusammen. Die Forscher zeichnen das Bild des lebenslangen Lerners („lifelong learner"), der sich über kontinuierliche Weiterbildung und Job Rotation auf die Zukunft vorbereitet. Dies ist im Wesentlichen durch die intensive Schnittstellen-Arbeit begründet, durch welche ein Großteil des Mehrwerts der Funktion generiert wird: „Supply chain management is increasingly a cross-functional position. Managers, like utility infielders, are required to be familiar with a variety of job functions and work with different departments" (Bolstorff et al. 2016, S. 26). Hierbei bestätigen die Autoren die Ergebnisse einer Publikation aus dem Supply Chain Management Review Journal aus dem Jahr 2015, in der die Notwendigkeit der persönlichen Weiterbildung und der Investition in das Humankapital im Bereich Einkauf betont wird: „Many organizations have previously focused investment at process improvements and system enhancements. Yet people are the soul of any organization. The new playing field demands greater investment in developing people capability for sustainable success. This is already becoming apparent in procurement in particular" (Trebilcock 2015, S. 2).

Die ebenfalls quantitative Studie von Charney aus dem Jahre 2016 greift die Wichtigkeit fachlicher Kompetenzen wie z. B. Geschäfts- und Marktverständnis und Berufserfahrung als wichtige Voraussetzungen für ein erfolgreiches Supply-Chain-Management auf. Jedoch verweist der Autor auf die besondere Bedeutung der weichen Faktoren, der sogenannten Soft Skills wie Führungsfähigkeit und Empathie im HR-Profil eines Supply-Chain-Managers, welcher seiner Meinung nach die fachlichen Kompetenzen überstrahlen: „Supply chain experience may land a job interview, but it's the soft skills that will land the job. […] 92 percent said soft skills were equally important or more important than technical skills" (Charney 2016, S. 38).

Eine extreme Meinung vertreten Lyall et al. (2018) im Rahmen ihrer konzeptionellen Arbeit mit dem Titel „The Death of Supply Chain Management" in der Harvard Business Review. Die Autoren untersuchen in Zusammenarbeit mit der Boston Consulting Group die zukünftige Entwicklung der Supply-Chain-Funktion aus der Sicht von Führungskräften

Tab. 12.1 Stand der US-amerikanischen Forschung

Autor (Jahr): Titel, Quelle/Journal	Fragestellung/ Forschungsansatz	Zentrale Ergebnisse/ Hauptthesen
Bolstorff et al. (2016): A portrait of the supply chain manager in: Supply Chain Management Review, July/August 2016	Quantitative Studie (n = 253) zur Karriereentwicklung und aktuellen Herausforderungen im Job	„The SC Manager is a lifelong learner who is engaged in advancing his career and the profession." „At the same time, supply chain management is increasingly **a cross-functional position**; managers, like utility infielders, are required to be familiar with a variety of job functions and work with different departments."
Charney (2016): Wanted: Workers with Soft Skills, in: Material Handling & Logistics, October 2016	Quantitative Studie unter SC Professionals (n = 900)	„Supply chain experience may land a job interview, **but it's the soft skills that will land the job.**" „92 % said soft skills were equally important or more important than technical skills."
Lyall et al. (2018): The Death of Supply Chain Management, in: Harvard Business Review, June 2018	Konzeptionelle Arbeit aus praktischer Sicht als Amazon Führungskraft zusammen mit der BCG Beratung	„Within 5–10 years, the supply chain function may be obsolete, **replaced by a smoothly running, self-regulating utility** that optimally manages end-to-end work flows and requires very little human intervention." „Many have used **robotics or artificial intelligence** to digitize and automate labor-intensive, repetitive tasks and processes such as purchasing, invoicing, accounts payable, and parts of customer service."
Stein (2015): Supply Chain Talent: A practical approach to hardening, in: Supply Chain Management Review, July/August 2015	Konzeptionelle Arbeit aus praktischer Sicht als Caterpillar Führungskraft im SCM	„There are five skills that I believe matter most in our workplace: **composure; emotional intelligence; indirect influencing; communicating with clarity and impact; and teamwork.**"

bei dem Unternehmen Amazon. Sie kommen hierbei zu einem konsequenten und in Teilen radikalen Ergebnis: „Within 5–10 years, the supply chain function may be obsolete, replaced by a smoothly running, self-regulating utility". Im Kern skizzieren die Forscher hierbei eine zukünftige Supply Chain mit durch Robotics Process Automation (RPA) und Künstlicher Intelligenz gesteuerten Prozessen. Im Zentrum steht hierbei der sogenannte Digital Control Tower, ein virtuelles Entscheidungszentrum, welches auf Basis tagesaktueller Transparenz über die gesamte End-to-end-Wertschöpfungskette Aktivitäten kontrolliert und steuert (Lyall et al. 2018). Während Unternehmen diesem Modell im Bereich der voll automatisierten Produktionslogistik in den Presswerken der Automobilindustrie bereits sehr nahekommen, sind autonome Prozesse in der strategischen und auch operativen Beschaffung in vielen Unternehmen der übrigen Branchen noch weit von einem solchen Szenario entfernt.

Eine stärker ausgewogene Sicht auf die zukünftigen Entwicklungen vertritt der amerikanische Forscher Stein (2015). Stein ist ähnlich wie Charney (2016) der Auffassung, dass Soft Skills aus dem Bereich der Verhaltenskompetenzen weitaus relevanter für eine gute Arbeit im Supply-Chain-Umfeld sind als rein analytische bzw. digitale Kompetenzen. Hierzu zählen seiner Auffassung nach fünf Soft Skills: 1) Gelassenheit im Sinne der Kontrolle über die eigenen Emotionen, 2) emotionale Intelligenz und Empathie für den Gegenüber, 3) die Fähigkeit zur Überzeugung und indirekten Beeinflussung, 4) eine Kommunikation mit Klarheit und Bestimmtheit sowie 5) eine ausgeprägte Teamfähigkeit. Das Unternehmen muss in diesem Zuge darauf achten, dass diese Fähigkeiten durch individuelle Lern-Pläne stetig weiterentwickelt werden (Stein 2015).

12.2.2 Stand der europäischen Forschung

Bezogen auf den Stand der Forschung im europäischen Raum (siehe Tab. 12.2), wird an dieser Stelle auf zwei aktuelle Studien aus dem Bereich Einkauf zurückgegriffen: Bals et al. (2017) und eine Erhebung vom Fraunhofer Institut für Materialwirtschaft und Logistik in Zusammenarbeit mit dem BME (2016). Den Fokus auf die Funktion Logistik legt die Zukunftsstudie von Kersten et al. aus dem Jahr 2017.

Laut Bals et al. (2017) befinden sich die notwendigen Kompetenzen im Einkaufs- und Supply-Chain-Management in einem aktuellen Wandel. Dieses Forschungsfeld untersucht die europäische Gruppe im Rahmen des EU-Projekts PERFECT (Purchasing Education and Research for European Competence Transfer) und einer mehrstufig aufgebauten Datenerhebung. Die erste aus dem Projekt generierte Studie unter dem Namen „Current and Future Purchasing & Supply Management Competences: Insights from Practice" fokussiert sich auf Anforderungsprofile für strategische und operative Einkäufer (Bals et al. 2017). Die qualitative Forschung auf Basis von 46 Experteninterviews mit Führungskräften aus dem Bereich Einkauf untersucht die aktuellen und zukünftig notwendigen Schlüsselkompetenzen im Einkauf (siehe Abb. 12.1).

Tab. 12.2 Stand der europäischen Forschung. (Quelle: Eigene Darstellung)

Autor (Jahr): Titel, Quelle/Journal	Fragestellung/Forschungsansatz	Zentrale Ergebnisse/ Hauptthesen
Bals et al. (2017): Current and Future Purchasing & Supply Management Competences, Insights from Practice, Purchasing Education and Research for European Competence Transfer, 2017	Mehrstufiges Forschungsvorhaben mit konzeptioneller Arbeit und erster qualitativer Forschung (n=46 Experteninterviews) und im Anschluss Quantitative Studie unter Rückgriff auf 600 Probanden zum Zwecke der Priorisierung von Kompetenzen	„Employees in PSM should possess both **operational and basic knowledge** of PSM as well as competences related to **communication or relationship-orientation.**"
Fraunhofer IML und BME e. V. (2016): Einkauf 4.0 – Digitalisierung des Einkaufs, BME, 2016	Quantitative Vorstudie zu den Einschätzungen von Einkaufsmanagern und CPOs von insgesamt 25 Unternehmen und zwei Hochschulen	Der Einkauf schrumpft – der operative Einkauf wird weitgehend **autonomisiert** Die **Anforderungen und Erwartungen an den strategischen Einkauf wachsen** – und damit die Forderung nach einem erhöhten Wertbeitrag **Persönliche Beziehungen** bleiben auch im Einkauf 4.0 von hoher Bedeutung. Der Einkäufer wird zum Netzwerkmanager
Kersten et al. (2017): Chancen der digitalen Transformation, Trends und Strategien in Logistik und Supply Chain Management – Chancen der digitalen Transformation, BVL, Bremen 2017	Mixed-method Studie mit 34 Experteninterviews und online-Fragebogen (n=363) zu den Trends und Strategien in Logistik und SCM	Ein **intuitiver Umgang mit IT** ist zukünftig noch stärker auf Fach- und Führungsebenen erforderlich Neue Kompetenzen werden insbesondere im Hinblick auf den **Umgang mit großen Datenmengen** benötigt. Der Data Scientist wird für die Logistik als Berufsbild unabdingbar Ein **Digital Competence Screening** kann die unternehmensspezifischen Qualifikationsbedarfe strukturiert ableiten

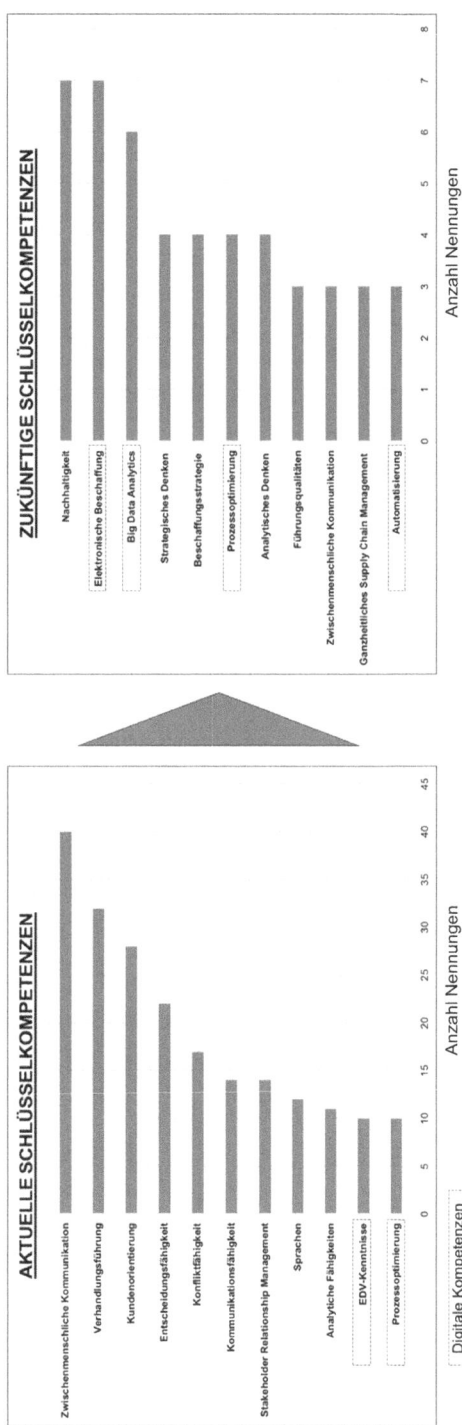

Abb. 12.1 Heutige und zukünftige HR-Anforderungen im Purchasing & Supply Management. (Eigene Darstellung in Anlehnung an Bals et al. 2017)

Die Forscher gelangen zu dem Ergebnis, dass das derzeitige Kompetenzprofil noch weitestgehend von „analogen" Kompetenzen geprägt ist. So werden die interpersonelle Kommunikation, das Stakeholder Management mit internen Bedarfsträgern und Lieferanten sowie die Konfliktlösungs- und Kommunikationsfähigkeit weiterhin als essenzielle Basis gesehen. Auch stärker fachliche Fähigkeiten, wie z. B. Verhandlungsführung, Sprachkompetenzen im Englischen bzw. weiteren Fremdsprachen sowie analytische Fähigkeiten bezogen auf den Umgang mit Daten prägen das aktuelle Profil eines modernen Beschaffungsmanagers. „Digitale" Kompetenzen werden in Form von Computerverständnis, EDV-Kenntnissen sowie einer Prozessoptimierungskompetenz im derzeitigen Profil nur unzureichend berücksichtigt. Zudem bleibt unklar, was im Besonderen mit einem Computerverständnis gemeint ist, lediglich das Bedienen von Software aus Nutzerperspektive oder bereits erste Schritte in Richtung von eigenständigem Programmieren.

Diese Differenzierung und auch die stärkere Bedeutung der „digitalen" Kompetenzen wird von den Probanden für das zukünftige Profil vorausgesagt. Dies ist im Übergang zum rechten Profil erkennbar, wo die digitalen Fähigkeiten hervorgehoben werden (siehe Abb. 12.1). Reine EDV- Grundkenntnisse reichen zukünftig nicht mehr aus, der Supply-Chain-Manager der Zukunft muss beispielsweise in der Lage sein, mit Beschaffungstools umzugehen. Beispielhaft seien an dieser Stelle elektronische Ausschreibungsplattformen wie Ti-Contract für den strategischen Frachteinkauf mit mehr als 35.000 registrierten Logistikdienstleistern und Spediteuren aus über 100 Ländern oder auch Online-Katalogsysteme für C-Artikel, wie die im deutschen Markt gängige Mercateo-Lösung genannt. Zudem gewinnt der sichere Umgang mit Daten bezogen auf Materialstamm, aber auch Herstellkosten an Bedeutung. Die Kompetenz der Prozessoptimierung und Nutzung von Automatisierungslösungen bleibt bestehen. Neben der wachsenden Bedeutung der digitalen Fähigkeiten fällt andererseits aber auch auf, dass die „analogen" Kompetenzen ebenfalls strategischer und spezifischer werden. So werden strategische Fähigkeiten im Bereich der Grundhaltung und des Denkens, aber auch im eigentlich Handeln, verstanden als Strategic Sourcing an Wichtigkeit zunehmen: „Employees in purchasing & supply management should possess both operational and basic knowledge of purchasing & supply management as well as competences related to strategic communication or relationship-orientation." (Bals et al. 2017).

Diese Ergebnisse werden in der zweiten Studie im Rahmen des PERFECT Projekts unter dem Namen „European survey on Purchasing Competences" weiter vertieft (Bals et al. 2017). Hier untersuchen die Forscher, welche Kompetenzen und Eigenschaften eines Beschaffungsmanagers (Unabhängige Variable) zu einem höheren Einkaufserfolg (Abhängige Variable) führen. Die Autoren gelangen in ihrer quantitativen Studie unter Rückgriff auf 600 Probanden zu einer Priorisierung von Kompetenzen, welche in drei Stufen in abnehmender Wichtigkeit bezogen auf den Beschaffungserfolg geordnet wurden:

1. Technische Kenntnisse über Produkte, Produktionssysteme sowie IT-Tools
2. Interkulturelles Bewusstsein; Lieferantenidentifikation im Umfeld eines Global Sourcing; Innovationsimplementierung; strategisches Ausschreibungsmanagement
3. Ideenreichtum; zwischenmenschliche Führung; Kostensenkungshebel; Techniken der Verhandlungsführung; Projektmanagement; Lieferantenbeziehungsmanagement; Nachhaltigkeit; enge Zusammenarbeit mit Forschung und Entwicklung und Recht.

Es kann bestätigt werden, dass technische sowie auch IT-orientierte Kenntnisse als besonders relevant für den Einkaufserfolg gesehen werden. Weiterhin werden aber auch die klassischen „analogen" Fähigkeiten angeführt, wie z. B. Ideenreichtum und zwischenmenschliche Führung auch im Sinne eines Lieferantenmanagements.

In einer aktuellen Trendstudie untersucht das Fraunhofer-Institut für Materialfluss und Logistik (IML) in Zusammenarbeit mit dem Bundesverband für Materialwirtschaft und Einkauf (BME) die Auswirkungen der Digitalisierungen auf Arbeitsinhalte und auch Kompetenzprofile im Bereich Einkauf und Logistik (Fraunhofer IMF und BME 2016). In der quantitativen Vorstudie werden hierbei die Einschätzungen von Einkaufsmanagern und Chief Procurement Officers von insgesamt 25 Unternehmen und zwei Hochschulen erforscht. Es bestätigt sich das auch von Bals et al. (2017) differenzierte Bild bezogen auf die Multidimensionalität der notwendigen Kompetenzen im Bereich Einkauf und Logistik (siehe Abb. 12.2).

Die Forscher gelangen zum einen zu der Erkenntnis, dass der operative Einkauf weitgehend automatisiert wird. Eine Autonomisierung, als spezifischer Ausdruck der Automatisierung, kann in diesem Zusammenhang als eigenständige Leistungserbringung der Maschinen auf Basis von vorgegebenen Zielen wie Effizienz oder Effektivität angesehen

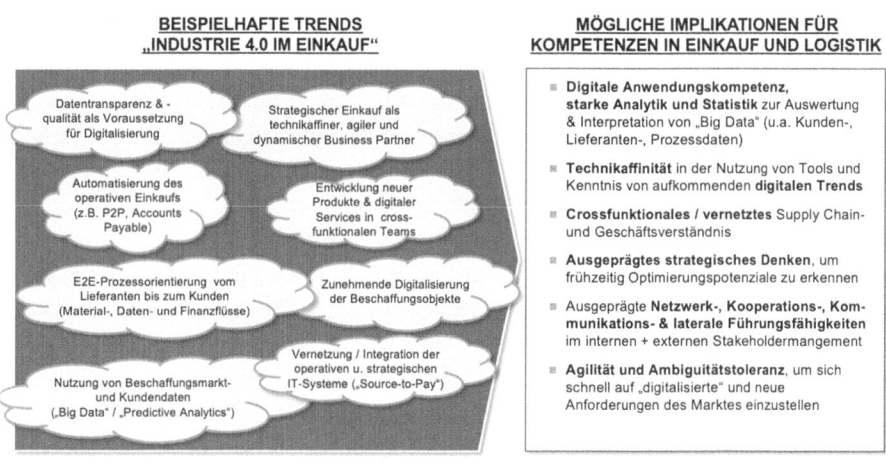

Abb. 12.2 Digitalisierungstrends und HR-Implikationen in Einkauf und Logistik. (Quelle: Eigene Darstellung in Anlehnung an Fraunhofer IMF 2016)

werden. Dies ist angelegt an die Nutzung von Robotics Process Automation sowie Prozessdurchführung mit Hilfe von Künstlicher Intelligenz. Eine Transparenz und sehr gute Qualität der vorhandenen Daten ist hierbei als Basis und Voraussetzung für die erfolgreiche Umsetzung dieser „Autonomisierung" anzusehen. Daten müssen korrekt im System hinterlegt und Datenstrukturen über verschiedene Länder wie Deutschland und den USA und auch unterschiedliche ERP-Systeme wie Oracle und SAP harmonisiert sein. Ist dies nicht gegeben, kann es auf Basis von falschen Daten zu einer Ableitung fehlerhafter Herstellkosten kommen, was im Rahmen eines Target-Costing-Ansatzes dann wiederum zu falsch abgeleiteten Verkaufspreisen führen würde.

Grundlage zur Ausschöpfung des Potenzials der Automatisierung des operativen Einkaufs (z. B. eigenständige Abläufe für Rechnungserfassung und Prüfung sowie Zahlung in der Kreditorenbuchhaltung) sind Datentransparenz und -qualität. Weiterhin bedeutsam ist die Nutzung bzw. Vernetzung von Kunden- und Lieferantendaten mit den eigenen Herstellkosten. Dies erlaubt zum einen das Erkennen von Mustern in den Datenstrukturen (z. B. einer starken Abhängigkeit eines Großkonditoreibetriebs von dem natürlichen Inhaltsstoff Mandeln). Ein derartiges Data Mining, verstanden als das semi-automatische Aufdecken von Mustern in hochdimensionalen und sehr großen Datenbeständen kann als Basis für ein aktives Risikomanagement angesehen werden (Müller und Lenz 2013). Diese Verknüpfung der Daten drückt sich in der zunehmend integrierten Sichtweise im Sinne einer End-to-end-Prozessorientierung der Supply Chain vom Lieferanten bis zum Kunden aus. Die Daten der Wertekette müssen bezogen auf Waren-, Informations- und Finanzflüsse miteinander verknüpft und in Echtzeit aktualisiert werden. Durch eine solche Harmonisierung wird es beispielsweise ermöglicht, dass die oben genannte Großkonditorei eine Simulation der Herstellkostenentwicklung vornehmen kann. So kam es im Februar 2019 zu einer 11 % Steigerung des Haselnusspreisindizes von 1081 EUR/t im Januar 2019 auf 1202 EUR/t. Auf Basis derartiger Auswertungen kann der Vertrieb kurzfristig informiert werden und die veränderte Situation umgehend in seine nächste Kundenverhandlung mit Hotel- und Restaurantketten oder Händlern einbringen. Eine derartige Vernetzung kann zudem über ein Lieferantenportal weiter professionalisiert werden, wo auch die vorgelagerten Lieferanten ihre Daten und Prognosen zu Preisentwicklungen zeitnah aktualisieren können. Das Supplier Portal erlaubt beiden Seiten zudem einen aktuellen Blick auf Service Level Erfüllungsgrade und Bestände, um über diese Transparenz der Daten die Materialflüsse beiderseitig zu optimieren.

Im Zuge dieser Datenverfügbarkeit und wachsenden Möglichkeit der Auswertung steigern sich auch die Erwartungen an den strategischen Einkauf, der sich laut der Studie in die Richtung eines technikaffinen, agilen und dynamischen Business Partners entwickeln muss. Es kommt zukünftig vermehrt zur Entwicklung neuer digitaler Produkte und digitaler Services, welche kundenseitig als Mehrwert verkauft werden. An dieser Stelle kann der konsequente Ausbau eines stabilen WLAN-Netzwerks am Flughafen Köln/Bonn als Beispiel angeführt werden, auf den die Fluggäste zukünftig als Nebenprodukt zum eigentlichen Flug nicht mehr verzichten möchten. Die zunehmende Digitalisierung erfordert von der Einkaufsfunktion und den unterschiedlichen Supply-Chain-Funktionen Kompetenzen im Umgang mit digitalisierten Beschaffungsobjekten.

Eine prominente Studie zu den Trends und Strategien in Bereich der Logistik und dem Supply-Chain-Management aus dem deutschsprachigen Raum stammt von Kersten et al. (2017) in Zusammenarbeit mit dem Bundesverband für Logistik (BVL). Die Forscher nutzten für die Ergebnisfindung eine mixed-method Studie mit insgesamt 34 qualitativen Experteninterviews sowie einem quantitativen Online-Fragebogen mit einem Rücklauf von n = 363. Aus den verdichteten Antworten generierten die Forscher insgesamt 15 endogene und exogene Trends, welche im Bereich der Logistik im aktuellen Zeitalter eine Rolle spielen.

Unter die endogenen, sprich aus der Funktion der Logistik heraus generierten Trends fallen unter anderem eine stärkere Digitalisierung der Geschäftsprozesse, die Verbesserung der Transparenz der Wertschöpfungskette oder auch eine intensivere Vernetzung bzw. Zusammenarbeit bezogen auf die Partner innerhalb der Wertschöpfungskette (vertikal) und auch den Austausch mit Akteuren aus der gleichen Wertschöpfungsstufe (horizontal), z. B. Hochschulen und Verbänden. Zudem kommt es laut der Studie zu einer weiteren Automatisierung im Bereich Logistik (z. B. durch neuartige, innovative Lagerstrategien, mit der Waren automatisch mittels Lastenroboter zum angeforderten Ort transportiert werden können). Zuvor wurde bereits auf die hoch automatisierte Werkslogistik im Bereich Automotive eingegangen. Einen ähnlich hohen Automatisierungsgrad streben die großen Kurier-Express-Paket-Dienstleister (KEP) in ihren Paket- und Briefsortieranlagen an. So werden Pakete über den Tag verteilt im Europalager von UPS am Flughafen Köln/Bonn gesammelt und abends in die hoch automatisierten Sortieranlagen eingespeist. Durch das Erfassen der Daten zum Bestimmungsort via Barcode-Scan werden die Pakete in die richtige Schleuse gelenkt, geordnet nach Empfangsorten. Dort werden die Pakete dann meist manuell über Lagermitarbeiter in einen Container gepackt und via Flugzeug oder LKW in die jeweiligen Regionen verteilt. Einen weiteren Automatisierungsschritt stellt das autonome Rangieren von LKWs bei der Anlieferung an die Rampen des Paketzentrums WEST der Deutschen Post/DHL in Köln dar, wodurch der Stress und die Unfallrate bei den Fahrern minimiert werden. Diese beiden Beispiele zeigen den zunehmenden Einsatz von Technologie, um dem steigenden Druck auf Effizienz in der Logistik zu meistern.

Zu den exogenen (marktbedingten) Trends zählt einerseits der gestiegene Kostendruck innerhalb der Branche – unter anderem bedingt durch eine zunehmende Regulierung durch den Staat oder die EU bezogen auf Lohnstrukturen, Maut oder auch Lenk- und Ruhezeiten. Andererseits nimmt die Bedeutung individueller Kundenanforderungen zu. So ist die Erwartung in Bezug auf die Same-day-delivery-Transporte innerhalb individuell abgesprochener Zeitfenster längst Standard (z. B. Amazon Prime). Mit Blick auf das Berufsbild von Supply-Chain-Managern betont die Studie ebenfalls den steigenden Personalmangel infolge des demografischen Wandels. Weiterhin wird die Zukunft des Supply-Chain-Managers infolge von steigender Automatisierung geringer werdenden Perspektive von Logistikberufen infrage gestellt.

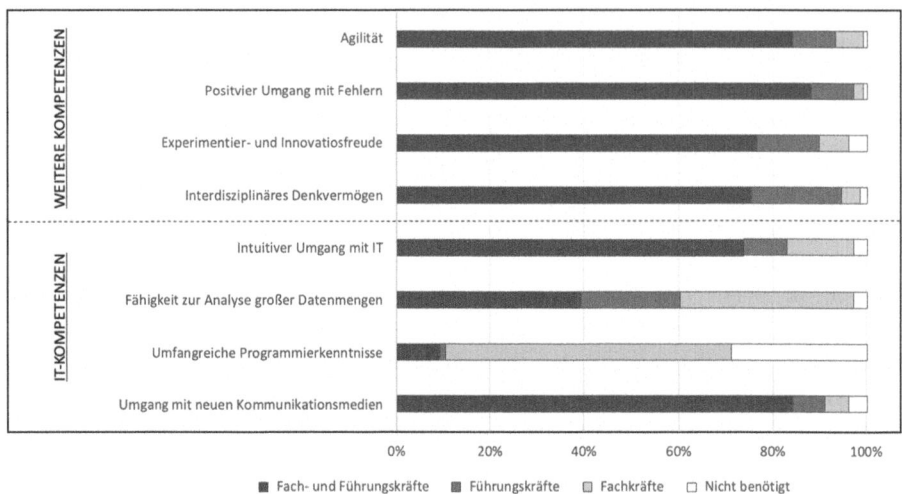

Abb. 12.3 Zukünftig benötigte Kompetenzen bei Fach- und Führungskräften in der Logistik. (Quelle: In Anlehnung an Kersten et al. 2017)

In der Konsequenz erarbeiten die Forscher Implikationen für die zukünftigen Kompetenzen für Fach- und Führungskräfte innerhalb der Logistik (siehe Abb. 12.3). Die Ergebnisse werden in zwei große Kompetenzblöcke unterteilt. Zum einen sogenannte „fast-faillure Kompetenzen" zusammengefasst unter „Weitere Kompetenzen" wie z. B. ein anpassungsfähiges und agiles Handeln bei einem stets positiven Umgang mit Fehlern. Eine solche Grundhaltung wird gefördert durch eine Experimentier- und Innovationsfreude. Hinzu kommt die Fähigkeit, interdisziplinär, also über Logistik-Funktionsgrenzen hinaus zu denken und zu handeln. Der zweite Kompetenzblock, den Kersten et al. (2017) aufzeigen, sind die „IT-Kenntnisse". Hierunter fallen unter anderem die Notwendigkeit eines stärker intuitiven Umgangs mit IT auch auf allen Fach- und Führungsebenen.

Zusammenfassend bleibt mit Blick auf die vorliegenden US-amerikanischen und europäischen Studien festzuhalten, dass das Supply-Chain-Management einerseits über analoge Kompetenzen, andererseits aber auch zunehmend über digitalen Fähigkeiten im Bereich verfügen muss. Die Forscher spannen ein auf den ersten Blick gegensätzliches Kontinuum von analogen und digitalen Kompetenzen auf, welches in der Praxis vereint werden muss. Insbesondere in den Publikationen im europäischen Raum zeigt sich die Tendenz, diese beiden auf den ersten Blick gegensätzlichen Welten miteinander zu vereinen. Einen derartigen Versuch der Integration von analogen und digitalen Kompetenzen unternimmt das nun folgende Kapitel auf Basis von zwei abgeleiteten Thesen.

12.3   Analog und Digital: Entwicklung eines Kompetenzprofils für den Supply-Chain-Manager der Zukunft

Betrachten wir die Inhalte der aktuellen Forschung, so lässt sich festhalten, dass das Kontinuum zwischen analogen und digitalen Kompetenzen im Bereich Supply-Chain-Management von beiden Seiten aus betrachtet und teilweise in extremen Ausprägungen aufgespannt wird. Es lassen sich aber auch wiederkehrende Muster bezogen auf die Kompetenzen des Supply-Chain-Managers der Zukunft erkennen, welche in zwei abgeleiteten Thesen münden:

1. „Die strategischen Funktionen des Supply-Chain-Managements werden zunehmend als integrierter Business Partner und Netzwerkmanager interpretiert."
2. „Die Digitalisierung im Supply-Chain-Management wird zunehmend über spezialisierte, aber in die Funktion integrierte Experten-Teams umgesetzt."

Die obigen Thesen wurden im Vortrag am 08.10.2018 an der Rheinischen Fachhochschule Köln mit dem Plenum diskutiert und es kam zu einer gemeinsamen Erarbeitung von zwei Kompetenzprofilen, welche die Ergebnisse der Diskussion zusammenfassen (siehe Abb. 12.4). Hierbei werden im Profil stets die rein fachlichen Kompetenzen (Wissen, Methoden und Analytik) und sozialen bzw. verhaltensorientierten Kompetenzen (Interaktions- und Führungsfähigkeiten oder auch dem Strategischen Denken) unterschieden.

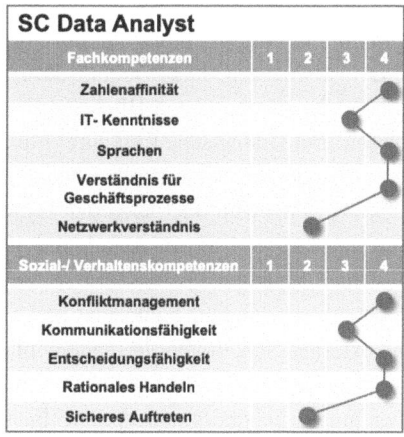

Skala: 1 („schwächere Ausprägung") bis 4 („starke Ausprägung")

Abb. 12.4 Anforderungs- und Kompetenzprofil für den Supply-Chain-Manager der Zukunft. (Quelle: Eigene Darstellung)

Für nähere Erläuterungen der fachlichen und überfachlichen Kompetenzbereiche sei der interessierte Leser an dieser Stelle auf die Publikation von Fröhlich und Karlshaus (2017) verwiesen. Vor dem Hintergrund der obigen Thesen werden nun die beiden abgeleiteten Profile erläutert.

12.3.1 Strategischer Einkäufer

These 1: „Die strategischen Funktionen des Supply-Chain-Managements werden zunehmend als integrierter Business Partner und Netzwerkmanager interpretiert."

Die erste These konstatiert die wichtiger werdende strategische Bedeutung des Supply-Chain-Managers, welcher zunehmend als integrierter Business Partner und Netzwerkmanager angesehen werden kann. So ist ein strategischer Einkäufer im Kern fokussiert auf strategische Aktivitäten wie die Fixierung von Einkaufszielen, Wahl der richtigen Einkaufsstrategie und gewinnbringende Umsetzung dieser Strategien in einem Planungsprozess (van Weele und Eßig 2017). Derartige strategische Tätigkeiten beinhalten zu Beginn grundlegende Aufgaben wie eine Spezifikationserstellung der einzukaufenden Leistung in Kooperation mit den internen Bedarfsträgern. Darauf aufbauend kommt es in enger Abstimmung mit den beteiligten Funktionen zu einer gemeinsamen Einkaufsstrategie auf Basis einer durchgeführten Ist-Analyse der bestehenden Markt-, Lieferanten- und Unternehmenssituation. Im Anschluss erfolgt dann eine gemeinsame Umsetzung der Strategie im Buying-Team in Form eines strukturierten Ausschreibungsmanagements, einer professionell durchgeführten Verhandlung, einer Verschriftlichung der Ergebnisse und der Dokumentation zu erwartenden Leistungen in Form von vertraglichen Service Level Agreements.

Es verwundert daher nicht, dass im Profil des strategischen Einkäufers (siehe Abb. 12.3) auf den ersten Blick die Sozial- und Verhaltenskompetenzen stark gewichtet werden. Der strategische Einkäufer muss jederzeit in der Lage sein, die vielfältigen internen und externen Schnittstellen bestehend aus Marketing & Vertrieb, Forschung & Entwicklung, Finanzen oder auch den Lieferanten und Kundenbedarf zu verstehen und über eine ausgeprägte Empathie auch aktiv steuern zu können. Es wird folglich für den Supply-Chain-Manager in der Zukunft weiterhin entscheidend sein, in diesem komplexen Netzwerk auf laterale Führungs- und Überzeugungsfähigkeiten im Zuge eines internen und externen Stakeholder Management zurückgreifen zu können.

Die Geschäftsverantwortlichen erwarten von einem strategischen Einkäufer darüber hinaus ebenfalls ausgeprägte Fachkompetenzen wie im obigen Schaubild gezeigt wird. So werden aus dem Einkauf heraus gewinnbringende Vorschläge der Optimierung vor dem Hintergrund weitreichender Marktkenntnis und ausgeprägtem Geschäftsverständnis erwartet. Der Vertrieb und das Marketing erwarten demnach, dass das Supply-Chain-Management Entscheidungen mitträgt und ermöglicht, folglich als gleichberechtigter Business Partner auftritt. Dies sei an dem Service-Level-Versprechen von Amazon Prime und Amazon Fresh, der Online-Lebensmittelsparte verdeutlicht. Ohne eine detaillierte Abstimmung mit den Amazon Supply-Chain-Verantwortlichen wäre die Umsetzung eines Same-day-delivery-Kundenversprechens, d. h. einer Auslieferung der bestellten Ware am gleichen oder folgenden Tag nicht möglich gewesen. Dieses Konzept wird zudem ermöglicht durch eine immer stärker dezentral geführte Lagerstruktur über den ersten zentralen Standort in Bad Hersfeld hinaus. Zeitgleich baut Amazon eine eigene Flottenstruktur im Straßentransport auf, um so auch unabhängig von den großen KEP-Dienstleistern DHL, UPS oder Fedex seine Services erbringen zu können.

Hierbei muss der Strategische Einkäufer über ein starkes analytisches Wissen basierend auf State-of-the-art-Methoden und Tools verfügen. Der moderne Warengruppenmanager im Bereich der Rohstoffe sollte in der Lage sein, über die klassische Portfolioanalysetechnik nach Kraljic (1983) hinauszudenken, welche lediglich eine statische Sicht auf die Wichtigkeit der eingekauften Waren und die Komplexität des Marktes einnimmt. So integriert der Forscher Andrew Cox mit seiner Schachbrett-Portfolio-Logik oder auch der weiterentwickelten Sourcing-Portfolio Analysis-Methode weitere Aspekte wie Macht und zukünftige Markthandlungen (Cox 2001, 2017). Darüber hinaus muss der strategische Einkäufer bezogen auf die Verhandlungsführung in der Lage sein, die gesamte Klaviatur der Techniken und Analysemethoden für einen bestmöglichen Erfolg zu beherrschen. Hierbei seien beispielhaft Maßnahmen auf Basis des weiterhin effektiven Harvard-Verhandlungskonzept erwähnt basierend auf einer strukturierten Verhandlungsvorbereitung und einer sachlichen und stets zielgerichteten Verhandlungsführung (Fisher et al. 2009). Im Zuge einer selbstbewussten Eröffnung der Verhandlung durch das richtig abgeleitete Erstangebot und für beide Seiten attraktive Verhandlungsbündel im Sinne von „Give & Takes" kann der Verhandlungsspielraum für die eigene Seite optimal ausgenutzt werden.

Das oben skizzierte Profil des strategischen Einkäufers ist in gewisser Weise mit dem von van Weele und Eßig (2017) aufgezeigten Profil eines Chefeinkäufers vergleichbar:

> „Chefeinkäufer sind unternehmensweit für den Bezug zentraler Warengruppen verantwortlich und handeln Lieferungen großer Mengen von Produkten und Komponenten (im Fall von Rohstoffen bzw. Vorprodukten) sowie Beschaffungsverträge im Rahmen großer Investitions- und Dienstleistungsprojekte (beispielsweise Produktionsanlagen und Computer Hard- und Software) aus. Ihre Verhandlungspartner auf Anbieterseite sind häufig sehr gut ausgebildete und erfahrene Großkundenbetreuer. Deshalb sollten diese Einkäufer nach Möglichkeit einen vergleichbaren fachlichen Hintergrund haben, vorzugsweise aufgrund einer Universitätsausbildung" (van Weele und Eßig 2017).

Zusammenfassend lässt sich für den strategischen Einkäufer festhalten, dass eine professionelle Grundhaltung und auch Erwartung bezogen auf die dauerhafte Agilität der Märkte sowie die resultierenden, mehrdeutigen Auswirkungen in der Lieferkette im Sinne einer Ambiguitätstoleranz hilfreich ist. Der moderne Einkaufsmanager muss davon ausgehen, dass der morgige Tag anders verläuft als der heutige und die Auswirkungen auf die eigene Supply Chain nicht immer eindeutig zu definieren ist. Eine solche Grundhaltung hilft, digitalisierte und neue Anforderungen des Marktes schnellstmöglich aufzugreifen und in die tägliche Arbeit zu integrieren.

12.3.2 Data Analyst

These 2: „Die Digitalisierung im Supply-Chain-Management wird zunehmend über spezialisierte, aber in die Funktion integrierte Experten-Teams umgesetzt."

Die zweite abgeleitete These beschreibt die zunehmende Bedeutung der Digitalisierung für das Supply-Chain-Management, welche zunehmend über spezialisierte, aber in die Supply-Chain-Management-Funktion integrierte Teams abgebildet wird. Eine derartige Umsetzung eines spezialisierten Kompetenzprofils zeigt die entwickelte Funktion des „Data Scientist".

Der Ursprung des Data Scientist sei zunächst am Beispiel des operativen Einkaufs verdeutlicht, im Kern bestehend aus Bestellmanagement und Zahlungsprozessen (van Weele und Eßig 2017). Der operative Einkauf verfolgt primär das Ziel, eine dauerhafte Verfügbarkeit der materiellen Ressourcen für die Produktion zu gewährleisten, um die durch den Vertrieb generierten Aufträge bestmöglich zu erfüllen. Dabei wird die Funktion weiterhin bezogen auf eine geringe Kapitalbindung bewertet und ist angehalten, hohe Bestände beispielsweise infolge von Sammelbestellungen zu verhindern. Dieser Aufgabenbereich liegt insofern dicht an den Tätigkeiten der Materialdisposition für die Produktion und der Bedarfsplanung für den Vertrieb. Bestands- und Bestellplaner sind laut van Weele und Eßig (2017) für die Materialplanung und für die Bestellung von Materialien verantwortlich: „Zur Erfüllung dieser Aufgaben reicht ein Fachschulabschluss oder eine Berufsausbildung aus. Am wichtigsten sind hier persönliche Kompetenzen wie zum Beispiel ein solides Verständnis der betrieblichen Abläufe, Dienstleistungsorientierung und die Fähigkeit zur effektiven Organisation der eigenen Arbeit. Abgesehen davon bietet eine Stellung als Bestand- und Bestellplaner gute Möglichkeiten für angehende Einkäufer, sich zunächst mit den operativen Tätigkeiten der Beschaffung vertraut zu machen" (van Weele und Eßig 2017). Zudem muss der operative Einkäufer über weitreichende Kompetenzen im Umgang mit den Materialwirtschafts- und Bestellsystemen haben, um möglichst effizient Bedarfsprozesse abwickeln zu können. So sollte es einerseits zu keinen Fehlern in der Pflege der Stammdaten kommen. Andererseits ist es wichtig, Bestellungen mit möglichst wenig manuellem Aufwand zu platzieren, zu verfolgen und im letzten Schritt erhaltene Rechnung zur Zahlung frei zu geben.

Um diesen automatisierten und effizienzgetriebenen Ansatz weiter voranzutreiben und zu professionalisieren, kristallisiert sich in der Unternehmenspraxis das Profil des Data Scientist als moderner operativer Einkäufer heraus (siehe Abb. 12.3). Zunächst sei auf die fachlichen Kompetenzen im dargestellten Profil verwiesen. Aufbauend auf tieferen Kenntnissen der einzelnen Geschäftsprozesse aus den Bereichen Einkauf, Materialdisposition, Produktion und Logistik muss der Data Scientist in der Lage sein, die operativen Interessen des Unternehmens im Auge zu behalten und aufeinander abzustimmen. Hierbei sind weiterhin Sprachkenntnisse von hoher Relevanz, um sich auf lokaler Ebene mit den operativ Verantwortlichen in ausländischen Werken

eng abzustimmen. Zur Bewältigung dieser Abstimmungsarbeit ist es absolut unabdingbar, über eine hohe Affinität zu Zahlen zu verfügen. Der Druck der Effizienzsteigerung
führt insbesondere auf operativer Ebene zu einer Erhöhung der gemessenen Leistung,
ausgedrückt über Leistungsindikatoren bzw. Key Performance Indicators (KPIs). An
dieser Stelle sei eine regelmäßige Überprüfung der internen Herstellkosten oder auch
die lieferantenseitige Leistungsmessung von pünktlichen und vollständigen Lieferungen erwähnt. In diesem Zuge steigt ebenfalls die Notwendigkeit von IT-Kenntnissen,
um die komplexen und zeitnahen Reports zu erstellen. Hierbei kann der Data Scientist auf bessere technische Lösungen im Sinne der Data Analytics und eine verbesserte
Qualität und Verfügbarkeit von Stammdaten zurückgreifen. Ein Data Scientist wird
somit für die Supply-Chain-Arbeit unabdingbar. Der Einsatz einer reinen „Descriptive Analytics" basierend auf Assoziations- und Clusteranalysen als Beschreibung der
Ist-Zustände und der Vergangenheit oder auch der „Predictive Analytics" in Form von
Regressions- und Zeitreihenanalyse zur Mustererkennung und Abschätzung von Szenarien bilden dabei weiterhin eine gute Basis für zukünftiges Handeln. Zunehmend
an Bedeutung gewinnen sogenannte „Prescriptive Analytics", welche durch die Verwendung von Simulations- und Optimierungsmodellen multiple Zusammenhänge
erkennen lassen, sodass beispielsweise die zukünftig entscheidenden Kostentreiber für
Produktion und die Logistik abgeleitet werden können. Eine gute Übersicht der unterschiedlichen Analytics Reifegrade in der Industrie liefert Bertolucci, einer der wohl
aktuell bekanntesten Data Scientists (Bertolucci 2017). Der Umgang mit IT kann zudem
durch umfangreiche Anwendungskenntnisse im Bereich von Statistik-Auswertungen im
Sinne der Erhebung wichtiger Leistungs-Kennziffern und Erstellung von Abweichungs-
analysen oder auch rudimentäre Programmierkenntnisse erleichtert werden, sodass der
Data Scientist eigenständig die oben genannten Analytics-Modelle gestalten und auf die
jeweilige Anwendungssituation hin zuschneiden kann. Nicht fehlen darf der geschulte
Umgang mit modernen Kommunikationsmedien im digitalen Zeitalter, um Prozesse und
Absprachen weiterhin zeitnah, flexibel und effizient gestalten zu können.

Bezogen auf die Sozial- und Verhaltenskompetenzen des Data Scientist zeigt sich ein
großer Schwerpunkt auf Kommunikation und Konfliktlösung. Dies ist aufgrund der vernetzten Sichtweise des modernen operativen Einkäufers auf die Geschäftsprozesse, wie es
im obigen Abschnitt dargestellt wurde, nicht verwunderlich. So wird die Funktion regelmäßig mit Zielkonflikten zwischen den Fachbereichen in Berührung kommen und ist
angehalten, diese aufbauend auf einer guten Analyse zu moderieren. Als Beispiel sei an
dieser Stelle die richtige Balance zwischen geringen Vorräten und niedrigem gebundenen
Kapitel aus Sicht der Logistik und der Verfügbarkeit der Ware in der Produktion sowie dem
gleichzeitigem Bestreben einer Preisoptimierung im Einkauf über hohe Mindestbestell-
mengen und gebündelte Bedarfe zu nennen. Der Data Scientist wird vor dem Hintergrund
dieser Zielkonflikte dazu angehalten sein, rational zu handeln und entscheidungsfreudig zu
agieren, zwei weiterhin sehr stark gewichtete Kompetenzen in seinem Anforderungsprofil.
Dabei hilft ein sicheres Auftreten, insbesondere in fachlicher Hinsicht.

Aus den obigen Beschreibungen der notwendigen Fähigkeiten geht hervor, dass für den Job eines Data Scientist vielseitige Spezialisten benötigt werden, die über die Kenntnis gängiger technischer Lösungen hinaus ebenfalls ein sicheres Prozessverständnis und eine Nähe zu den Stakeholdern und Fachabteilungen in unterschiedlichen Funktionen mitbringen sollten. Diesen Bedarf haben diverse Unternehmen bereits erkannt, stellvertretend sei an dieser Stelle auf das Unternehmen Henkel, ein weltweit führender Konsumgüter- und Klebstoffproduzent, verwiesen. Bereits vor knapp 10 Jahren wurde der Bedarf erkannt, die großen Leitprozesse im Unternehmen, seien es kundenseitige Order-to-Cash oder lieferantenseitige Source-to-Pay-Aktivitäten, in zentralen Einheiten zu bündeln. Die dort gebildete Global-Process-Ownership-Organisation ist als Anlaufstelle für die lokalen Einheiten in den Ländergesellschaften gedacht und bemüht sich einer Standardisierung und Vereinfachung der Abläufe im Sinne kontinuierlicher Verbesserungen. So sind die Mitarbeiter der Source-to-Pay-Einheit gut ausgebildet mit Blick auf die Leistungsmessung und Nutzung entsprechender Tools. Die Abteilung dient somit als „Botschafter" für digitale Trends und kann dieses Wissen im Unternehmen und vor allem den Ländergesellschaften verteilen. Gleichzeitig kommt aber die „moderierende" Seite zur Geltung, wenn Ländergesellschaften bestimmte Prozessvarianten und Ausnahmen beibehalten möchten, welche im Vergleich zum Best-Practice-Prozess zu Leistungsnachteilen bezogen auf die Durchlaufzeit oder Fehleranfälligkeit führen können.

12.4 Fazit und Forschungsausblick

Bezogen auf die eingangs gestellte Forschungsfrage, inwiefern die analogen die digitalen Kompetenzen in Hinsicht auf das Anforderungsprofil des Supply-Chain-Managers der Zukunft überwiegen, ergibt sich im Fazit nur eine konsequente Antwort. Statt eines Gegensatzes dieser Kompetenzen erfordert die Praxis eine Verschmelzung der beiden Kompetenzbereiche: Analog und Digital!

Die Praxis hat den Bedarf der Ausgewogenheit und Differenzierung der Kompetenzen bestimmter Profile erkannt, wie am Beispiel der zentralen Global-Process-Einheit bei Henkel aufgezeigt wurde. Es wird folglich im Supply-Chain-Bereich weiterhin notwendig sein, Mitarbeiter in Abhängigkeit der Stellenbeschreibung mit entweder stärker ausgeprägten digitalen Kompetenzen bei gleichzeitig vorhandenen analogen Fähigkeiten zu rekrutieren und weiterzuentwickeln bzw. vice versa. Dieser Einklang erlaubt eine enge Verzahnung über regelmäßige Kommunikation mit dem Geschäft bei gleichzeitig hoher Kompetenz im technischen Bereich und den gängigen IT-Tools.

An dieser Stelle sei abschließend auf die Limitationen des vorliegenden Beitrags eingegangen. Es handelt sich zum einen um eine rein konzeptionelle Arbeit auf Basis einer extensiven Literaturrecherche ohne eigene Datenerhebung. Zum anderen kam es zu einer Formulierung zweier Anforderungsprofile, der des strategischen Einkäufers und des Data Scientist, welche am 08.10.2018 im Rahmen des Vortrags gemeinsam mit dem Plenum verfeinert wurden. Um die abgeleiteten Kompetenzen zu schärfen, könnte in einem ersten Schritt ein induktives Forschungsdesign durch die Erarbeitung von einzelnen Fallstudien eines aktuellen Data Scientist oder strategischen Einkäufers in der Praxis erfolgen. Hierauf aufbauend würde sich eine quantitative Studie anbieten, um die aktuelle Ist-Situation und auch angedachte zukünftige Soll-Situation bezogen auf die Entwicklung des Supply-Chain-Managers der Zukunft in den Unternehmen aufzuzeigen.

Literatur

Bals et al (2017) Current and future purchasing & supply management competences, insights from practice, Purchasing Education and Research for European Competence Transfer. Project PERFECT intellectual output 2 white paper

Bertolucci J (2017) Big data analytics: descriptive vs. predictive vs. prescriptive, informationWeek. https://www.informationweek.com/big-data/big-data-analytics/big-data-analytics-descriptive-vs-predictive-vs-prescriptive/d/d-id/1113279. Zugegriffen: 1. Dez. 2018

Bolstorff P, Trebilcock B, Aschenbrand J (2016) A portrait of the supply chain manager. Supply Chain Manag Rev 20(4):22–28

Charney D (2016) Wanted: workers with soft skills. Material Handling & Logistics, 10 Oktober 2016, S 38–39

Cox A (2001) The power perspective in procurement and supply management. J Supply Chain Manag 37(2):4–7

Cox A (2017) Power positioning & sourcing portfolio analysis: techniques for effective category management & strategic sourcing. IIAPS white paper

Fisher R, Ury W, Patton BM (2009) Das Harvard-Konzept. Campus, Frankfurt a. M.

Fraunhofer IML, BME e. V. (2016) Einkauf 4.0 – Digitalisierung des Einkaufs. BME. https://www.bme.de/fileadmin/_horusdam/4190-Vorstudie_Einkauf_40.pdf. Zugegriffen: 1. Dez. 2018

Fröhlich L, Karlshaus A (2017) Personalentwicklung in der Beschaffung. Best Practices aus Theorie und Praxis. Springer Gabler, Wiesbaden

Kersten W, Seiter M, See Bv, Hackius N, Maurer T (2017) Chancen der digitalen Transformation, Trends und Strategien in Logistik und Supply Chain Management – Chancen der digitalen Transformation. BVL, Bremen

Kraljic P (1983) Purchasing must become supply management. Harv Bus Rev 61(5):109–117

Lyall A, Mercier P, Gstettner S (2018) The death of supply chain management. Harv Bus Rev. https://hbr.org/2018/06/the-death-of-supply-chain-management. Zugegriffen: 1. Dez. 2018

Müller RM, Lenz HJ (2013) Business intelligence. Springer, Berlin

Stein A (2015) Supply chain talent: a practical approach to hardening. Supply Chain Manag Rev 19(4):20–26

Trebilcock B (2015) Supply chain management in 2015 and beyond. Supply Chain Management Review, 6 April 2015, S 1–4

Wannenwetsch H (2014) Integrierte Materialwirtschaft Logistik und Beschaffung. Springer Fachmedien, Wiesbaden

Weele Av, Eßig M (2017) Strategische Beschaffung. Grundlagen, Planung und Umsetzung eines integrierten Supply Management. Springer Gabler, Wiesbaden

Wildemann H (2008) Betreibermodelle: Leitfaden zur Berechnung, Konzeption und Einführung von Betreibermodellen und Pay-on-Production-Konzepten. TCW-Transfer-Centrum, München

Prof. Dr. Andreas Fries ist seit 2013 an der Rheinischen Fachhochschule Köln. Die fachlichen Schwerpunkte sind Supply Chain Management, Einkauf & Logistik und Strategisches Management. Seit 2015 trägt er als Studiengangsleiter die Verantwortung für die beiden Master-Studiengänge Business Administration (M.A.) und Wertorientierte Unternehmensführung (M.Sc.) im Fachbereich Wirtschaft & Recht an der Rheinischen Fachhochschule Köln. Davor war Herr Fries in diversen Managementfunktionen bei der Henkel AG in den Bereichen Einkauf und Finanzen an den Standorten Düsseldorf und Bangalore (Indien) aktiv. In der anwendungsbezogenen Forschung und Beratung konzentriert er sich auf die zukünftigen Herausforderungen im Bereich des Supply Chain Managements, insbesondere im strategischen Einkauf und der Logistik.

Innovationskultur als zukunftsfähige Unternehmenskultur

Joshua Kilb und Florian Schönberger

13.1 Warum genau dieses Thema?

Dass die technischen und gesellschaftlichen Entwicklungen der letzten Jahrzehnte zahlreiche Veränderungen für die moderne Wirtschaft mit sich gebracht haben, ist für Sie vermutlich nichts Neues. Dass die mit diesen Entwicklungen einhergehenden, neu entstandenen Berufsbilder auch neue Anforderungen an Mitarbeiter und Unternehmen stellen, haben Sie vielleicht auch schon im Arbeitsalltag gespürt. Dass die Innovationskultur die ideale Kultur zukunftsfähiger Unternehmensführung darstellt, ist Ihnen allerdings hoffentlich neu, denn das ist das Thema, dem wir uns verschrieben haben. Im Folgenden möchten wir Ihnen aufzeigen, warum unserer Auffassung nach eine Innovationskultur in einer Organisation die ideale Unternehmenskultur für zukunftsfähige Unternehmensführung darstellt.

Sicher stellen Sie sich nun die Frage: „Was qualifiziert diese beiden Jungspunde dazu, etwas über Unternehmensführung zum Besten zu geben?" Die Antwort auf diese Frage lautet: Wir repräsentieren die Generation, die für die Zukunftsfähigkeit bestehender und neuer Unternehmen bestimmend sein wird. Wir sind Teil der Generation, die immer seltener nach dem *Wie* fragt, und dafür wesentlich häufiger nach dem *Warum*. Die *Sinnfrage* wird zur bestimmenden Leitfrage der Entscheidungsfindung zukünftiger Arbeitnehmer und so, unseres Erachtens nach, auch zur bestimmenden Leitfrage zukunftsfähiger Unternehmensführung. Seit einigen Jahren beschäftigen wir uns vertiefend mit der Frage, was unsere Generation umtreibt, was sie von einem zukünftigen Arbeitgeber

J. Kilb (✉) · F. Schönberger
ConTogether e. V., Köln, Deutschland
E-Mail: joshua-kilb@con-together.de

F. Schönberger
E-Mail: florian-schoenberger@con-together.de

© Springer-Verlag GmbH Deutschland, ein Teil von Springer Nature 2019
M. Groß et al. (Hrsg.), *Zukunftsfähige Unternehmensführung*,
https://doi.org/10.1007/978-3-662-59527-5_13

erwartet und wie ein Unternehmen im Wandel der Zeit in einer Zukunft X bestehen kann. Unsere bisherigen Erkenntnisse zu diesem Thema möchten wir in diesem Buchausschnitt mit Ihnen teilen. Im Folgenden werden Sie feststellen, dass die Perspektivenvielfalt ein wichtiges Element der Innovationsentstehung ist, daher freuen wir uns sehr über ihre Eindrücke und Meinungen zu diesem Thema. Viel Freude!

13.2   Warum ist die Innovationskultur das Kulturideal der Zukunft?

Starke Umsatzzahlen, zufriedene Mitarbeiter und ständig eine neue, herausragende Produktidee nach der anderen – wenn das nicht der Traum einer jeden Führungskraft ist. Die Frage, die auch wir uns stellten, lautet: Wie kann man diesen Traum realisieren? Unserer Auffassung nach gelingt dies mit der nachhaltigen Entwicklung einer Innovationskultur. Die Erfahrung zeigt, dass viele Unternehmen einen Großteil ihrer Ressourcen in die Abwicklung des Tagesgeschäfts und nur einen geringen Teil in die Förderung von Innovationen investieren. Einige Innovationen mögen so entstanden sein, einen kontinuierlichen Innovationsstrom erzeugt man so allerdings selten.

Eine uneinheitliche Definition von Innovation
Wer sich eine allgemeingültige Definition des viral gehenden Wortes „Innovation" wünscht, wird an dieser Stelle leider enttäuscht. Es gibt eine Fülle an Definitionen, die diesen Begriff beschreiben. Die zentrale Gemeinsamkeit, auf die sich alle Definitionen berufen, ist, dass die Definition einer Innovation immer betriebsindividuell geschehen muss (Thom 1980). Versucht man es dennoch, so ergeben sich als Kernmerkmale einer Innovation, dass diese eine Neuerung, meist im betrieblichen Kontext, in Prozess, Struktur oder Produkt darstellt, welche auch konkret in die Tat umgesetzt wird (Hauschildt et al. 2016).

In der Change-Fitness-Studie 2018 der MUTAREE GmbH heißt es: „Heute wird das Geld mit dem Kerngeschäft der alten Welt verdient" (MUTAREE GmbH 2018, S. 79). Märkte und Mitarbeiter im Heute und noch mehr in der Zukunft fordern andere Strukturen und schnellere Innovationsprozesse. Ein Trend der Studie zeigt, dass bereits einige Unternehmen diese Veränderung erkannt haben: In den vergangenen zwei Jahren bewerten Unternehmen die Relevanz nachhaltiger Innovationsförderung im Arbeitsalltag zunehmend höher und verteilen ihre Ressourcen entsprechend neu. Nur mit der Umverteilung von Budgets ist es hier aber nicht getan. Diese Unternehmen stießen bereits einige Jahre zuvor den Transformationsprozess hin zu einer Innovationskultur an. Schritt für Schritt werden diese Unternehmen zukunftsfähiger. Ziel dieses Transformationsprozesses ist es, auf betriebswirtschaftlicher Ebene, den Aufwand für das Tagesgeschäft zu minimieren und zunehmend mehr personelle, zeitliche und finanzielle Ressourcen in Innovationsprozesse zu investieren. Dies sollte allerdings nicht zulasten eines Qualitätsverlusts geschehen. Hier gilt es, betriebsindividuell eine adäquate Balance zwischen In- und Output zu finden.

Der Output dieser Investition greift aber nicht nur auf betriebswirtschaftlicher Ebene. Zusätzliche Zeit und mehr Freiraum, um Ideen zu entwickeln, kann zu neuen Produkten, zu Optimierungen und zu Verbesserungen des bestehenden Unternehmens führen. Durch die verstärkte Förderung der Kreativität und den Rückgriff auf die Erfahrungen Ihrer Mitarbeiter, nehmen diese zunehmend mehr Wertschätzung durch das Unternehmen wahr. Dies steigert nicht nur die Mitarbeiterzufriedenheit, sondern auch den Wert Ihrer Arbeitgebermarke. Was sich hier wie ein Alleskönner anhört, erfordert allerdings eine Menge Arbeit, Zeit und Durchhaltevermögen zur nachhaltigen Entwicklung Ihrer eigenen, tief verankerten Innovationskultur. Bevor wir im weiteren Verlauf näher auf diesen Prozess und die verschiedenen Elemente einer Innovationskultur eingehen, betrachten wir unter der folgenden Überschrift zuerst einmal die Zusammensetzung und Bedeutung einer Unternehmenskultur im Allgemeinen.

▶ **Was Sie mitnehmen sollten** Die Anforderungen von Märkten und Mitarbeitern an Unternehmen entwickeln sich in immer enger aufeinanderfolgenden Veränderungszyklen. Um diesen Herausforderungen zukünftiger Unternehmensführung souverän zu begegnen, bedarf es unserer Auffassung nach einer Innovationskultur. Die Innovationskultur ist das Resultat eines fortwährenden Transformationsprozesses, der Umsätze, Zufriedenheit und die Anzahl an Innovationen im Unternehmen steigert.

13.2.1 Was hat es mit dem Mysterium „Unternehmenskultur" auf sich?

Versetzen Sie sich einmal in folgende Situation: Jeden Morgen kommt Kollegin Maier zum längeren Plausch mit einem Kaffee in Ihrem Büro vorbei, in der Mittagspause gönnen Sie sich auch mal ein halbes Stündchen über die vorgesehene Zeit hinaus, und am Abend wird, wie jeden Mittwoch, etwas früher als der Chef es gerne sehen würde, die Stempeluhr gegrüßt.

Was für den gemütlichen Arbeitnehmer wie ein Eden auf Erden klingt, ist in Wahrheit ein Beispiel für die Bedeutung der Unternehmenskultur und die aus ihr entstehenden Einflüsse auf die Arbeitshaltung und die Arbeitsleistung.

Der Begriff *Unternehmenskultur* wird häufig nur als Beiwerk der erfolgsrelevanten Strukturelemente eines Unternehmens betrachtet. Ihre Bedeutung wird nur dann brisant, wenn sie als Sündenbock für gescheiterte Veränderungsprozesse herhalten muss oder die geflügelten Worte des Change-Beraters sie in den Mittelpunkt der Betrachtung rückt. So skeptisch man solchen *soft issues* gegenüberstehen kann, so sehr möchten wir an dieser Stelle die strategische Bedeutung der Unternehmenskultur betonen.

Dass eine ganze Kultur nicht in zwei Worten beschrieben werden kann, setzen wir als bekannt voraus. Dass eine Kultur zahlreiche Subkulturen beinhalten kann und nicht nur auf einer merklichen Bewusstseinsebene, sondern auch tief im Unbewussten eines jeden Einzelnen verankert ist, kann nicht unbedingt auf den ersten Blick erkannt werden. Diese Tatsache ist jedoch von entscheidender Bedeutung. Jede auf längere Dauer angelegte soziale Gruppe interagiert nach innen, wie nach außen, entsprechend bestimmter Annahmen und Muster. Diese sind teils unbewusst, teils sind sie tradierte, ungeschriebene Praxis und teils auch durch Verhaltenskodizes oder in der Unternehmensvision festgehalten. Die Summe dieser Annahmen und Muster, die das gegenseitige Agieren und Interagieren im Arbeitsalltag definieren, bezeichnen wir als Organisationskultur. Grundlage unserer Beschreibungen ist die in der organisationalen Kulturforschung weit verbreitete und anerkannte Definition nach Edgar Schein (2004).

Laut Schein (2004), einem der Urväter der psychologischen Kulturforschung im organisationalen Umfeld, ist eine solche Kultur ein omnipräsentes, stetig interagierendes und sich wandelndes Gefüge bestehend aus drei Ebenen: den Grundannahmen, verschiedenen Normen und Werten und sogenannten Artefakten. Diese Ebenen unterscheiden sich hinsichtlich ihrer Sichtbarkeit für Dritte und ihrem Grad der Bewusstheit bei den einzelnen Akteuren im kulturellen System. Artefakte sind alle Phänomene, die in einer Organisation zu sehen, hören und fühlen sind. Trotz einer guten Sichtbarkeit sind solche Artefakte schwer zu entschlüsseln. Ziehen wir die eingangs angeführte Situation des allmorgendlichen gemeinsamen Kaffeetrinkens heran, so kann man dieses Artefakt auf verschiedene Weisen interpretieren. Einerseits kann das Ritual, gemeinsam Kaffee zu trinken, als solches als beobachtbares Artefakt angesehen werden. Andererseits kann auch der verbale Inhalt des Gesprächs, beispielsweise die Geschichte der Unternehmensgründung, ein solch sichtbares Artefakt darstellen.

Normen und Werte beschreiben eine teilweise bewusste und beobachtbare Ebene der Kultur. Meist gibt es offizielle, im Unternehmensleitbild verankerte und niedergeschriebene Normen und Werte, in Form einer Vision oder Unternehmensstrategie. Ebenso gibt es implizite, nicht ausgesprochene Normen und Werte, die das Handeln und Kommunizieren der Organisationsmitglieder beeinflussen. Hier könnte man das morgendliche Ritual des gemeinsamen Kaffeetrinkens auf den hochgehaltenen Wert der Kollegialität und des Teamgeistes im Unternehmen beziehen. Ebenfalls könnte man es auf die akzeptierte soziale Norm beziehen, über das gestrige Outfit der unliebsamen Kollegen herzuziehen.

Die dritte Ebene beschreibt unbewusste, nicht sichtbare Grundannahmen einer Organisation oder sozialen Gruppe. Die Grundannahmen entstehen parallel zur menschlichen Entwicklung und werden durch das Umfeld, in dem eine Person sozialisiert wird, beeinflusst und geprägt. Grundannahmen sind die überdauernde Basis einer Unternehmenskultur.

Die einzelnen Ebenen können nicht isoliert voneinander betrachtet werden. Normen und Werte bilden die sogenannten Führungsleitlinien bzw. Führungsgrundsätze, die sich in Artefakten auf der Verhaltensebene widerspiegeln und durch die Grundannahmen in ihrem basalen Verständnis bestimmt werden (Wien und Franzke 2014). Für die konkrete Einzelperson gelten sie als selbstverständliche, selten hinterfragte Annahmen, Gedanken, Gefühle, Glaubenssätze oder Wahrnehmungen. In unserem Beispiel können wir bei Frau

Maier und ihrem Kollegen davon ausgehen, dass freie Bestimmung über Zeit und Gesellschaft als gegebene Grundannahme angesehen wird. In diesem Beispiel lässt die Organisation den nötigen Raum und bietet die Sicherheit, die verschiedenen Ausprägungen der Kultur auszuleben.

▶ **Was Sie mitnehmen sollten** Kulturen entstehen unter stetiger Weiterentwicklung auf verschiedenen, teils beobachtbaren Bewusstseins- und Handlungsebenen. Somit beeinflussen sie die gesamte Interaktion in einem sozialen System. Die Grundannahmen einer Person bestimmen zu einem großen Anteil ihr Interaktionsverständnis. Die vielschichtige Verflechtung der Unternehmenskultur in der täglichen Interaktion zwischen Mitarbeiter und Organisation, verdeutlicht ihre Relevanz für die Unternehmensführung.

13.2.2 Welchen organisationalen Rahmen benötigt eine Innovationskultur?

Aktuelle Veränderungen bewegen zunehmend die Grundannahmen von Menschen dahingehend, dass sie das Gefühl haben, in einer sogenannten VUKA-Welt zu leben. Aber was bedeutet dieser Neologismus konkret? Dieses Wort ist zusammengesetzt aus den Begriffen Volatilität, Unsicherheit, Komplexität und Ambivalenz (Edelkraut und Balzer 2016). Wenn Sie einmal kurz innehalten und überlegen, werden Sie feststellen, dass auf der Erde alles in Polarität geschieht. Nehmen wir Unsicherheit als Beispiel: Je stärker das Gefühl der Unsicherheit, desto größer ist das Streben nach Sicherheit. Könnte es nicht also Ziel des Unternehmens sein, seinen Mitarbeitern das Gefühl von Sicherheit und Zugehörigkeit zu vermitteln, gerade wenn die Form eines innovativen, sich ständig neu erfindenden Mitarbeiters gewünscht ist? Eben das ist unsere Meinung.

In Bezug auf den organisationalen Rahmen, den das Unternehmen bietet, ist die Unternehmensführung in der Verantwortung, die geeigneten Rahmenbedingungen für ein Gefühl der Sicherheit zu schaffen (und das Gefühl der Sicherheit dient hier nur als ein exemplarisches Beispiel). Damit der Mitarbeiter das Gefühl der Sicherheit empfinden kann, werden ein paar bekräftigende Worte in diese Richtung nicht ausreichen und wenn überhaupt, nur kurzzeitig Wirkung zeigen. Vielmehr geht es darum, tief im Unterbewusstsein der Mitarbeiter dieses Gefühl zu verankern und die kulturelle Grundannahme von Sicherheit im organisationalen Umfeld zu bestätigen. Wie kann das nun funktionieren? Dafür reicht es nicht aus, mit ein paar Worten oder Methoden an der Oberfläche zu bleiben, sondern vielmehr geht es um die Fragestellung: Warum existiert das Unternehmen eigentlich? Unserer Meinung nach ist es entscheidend, den übergeordneten Handlungsrahmen des jeweiligen Unternehmens zu definieren, sich die Frage zu stellen, was ist denn die zentrale Daseinsberechtigung des Unternehmens, das *common shared goal?* Letztendlich das, was das Unternehmen im Innersten zusammenhält? Es geht also darum, die Sinnfrage mit Sinngebung zu beantworten – und das in einem

Satz. Und damit dem Unternehmen und allen handelnden Akteuren eine zentrale Ausrichtung zu geben, gleich einem Leuchtturm, der die Richtung leuchtet. Das verleiht den nötigen Halt im Unternehmen, die Orientierung, wonach das Unternehmen und dann die einzelnen Mitarbeiter ausgerichtet sind. Um sinngemäß in Antoine de Saint-Exupérys (1956) Worten zu sprechen: Es geht nicht darum, Schiffe zu bauen, Arbeiter einzustellen, Werkzeug zu verteilen, sondern die Sehnsucht nach dem großen weiten Meer zu lehren.

Die Folge dieser zentralen Ausrichtung schafft das für den Mitarbeiter dringender denn je benötigte Gefühl von Orientierung und Sicherheit. Zudem befähigt es die Führungskräfte mehr Stabilität (vs. Volatilität), Eindeutigkeit (vs. Ambivalenz) und Einfachheit (vs. Komplexität) im Arbeitsalltag zu kommunizieren. Ist das erst einmal gelungen, geht es darum, den übergeordneten Handlungsrahmen gegenüber dem gesamten Unternehmen klar und plakativ zu kommunizieren. Drücken Sie ihn in Bildern aus, gestalten Sie einen Leitsatz und platzieren Sie ihn sichtbar, wo immer es sich anbietet, um die richtigen Grundannahmen und Werte in der Unternehmenskultur zu verankern und den Weg für die Implementierung einer Innovationskultur zu ebnen.

▶ **Was Sie mitnehmen sollten** Ein übergeordneter, sinnstiftender Handlungsrahmen sollte die dem Unternehmen zugrunde liegende Daseinsberechtigung adäquat widerspiegeln. Der Handlungsrahmen dient als Orientierungspunkt jeglicher organisationalen Interaktion. Er sollte einfach und deutlich im gesamten Unternehmen kommuniziert werden, um den Grundstein einer zukunftsfähigen Innovationskultur zu legen.

13.2.3 Was bewirkt ein übergeordneter Handlungsrahmen auf Mitarbeiterebene?

In Studien des Gallup Instituts erscheinen immer wieder ungefähre Zahlen, die besagen, dass nur 15 % aller Mitarbeiter wirklich engagiert arbeiten. Weitere 15 % hingegen arbeiten passiv und in Teilen schon gegen die gesetzten Unternehmensziele. Die überbleibende Zahl von erschreckenden 70 % befindet sich in freizeitorientierter Schonhaltung, manche nennen es auch Dienst nach Vorschrift. Welcher Art von Mitarbeiter bedarf es jedoch für ein zukunftsfähiges, innovatives Unternehmen? Richtig, engagierte Mitarbeiter, die eigenständig denken und die Organisation auf allen ihnen möglichen Ebenen voranbringen und die auch die Sicherheit im Unternehmen verspüren, den Mut zum Risiko leben zu können.

Was braucht man, um meine Mitarbeiter zu leistungsfähigen Arbeitskräften zu formen? Unserer Auffassung nach geht es darum, den zuvor erwähnten übergeordneten Rahmen zu bilden, um somit den Sinn für alle Mitarbeiter transportieren zu können. Dieser Rahmen ist somit sinnstiftend. Warum ist das wichtig? Wer Leistung will, muss Sinn bieten. Ein Leitsatz, der gerade in unserer heutigen Zeit eine hohe Bedeutung innehat. Und Motivation brauchen wir immer dort, wo der Sinn verloren gegangen ist. Dies

gilt vor allem, wie eingangs erwähnt, in unserer Generation, der Generation der 20-
bis 35-jährigen. Dass Gehalt nicht mehr von Platz eins der attraktiven Lockmittel oder
Motivationsinstrumente für Arbeitnehmer grüßt, dürfte mittlerweile recht bekannt sein.
Mitarbeiter der Generation Y geben Sinnhaftigkeit, Gestaltungsspielraum, sozial kulturellen Umgang und Weiterbildung als relevante Faktoren an, warum sie sich bei einem
Unternehmen bewerben und dort auch über einen längeren Zeitraum bleiben. Oft heißt es
noch, dass Mitarbeiter Unternehmen verlassen, weil sie in anderen Unternehmen besser
bezahlt werden. Die Begründung ist leicht und die Verantwortung der Führungskraft für
das Verlassen des Mitarbeiters schnell äußeren Umständen zugetragen. Wir sagen jedoch,
Menschen verlassen nicht das Unternehmen, sie verlassen ihre Vorgesetzten. Frage an
Sie: Was tun Sie für Ihre Mitarbeiter?

Es gibt selten einen anderen Weg, jemanden dazu zu bringen, dass er das macht, was
wir wünschen, als dass man ihm gibt, was er wünscht. Was aber ist das? „Der stärkste
Trieb in der menschlichen Natur ist der Wunsch, bedeutend zu sein" (John Dewey
(1859–1952), amerik. Philosoph, Pädagoge und Psychologe). Stellen Sie also für das,
was Ihre Mitarbeiter tagtäglich machen, die Bedeutung für das Unternehmen heraus,
gepaart mit aufrichtiger Wertschätzung. Auch wenn Bottom-Up-Prozesse in der Kommunikation zunehmend mehr in Unternehmen gefördert werden und an Attraktivität
zunehmen, sind die anfänglichen Prozesse gegenüber Mitarbeitern doch weitestgehend
Top-Down gesteuert. Dieser Verantwortung sollte sich eine Führungskraft stets bewusst
sein. Sie ist immer noch zu einem großen Anteil dafür verantwortlich, was ihre Mitarbeiter denken, fühlen und wie sie handeln. Achtung davor, diese Faktoren zu unterschätzen.

▶ **Was Sie mitnehmen sollten** Wer Leistung will, muss Sinn bieten. Neben der
Daseinsberechtigung des Unternehmens, ist auch eine Daseinsberechtigung
für den Mitarbeiter von Bedeutung. Diese wird durch den übergeordneten
Handlungsrahmen verdeutlicht. Jedoch sollte auch die Bedeutung jedes
einzelnen Mitarbeiters hervorgehoben und wertgeschätzt werden können. In
der Verantwortung dabei steht die Führungskraft.

13.3 Fixed Mindset und Growth Mindset – was steckt dahinter?

Zum Thema Denken, Fühlen und Handeln der Mitarbeiter, möchten wir auf das für
uns zentrale Konstrukt, das Mindset, eingehen. Mindset ist ein Begriff, der im deutschsprachigen Raum gerade sehr in Mode kommt. Wir möchten diesen Begriff allerdings
nicht als Modeerscheinung beleuchten, sondern in aller Kürze auf wissenschaftliche
Erkenntnisse aus der Forschung eingehen, die wesentlich tiefgreifender und bedeutender
in der Entwicklung einer Innovationskultur und dem Kontext zukunftsfähiger Unternehmensführung sind.

In der Literatur existiert eine Vielzahl verschiedener Begrifflichkeiten, um den Begriff *Mindset* zu definieren. Im Englischen sind Begriffe wie Cognitive Maps, Mental Models oder Knowledge Structures zu finden. Im Deutschen, angelehnt an die Kognitionspsychologie, existieren Begriffe wie mentale oder kognitive Struktur (Hruby und Hanke 2014). Letztendlich beschreibt ein Mindset im Allgemeinen „die Art und Weise, wie Menschen denken und handeln" (Hofert 2018, S. 3) und erfüllt „den Vollzug höherer geistiger Tätigkeiten wie Sprechen oder Verstehen" (Wrona 2008, S. 63). Das Mindset ist aufgrund der Vergangenheit geformt, beeinflusst aktuelle Handlungen und steuert das Verhalten in der Zukunft. Nach Markus und Zajonc (1985) dient das Mindset als Grundlage zur Bewertung und Interpretation von auf das Individuum gerichteten Informationen aus seiner Umwelt. Es vereinfacht die Informationsverarbeitung und das strategische Entscheidungsverhalten, indem es Umweltinformationen nach Relevanz selektiert. Im sozialen Kontext kann das Mindset einen maßgeblichen Einfluss für den Menschen in Lebensbereichen wie beispielsweise der Erziehung, Partnerschaft, Sport, Lehre oder auch der Arbeit haben (Dweck 2007).

Auf welche Art von Mitarbeiter legen Sie gezielt Wert? Diese Frage wurde auch Markus Köhler gestellt, seines Zeichens Personalchef des weltweit größten Softwareherstellers Microsoft (Deutschland). „Technisches Know-how ist bei einem Technologieunternehmen wie unserem natürlich wichtig. Was für uns aber mindestens genauso oder sogar noch wichtiger ist, ist [das] Mindset", (Markus Köhler 2018 zitiert nach Schwär 2018, S. 1). In fortschrittlichen Unternehmen findet der Gedanke einer progressiven Fehlerkultur schon lange Anklang. Zunehmend häufiger wird dabei von einem sogenannten „Growth Mindset" bei den Mitarbeitern gesprochen. Aber nicht nur im organisationalen Kontext erlangt die Entwicklung des Mindsets stetig mehr an Bedeutung, sondern auch im Bereich der Bildung. Carol Dweck hat in den letzten Jahren die wissenschaftliche Forschung des Mindsets stark vorangetrieben (Dweck 1999, 2007, 2015). Vor allem in Schulen und Universitäten wird die Wirkungsweise an Schülern und Studierenden erforscht. Forscher legen den Fokus aber auch auf das Mindset der Lehrkräfte, da es von großem Gewinn sein kann, wenn diese ein förderndes Mindset bei ihren Schülern entwickeln. Die Lehrkraft kann Vorbild und Auslöser eines Mindset Changes bei ihren Schülern sein, sodass eine gesamtheitliche Kultivierung stattfindet (Gutshall 2013; van Uden et al. 2014). Bezug- nehmend auf eine solche Übertragbarkeit des Mindsets zeigen Haimovitz und Dweck (2017), dass es bereits im frühen Kindesalter die Motivation und das Lernen beeinflusst, insbesondere in Bezug auf die nachhaltige Fokussierung des Lernprozesses. In der Managementforschung wird im Zuge des Mindset-Konstruktes oft von einem Global Mindset geschrieben (Hruby 2013; Hruby und Hanke 2014). Eine globale Denkweise der Manager wird bezüglich des Mindsets in den Vordergrund gerückt. Die Ansichten in der Managementforschung unterscheiden sich jedoch hinsichtlich anderer wissenschaftlicher Forschungen, da das globale Mindset eher die Zusammenfassung aller Facetten des Mindsets impliziert.

Die Annahme einer Person darüber, ob die Intelligenz ein fixes, stabiles Konzept oder im Gegenteil eher ein formbares, entwickelbares Konzept ist, stellt das sogenannte *Mindset über die Veränderbarkeit der Intelligenz* dar (Dweck 1986, 1999, 2007; Dweck et al. 1995; Yeager und Dweck 2012). Die Mindset-Forschung konzentriert sich dabei auf zwei konträre Standpunkte zur Formbarkeit oder Veränderbarkeit von Fähigkeiten bzw. Intelligenz: Das Fixed Mindset und das Growth Mindset (Dweck 2007). Personen mit einem Fixed Mindset betrachten ihre Fähigkeiten bzw. Intelligenz als eine feste oder unveränderliche Eigenschaft, die vererbt und stabil ist. Kommen sie an einen Punkt, an dem ihre aktuellen Fähigkeiten nicht ausreichen, sind Sätze wie „Ich kann das nicht" üblich. Personen mit einem Growth Mindset betrachten ihre Fähigkeiten bzw. Intelligenz als eine Eigenschaft, die durch Erfahrung und Feedback verändert oder erweitert werden kann. Kommen sie an einen Punkt, an dem ihre aktuellen Fähigkeiten nicht ausreichen, sind Sätze wie „Ich kann das *noch* nicht, aber ich werde meine Fähigkeiten dafür entwickeln" üblich (siehe Abb. 13.1). Nach Dweck (2014) entscheidet jede Person selbst, in welche der Richtungen sie denkt und anschließend entsprechend handelt. Es handelt sich jedoch nicht um ein dichotomes Konstrukt. Eine Person tendiert tendenziell zu einem der beiden Arten des Mindsets.

Betrachten wir das Mindset einmal genauer in Bezug auf den Arbeitskontext. Nehmen wir an, dass, ähnlich des Einflusses der direkten Lehrer-Schüler-Beziehung, auch die direkte Führungskraft diese Macht über ihre Mitarbeiter hat. Stellen Sie sich das Beeinflussungspotenzial einer wirklich guten Führungskraft auf die Entwicklung und Produktivität Ihrer Mitarbeiter vor.

Bei der Betrachtung des Einflusses des Mindsets können Haimovitz und Dweck (2016) Auswirkungen auf die Motivation und Leistung nachweisen. Sevincer et al. (2014) zeigen, dass das Mindset die Art und Weise, wie Individuen Ideen und Ziele für sich selbst erarbeiten, beeinflusst. Die Zielsetzung offenbart zudem, wie sie mit Rückschlägen und Misserfolgen umgehen. Personen mit einem Fixed Mindset setzen sich leistungsorientierte Ziele. Diese dienen der Selbstbestätigung ihrer Überzeugungen

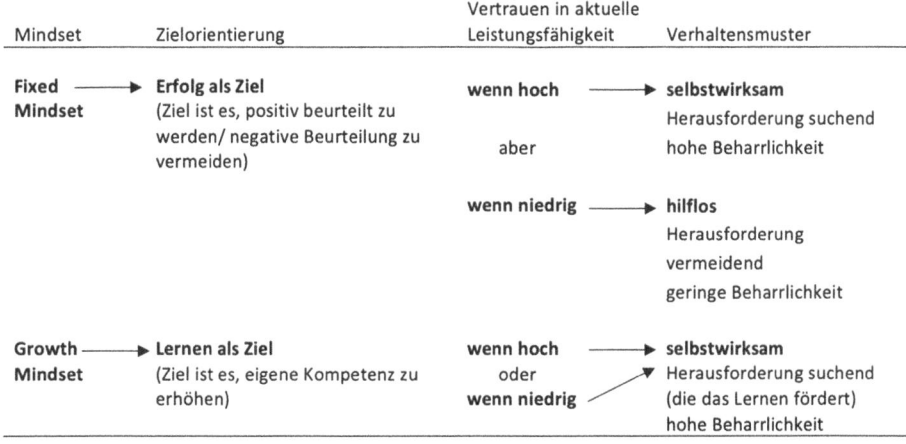

Abb. 13.1 Differenzierung Fixed und Growth Mindset. (Eigene Darstellung)

über ihre Fähigkeiten. Personen mit einem Growth Mindset setzen sich performance-orientierte Ziele, um darauf aufbauend neue Fähigkeiten zu erlernen oder bereits vorhandene zu erweitern. Die in der jeweiligen Denkweise begründete Handlungsmotivation beeinflusst wiederum das Verhalten und die Einstellung (Haimovitz et al. 2011; Huang 2011; King 2012). Die Tendenz zu einem Fixed oder Growth Mindset ist über die Zeit jedoch veränderbar (Conklin und Hartmann 2014) und stark vom sozialen Umfeld abhängig, da sie, oft ein Spiegelbild der höhergestellten Autorität sein kann. Dies gibt Anlass, sich im organisationalen Umfeld näher mit den Mindset-Facetten auseinanderzusetzen.

▶   **Was Sie mitnehmen sollten** Das Mindset stellt ein Konstrukt dar, das für zukunftsfähige Unternehmensführung sehr zentral ist. Es differenziert zwischen Fixed und Growth Mindset als äußere Pole und beeinflusst die Performance der Mitarbeiter. Präsentieren Sie im nächsten Meeting doch einmal Impulse oder einen Experten zum Thema Mindsetkultivierung in Unternehmen, statt den neuesten Umsatzzahlen.

13.4   Was sind die Kernelemente einer Innovationskultur?

Im Rahmen der Beschäftigung mit dem Thema der Innovationsentwicklung, haben wir für unser Thema ein Theorem über die Beziehungen zwischen den einzelnen Elementen einer Innovationskultur entwickelt. Eine grafische Darstellung dieses Innovationskulturtheorems finden Sie in Abb. 13.2. Auf die Bedeutung der jeweiligen Elemente und ihr Zusammenspiel gehen wir im Folgenden näher ein.

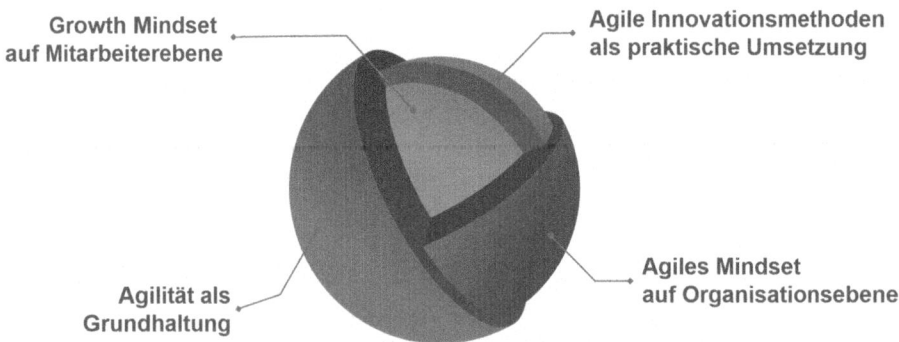

Abb. 13.2 Innovationstheorem zur Darstellung der Innovationskultur. (Eigene Darstellung)

13.5 Warum ein Growth Mindset auf Mitarbeiterebene?

Growth Mindset fördert Unternehmenserfolg. In einer Untersuchung konnte Carol Dweck zeigen, dass in einem Unternehmen, das ein Growth Mindset fördert, die Wahrscheinlichkeit zu 47 % höher ist, dass Mitarbeiter ihre Kollegen als vertrauenswürdig sehen, das Commitment gegenüber dem eigenen Unternehmen zu 34 % höher ist und die Mitarbeiter mit 65 % höherer Wahrscheinlichkeit sagen, dass ihr Unternehmen risikofreudiger ist und dies gefördert und honoriert wird. Der letzte Punkt knüpft an mit der Zahl, dass das Gefühl der Mitarbeiter zu 49 % steigt, dass ihr Unternehmen Innovation fördert (Dweck 2007). In einer unserer Untersuchungen zum Thema *Mindset im Unternehmenskontext* konnten wir nachweisen, dass sich eine Growth Mindset dienliche Kommunikation positiv auf die quantitative und qualitative Aufgabenleistung sowie auf die Beharrlichkeit der Aufgabenbearbeitung bei den Mitarbeitern auswirkt (Schönberger 2019). Ein Growth Mindset in einem Unternehmen bedeutet nun nicht gleich eine Fülle innovativer Ideen und unendliche Motivation, es unterstützt und fördert dies jedoch zu einem großen Anteil.

Mitarbeiter mit einem Growth Mindset gehen schwierig zu lösende Probleme mit Freude an und sehen harte Arbeit als eine Art Notwendigkeit an, Wissen zu erwerben und somit Wert liefern zu können. Sie entwickeln Spaß an Herausforderungen, Lernbereitschaft und die Fähigkeit des konsequenten Erkennens von Potenzialen zur Entwicklung neuer Fähigkeiten. Darüber hinaus neigen sie dazu, effektiv in Gruppen zu arbeiten, dabei wertschätzende Hilfe gegenüber ihren Kollegen zu leisten und den Erfolg anderer bzw. des gesamten Teams zu fördern (Dweck 2007). Indem die Führungskraft die Art und Weise des Feedbacks ändert, wie auf die Leistung seiner Mitarbeiter reagiert wird und welche Komponenten wertgeschätzt werden, kann sie anderen (und sich selbst) helfen, von einem Fixed zu einem Growth Mindset zu gelangen.

Die dahinterstehende Idee ist, anstatt sich auf das Endergebnis zu konzentrieren, die Leistung und Anstrengung, also die Performance des Mitarbeiters wertzuschätzen. Wenn ein Mitarbeiter ein Problem oder eine Aufgabe gelöst hat, können Sie sagen „Sie sind brillant, das Ergebnis ist brillant". Die bessere und effektivere Variante, um ein Growth Mindset zu fördern wäre jedoch, wenn Sie sagen: „Sie haben einen großartigen Job während der harten Arbeit geleistet, es imponiert mir, wie Sie sich auf dem Weg zur Lösung reingehangen haben". Das ist der Unterschied. Diese Idee führt letztlich dazu, dass Sie aufgrund des etablierten Growth Mindset auf offenere Geister zur Entwicklung einer Innovationskultur treffen und diese nachhaltig ausleben können, einen Innovationsprozess schneller einführen und nachhaltiger gestalten können. Die Kultivierung eines Growth Mindset im Unternehmen beginnt dann im Übrigen schon beim Recruiting. Um eine Innovationskultur zu entwickeln, benötigen Sie die entsprechenden Mitarbeiter, um diese Kultur leben zu können.

▶ **Was Sie mitnehmen sollten** Mindset ist die Basis unserer Leistung. Zur Entwicklung einer Innovationskultur im Unternehmen bedarf es Mitarbeiter mit einer offenen, vorwärtsgewandten Einstellung – einem Growth Mindset. Um diese Einstellung zu kultivieren, geben Sie performanceorientiertes Feedback und fördern Sie eine gesunde Fehlerkultur.

13.5.1 Warum ein agiles Mindset auf Organisationsebene?

Hinter einer Kultur der Innovationen steckt nicht nur, sich mit einem Stapel Post-Its in einem vermeintlich kreativitätsfördernden Agilraum einzuschließen. Hinter einer Innovationskultur steckt eine Haltung. Diese Haltung kann der Mitarbeiter nicht immer von alleine entwickeln, es braucht einen organisationalen Apparat, der diese Haltung fördert und fordert.

Die Entwicklung eines Mindsets sollte auch hier wieder übergeordnet auf Organisationsebene entwickelt werden, um langfristig kultiviert werden zu können. Wie bei jedem Mitarbeiter ein Growth Mindset gefördert werden sollte, so muss das Organisationsmindset ebenfalls gefördert werden. Growth-Mindset-Organisationen haben mehr freudige, innovative und risikobereite Mitarbeiter (Dweck 2015). In den meisten Fällen bestimmen die Führungskräfte die Ausprägung und Entwicklung, wodurch sie zu den Trägern des Organisationsmindsets werden. Die einzelne Führungskraft, aber auch der Wirkverbund des Topmanagements eines Unternehmens, nehmen folglich wegweisenden Einfluss auf die Wahrnehmung des Organisationsmindset. Dabei greift nicht wie so häufig der Grundsatz: Je niedriger in der Unternehmenshierarchie, desto geringer die Verantwortung. Im Gegenteil: Die direkte Führungskraft nimmt mit ihrer agilen Haltung und dem Verhalten in Bezug auf Herausforderungen den größten Einfluss auf ihre Mitarbeiter, wie auch unsere Untersuchung zeigte (Kilb 2019). Aufgrund dessen ist es notwendig, Führungskräfte zu schulen und sie dahin gehend zu befähigen. Es greift der Grundsatz: Führung führt die Kultur. So wird die Führungskraft zum Hauptförderer und Hauptforderer des Organisationsmindsets.

Innovation in einem Unternehmen bedeutet nicht nur Neuerung, sondern auch Wagemut, Kontrollabgabe und Offenheit. Die Organisation sollte den nötigen Wagemut haben, auch skurrile Ideen ihrer Innovatoren zu testen und den Mitarbeitern den nötigen Raum dafür zu geben. Sie sollte Kontrolle über Prozesse und Entscheidungen abgeben und vor allem Offenheit leben: Offenheit für neue Impulse, für unkonventionelle und verrückte Ideen. Diese Merkmale gehen Hand in Hand mit der Reflexionsfähigkeit einer Organisation. Kurzum: Die Organisation sollte Agilität im Denken und Handeln zeigen. Flexibilität und schnelle Reaktionsfähigkeit sind gefragt. Ebenso die Herangehensweise, Probleme nicht als Probleme, sondern als Herausforderung zu sehen und Herausforderungen als Chancen nutzbar zu machen. Wir fassen diese Fähigkeit unter dem Begriff *Agiles Mindset* zusammen.

Eine bewegliche Definition für Agilität

Manche sehen den Begriff der Agilität als Auswuchs der sich am Prozess orientierten Arbeitsweise der Softwarebranche und führen es auf das Agile Manifest (Beck et al. 2001) zurück. Andere sehen in dem Begriff der Agilität die Beweglichkeit im Alter. Für uns setzt der Begriff der Agilität auf verschiedenen Ebenen an: Im Denken und im Handeln. Die folgende Definition deckt sich mit unserem Agilitätsverständnis sehr gut:

> Agilität ist die Gewandtheit, Wendigkeit oder Beweglichkeit von Organisationen und Personen bzw. in Strukturen und Prozessen. Man reagiert flexibel auf unvorhergesehene Ereignisse und neue Anforderungen. Man ist, etwa in Bezug auf Veränderungen, nicht nur reaktiv, sondern auch proaktiv. (Gabler Wirtschaftslexikon 2019)

An dieser Stelle möchten wir als Beispiel einen Grundsatz des Design Thinkings anführen: *Fail early*. Dieser Grundsatz lehrt uns, in einem Entwicklungs- und Innovationsprozess möglichst früh in eine praxisnahe Testung der Idee einzusteigen. Mit der Testung einer unausgereiften Idee gehen wir jedoch offenkundig das Risiko ein, negatives Feedback von unseren Testern zu erhalten und ein Scheitern attestiert zu bekommen, oder? Das ist möglich. Das Scheitern stellt allerdings kein Problem dar. Es stellt vielmehr die Herausforderung dar, das Produkt oder die Idee so weiterzuentwickeln, dass die Bedürfnisse der Zielgruppe adressiert werden. Diese Chance, das Produkt zielgruppenspezifisch zu optimieren, wäre gar nicht erst entstanden, würde das Unternehmen jeden Fehler auch als solchen betrachten. In diesem Fall wäre das Projekt vermutlich schnell eingestellt worden. Weist das Organisationsmindset also die nötige Agilität in der Auslegung und dem Umgang mit vermeintlichen Fehlern, Problemen oder auch Chancen, schafft es einen sicheren Rahmen zur Verwirklichung innovativer Ideen.

▶   **Was Sie mitnehmen sollten** Die Organisation benötigt zur Realisierung einer Innovationskultur ein agiles Mindset. Eine tragende Rolle in der Entwicklung und Festigung dieses Mindsets nehmen die Führungskräfte des Unternehmens ein. Sie sind es, die durch Ihre Haltung und Ihr Verhalten den größten Einfluss auf die Einstellung der direkten Mitarbeiter nehmen.

13.5.2 Warum agile Innovationsmethoden die praktische Umsetzung einer Innovationskultur sind?

In Orientierung am zu Beginn des Kapitels vorgestellten Innovationstheorem gibt es auch ein praktisches Element, das die physische Manifestation des Mindsets beider Ebenen (d. h. Mitarbeiter- und Organisationsebene) darstellt und diese miteinander verbindet. Dieses Element sind die agilen Innovationsmethoden. Die bekanntesten unter ihnen sind Tools, wie Design Thinking, Lean Startup, Rapid Prototyping und auch Scrum.

Agile Innovationsmethoden bieten ein Framework zum Einstieg in neuartige Arbeitsprozesse, die jedoch nicht frei von Strukturen und Regeln sind. Mittels bestimmter Methoden und spielerischen Ansätzen, die die Nutzer zu einem Wechsel der Perspektive zwingen und von anerzogenen mentalen Grenzen wegzubewegen versuchen, stellen agile Innovationsmethoden das Werkzeug einer Innovationskultur dar. Mit der physischen Komponente unseres Innovationstheorems fördert und fordert die Organisation im Arbeitsalltag mentale Agilität und Entwicklung vom Mitarbeiter und den organisationalen Strukturen selbst. So, wie die Verankerung agiler Grundwerte in einer Kultur Zeit benötigt, sollte auch die Implementierung agiler Arbeitsmethoden mit Bedacht und Gemach vorgenommen werden. Solche Methoden ermöglichen es nicht nur, die Bedürfnisse der Kunden zu analysieren, sie sollen auch bewusst nach den Bedürfnissen des Unternehmens und der damit arbeitenden Mitarbeiter angepasst und individualisiert werden. Eine eigens angepasste Methode mit eigenem Namen, einem putzigen *Method Mascot* (Maskottchen) und Post-Its mit eigenem Logo, sind ebenso, wie die positiven Erfahrungen der Mitarbeiter, Multiplikatoren für die Verankerung der Kernwerte Ihrer Innovationskultur. So werden die Grundannahmen einer agilen Innovationskultur Stück für Stück im Arbeitsalltag autodidaktisch verinnerlicht.

▶ *Was Sie mitnehmen sollten* Agile Innovationsmethoden sind das physische Werkzeug zur Festigung Ihrer Innovationskultur und zur Entwicklung innovativer Produkte und Dienstleistungen, eng an den Bedürfnissen der Zielgruppe. *Die* agile Innovationsmethode für Ihr Unternehmen gibt es nicht. Es gilt, sich eine praktikable Methode herauszusuchen und sie an Ihre betriebsindividuellen Bedürfnisse anzupassen. Auch hier liegen die ersten Schritte bei der Führungskraft.

13.5.3 Warum ist Agilität als Grundhaltung so entscheidend?

Ihre Pläne und Strategien können noch so detailliert und praxisnah sein, es gibt in jeder Lebens- und Unternehmenslage Situationen, denen kein Plan gewachsen ist. Einer solchen Situation souverän und zuversichtlich zu begegnen, ist die Grundvoraussetzung der erfolgreichen Implementierung einer Innovationskultur. Der Rahmen des Zusammenspiels von Mitarbeiter , Organisations- und Methodenebene ist eine agile Grundhaltung. Für die nachhaltige Implementierung einer Innovationskultur ist es wichtig, dass alle Beteiligten mit einer ähnlich agilen Haltung und einem entwicklungsorientierten, offenen Mindset im und, vor allem auch, am Unternehmen arbeiten. Sowohl die Organisation, als auch der Mitarbeiter sollten agil und selbstsicher genug in ihrem Denken und Handeln sein, um passend abschätzen zu können, wann ein agiler Arbeitsansatz auch mal der Sache nicht dienlich sein könnte. Diese Agilität des Denkens und Handelns ist der Klebstoff, der die Charaktere und Werkzeuge einer Innovationskultur miteinander verbindet. Diese Haltung ist es, die ein Unternehmen für die Unwägbarkeiten der Zukunft wappnet und die zukünftige Unternehmensführung weniger in Problemen und dafür umso mehr in Chancen erscheinen lässt.

▶ **Was Sie mitnehmen sollten** Die Botschaft dieses Abschnitts ist vergleichsweise prägnant und einprägsam: Denken Sie agil, handeln Sie agil und sehen Sie die Unwägbarkeiten der Unternehmensführung als Chancen, um dort Potenziale zu erkennen, wo andere nur Probleme sehen.

13.6 Fazit oder warum sollte man dieses Kapitel gelesen haben?

Wer Leistung will, muss Sinn bieten. In unserer Rolle als unverbesserliche Optimisten sind wir überzeugt, dass es Ihnen eine ganze Menge Fortschritt bringt, wenn Sie sich in der Tiefe eingehend mit den von uns formulierten Fragen auseinandersetzen. Fragen wecken die Aufmerksamkeit und regen zum Handeln an. Es geht um die Zukunftsfähigkeit des Unternehmens, in das Sie Woche für Woche jede Menge Herzblut stecken und welches Sie vermutlich auch in Zukunft noch mit jeder Menge Freude voranbringen wollen. Suchen Sie sich die für Sie zentralen Fragen und Erkenntnisse heraus und sehen Sie diese als mögliche Impulse für eine zukunftsfähige Unternehmensausrichtung, aus der Sicht zweier Jungspunde der zukünftigen Unternehmenswelt.

Im Fazit der Change-Fitness-Studie 2018 heißt es: „Unternehmen brauchen ein neues Organisationsmodell, das die alte Organisation zwar infrage stellt, sie dabei aber nicht zerreißt, sondern im Gesamten stärkt. […] Die Herausforderung für das Management wird darin bestehen, einen strategischen Gesamtrahmen für die Vernetzung und Zusammenführung beider Welten zu schaffen und einen gemeinsamen Werterahmen zu entwickeln" (MUTAREE GmbH 2018, S. 79). Treffende Aussagen darf man auch kopieren. Nach dem Lesen dieses Kapitels sind Sie sich im Klaren darüber, dass die Zeit gekommen ist, den Transformationsprozess auf den von uns beschriebenen Ebenen, mit den nun bekannten Mitteln zu einer Innovationskultur anzustoßen.

Los geht's Fördern und fordern Sie Ihre wertvollen Mitarbeiter. Finden und gestalten Sie Ihre eigene Innovationskultur. Haben Sie Mut mal einen Fehler zu machen, lernen Sie daraus. Finden Sie Ihren Weg zum Growth Mindset.

Literatur

Beck K, Beedle M, van Bennekum A, Cockburn A, Cunningham W, Fowler M, Grenning J, Highsmith J, Hunt A, Jeffries R, Kern J, Marick B, Martin RC, Mellor S, Schwaber K, Sutherland J, Thomas D (2001) Manifesto for agile software development. https://agilemanifesto.org/. Zugegriffen: 17. März 2019

Conklin TA, Hartman NS (2014) Appreciative inquiry and autonomy-supportive classes in business education: a semilongitudinal study of AI in the classroom. J Experiential Educ 37(3):285–309

Dweck C (1986) Motivational processes affecting learning. Am Psychol 41(10):1040

Dweck C (1999) Self-Theories: their role in motivation, personality, and development. Psychology Press, New York

Dweck C (2007) Mindset: the new psychology of success, Updated Aufl. Ballantine Books, New York

Dweck C (2014) How can you develop a growth mindset about teaching? Educ Horizons 93(2):15

Dweck C (2015) Growth. Br J Educ Psychol 85(2):242–245

Dweck C, Chiu C, Hong Y (1995) Implicit theories and their role in judgments and reactions: a word from two perspectives. Psychol Inq 6(4):267–285

Edelkraut F, Balzer S (2016) Inspiring! – Kommunizieren im TED-Stil. Springer Gabler, Wiesbaden

Gabler Wirtschaftslexikon (2019) Agilität. https://wirtschaftslexikon.gabler.de/definition/agilitaet-99882/version-368852. Zugegriffen: 17. März 2019

Gutshall CA (2013) Teachers' mindsets for students with and without disabilities. Psychol Sch 50(10):1073–1083

Haimovitz K, Dweck C (2016) What predicts children's fixed and growth intelligence mindsets? not their parents' views of intelligence but their parents' views of failure. Psychol Sci 27(6):859–869

Haimovitz K, Dweck C (2017) The origins of children's growth and fixed mindsets: new research and a new proposal. Child Dev 88(6):1849–1859

Haimovitz K, Wormington SV, Corpus JH (2011) Dangerous mindsets: how beliefs about intelligence predict motivational change. Learn Individ Differ 21(6):747–752

Hausschildt J, Salomo S, Schultz C, Kock A (2016) Innovationsmanagement. Vahlen, München

Hofert S (2018) Das agile mindset. Springer Fachmedien GmbH, Wiesbaden

Hruby J (2013) Das Global Mindset von Managern. Springer Fachmedien GmbH, Wiesbaden

Hruby J, Hanke T (2014) Mindsets für das Management: Überblick und Bedeutung für Unternehmen und Organisationen. Springer Gabler, Wiesbaden

Huang C (2011) Achievement goals and achievement emotions: a meta-analysis. Educ Psychol Rev 23(3):359–388

Kilb J (2019) Das Erleben von Veränderungsprozessen innerhalb betrieblicher Umstrukturierungen. Unveröffentlichte Arbeit, Rheinische Fachhochschule Köln

King RB (2012) How you think about your intelligence influences how adjusted you are. Implicit theories and adjustment outcomes. Personality Individ Differ 53(5):705–709

Markus H, Zajonc RB (1985) The cognitive perspective in social psychology. In: Lindzey G, Asonson E (Hrsg) The handbook of social psychology. Random House, New York, S 137–230

MUTAREE GmbH (2018) Change-Fitness-Studie 2018 (Ausgabe 08/2018) Eltville-Erbach

Saint-Exupéry Ad (1956) Die Stadt in der Wüste. Karl Rauch Verlag GmbH & Co. KG, Düsseldorf

Schein EH (2004) Organizational culture and leadership. Jossey-Bass, San Francisco

Schönberger F (2019) Der Einfluss der Kommunikation auf das Mindset und die Aufgabenleistung. Unveröffentlichte Arbeit, Rheinische Fachhochschule Köln

Schwär H. (2018) Microsoft-Personalchef erklärt, welche Frage am meisten über Bewerber verrät. Business Insider Deutschland. https://www.businessinsider.de/bewerbung-microsoft-personalchef-stellt-bewerbern-gerne-eine-entlarvende-frage-2018-5. Zugegriffen: 4. Okt. 2018

Sevincer AT, Kluge L, Oettingen G (2014) Implicit theories and motivational focus: desired future versus present reality. Motiv Emot 38(1):36–46

Thom N (1980) Grundlagen des betrieblichen Innovationsmanagements. Hanstein, Königstein

van Uden JM, Ritzen H, Pieters JM (2014) Engaging students: the role of teacher beliefs and interpersonal teacher behavior in fostering student engagement in vocational education. Teach Teach Educ 37:21–32

Wien A, Franzke N (2014) Unternehmenskultur: Zielorientierte Unternehmensethik als entscheidender Erfolgsfaktor. Gabler, Wiesbaden

Wrona T (2008) Strategische Managementforschung: Aktuelle Entwicklungen und internationale Perspektiven, 1. Aufl. Gabler, Wiesbaden

Yeager DS, Dweck C (2012) Mindsets that promote resilience: when students believe that personal characteristics can be developed. Educ Psychol 47(4):302–314

Joshua Kilb sammelte während des Studiums der Wirtschaftspsychologie B.Sc. an der Rheinischen Fachhochschule Köln Erfahrungen in Beratungshäusern, wie McKinsey & Company, KPMG und der BwConsulting, der Inhouse Beratung der Bundeswehr. Im Rahmen seiner Tätigkeiten lernte Joshua verschiedenste Unternehmenskulturen und deren Herausforderungen kennen. Durch die Gründung der studentischen Unternehmens- und Innovationsberatung ConTogether bringt er die best practices der Unternehmen gepaart mit agilen Innovationsmethoden wie Design Thinking in einem eigenen Beratungsansatz zusammen. In seinen wissenschaftlichen Arbeiten fokussiert sich Joshua auf das Erleben von Change-Prozessen und die praxisnahe Integration von agilen Innovationsmethoden in den Arbeitsalltag und die Unternehmenslandschaft.

Florian Schönberger sammelte über viele Jahre hinweg Erfahrungen als Musiker. Dies ermöglichte ihm, mit zahlreichen Orchestern und Ensembles im internationalen Rahmen unterschiedlichste Kulturen kennenzulernen. Unter anderem durfte er bereits in den Favelas von Brasilien Konzerte geben. Im Studium der Wirtschaftspsychologie an der Rheinischen Fachhochschule Köln und mit der Gründung der studentischen Unternehmens- und Innovationsberatung ConTogether setzt Florian nun einen weiteren Schwerpunkt. In Unternehmen wie McKinsey & Company und der Rewe Group war es ihm möglich, wertvolle Erfahrungen im Human Resource Management zu sammeln. In seinen wissenschaftlichen Arbeiten beschäftigt sich Florian mit dem Thema Lebenszufriedenheit, dem Innovations-Mindset und dessen Auswirkung auf den beruflichen Erfolg.

The manufacturer's authorised representative in the EU is Springer
Nature Customer Service Centre GmbH, Europaplatz 3, 69115 Heidelberg,
Germany. If you have any concerns regarding our products, please
contact ProductSafety@springernature.com

Printed and bound by CPI Group (UK) Ltd, Croydon, CR0 4YY
27/04/2026
02097616-0008